Virginia Woolf

Schreiben für die eigenen Augen

Aus den Tagebüchern
1915–1941

Aus dem Englischen von
Maria Bosse-Sporleder und Claudia Wenner

Herausgegeben von
Nicole Seifert

Fischer Taschenbuch Verlag

FSC
www.fsc.org
MIX
Papier aus verantwortungsvollen Quellen
FSC® C083411

Originalausgabe

Veröffentlicht im Fischer Taschenbuch Verlag,
einem Unternehmen der S. Fischer Verlag GmbH,
Frankfurt am Main, November 2012

Satz: Dörlemann Satz, Lemförde
Druck und Bindung: CPI – Clausen & Bosse, Leck
Printed in Germany
ISBN 978-3-596-90457-0

Inhalt

1917

Montag 8. Oktober 1917

Den Anstoß zu diesem Tagebuchversuch gab die Entdeckung eines alten Tagebuchbandes in einer Holzschachtel in meinem Schrank, das ich 1915 führte, & das uns immer noch zum Lachen bringen kann über Walter Lamb.[1] Dieses wird also dem alten Plan folgen – nach dem Tee geschrieben, indiskret geschrieben, & im übrigen vermerke ich hier, daß L. versprochen hat, seine Seite beizufügen, wenn er etwas zu sagen hat.[2] Seine Bescheidenheit muß überwunden werden. Heute planen wir, ihm eine Herbstgarderobe zu besorgen & mich mit Papier & Federn auszurüsten. Dies ist der glücklichste Tag, den es für mich gibt. Es regnete natürlich ununterbrochen. London scheint unverändert, was mich an die Veränderungen erinnert, die es gab, als man ein Kind war. Da war ein Mann, der Stiefel kaufte, der solch ein Connaisseur von Stiefeln war, daß er unterschiedliche Schnitte & Nagelungen kannte; & sehr verärgert war, als man ihm sagte, sein Paar sei »schön & fest«. »Ich hasse schöne, feste Stiefel«, knurrte er. Offensichtlich kann man ein Stiefel-Connaisseur sein. Wir gingen durch Gough Square; Dr. Johnsons Haus ist hübsch, sehr gut gehalten, nicht so schäbig, wie ich erwartet hatte. Ein kleiner Square, hinter Chancery Lane eingeklemmt, & jetzt überall

1 In einem früheren Tagebuch hatte Virginia Woolf (im Folgenden VW abgekürzt) von einem Besuch Walter Lambs berichtet, der ihr 1911 einen Heiratsantrag gemacht hatte. Er war 1913 Geschäftsführer der Royal Academy of Arts geworden und in dieser Eigenschaft gelegentlich bei Hofe. VW schrieb am 10. Januar 1915: »Jedesmal, wenn er beim König gewesen ist, kommt er, um es uns zu erzählen. […] Was Walter auch sagen mag, es hat die gleiche platte, weiche, graue Oberfläche; & mit seiner Stimme allein könnte man die feurigste Poesie der Welt ersticken. Außerdem sind feurige Gedichte nicht seine Sache.«

2 Leonard Woolf (1880–1969), mit dem VW seit 1912 verheiratet war (in den Fußnoten im Folgenden LW abgekürzt).

Druckpressen. Dies ist die beste Gegend von London zum Anschauen – nicht zum dort leben, finde ich jetzt. Als ich mein Manuskript zur Times trug, kam ich mir wie ein ortsüblicher Schreiberling vor.[3] Wir gaben es beim Pförtner ab & stolperten über Bruce Richmond, der an der Station Ludgate Hill den perfekten Gentleman in weißen Handschuhen hervorkehrte. Er schwenkte seinen Hut & verschwand.[4] Liz. hat einen Sohn; so erledigen sich unsere Befürchtungen wegen der Vaterschaft.

Dienstag 23. Oktober 1917

Wieder ein Sprung in diesem Buch, muß ich gestehen; aber wenn ich es gegen meine Laune schreibe, werde ich anfangen, es zu hassen; also ist die einzige Lebenschance, die es hat, daß Sprünge klaglos hinzunehmen sind. Ich erinnere mich jedoch, daß wir spazieren gingen, druckten, & daß Margaret zum Tee kam.[5] Wie blaß diese älteren Frauen werden! Die rauhe blasse Haut von Kröten, leider: M. neigt besonders dazu, den Glanz ihrer Schönheit zu verlieren. Dieses Mal wurden wir überschüttet mit der Coop.-Revolution; den Charakteren von Mr King & Mr May, & Eventualitäten.[6] Ich kriege gelegentlich ein Schwanzwedeln

3 Wahrscheinlich VWs Rezension von *The Gambler and Other Stories* von Fjodor Dostojewski, übersetzt von Constance Garnett, die am 11. Oktober 1917 im *TLS* [*Times Literary Supplement*] erschien.

4 Bruce Lyttelton Richmond (1871–1964), Redakteur des *TLS* von dessen Anfängen 1902 bis zu seiner Pensionierung 1938. Seine Frau war Elena, geb. Rathbone, die VW in ihrer Jugend schwärmerisch bewunderte.

5 Die Woolfs hatten 1915 Hogarth House in Richmond, einem südwestlichen Vorort von London, angemietet und im Frühjahr 1917 eine Druckerpresse gekauft. Im Sommer dieses Jahres hatten sie ihre *Publication No. 1* fertiggestellt: *Two Stories, written and printed by Virginia Woolf and L. S. Woolf*, nämlich VWs ›The Mark on the Wall‹ und LWs ›Three Jews‹. VW war auch für die Satzarbeiten der Hogarth Press verantwortlich.

6 Margaret Llewelyn Davies (1861–1944) war die Vorsitzende der Women's Co-operative Guild, einer selbständigen Organisation innerhalb der kooperativen Bewegung. 1917 machte der Co-operative Congress nach vehementen Debatten eine Kehrtwende in seiner traditionellen Neutralitätspolitik

ab, was mich an die äußerst unbedeutende Stellung erinnert, die ich in dieser wichtigen Welt einnehme. Ich werde etwas deprimiert, etwas mehr geneigt Kritik zu üben – es ist eine Frage des Nicht-in-der-richtigen-Atmosphäre-Seins. L. empfindet vermutlich dasselbe gegenüber Gordon Square. Und dann beeindruckt mich die feine Rücksicht, die die Älteren & Fürsorglichen aufeinander nehmen: »muß nach Hause, sonst wird Lilian sich Sorgen machen«, Probleme von Müdigkeit oder Kälte, die ständig auftauchen – zum Teil der unverheiratete Status vielleicht; zum Teil das Gefühl, der Mittelpunkt der eigenen Welt zu sein, das Margaret ganz selbstverständlich hat. Aber natürlich erliege ich ihrer Nettigkeit & Tapferkeit immer wieder trotz verletzter Eitelkeit.

Sonntag 28. Oktober 1917

Immer noch keine Luftangriffe, vermutlich hält der Dunst am Abend sie ab, obwohl es still ist & der Mond völlig klar. Die Vielen, die diese Woche London verlassen haben, müssen sich etwas komisch vorkommen. Ein herrlicher kalter Oktobertag; Sonne rot durch die Blätter, die noch hängen. Um so viel in L.s Gesellschaft zu sein wie ich irgend kann, beschloß ich, mit ihm nach Staines zu fahren.[7] Wir gingen von Shepperton durch Laleham, & dann nach Staines am Fluß entlang. Flaches, sehr ruhiges Land, oder Land das fast schon Stadt wird. Rosa Sessel waren um einen vollen aber nicht luxuriösen Teetisch aufgestellt; eine Mannigfaltigkeit von Tellerchen, winzigen Messern, die Leute ermuntert, sich selbst zu bedienen. Mr Lock, der etwas behindert ist, war da, & bald erschienen sie alle: Alice, Flora, Clara & Sylvia – Boshaftigkeit würde einen sagen lassen, die ganze Kensington High Street ergieße sich in ein Zimmer. Das Normale

und beschloß, sich um direkte Vertretung auf der nationalen und kommunalen Ebene zu bemühen.

7 In Staines lebten LWs Mutter, von VW immer »Mrs. Woolf« genannt, und andere Mitglieder der Familie.

daran beeindruckte mich. Nichts Schönes; nichts Präzises; sehr sonderbar, daß die Natur diesen Typus in so reichlichem Maß hervorgebracht hat. Dann sagte das Dienstmädchen, »Mr Sturgeon«; Flora rief, »Ich gehe«, rannte aus dem Zimmer; alle sagten, Oh! Ah! Wie wunderbar!, wie auf der Bühne, wo die ganze Szene sich tatsächlich hätte abspielen können. Wir gingen, nach dem 2. Akt; Tinker rannte los; wurde aber eingefangen, & so nach Hause, sehr kalt, & Herbert schaute herein, & hier sitzen wir am Kaminfeuer, & ich wünschte, es wäre nächste Woche um dieselbe Zeit.[8]

Donnerstag 22. November 1917

Ich habe in Garsington so viel geprahlt mit diesem Tagebuch & dem Reiz, es aus einem nie versiegenden Quell zu füllen, daß ich mich schäme, einen Tag zu verpassen; & doch besteht, wie ich sage, seine einzige Chance darin, auf meine Stimmung zu warten.[9] Ottoline führt übrigens auch eines, allerdings ihrem »inneren Leben« gewidmet; was mich darüber nachdenken ließ, daß ich ein inneres Leben nicht habe. Sie las mir aber einen Abschnitt vor, in dem ich gepriesen werde, also kommen die Realitäten doch manchmal hinein. Am Dienstag ging L. zu Williams & Norgate, die Angebote für ein 2/6 Buch [*2 Shilling 6 Pence*] machen – was überlegt sein will. Offensichtlich wollen sie ihn sehr; & können das nicht völlig verbergen trotz ihres Wunsches, hart zu verhandeln. Ich meine, ich wäre fertig, nachdem ich eine Seite niedergeschrieben habe. Jedenfalls kam Barbara am Mittwoch um anzufangen, & die Maschine streikte daraufhin völlig, da

8 Tinker war der Hund, den die Woolfs zwei Wochen zuvor bekommen hatten, »ein stämmiges, lebhaftes, dreistes Biest, braun & weiß, mit großen, glänzenden Augen«, wie VW am 14. Oktober 1917 in ihr Tagebuch schrieb.

9 In Garsington Manor in Oxfordshire hatte VW Lady Ottoline Morrell (1873–1938) besucht, Gastgeberin und Kunstmäzenin. In ihrem Haus trafen sich Schriftsteller, bildende Künstler und Pazifisten. Sie hatte 1902 Philip Morrell (1870–1943) geheiratet, Anwalt und 1906–1918 Abgeordneter der Liberalen. (Siehe auch Biographische Skizzen im Anhang dieses Buches.)

eine der Walzen einen Einschnitt hatte, & bockte, & da unser Vorrat an Ks ausging, konnte sie nur 4 Zeilen setzen.[10] Das tat sie aber schnell & ohne Fehler, so daß es vielversprechend aussieht. Sie radelte von Wimbledon her, ihr kleiner kurzgeschorener Kopf, die roten Backen, das leuchtende Wams machen, daß sie wie ein lebhafter Vogel wirkt; aber ich bin nicht sicher, ob ich dieses sehr betonte Erscheinungsbild besonders interessant finde. Es scheint immer zu sagen, »Jetzt sind alle Decks klar zum Manöver«, & das Manöver folgt nicht.

Ich hatte Dinner mit Roger & traf Clive.[11] Wir saßen am niedrigen quadratischen Tisch, der mit einem bunten Tuch bedeckt war, & essen aus Schalen, die eine jeweils andere Bohne oder ein Salatblatt enthalten: köstliches Essen zur Abwechslung. Wir tranken Wein & beendeten die Mahlzeit mit weißem Käse, den man mit Zucker ißt. Dann, uns herrlich über die Persönlichkeiten erhebend, diskutierten wir über Literatur & Ästhetik.

Donnerstag 6. Dezember 1917

Als ich schrieb, daß wir erst am Anfang unserer Tagesarbeit waren, gestern abend, war ich der Wahrheit näher als ich wußte. Nichts war uns so fern wie der Gedanke an Luftangriffe; eine bittere Nacht, kein Mond aufgegangen bis elf. Um 5 jedoch wurde ich von L. aufgeweckt und spürte unmittelbar die Präsenz der Geschütze: als würden alle Sinne in vollem Dress aufspringen. Wir nahmen Kleidung, Steppdecken eine Uhr & eine Taschenlampe, die Geschütze klangen näher als wir die Treppe hinuntergingen, um mit den Dienstmädchen auf dem alten schwarzen Roßhaarsofa in Steppdecken eingewickelt im Küchengang zu sitzen. Lottie sagte, daß sie sich schlecht fühle, und

10 Barbara Hiles war Lehrling der Hogarth Press.

11 Roger Fry (1866–1934), Kunsthistoriker und Maler und eine etablierte und anerkannte Persönlichkeit in der Museums- und Kunstwelt Englands, Frankreichs und Amerikas. Er war eng mit VWs älterer Schwester Vanessa und ihrem Mann Clive Bell befreundet. (Siehe Biographische Skizzen.)

legte dann los mit einem stereotypen Geratter von Witzen & Bemerkungen, das beinahe die Geschütze übertönte.[12] Sie schossen sehr schnell, offenbar in Richtung Barnes. Allmählich klangen die Geräusche ferner, & schließlich hörten sie auf; wir wickelten uns aus & gingen ins Bett zurück. Zehn Minuten später stand es außer Frage dort zu bleiben: Geschütze offensichtlich in Kew. Wir sprangen auf, hastiger dieses Mal, denn ich erinnere mich, daß ich meine Uhr vergaß, & Mantel & Strümpfe hinter mir herschleifte. Die Dienstmädchen offensichtlich ruhig & sogar zu Scherzen aufgelegt. In der Tat redet man durch den Lärm hindurch, fühlt sich eher gelangweilt als sonstwas, daß man um 5 Uhr früh reden soll. Die Geschütze waren zeitweise so laut, daß das Pfeifen der aufsteigenden Granate erst auf die Explosion folgte. Ein Fenster, meine ich, klirrte. Dann Schweigen. Kakao wurde für uns gebrüht, & wir zogen wieder ab. Nachdem man seine Ohren aufs Hören eingestellt hat, kann man sie eine Weile lang nicht davon abbringen; & da es nach 6 war, rollten Karren aus Ställen, tuckerten Automotoren, & dann anhaltendes gespenstisches Pfeifen, das vermutlich bedeutete, daß belgische Arbeiter zur Munitionsfabrik gerufen wurden. Schließlich hörte ich in der Ferne Hörner; L. war zu diesem Zeitpunkt schon eingeschlafen, aber die pflichtbewußten Boyscouts kamen unsere Straße entlang und weckten ihn sorgfältig auf; mir fiel auf, was für einen sentimentalen Beigeschmack der Klang hatte, & wie Tausende alter Damen bei diesem Klang ihre Dankgebete emporschickten, & ihn (einen Boyscout mit kleinen Engelsflügeln) mit irgendeiner freudigen Vision in Zusammenhang brachten – Und dann schlief ich ein: aber die Dienstmädchen saßen mit ihren Köpfen aus dem Fenster gestreckt in der bitteren Kälte – Rauhreif weiß auf den Dächern – bis das Horn erklang, woraufhin sie in die Küche zurückgingen und dort bis zum Frühstück aufsaßen. Die Logik des Vorgehens entzieht sich mir.

12 Lottie Hope und ihre Freundin Nelly (oder Nellie) Boxall lebten seit 1916 als Köchin und Hausmädchen im Haushalt der Woolfs.

Heute haben wir gedruckt & über den Angriff geredet, der, laut dem Star den ich kaufte, das Werk von 25 Gothas war, die in 5 Staffeln angriffen & 2 wurden abgeschossen. Ein herrlich ruhiger & schöner Wintertag, also ungefähr um 5.30 morgen früh vielleicht – – –

Freitag 7. Dezember 1917

Aber es gab keinen Luftangriff; & da der Mond abnimmt, sind wir bestimmt für einen Monat frei davon. Glücklicherweise kein Lehrling heute, was ein Gefühl von Feiertag entstehen läßt. Wir mußten es Barbara ziemlich deutlich sagen, daß auf diese Arbeit vielleicht keine weitere folgen wird. Sie weigerte sich den Lohn für die letzte Woche anzunehmen. So kann man ihr keinen Vorwurf machen. Niemand könnte netter sein; & doch hat sie die Seele des Sees, nicht des Meeres. Oder ist man zu romantisch & anspruchsvoll in seinen Erwartungen? Jedenfalls, nichts ist faszinierender als ein lebendiger Mensch; immer sich verändernd, sich widersetzend & nachgebend entgegen den Voraussagen, die man macht; das stimmt sogar für Barbara, die nicht eine der beweglichsten oder talentiertesten ihrer Art ist. Nessa kam wegen einer Gouvernante in die Stadt (Mrs Brereton wurde vorgeschlagen anstelle der meckernden & männersüchtigen Miss E.),[13] so beendete ich meinen Nachmittag in einem der großen weichen Sessel in Gordon Square. Ich mag das Gefühl von Raum & tiefem weitem Muster, das man dort bekommt. Ich saß 20 Minuten lang allein, ein Buch über Kinder & Sexualität lesend. Als Nessa kam, tranken wir Tee & es stellte sich heraus, daß Clive & Mary im Hause waren;[14] Norton kam, dieselbe Gesellschaft wie ge-

13 VWs ältere Schwester Vanessa Bell, geb. Stephen (1879–1961). (Siehe Biographische Skizzen.)

14 Clive Bell (1881–1964), Kunstkritiker, war seit 1907 mit Vanessa verheiratet; sie hatten die gemeinsamen Söhne Julian und Quentin. Seit 1914 war ihre Ehe zu einer guten Freundschaft geworden. (Siehe Biographische Skizzen.) Schon seit einigen Jahren galt seine besondere Zuneigung Mary Hutchinson, geborene Barnes (1889–1977), einer Cousine ersten Grades von Lytton Strachey.

wöhnlich. Wie gewöhnlich nach meinem Geschmack; so lebendig, so voll neuester Nachrichten; ein wirkliches Interesse für jede Art von Kunst; & auch für Menschen. Ich erwarte fast, daß L. mit all diesem nicht übereinstimmt. Ich urteile nach der Menge von Anregung im Hirn, die sich in mir abspielt & nach dem Gefühl von völlig befreiten Gedanken. Nicht daß M. H. den Mund öffnen würde, aber sie strömt stumme Sympathie aus. Ich mag auch Norton – all den Verstand, den er für die allererhabensten Zwecke in seinem Kopf gehortet hat, weshalb seine Kritik immer unvoreingenommen ist. Clive fängt mit seinen Themen an – dabei Nessa mit Bewunderung & Aufmerksamkeit überschüttend, was mich nicht eifersüchtig macht wie früher, als der Ausschlag jenes Pendels so viel meines Glücks mit sich nahm: jedenfalls meines Wohlbefindens. Maynard sagt, daß Bonar Law die Regierung hereingelegt hat; das ganze Land hinter Lansdowne, & die Regierung unfähig, sich an die eigenen Erklärungen zu halten.[15] Das kam von Lord Reading. Manchmal fällt mir auf, daß es in der Politik kein einziges Geheimnis gibt; alles kann aus den Zeitungen erraten werden. Nessa mußte bei Roger vorbeigehen & ich ging mit ihr & kaufte unterwegs Wurst & Käse für eine Abendgesellschaft. Roger ist im Begriff, einer der augenblicklich großen Namen zu werden als ein Maler absolut wahrheitsgetreuer & sehr unangenehmer Porträts.

Heute (Samstag) gingen wir nach Twickenham, wo Leonard in den Zug nach Staines stieg. Ich fand Marny vor, als ich zurückkam.[16] Es ist 6.30 & sie ist gerade gegangen; wenn ich also die nächsten 10 Seiten nicht mit Familienklatsch fülle & jederlei Art von Details, geschieht es nicht aus Mangel an Stoff. Laß mich etwas davon aufschreiben, falls ich mich erinnern kann –

15 John Maynard Keynes (1883–1946), Ökonom; seit 1923 Vorsitzender des Verwaltungsgremiums der fusionierten Zeitschriften *Nation & Athenaeum*, zu deren Literaturredakteur er LW bestellt hatte. (Siehe Biographische Skizzen.)

16 Margaret (»Marny«) Vaughan, zweite Tochter von VWs Tante Adeline und von Henry Halford Vaughan.

aber es geht so schnell & wird zu Asche ohne die Atmosphäre. Aber Florence Bishop, mit einem Marine-Arzt verheiratet, lebt in einer Wohnung in Earls Court – gibt einem Tiptree-Marmelade zum Tee & sieht aus wie ein Bild & ist sehr arm wegen der Schwächen des alten Bishop; aber ihr Mann ist auch schon älter & versorgt jetzt verwundete Soldaten in Zügen. Und wir haben schon lange keine Butter mehr gehabt, & manchmal können wir nicht mal die gute Sorte Margarine bekommen, aber ich will nicht bei Barker einkaufen, nicht nach dem, was der Brand an den Tag gebracht hat. Wrights Kohlenschuppen brannte vor ein paar Nächten hinter uns ab – die ganze Kohle verpulvert, & im letzten Winter war sie uns einmal völlig ausgegangen. Es war noch ein Samstag dazu, & ich ging von Laden zu Laden und bettelte um einen Eimer voll Kohle, & was meinst du, wen ich bei Knightsbridge getroffen habe? Kitty Maxse.[17] & sie sagte, Oh ich gebe dir Kohle – ich habe doch 2 Keller voll: & tatsächlich noch an demselben Nachmittag kam sie in einem Taxi vorgefahren mit einem Sack voll, & das half uns weiter, aber ich habe sie seit dem Tage nicht wiedergesehen, so vornehm sieht sie aus, & kein Jahr älter, obwohl sie 50 sein muß. Na ja, ich bin 55; & Toad 43 – aber man vergißt das Alter der Leute, & ich fühle mich bestimmt nicht alt; & du siehst aus wie 25 – Und Nessa sicher so reizend wie immer! (hier folgte die ganze Geschichte von Nessa, Clive, Duncan, Adrian & uns).[18]

Du liebe Güte, wie wir alle herumziehen – zum Teil wegen des Krieges sicherlich; obwohl ich mit manchen meiner alten Freunde

17 Katherine (Kitty) Maxse, geb. Lushington (1867–1922), deren Eltern mit denen von VW eng befreundet gewesen waren. Sie hatte 1890 Leopold Maxse geheiratet, einen politischen Autor und Besitzer und Herausgeber von *The National Review*. VW schrieb später über sie, daß sie »als Ziehmutter in Fragen des Lebensstils fungiert hatte«, und verwendete sie bis zu einem gewissen Grad als Modell für Mrs Dalloway.

18 Der Maler Duncan Grant (1885–1978) lebte seit 1914 mit VWs Schwester Vanessa zusammen. Adrian Stephen (1883–1948) war VWs jüngerer Bruder, mit dem sie nach Vanessas Heirat am Fitzroy Square 29 gewohnt hatte, bis sie selbst heiratete. (Siehe Biographische Skizzen.)

noch verkehre, wie Miss Harris, die malt, weißt du, & wirklich sehr gut, aber sie will nichts ausstellen, weil sie sich nur als Amateur betrachtet, & sie ist jetzt sehr mit Kriegsarbeit beschäftigt. Und Hilda Lightbody, die sehe ich gelegentlich; obwohl sie den ganzen Tag lang Schienen aus Papiermaché macht – ja, sie ist Witwe, ihr Mann ist stark invalid gewesen – Und manchmal sehe ich Adeline, die mit Hervey lebt, den Winter über in Hastings, sie hatten nicht die Absicht dort zu bleiben, aber sie fuhren hin, um eine Abwechslung zu haben, & es gab keinen Grund dafür nicht dortzubleiben – am Meer, natürlich; & Millicent nicht sehr weit weg. Millicents Junge ist ja gestorben, & Virginia melkt Kühe auf Lord Rayleighs Anwesen in Essex. Sie mag Pferde mehr, aber sie konnte keine Pferde bekommen, & sie hat Kühe sehr gern. Ja, Millicent lebt immer noch in Hastings, obwohl es ihr nicht gefällt, aber Vere gefällt es, wegen dem Meer & sie kennen eine Menge Leute, & Millicent hat eine Reihe von Tanzabenden für junge Leute letzten Winter organisiert, obwohl ihr sicher nicht nach tanzen zumute war, & sie unterstützt das Musikfestival, obwohl sie keine Kriegsarbeit machen will; & Augusta hat Kent immer schon geliebt, & jetzt haben sie ein Haus in Kent & einen kleinen Garten & Bob arbeitet manchmal für einen Nachbarn, & so kommen sie ganz gut aus weißt du – alle Kinder fort in der weiten Welt jetzt. Es ist wirklich eine Schande, wie schnell sie groß werden – Halford schon ein richtig großer Junge – mit einer poetischen Seite, aber sehr praktisch, glücklicherweise, Janet sehr ähnlich wie Madge; & ich wünschte, Madge würde wirklich schreiben. Vielleicht wäre sie dann glücklicher, obwohl ich nicht glaube, daß Madge jemals glücklich sein kann, aber es ist ein wunderbares Werk & ich bin sicher, daß Will ihr sehr viel verdankt. Ich glaube, ich habe seit Jahren nicht so viel Klatsch erzählt. Und Kusine Mia tot, & Tante Mary umgekommen – ja. Das war außerordentlich traurig, aber besser als ein langes Krankenlager, meine ich doch! Und Herbert in allen Zeitungen; aber Lettice gefällt London überhaupt nicht, aber Herbert wohl, & sie fährt nach Sheffield zurück, um andere Luft zu schnuppern – & wenn die Luftangriffe kommen, gehen wir & sitzen mit Wales zusammen im Erdgeschoß. Aber sie sollten einem wegen der Hörner Bescheid sagen. Wirklich, als sie das erste Mal geblasen haben, dachte ich, es wären vielleicht die Deutschen höchstpersönlich, & ich ging hinaus auf den Treppenabsatz & traf eine Dame, obwohl es 2 Uhr nachts war, zum Ausgehen gekleidet, & sie hat mir gesagt – & c & c – –

1918

Donnerstag 10. Januar 1918

Gestern platzten unsere Rohre durch das plötzliche Tauwetter. Von scharfem Frost der Umschwung zu mildem Wetter in ein oder zwei Stunden. L[ottie]. & N[elly]. kamen vernünftig damit zurecht, aber wir sind ohne Bad. Nachmittags gesetzt, dann zum Drucker. L. blieb beherrscht; der kleine MacDermott besteht darauf, daß es eine mündliche Abmachung gab, daß er die Presse nur liefern muß, wenn seine aufgestellt würde. So milde, hartnäckig & verwirrt, daß wir keinen Eindruck auf ihn machten. In Wirklichkeit hält er uns für Amateure, mit denen man nicht ernsthaft umzugehen braucht. Wir sollen uns die Sache überlegen.

Freitag 11. Januar 1918

Ein weiterer Tag mit Herumsitzen, der aber eingetragen werden muß um festzuhalten, daß die Lords das Gesetz über das Wahlrecht für Frauen verabschiedet haben.[1] Ich fühle mich nicht sehr viel wichtiger – vielleicht etwas. Es ist wie ein Ritterschlag; könnte nützlich sein, um Leute zu beeindrucken, die man verachtet. Aber es hat natürlich noch andere Seiten. L. zum Lunch

1 Laut Gesetz (The Representation of the People Act, 1918) erhielten Frauen über Dreißig das Wahlrecht.

mit Ka & einem Serben; ich setzte & kann jetzt leicht eine Seite an einem Nachmittag fertigstellen.[2] L. zurück, & wir gingen eine Runde am Fluß & dann zum Tee nach Hause, sehr viele Bücher. (Endlich Keats' Leben.)

Samstag 12. Januar 1918

Jetzt wo wir mit dem Drucken angefangen haben (wir sind auf Seite 18), gibt es nicht viel zu schreiben, obwohl der Tag so angefüllt zu sein scheint wie ein Puzzle mit aufeinander folgenden Dingen. Wir sind immer noch ohne Bad, & das macht einige andere Einschränkungen noch spürbarer, unter denen wir leiden. Heute können wir nur einen kleinen Rinderbraten bekommen, der eine Woche reichen muß. Man bekommt kein Fett; keine Margarine, keine »nutter«.[3] Butter ist auf 1 Pfund pro Woche herabgesetzt worden; Eier kosten 5 Pence das Stück, ein Huhn zwischen 10 und 15 Shilling. Mrs Langston bereitete das Sonntagsmahl letzte Woche aus Würstchen & Brot & Bratenfett – »seit 5 & 20 Jahren haben wir nicht mehr solch ein Sonntagsmahl gehabt.«

Nach dem Drucken genehmigen wir uns einen kurzen Spaziergang, & sahen eine Vision von Tinker – alles bis auf die Nase stimmte; aber jeder Hund hat einen unverwechselbaren Eindruck. Die Hoffnung auf Frieden wieder völlig zerbrochen; Politik wiedermal ein Rennen in alle Richtungen, soweit man sehen kann.

2 Katherine (»Ka«) Laird Cox (1887–1938) hatte VW 1911 kennengelernt, und sie erwies sich als verläßliche Freundin. Sie hatte zwischen 1906 und 1910 am Newnham College in Cambridge studiert, wo sie Rupert Brooke kennenlernte, zu dem sie eine schwierige emotionale Beziehung hatte. 1915 richtete sie serbische Flüchtlingslager auf Korsika ein, jetzt war sie zeitweilige Leiterin der statistischen Abteilung für Kriegshandel.

3 Ein Butterersatz, der aus Nüssen hergestellt wurde.

Donnerstag 24. Januar 1918

Der letzte Tag, an dem ich 35 bin. Man kann die danach kommenden nur mit Zittern schreiben: alle angehaucht vom Schatten der 40er. Wieder ein Frühlingstag; ich komme morgens ohne Kaminfeuer aus. Der einzige Nachteil ist das Fehlen eines Feuers, & jenes Gefühls, in einer Höhle der Behaglichkeit zu sein, & Nässe & Dunkelheit draußen. Draußen ist ein blasses Grau. Ich ging zur [London] Library, um eine Handvoll Geschichten über das Übernatürliche zu holen; traf Sir Henry Newbolt, ein schlankes grauköpfiges Wiesel, aber wir erkannten einander nicht;[4] dann fegte ich Charing Cross Road hinauf & hinunter, nach Keats' Briefen fragend, aber es gab sie nirgendwo. Dann zum Club, wo ich Lytton allein antraf, & da uns nicht nach Reden zumute war, lasen wir unsere Zeitungen nahe beieinander.[5] Fredegond kam herein, aber nachdem ich mich etwas über ihre Telefonbotschaft lustiggemacht hatte, ging ich. Sie & Alix & Carrington hatten sich getroffen & gemeint, daß ich sie kritisierte, wollten sich das nicht gefallen lassen, riefen mich an, verlangten, daß ich es zurücknehme, was ich nur tun wollte, wenn sie ihre Beschwerde schriftlich niederlegten: das werden sie wohl nicht tun.[6] Sie sagen, daß ich sie deprimiere, & die einzige Erklärung dafür wäre, daß ich eine Sadistin bin. Das ist die

4 Sir Henry Newbolt, Rechtsanwalt und Literat. VW kannte ihn vermutlich von Kindheit an.

5 Lytton Strachey (1880–1932), Kritiker und Biograph, war im Trinity College, Cambridge, sowohl mit VWs Bruder Thoby Stephen als auch mit LW befreundet gewesen. Nachdem Thoby 1906 an Typhus gestorben war, wurde Lytton einer von VWs engen Freunden: 1909 hatte er kurz erwogen, sie zu heiraten. Dora de Houghton Carrington (1893–1932), Malerin, hatte sich 1915 in Lytton Strachey verliebt und lebte seit Weihnachten 1917 mit ihm zusammen. (Siehe Biographische Skizzen.)

6 Alix Sargant-Florence hatte in Cambridge studiert und es 1917 kurzfristig als Lehrling der Hogarth Press versucht, die Arbeit jedoch langweilig gefunden und wieder aufgegeben. Etwas später hatte sie LW bei den Recherchen für einen Bericht geholfen, der sich schließlich zu seinem Buch *Empire and Commerce in Africa* auswuchs.

erste Windung des Wurms. Barbara aber läßt jede Kritik an sich ablaufen, ohne daß sie eine Spur hinterließe. L. druckte heute 4 Seiten beim Drucker & kam erst um 6 zurück; eine unbefriedigende Arbeit aufgrund der Inkompetenz des Druckers.

Montag 11. März 1918

Ich habe heute nachmittag 7 Shilling für Bücher ausgegeben; eine Tatsache, die festgehalten werden muß, denn es ist das einzige Mal in diesem Jahr, daß ich einen Bücherkauf erwähne, oder das letzte Mal, vielleicht. Tatsächlich habe ich 12 Shilling Times-Geld angesammelt; dazu 5 Shilling als ein Geburtstagsgeschenk, das macht 17 Shilling – ein großartiger Gewinn. Zunächst aber durchkämmte ich die Stadt nach Pralinen oder Süßigkeiten. In sämtlichen Geschäften gab es nicht eine einzige Unze Schokolade; nur ein paar einfache viereckige Drops, wie man sie früher in einer Tüte für einen Penny kaufte. Für eine halbe Krone kriegt man jetzt ein Pfund davon. Mit einer halben Krone hätte man in früheren Zeiten einen Kohleneimer voll gekauft. Dann fuhr ich oben im Bus, denn der Tag hatte die Qualität eines Junitages, nur frischer, & auch trauriger, zum Laden von Nutt, um einen Leopardi zu kaufen; dann zu Mudies, wo ich Mills Buch über die Freiheit kaufte; dann zur Charing Cross Road, wo ich den Happy Hypocrite von Max Beerbohm kaufte; & Exiles of the Snow, von Lancelot Hogben. Auf diese Art & Weise gab ich 7 Shilling aus. Aber es amüsierte mich zu entdecken, daß die Lust auf Bücher durch den geringsten Anstoß belebt wird. Ich will einen Band Congreve. Ich wette, ich hätte für 2 Shilling 6 Pence einen haben können, der alle Stücke enthält, die ich je lesen werde; aber dieser Dämon flüsterte mir doch zu, daß ich nach der Baskerville-Ausgabe in zwei Bänden suchen könnte. Der Buchhändler teilte mein lustvolles Verlangen und steigerte es dadurch; kurzum, ich bat ihn, sich danach umzuhören. Er wollte sich nicht auf einen schätzungsweisen Preis festlegen, woraus ich schließe, daß er auf meine Lust setzt, es haben zu wollen, wenn ich es sehe. Und schließlich bekommt man für sein Geld nie so viel Gegenwert wie bei einem schönen Buch – offensichtlich geht es abwärts mit mir. Ich stöberte in seinen Regalen herum, wie in den meisten anderen Läden. Er ist vorsichtig, wählerisch, ein Büchermensch; keine Gelegenheitsangebote, aber die Art von Büchern, die man gerne kaufen würde. Diese Buchläden wirken wie aus dem 18. Jahrhundert. Die Leute kommen vorbei & schwatzen mit dem Inhaber über Literatur, der, in diesem Falle, ebensoviel über Bücher weiß wie sie. Ich hörte eine lange Unterhaltung mit einem Pastor, der in Paddington einen Laden voller Elzevirs entdeckt hatte.[7] Er schmähte die Regierung, besonders wegen ihrer Papierverschwendung. Sie sollten alle Zeitungen abschaffen & ein Blatt Papier in der Post aufhängen, falls es irgendwelche Neuigkeiten gäbe.

Dann zum Club, wo ich L., Fredegond, Gerald [Shove], Goldie, Brailsford & Alix antraf. Der Lyriker Hogben war auch da. Ich legte sein kleines Buch auf die Armlehne meines Sessels. Gerede der üblichen Art. Das Buch des armen Hogben ist genau das öde nachgemachte Zeugs, das man hätte erwarten können; oder sogar schlimmer als man hätte erwarten können – was Lytton »illiterat« nennen würde; unter dem Einfluß von Swinburne, unglaublich unbegabt, & schwächlich rebellisch.

Nach Hause. L. zu einer Völkerbundversammlung.

Dienstag 12. März 1918

Diese Seite sollte ganz dem Lob des Wetters gewidmet sein. Eine der sonderbaren Auswirkungen des Frühlings in den Vororten ist, daß er abends eine erstaunliche Fülle männlichen & weiblichen Gesangs hervorruft. Wir sitzen bei offenen Fenstern, & eine Dame trällert Töne in offensichtlicher Ekstase. Aber es soll ihr verziehen sein, wenn man bedenkt – Hier ein paar Tatsa-

7 Elzevir oder Elsevier war eine niederländische Familie von Druckern und Verlegern, bis 1712 im Geschäft, deren Name später für ihre Reihen literarischer Klassiker stand, die bei Sammlern sehr begehrt waren.

chen. Ich saß in Kew auf einem schattigen Platz, den ich mir ausgesucht hatte; ich sah zwei Heide-Schmetterlinge [*Hipparchia pamphilus oder Tithonus*]; Weiden, Krokusse, Blausterne, alles knospt & blüht. Schwarze Kleidung wirkt wie staubiges Leichentuch. Was Pelze betrifft, kann man nur lachen. Wir trafen uns in Kew.

Ich kann sagen, »die Times verschmäht mich«. Um noch Salz in diese Wunde zu streuen, bekam L. 2 Bücher von der Nation. Es ist die zweite Woche, in der ich verschmäht werde; & das Ergebnis ist, daß ich meinen Roman in einem erstaunlichen Tempo schreibe.[8] Wenn ich weiterhin entlassen bleibe, werde ich in ein oder zwei Monaten fertig sein. Es wird sehr spannend. Wir stellen beide fest, daß wir in letzter Zeit mit einer ungeheuren Geschwindigkeit geschrieben haben: L. 40 000 Worte, & dabei hat er mit dem Buch als solchem noch gar nicht angefangen; ich weit über 100 000 –

Donnerstag 14. März 1918

Hätte ich gestern abend in diesem Tagebuch geschrieben, wofür ich zu aufgeregt war, dann hätte ich eine Reihe Fragezeichen ans Ende gesetzt. Was mich in Aufregung versetzte, war die Abendzeitung. Nachdem ich den ganzen Nachmittag gedruckt hatte, ging ich später hinaus, kaufte den Star, warf unter der Kneipenlampe einen Blick darauf & las, daß der Premierminister unsere Gebete bräuchte. Entscheidungen von großer Tragweite stünden uns ins Haus. Wir Briten müßten zusammenhalten. In einer Woche oder sogar nur in wenigen Tagen müßten wir Tatsachen ins Auge sehen, die das Britische Weltreich auf immer verändern würden. Wir schlossen daraus auf ein Friedensangebot an Frankreich: aber es scheint nur L[loyd]. G[eorge].s Methode zu sein, die Stimmung in seiner Gefolgschaft anzuheizen. Jedenfalls wurde ich angeheizt. Gerald, der zum Abendessen kommen

8 VW arbeitete an ihrem zweiten Roman *Night and Day*.

sollte, rief an um mitzuteilen, daß ein Angriff erwartet würde & er sich »bereithalten« müßte.[9] Die Nacht war bedeckt, & wir ließen uns nicht allzusehr in Alarmbereitschaft versetzen, teilweise weil die Warnung aus offizieller Quelle stammte.

Meine Kündigung ist widerrufen worden. Ein großes Buch über Pepys kam an, das ich den Abend über gelesen habe, & nun erwartet ein weiteres über Swinburne mich am Bahnhof. Ich bin gespalten, ob es angenehmer ist, Bücher zu bekommen, oder ohne Unterbrechung Romane zu schreiben. Aber es könnte mir ein paar Shilling einbringen, um meinen Baskerville zu bezahlen.

Donnerstag 18. April 1918

Ein schwerwiegender Fehler in der Anlage dieses Buches ist das Gebot, daß es nach dem Tee geschrieben werden soll. Wenn Leute zum Tee kommen, kann ich ihnen nicht sagen, »Warten Sie bitte einen Augenblick, während ich einen Bericht über Sie verfasse«. Sie gehen, & es ist zu spät, um damit anzufangen. Und so kommt es, daß ich genau dann, wenn ich die Gedanken & Beschreibungen für diese Seite zusammenbraue, die herzzerreißende Empfindung habe, daß die Seite nicht da ist; dann liegen sie verstreut auf dem Boden. Tatsächlich ist es schwer, sie wieder aufzulesen. Und in diesem Augenblick schreckt die schiere Länge der Liste nicht vermerkter Besucher mich davor zurück, überhaupt anzufangen. Richter Wadhams, Hamilton Holt, Harriet Weaver, Ka, Roger, Nessa, Maynard, Shepherd, Goldie, ganz zu schweigen von der Guild & Alix & Bryn & Noel (die man den 17er Club nennen könnte:) sie alle haben sich seit Sonntag angesammelt; & jeder verdient etwas, um seinen besonderen Platz zu markieren; & zum Zeitpunkt, als sie da waren, markierte ich ihn auch. Aber wie kann man den Eindruck von Wadhams & Holt zurückho-

9 Gerald de l'Etang Duckworth (1870–1937) war der jüngere von VWs Halbbrüdern. Er hatte 1898 einen Verlag gegründet und 1915 VWs ersten Roman, *The Voyage Out*, veröffentlicht.

len?[10] Es war ein äußerst gelungener Besuch [*am Sonntag, dem 14. April*]. Wir hatten uns sehr sorgfältig vorbereitet. Sie hielten Reden & sahen sich die Bilder an & beglückwünschten L. alle wie vorausgesehen. Sie beeindruckten mich zunächst durch ihre Lebendigkeit, die in Verbindung mit ihren großen wohlgenährten Körpern sie mächtig erscheinen ließ; dann, weil sie mich mit Respekt behandelten; & schließlich, weil sie schlicht & stark in den Völkerbund verliebt waren. Richter Wadhams hatte jeden Minister in Amerika »anvisiert«. Sie standen mit allen Gruppierungen der Welt in Verbindung, so weit ich dahinterkam, mit einer Armee von Stenographen, die persönlich gefaßte Broschüren überall dorthin verschicken, wo eine Broschüre auch nur hängenbleiben kann. Verglichen damit ist unser Einsatz zahm. »Wir haben Ihnen, Mr Woolf, den ersten Rang eingeräumt unter den Denkern, die sich mit dem Krieg konstruktiv auseinandersetzen – in dieser Minute kann ich Ihren Platz auf meinen Regalen sehen – … Entschuldigen Sie, Sie haben das Wort »sozial« mehr als einmal verwendet. Ich verstehe nicht genau, was sie damit meinen …« Wir erklärten es beide 10 Minuten lang. »Nein; ich verstehe nicht.« »Nun, wir müssen jetzt zu den Sidney Webbs; aber wir haben kaum mehr als Ihre Oberfläche berührt, Mr Woolf, & wir müssen das nächste Mal tiefer gehen – Ihnen vielen Dank, Mrs Woolf, daß wir Ihr Haus sehen durften« & weg waren sie.

Aber fast sofort erschien Harriet Weaver.[11] Hier erwiesen sich unsere Voraussagen als völlig falsch. Ich tat mein Bestes, um sie

10 Frederick Eugene Wadhams, ein Rechtsanwalt aus Albany, New York, und Hamilton Holt, der spätere Präsident von Rollins College, hielten sich als Mitglieder einer amerikanischen Organisation, die sich ›The League to Enforce Peace‹ nannte, in England auf. Der 1917er Club, nach der russischen Februarrevolution benannt, wurde im Oktober 1917 von LW mitgegründet als Treffpunkt für Leute, die sich für Frieden und Demokratie einsetzten.

11 Harriet Weaver, Eigentümerin der Zeitschrift *The Egoist*, hatte James Joyces *Portrait of the Artist as a Young Man* veröffentlicht, zunächst in Fortsetzungen und später in Buchform. Jetzt bemühte sie sich um die Veröffentlichung des *Ulysses*, dessen erste Episode die Drucker gesetzt hatten, sich aber zu drucken weigerten. T. S. Eliot hatte ihr vorgeschlagen, daß die Woolfs es auf ihrer Privatpresse drucken könnten.

dazu zu bringen, aus sich herauszugehen, trotz ihrer äußeren Erscheinung, ganz wie es der Herausgeberin des Egoist anstand, aber sie blieb unverändert bescheiden, kritisch-abwägend & gesittet. Ihr adrettes mauvefarbenes Kostüm kleidete die Seele ebenso wie den Körper; die grauen Handschuhe, die gerade ausgerichtet neben dem Teller lagen, standen für häuslichen Ordnungssinn; ihre Tischmanieren waren die einer wohlerzogenen Henne. Es kam keine Unterhaltung in Gang. Vielleicht war die arme Frau behindert durch ihr Empfinden, daß das, was sie in dem Paket in braunem Packpapier bei sich hatte, in überhaupt keiner Weise zu ihrem eigenen Innern paßte. Aber wie ist sie dann überhaupt mit Joyce & anderen in Berührung gekommen? Warum sucht der Unrat dieser Leute sich ihren Mund als Sprachrohr? Weiß der Himmel. Sie ist inkompetent, was die geschäftliche Seite angeht, & unsicher, welche Schritte sie unternehmen sollte. Wir sahen uns beide das Manuskript an, das ein Versuch zu sein scheint, die Grenzen des Ausdrucks weiter hinauszuschieben, aber immer alle in dieselbe Richtung. Und also ging sie. Und Ka kam & mußte Rizinusöl aus einem Eierbecher trinken & lag auf dem Sofa & mußte beinahe erbrechen & hatte eine unruhige Nacht & fühlte sich am nächsten Morgen besser. […]

Donnerstag 6. Juni 1918

Diese Lücken sind wetterbedingt. Es ist nicht das Wetter, um sich am Kaminfeuer niederzulassen & es sich gemütlich zu machen. In der Tat bereitet mir das Lesen gewisse Schwierigkeiten. Die Fenster stehen beide offen; die Nachbarskinder spielen im Garten; das übliche Gesinge ertönt aus dem Zimmer der Gesanglehrerin über der Waschküche; die Vögel singen laut in den Bäumen. Ich möchte grasbedeckte Räume durchstreifen. Es ist unmöglich, sich zu konzentrieren. Daher gehen die Dinge vorbei, ohne aufgezeichnet zu werden. Ziemlich viel Geselligkeit spielt sich in diesem Wetter ab – Adrian & Karin waren am Sonntag zum Dinner bei uns; *sie* mit entschlossen künstlerischem Flair, das etwas Bedrückendes hat; leuchtendes Grün, mit kräftiger eingesetzter Stickerei.[12] Sie leben ziemlich außerhalb unserer Welt; außerhalb aller Welten, will mir scheinen, obwohl ich mich da irren kann. A. macht sich nie die Mühe, jemanden aufzusuchen, & gemeinsam stellen sie einen zu kompakten Block dar, um bei einer Gesellschaft angenehme Gäste abzugeben. A. war amüsant, trotz allem. Aus Voreingenommenheit halte ich meine eigenen Verwandten für ziemlich bemerkenswert. Er kann einen wirklich zum Lachen bringen mit seinen Geschichten über Saxon: »Fünfzehn Minuten braucht er, um von der liegenden in die sitzende Stellung zu gelangen.« A. ist ein guter Beobachter, maliziös, aber freundlicher als früher. Er hat den Geschmack, & sie die Energie. Ich habe auch Alix wiedergesehen – genaugenommen sie eingeladen, mit mir hier zu Abend zu essen, als L. nicht da war. Ich meine der zarteste Schimmer einer Dämmerung zeichnet sich an ihrem kohlschwarzen Horizont ab. Sie ist in der Lage sich vorzustellen, daß sie eines Tages ein Buch finden könnte, das sie lesen möchte. Sie hat es mit Berties Mathematik versucht & es aufgegeben, hat aber meinen Vorschlag der Geschichte der Jurisprudenz nicht völlig verworfen. Sie möchte an etwas arbeiten, das niemandem wichtig ist; & das nie benutzt werden wird oder gesehen oder gelesen, & für das man weder mehr noch weniger als 3 Stunden am Tage aufbieten muß.

Dann kam Carrington zum Tee zu mir, da L. wieder eine Rede hielt. (Seine Aktivitäten sind jetzt nicht mehr zu zählen – mit diesem Völkerbund & all seinen bösen Machenschaften. Krieg & Frieden, & deren Möglichkeiten, wozu man noch die beharrlichen Schwarzen & das 17er Club-Komitee zählen muß.) Carrington blieb über 2 Stunden; & das allein empfinde ich als ein Zeichen von Jugendlichkeit. Sie ist sonderbar in ihrer Mischung aus Impulsivität & Befangenheit. Manchmal frage ich mich, wor-

12 Karin Costelloe und ihr Mann, VWs jüngerer Bruder Adrian Stephen, hatten fünf Jahre nach ihrer Heirat 1914 begonnen, Medizin zu studieren.

auf sie hinaus will: unendlich bereit gefällig zu sein, versöhnlich, rastlos & aktiv. Ich vermute, der Sog von Lyttons Einfluß bringt ihr seelisches Gleichgewicht stark durcheinander. Sie ist immer noch erfüllt von einer enormen merkwürdigen Bewunderung für ihn & uns. Wieweit das von Urteilskraft zeugt, weiß ich nicht. Sie betrachtet ein Bild wie ein Künstler es betrachten würde; sie hat die Strachey-Bewertung von Menschen & Kunst übernommen; aber sie ist ein so geschäftiges, eifriges Geschöpf, so rot & stabil, & gleichzeitig wißbegierig, daß man nicht umhin kann sie zu mögen. Sie versorgte mich mit dem Klatsch der letzten Wochen. Jos hat seine taube Gouvernante geheiratet & dadurch die Hoffnungen von weiß Gott wievielen Marjories zerstört. Sie ist auf die schroffste Art & Weise vor die Tür gesetzt worden, gedemütigt vor all ihren Freunden – so würde ich es jedenfalls empfinden. Lytton beklagt sich, daß die Kritiker seine Urteile nicht angegriffen haben. Sie haben voneinander abgeschrieben & ihm nicht sehr differenzierte Komplimente gemacht. Doch sein Buch wird neu aufgelegt; das Lob der Älteren, der Ottolines & Goldies, ist überschwenglich.[13] Ich habe es noch nicht zu Ende gelesen; in der Tat habe ich mich davor gedrückt, meine eigene Meinung zu formulieren, da sie recht kompliziert ausfallen könnte. Jedenfalls werde ich nicht jetzt damit anfangen, da ich im Begriff bin, das Abendessen zu machen & in die Stadt zu fahren, um die Zauberflöte zu hören.[14] Und Oliver hat eine neue Geliebte genommen, & Barbara & Saxon haben Asheham verlassen, & mehr Klatsch fällt mir im Augenblick nicht ein.[15]

13 Goldsworthy (»Goldie«) Lowes Dickinson (1862–1932), Lehrer, Humanist, Historiker und philosophischer Schriftsteller. Während des Krieges engagierte er sich aktiv für die Gründung eines Völkerbundes.

14 Die Woolfs lebten in Richmond, außerhalb von London.

15 Saxon Sydney-Turner (1880–1962) war ein Consemester und enger Freund von Thoby Stephen, LW und Lytton Strachey am Trinity College in Cambridge. Derzeit war er im Finanzministerium tätig. Barbara Hiles (1891–1984) studierte 1913–14 Malerei an der Slade School; hübsch, lebhaft und freundlich, wie sie war, hatte sie die Aufmerksamkeit von Saxon Sydney-Turner auf sich gezogen, und VW hoffte, er würde sie heiraten. Sie heiratete noch im selben Jahr Nicholas Bagenal.

Montag 24. Juni 1918

Die Völkerbundintrige hat sich nicht zu unseren Gunsten entwickelt, als Folge verschiedener Winkelzüge, die Sir Willoughby nach der Generalversammlung unternahm. Aber ich bin nicht kompetent genug, um darüber einen klaren Bericht abzugeben. Was mich amüsiert, ist, wie Adrian sich in einen Redner verwandelt hat, einen Agitator, einen Mann mit Überzeugungen. Ich kann das nicht ganz ernst nehmen; ich meine, daß ich das teilweise seinem Bedürfnis zuschreibe, seine eigene Haltung als »C. O.« [*Conscientious Objector*][16] zu rechtfertigen. Er ist etwas einfältig; arbeitet aber Punkte aus, setzt Briefe in Umlauf, produziert Konvertiten & organisiert Zusammenkünfte der Erwählten im 17er Club, wo die extremsten Maßnahmen geplant werden. Es ist merkwürdig, wie sich die Leute unweigerlich in solche Splittergruppen aufspalten & nicht mehr zusammengebracht werden können, wobei jede den Vollbesitz des Richtigen für sich beansprucht. Aber diese ganze Woche habe ich mich über das Zumutbare hinaus mit der großen Dienstmädchenfrage herumgequält. Da ich die Etappen nicht festgehalten habe, werde ich nicht jetzt damit anfangen. Es ging um die Frage, ob N[elly] & L[ottie] für 3 Monate zu Nessa gehen sollten. Zunächst stimmten sie freudig zu; dann zögerten sie; dann erbaten sie sich die Zusicherung, daß sie zu uns zurückkommen könnten; dann willigten sie formell ein; dann weigerten sie sich vehement; dann erschien plötzlich Trissie als Abgesandte; blieb über Nacht, argumentierte, gewann den Fall & verlor ihn wieder. Schließlich fanden sie & ich eine Witwe mit Kind in Soho, die die Stelle annahm; & jetzt ist alles wie es vorher war, nach mehr Unterredungen, Emotionen, Briefen, Telegrammen, Verhandlungen, Kompromissen & diplomatischen Schritten als nötig gewesen wären, um ganz Europa in Flammen aufgehen zu lassen. Trissies Ruf hat, so weit ich es beurteilen kann, in unseren Augen

16 Kriegsdienstverweigerer

endgültig gelitten; die anderen sind im Wert leicht gestiegen. An einem bestimmten Punkt dieser Agonie kamen Gertler & Kot zum Dinner zu uns.[17] Gertler ist ein dicklicher weißer junger Mann, der sich für die Gelegenheit in Sackhosen sehr adrett gemacht hatte. Sein Gesicht ist etwas angespannt & verkniffen; aber die Bezeichnung, die er offensichtlich für sich wünscht, ist »kraftvoll«. Alle Juden haben etwas Komprimiertes. Sein Verstand hat gewiß eine kraftvolle Spannkraft. Er ist offensichtlich auch ein ungeheurer Egoist. Er gedenkt durch schiere Willenskraft die Kunst zu erobern. Aber abgesehen von dieser Art von Aggressivität, lohnte sich das Gespräch mit ihm durchaus. L. fiel seine erstaunliche Schnelligkeit auf. Er hätte uns fast seine ganze Lebensgeschichte erzählt. Mein Gefühl bei ihm war, wie ich es auch gegenüber manchen Frauen kenne, daß unnatürliche Unterdrückung bei ihm in unnatürlichen Behauptungswillen umgeschlagen ist. Er sah sich prüfend unsere Möbel & Bilder an. Poliertes Pensionsmobiliar gefalle ihm am besten, sagte er. Er habe niemals Verwandtschaftsgefühle für irgendjemanden empfunden. Er hält sich für sehr viel schlauer als die meisten Maler. Kot saß wohlwollend schweigend dabei und tat, als würde er kaum wahrnehmen, was er vor Augen hatte. Beide beschrieben ihre jüdischen Familien. Ich habe das Gefühl, daß auf Gertler, ebenso wie auf Murry & Katherine, der Schatten der Unterwelt liegt.[18] Man könnte ihm nicht trauen; im Grunde, denke ich, ist er skrupellos. Kot ist anders – eher von der Art des handfesten Pensionsmobiliars, aber mit einem Hauch von Romantik.

17 Mark Gertler (1891/2–1939), aus ärmlichsten polnisch-jüdischen Verhältnissen stammender Maler. Er wurde unterstützt von Lady Ottoline Morrell, durch die er die Woolfs und Lytton Strachey kennenlernte. Samuel Solomonowitsch Koteljanski (1882–1955), ein ukrainischer Jude, der etwa 1910 mit einem Forschungsstipendium der Universität Kiew nach England kam, gehörte zu dem Kreis um Katherine Mansfield.

18 Katherine Mansfield (1888–1923), in Neuseeland geborene Schriftstellerin, hatte die Woolfs wahrscheinlich gegen Ende 1916 kennengelernt. Sie war verheiratet mit John Middleton Murry (1889–1957), Literaturkritiker, Autor und Herausgeber des *Athenaeum*. (Siehe Biographische Skizzen.)

Margaret kam zum Besuch; welcher mit einer ungeheuerlichen Breitseite cooperativer Fachsimpelei eröffnet wurde; Klagen, Ambitionen & übersteigerte Erwartungen; alles übertrieben, fand ich, wenn man ihren wirklichen Wert bedenkt. Die Abstimmung im Kongreß gegen den Frieden hat für sie unvorstellbares Gewicht & Entsetzen. Sie spricht immer noch davon, nächstes Jahr zurückzutreten; aber dabei wurden wir von einer seltsamen Attacke in einem von L.s Augen unterbrochen; er stürzte davon zum Apotheker, und mit Margaret alleingelassen lästerte ich nur noch. L. ließ sich von Fergusson eine kleine Fliege herausnehmen; kam zurück & machte wieder weiter, & M. blieb bis zum letzten Zug. Sie ist ein feines Exemplar einer Frau im öffentlichen Leben; ein Typus, der schließlich nicht weniger ausgeprägt ist als der literarische, obwohl als solcher noch nicht so umfassend studiert & beschrieben. Ihre Absonderlichkeiten amüsieren mich auch dann noch, wenn ich, um die Wahrheit zu sagen, längst aufgehört habe, ihre Intrigen & Verleumdungen auseinanderhalten zu können. Aus Gewohnheit empfinden sie sich als zu Tode geritten, mit Arbeit überhäuft, ohne einen Moment Ruhe; & kein einziges Mal seit ich sie kenne hat Margaret ihren Gesundheitszustand anders als sehr müde genannt. Aber diese Eigenheiten nehme ich nicht besonders ernst; & ihre Direktheit & außerordentliche Charakterstärke nötigen mir immer Bewunderung ab. Hätte sie einen schärferen Verstand, oder einen subtileren gehabt, oder irgendeine Disziplinierung, die ihr nie zuteil wurde, sie hätte Wunder vollbringen können. Ich vermute manchmal, daß sie ihre Arbeit für weniger gut hält als sie hätte sein sollen. Oder vielleicht ist es nur der entsetzliche Schatten des Alters, in den niemand, weder Roger noch Goldie noch irgendeiner von ihnen, ohne Schauer eintreten kann.

Aber diese Bemerkungen über Personen im öffentlichen Dienst gelten genauso für Ka. Sie aß gestern abend bei uns & schlief hier & fuhr heute morgen pünktlich in ihr Büro. Mit etwas Anstrengung kann sie auch über andere Dinge reden, aber sie scheint niedergebeugt & gekrümmt unter einer Last von Verantwortung, was ich gegenwärtig für eine Art Korsett halte. Außerdem sinniert sie über den Krieg. Ihr eigenes Glück verschwand vermutlich völlig durch Ruperts Tod; & sie ist wohl im Begriff, sich auf ein Leben einzustellen, das unendlich ärmer & kälter ist als sie erwartet hatte.[19] Falls das stimmt, dann ist ihre Illusion über den Wert eines Schreibtisches in der Reederei & ihre Halluzination über ihren eigenen gehetzten, erschöpften, qualvollen Zustand eine Gnade. Uns erschienen sie doch recht übertrieben. Es ist vor allem die typische Büroatmosphäre, die übliche Einstellung. Man hat ihr in Newnham College die Leitung eines Hauses angeboten. So treten wir alle in die Reihen der Leute mittleren Alters ein, der Verantwortlichen, der Lastenträger. Das macht mich etwas melancholisch. Als Versager würden wir jung bleiben, das wenigstens.

Heute nachmittag vor dem Tee habe ich die letzten Wörter von Katherines Geschichte gesetzt – 68 Seiten.[20]

Dienstag 2. Juli 1918

Meine Hand zittert nicht mehr, doch vibriert mein Geist zu sehr, was immer der Fall ist nach einer Invasion von Besuchern; unerwartete, & nicht sehr einfühlsame. Man hat Unsinn geredet; man schämt sich; sie haben sich nicht wohl gefühlt; der Kontakt zwischen ihnen war schwierig. Ich las gerade beim Tee Macaulays Leben als Mrs Woolf angemeldet wurde. Edgar & Sylvia kamen vorbei, da sie gerade durch Richmond unterwegs waren. Er ist sehr viel netter als sie; wie ich wohl schon in diesem Buch festgestellt habe, halte ich sie für den absoluten Durchschnitt ihres Geschlechts, ihrer Gesellschaftsschicht & ihres Alters; in Anbe-

19 Der Dichter Rupert Brooke, der im aktiven Einsatz in der Ägäis im April 1915 an Blutvergiftung starb, hatte Ka Cox für den Fall seines Todes geschrieben: »Du bist das, was einer Witwe von mir am nächsten käme.«

20 Es handelte sich um Katherine Mansfields Erzählung ›Prelude‹, die die Woolfs in der Hogarth Press veröffentlichten.

tracht des Geburtsortes Putney & der Mittelschichts-Herkunft & der eher bescheidenen Verhältnisse. Millionen wie sie werden jedes Jahr von der großen Maschine hervorgebracht. Doch werden sie obendrein mit einer Reihe vorgestanzter Bemerkungen ausgestattet, also verplauderten wir die 20 Minuten – & jetzt sind sie fort. Aber was hat ihn bewogen, sie zu heiraten? »Mein lieber Junge«, nennt sie ihn. Ich habe heute nachmittag angefangen, K. M.s Geschichte zu falzen; & ging beim Drucker vorbei, der nur halbwegs versprechen wollte, die Presse morgen frei zu haben. Jedes nur mögliche Hindernis wird uns in den Weg geschleudert, obwohl wir unser Bestes tun, nächste Woche damit herauszukommen. Die Grippe, die überall wütet, ist nebenan eingezogen.

Montag 29. Juli 1918

Ich bin gelähmt von der Aufgabe, ein Wochenende in Garsington zu beschreiben. Ich vermute, wir produzierten miteinander rund eine Million Wörter; hörten uns noch sehr viel mehr an, hauptsächlich aus dem Munde von Mrs Hamilton, die an ihrem Halsband zerrt wie ein Spaniel & hauptsächlich die großen nußbraunen starrenden Augen eines solchen hat. Gertler war da; Shearman & Dallas zum Tee; Brett, Ottoline, 3 Kinder & Philip. Das Band, das alles von Anfang bis Ende zusammenhielt, war Philips Angriff auf Murry in The Nation wegen seiner Rezension von Sassoon. Halb war er stolz auf sich & halb war es ihm unangenehm; auf alle Fälle wurde mir unterstellt, auf Murrys Seite zu stehen, bevor auch nur 10 Minuten vergangen waren; & dann, um zu beweisen, daß er recht hatte, las Philip dreimal, wie mir schien, Murrys Artikel, dessen Brief & seinen Brief an Murry vor, seine Argumente betonend, & mit erhobenem Finger, damit wir aufpaßten. Und dann gab es noch Sassoons Dankschreiben. Ich glaube, Ott. war etwas gelangweilt. Glücklicherweise war das Wetter schön, das Essen gut, & wir strömten recht glücklich durcheinander, & ohne uns ernsthaft zu langweilen, was mehr ist als man von einem Wochenende verlangen kann. In der Tat war ich, aus irgendeinem Grunde, sehr zufrieden. Mein Bett wirkte wie Schichten eines äußerst elastischen Rasens; & dann ist der Garten fast melodramatisch vollkommen, mit seinem grauen rechteckigen Becken & rosa Bauernhäusern, seinem weichen weißgrauen Stein & riesigen sanften dichten grünen Eibenhecken. Diese Wege wandelten wir entlang; ein- oder zweimal mit Ott., einmal mit Mrs Hamilton. Sie arbeitet mit ihrem tüchtigen Verstand. Hat keinen Pfennig eigenes Geld; & verfügt über den eifrigen, schwer arbeitenden Verstand einer Berufstätigen und verdient sich immer ihren eigenen Lebensunterhalt. Ich bin nicht sicher, ob sie im Vergleich mit Ott. nicht sehr gut abschnitte. Kurz nach dem Tee wanderten wir drei davon »in Richtung Wald«. Aber wir langten natürlich niemals dort an. Ott. setzte sich sehr bald auf ein Gatter & besprach den Charakter von Lady Margaret Sackville; & wie gewöhnlich beklagte & bewunderte sie genau die Charaktereigenschaften die sie, so könnte man meinen, aus erster Hand kannte.[21] Ihr Gedankengang ist jedoch immer geradezu verwirrend verschlungen; & ich glaube, sie weiß oft nicht, warum sie eine bestimmte Richtung verfolgt. Die Schwierigkeit ist, daß jeder, der ihr zuhört, irgendein heimliches Motiv ausmacht; & deshalb wirkt ihr Reden ziemlich abschweifend & ermüdend. Als wir einen Hügel in der Sonne halb erklommen hatten, blieb sie stehen, stützte sich auf ihren Sonnenschirm, ließ ihren Blick vage über die Landschaft schweifen & fing eine Rede über die Liebe an. Ein Wind schien die Hälfte ihrer Wörter wegzublasen – ein weiterer Grund, warum es anstrengend ist, ihr zuzuhören –

»Ist es nicht traurig, daß sich heutzutage niemand mehr *wirklich* verliebt? Es ist das Allerungewöhnlichste – ich meine, die Menschen sehen einander nicht mehr als Ideal. Sie fühlen nicht, daß jedes Wort einfach zu wunderbar ist, nur weil der andere es

21 Lady Margaret Sackville, Lyrikerin und Pazifistin.

ausgesprochen hat. Bei Bertie ist das natürlich der Fall – aber dafür ist seine Wahl oft nicht die glücklichste.«

An dieser Stelle sagte ich, hauptsächlich um uns wieder auf den Heimweg zu bringen, daß die Liebe sehr viele verschiedene Bedeutungen habe; & daß es absurd wäre, sie auf die romantische Liebe begrenzen zu wollen. Ich behauptete auch, daß man Gruppen von Menschen lieben könnte, & Landschaften. Unglücklicherweise bewegte diese Bemerkung Ott. dazu, sich wieder auf ihren Sonnenschirm zu stützen & sehnsüchtig ein Weizenfeld zu betrachten.

»Ja. Ich liebe das – so wie es ist – die Kurve dieses Weizenfeldes scheint mir ebenso göttlich zu sein wie irgendein menschliches Wesen. Ich bin schon immer so gewesen, seit ich mich erinnern kann. Ich liebe auch die Literatur –«

»Ich liebe ganz absurde Dinge – die ILP [*Independent Labour Party*] zum Beispiel«, sagte Mrs Hamilton.

Endlich bewegten wir uns wieder weiter, & wir fragten die arme alte Ziege warum sie, bei dieser Leidenschaft für Literatur, nicht schreibe.

»Ach, ich habe doch keine Zeit – niemals irgendwie Zeit. Außerdem, mein Gesundheitszustand ist so entsetzlich – Aber das Glück, schöpferisch tätig zu sein, muß jedwedes andere übersteigen, Virginia.«

Ich sagte, das sei zweifellos der Fall; obwohl ich finde, die Bemerkung hätte auch Mrs Hamilton mit meinen müssen. Wir schleppten uns durch das Dorf zurück, wo sämtliche Bauern auf der Straße herumlungerten, mit ihren Pfeifen & ihren Hunden & ihren Babies. Die leutseligsten & leider auch untertänigsten Grußformeln wurden ausgetauscht; wobei die blendende Erscheinung von Ott. mit ihren Perlen auf die Landarbeiter weder falsch noch lächerlich zu wirken schien, sondern wie ein Teil der aristokratischen Show, für die sie gezahlt hatten. Niemand lachte. Alte Damen in Schwarz blieben nur zu bereitwillig stehen, um über das warme Wetter zu reden. Alle schienen sie etwas aufgeregt & sehr darauf bedacht, sich beliebt zu machen. »Sehr nette

Leute, nicht wahr?« sagte sie, als wir ins Haus traten; & ich wette, nichts in den nächsten 300 Jahren wird sie zu etwas anderem machen.

Man führte mich in Gertlers Studio & zeigte mir seine massive »unnachgiebige« Teekanne (um Bretts Wort zu verwenden).[22] Er ist ein resoluter junger Mann; & wenn man gute Bilder machen kann indem man will, daß sie gut werden, dann wird er Wunder bewirken. Kein niederes Motiv hat eine Chance bei ihm; & deshalb setze ich keine sehr großen Stücke auf ihn. Es ist eine zu moralische & intellektuelle Angelegenheit; oder vielleicht ist die natürliche Begabung nicht üppig genug, um sein Gewissen & seine Willenskraft zu überdecken. Er sagt geradeheraus, was er denkt, sitzt sehr aufrecht; alles an ihm eng gespult, gespannt, muskulös; seine Kunst ist für ihn oft eine Marter, erzählte er mir. Er verstehe aber nun endlich, daß er die Form in den kräftigsten Farben malen will. Er ist besessen von der Form. Er sieht eine Lampe als eine drohende, dominierende, überwältigende Masse Materie. Schon als Kind haben ihn die Festigkeit & die Umrisse von Gegenständen gequält. Ich riet ihm, um der Kunst willen, bei Verstand zu bleiben; zu erfassen, & nicht zu übertreiben, & Glasscheiben zwischen sich & seine Materie zu legen. Genau das, sagte er, sei jetzt sein persönlicher Wunsch. Aber er kann Musik aus dem Pianola für gleichwertig mit selbstgemachter halten, da sie die Form hergibt & Anschlag & Ausdruck nichts bedeuten.

Mittwoch 7. August 1918

Das Ashehamer Tagebuch verschluckt meine peinlich genauen Beobachtungen von Blumen, Wolken, Käfern & Eierpreisen; & da wir allein sind, gibt es keine anderen Ereignisse zu berich-

22 Dieses Gemälde mit der Signatur *Mark Gertler July 1918* befindet sich jetzt in der Tate Gallery.

ten.[23] Unsere Tragödie war, daß wir eine Raupe zertraten; unsere Aufregung die Rückkehr der Dienstmädchen von Lewes gestern abend, beladen mit L.s ganzen Kriegsbüchern & der English Review für mich, mit Brailsford über einen Völkerbund & Katherine Mansfields Bliss. Ich warf Bliss hin mit dem Ausruf, »Sie ist erledigt!« In der Tat weiß ich nicht, wieviel Vertrauen in sie als Frau oder Schriftstellerin diese Art von Geschichte überleben kann. Ich muß, fürchte ich, die Tatsache akzeptieren, daß ihr Geist eine sehr dünne Krume ist, ein oder zwei Zoll tief über sehr unfruchtbarem Fels. Denn Bliss ist lang genug, um ihr die Möglichkeit zu geben, tiefer zu gehen. Stattdessen begnügt sie sich mit oberflächlicher Gescheitheit; & die ganze Konzeption ist armselig, billig, keineswegs die Vision, wie unvollkommen auch immer, eines interessanten Geistes. Sie schreibt auch noch schlecht. Und die Wirkung war die, wie gesagt, daß ich einen Eindruck bekam von ihrer Abgestumpftheit & Härte als Mensch. Ich werde es noch einmal lesen; aber ich vermute nicht, daß ich meine Meinung ändere. Sie wird fortfahren diese Art von Sachen zu machen, völlig zu ihrer eigenen & Murrys Zufriedenheit. Ich bin jetzt erleichtert, daß sie nicht gekommen sind. Oder ist es absurd, diese ganze persönliche Kritik an ihr in eine Geschichte hineinzulesen?

Jedenfalls war ich sehr froh mit meinem Byron weiterzumachen.[24] Er hat wenigstens die männlichen Tugenden. In der Tat amüsiert es mich, wie mühelos ich mir seine Wirkung auf Frauen vorstellen kann – besonders auf eher dumme oder ungebildete Frauen, die nicht auf seinem Niveau waren. Es sind auch so viele, die ihn für sich reklamieren wollten. Schon als Kind (wie Gertler sagen würde, als wäre er damit schon als besonders be-

23 Asheham war der Name des Woolfschen Hauses in den Hügeln von Sussex. Das Ashehamer Tagebuch, das VW zwischen dem 31. Juli und 6. Oktober parallel führte, handelt von den Angelegenheiten, die sie hier erwähnt. Es ist weder in die Gesamtausgabe ihrer Tagebücher noch in diesen Auswahlband aufgenommen worden.

24 VW las wahrscheinlich *The Life and Letters of Lord Byron* von Thomas Moore.

merkenswerte Person ausgewiesen) hatte ich die Angewohnheit, voll & ganz in irgendeine Biographie einzutauchen & meine imaginäre Konfiguration der Person mit jedem kleinsten Fetzen von Information, die ich über sie fand, aufbauen zu wollen. Während dieser Passion schien der Name Cowper oder Byron oder wer es auch war auf den unwahrscheinlichsten Seiten aufzutauchen. Und dann, plötzlich, rückt die Figur in die Ferne & ist nur eine der gewöhnlichen Toten. Ich bin sehr davon beeindruckt, wie außerordentlich schlecht B.s Gedichte sind – jedenfalls die, die Moore fast sprachlos vor Bewunderung zitiert. Warum hielten sie diese Albumverse für das herrlichste Feuer der Dichtung? Es liest sich kaum besser als L. E. L. oder Ella Wheeler Wilcox.[25] Und sie brachten ihn davon ab, das zu schreiben, was er schreiben konnte, wie er sehr wohl wußte, nämlich Satiren. Er kehrte aus dem Osten zurück mit Satiren (Parodien von Horaz) im Gepäck & Childe Harold. Man redete ihm ein, daß Childe Harold das beste Gedicht wäre, das je geschrieben worden sei. Aber als junger Mann glaubte er nie an seine Gedichte; bei einer so selbstsicheren, dogmatischen Persönlichkeit ein Beweis, daß er nicht die Begabung hatte. Die Wordsworths & Keats' glaubten daran mit der Intensität, mit der sie überhaupt etwas glauben konnten. Was seinen Charakter betrifft, fühle ich mich oft etwas an Rupert Brooke erinnert, wiewohl Rupert da schlechter abschneidet. Jedenfalls besaß Byron eine großartige Kraft; seine Briefe beweisen es. In vieler Hinsicht hatte er auch ein sehr angenehmes Wesen; obwohl er, da niemand ihm durch Spott seine Affektiertheiten austrieb, mehr Ähnlichkeit mit Horace Cole entwickelte als man wünschen würde. Nur eine Frau hätte ihn auslachen können, & die verehrten ihn stattdessen. Ich bin noch nicht bis zu Lady Byron vorgedrungen, aber ich vermute, daß sie, anstatt zu lachen, nur mißbilligte. Und so wurde er »byronisch«.

25 Letitia Elizabeth Landon – »L. E. L.« (1802–1838) – und die Amerikanerin Ella Wheeler Wilcox (1850–1919) waren Dichterinnen mit bemerkenswerter natürlicher Begabung und Flüssigkeit des Stils, die sich großer allgemeiner Beliebtheit erfreuten.

Dienstag 10. September 1918

Ich habe die letzten fünf Minuten mit dieser Kladde vor mir damit verbracht, zwei ertrunkene Fliegen mit meiner Federspitze aus meinem Tintenfaß zu fischen; aber ich beginne zu begreifen, daß das eines der Unterfangen ist, die völlig unmöglich sind – absolut unmöglich. Weder Darwin noch Plato würden es mit meiner Federspitze schaffen. Und jetzt nehmen die Fliegen zu & lösen sich auf; heute sind es drei. In Asheham fallen mir natürlich Darwin & Plato ein; aber darin bin ich keine Ausnahme. Meine intellektuelle Arroganz wurde heute morgen gemaßregelt, als ich von Janet hörte, daß sie Don Quichotte & Paradise Lost liest, & ihre Schwester abends Lukrez.[26] Ich hatte geglaubt, daß niemand in Sussex in diesem Augenblick Paradise Lost liest. Janet vertritt die typische Ansicht, daß Don Quichotte mehr Humor hat als Shakespeare. Shakespeares Derbheit wird sie schmerzen, das verstehe ich; sie wird das wohl mit dem Intellekt anpacken. Ihre ganze Generation geht zu engstirnig mit dem Verstand an die Bücher heran, auf der Suche nach Bedeutung statt einfach zum Vergnügen weiterzulesen, was mehr oder weniger meine Art ist, & deshalb natürlich die ergiebigste & beste. Margaret soll es nicht so gut gehen. Ich bin eher hartherzig, da ich die Erwartung hege, irgendwann einmal etwas zu meinem Nutzen zu lernen – über Altersleiden im allgemeinen und Margarets im besonderen. Sie scheint mir in einer Atmosphäre zu leben, wo kalte Füße mehr Gewicht haben als andernorts eine Bronchitis – ein Teil der Spannung ihres Lebens, wie es das Essen für Karin ist & Bücher zu besprechen für mich. Und dann noch das aufmerksame besorgte Echo, das Lilian & Janet abgeben! Margaret dominiert, & sie, denen Selbstlosigkeit Vergnügen bereitet, überschwemmen sie mit Mitgefühl & entwickeln irgendwie eine andere Gesundheitsskala für M. als für die übrige

26 Janet Case (1862–1937), Altphilologin, hatte VW seit 1902 Griechischunterricht erteilt und war eine enge Freundin geworden. Sie war gleichzeitig mit Margaret Llewelyn Davies am Girton College gewesen.

Menschheit – aber das klingt etwas phantastisch & entspringt teilweise der Überlegung, daß ich, wenn ich nett wäre, M. einen langen liebevollen heiteren Brief schreiben würde. Was mich daran hindert, sind meine Vorbehalte gegen Wohltätigkeit gegenüber den Alten. Ich möchte weder wohltätig umsorgt werden, noch andere umsorgen; & ich habe das Gefühl, daß die Art von Brief, den man bei einer solchen Gelegenheit schreibt, ein Akt der Gefälligkeit ist, & als solcher weder angetragen noch entgegengenommen werden sollte. Unweigerlich nähert sich der Sozialarbeiter dem Nicht-Sozialarbeiter mit der Absicht, das zu kriegen, was dieser geben kann & dabei den Gebenden ein Weniges an Geringschätzung spüren zu lassen. Der Gebende kann nichts Besseres sein als einer, der Unterhaltung liefert. Langeweile ist das legitime Königreich der Philanthropen. Sie herrschen in der Metropole.

Obwohl ich nicht der einzige Mensch in Sussex bin, der Milton liest, habe ich vor, meine Eindrücke von Paradise Lost niederzuschreiben, während ich damit beschäftigt bin. ›Eindrücke‹ gibt ziemlich genau das wieder, was in meinem Kopf nachgeblieben ist. Ich habe viele Rätsel ungelesen gelassen. Ich bin zu schnell weitergeeilt, um den vollen Geschmack auszukosten. Jedoch begreife ich & stimme auch in gewissem Maße der Meinung zu, daß dieser volle Geschmack der Lohn höchster Gelehrsamkeit ist. Mich beeindruckt der extrem große Unterschied zwischen dieser Dichtung & jeder anderen. Er liegt, will mir scheinen, in der sublimen Abgehobenheit & Entpersönlichung der Gefühle. Ich habe nie Cowper über das Sofa gelesen, aber ich kann mir denken, daß das Sofa ein herabgekommener Ersatz für Paradise Lost ist. Das Wesentliche bei Milton ist ein einziges Ganzes aus wunderbaren, schönen & meisterlichen Beschreibungen von Engelskörpern, Schlachten, Fluchten, Wohnstätten. Er handelt von Schrecken & Kolossalem & Verkommenheit & Erhabenem, aber nie von den Leidenschaften des menschlichen Herzens. Hat je ein großes Gedicht so wenig Licht auf die eigenen Freuden & Leiden geworfen? Ich bekomme keine Hilfe, um mir ein Urteil über das Leben zu bilden; ich habe kaum das Gefühl, daß Milton gelebt oder Männer & Frauen gekannt hat; außer in den grämlichen Bemerkungen über die Ehe & die Pflichten der Frau. Er war der erste Maskulinist; aber die Geringschätzung entspringt bei ihm dem eigenen Unglück & klingt gar wie das letzte gehässige Wort in seinen häuslichen Streitereien. Aber wie ebenmäßig, stark & kunstvoll ausgeführt das alles ist! Was für eine Dichtung! Ich kann mir denken, daß sogar Shakespeare danach ein wenig wirr wirken könnte, persönlich, heiß & unvollkommen. Ich kann mir denken, daß dies die Essenz ist & nahezu alle andere Dichtung die Verdünnung davon. Schon allein die unsagbare Feinheit des Stils, der eine Nuance nach der anderen hervortreten läßt & einen in der Anschauung gefangen hält, lange nachdem die im Vordergrund ablaufenden Geschäfte erledigt sind. Tief darunter wird man noch weiterer Kombinationen, Verwerfungen, glücklicher Einfälle & Meisterlichkeiten gewahr. Darüberhinaus, obwohl sich nichts wie Lady Macbeths Horror oder Hamlets Aufschrei finden läßt, kein Mitleid oder Mitgefühl oder intuitives Erkennen, sind die Gestalten majestätisch; sie enthalten die Summe vieler Vorstellungen, die sich der Mensch von unserem Platz im Universum gemacht hat, von unseren Pflichten gegenüber Gott, von unserer Religion.

Samstag 12. Oktober 1918

Die erste Woche in London ist immer besonders reichhaltig; & die reichhaltigen Wochen haben immer die Tendenz zu verstreichen, ohne daß man sie festhält. Ich habe auch meinen Jahrestag zu begehen; dieses Tagebuch ist ein Jahr alt, & wenn ich zurückblättere, sehe ich, wie man genau dieselben Dinge wiederholt. Zum Beispiel gingen wir diese Woche L. einen Mantel kaufen; letztes Jahr kauften wir Stiefel. Wieder stellte sich die Frage einer Abendgesellschaft; wieder das, was ich euphemistisch eine »Auseinandersetzung« nennen könnte. Nessa war auch in London, & ich hatte Dinner mit ihr & Clive, nur daß Duncan auch dabei war & wir in Gordon Square aßen.[27] Aber die Versammlung von Lord Grey hat keine Entsprechung im letzten Jahr; auch hätte ich auf gar keinen Fall damals schreiben können, wie ich es jetzt schreiben kann, daß die morgige Morgenzeitung Nachrichten von einem Waffenstillstand bringen könnte. Möglicherweise sind die Kampfhandlungen nächste Woche um diese Zeit vorbei. Alles was wir in dieser Woche unternommen haben, hat diesen außergewöhnlichen Hintergrund von Hoffnung gehabt; eine ungeheuer vergrößerte Variante des Gefühls, an das ich mich als Kind erinnern kann, wenn Weihnachten näherrückte. Die Northcliffe-Zeitungen tun was sie können, um die Unabdingbarkeit & die Freuden des Krieges zu betonen. Sie stellen unsere Siege groß heraus, damit uns der Mund wässrig wird nach mehr; sie schreien vor Freude, wenn die Deutschen die irische Post versenken; aber sie zeigen auch eine gewisse Besorgnis, daß Wilsons Bedingungen akzeptiert werden könnten. L. ist gerade aus Staines zurückgekommen mit einer Zeitung, die offensichtlich mißvergnügt berichtet, daß das Gerücht umgehe, Deutschland stimme dem Rückzug zu. Es soll natürlich nicht, wird hinzugefügt, irgendwelche Bedingungen stellen dürfen. Derweil steckt Philip mittendrin, & der Sohn von Maurice Davies ist gefallen. […]

Dienstag 15. Oktober 1918

Ich hätte nicht gedacht, daß ich so bald eine Begegnung mit einem Minister würde beschreiben müssen – obwohl wir tatsächlich, ohne daß es unser besonderer Wunsch wäre, in einen Kreis zu geraten scheinen, wo die offiziellen Größen gelegentlich auftauchen. Das ist die Auswirkung der [International] Review, vor allem; aber Herbert Fishers Besuch hatte nichts mit der Review zu tun; er hatte ganz offensichtlich etwas mit alten

27 VW und ihre drei Geschwister waren 1904 nach dem Tod ihres Vaters in den Gordon Square 46, Bloomsbury, gezogen. Ab 1907 wohnten dort Clive und Vanessa Bell.

Familienbanden zu tun. Ich hatte mich am Sonntag allein zum Tee niedergesetzt mit meiner entsetzlichen Penny-Zeitung vor mir (die Deutschen hatten spät am Samstagabend sich mit dem Rückzug einverstanden erklärt), L. war in Sutton, um über unsere Kolonien zu referieren & die Dienstmädchen waren ausgegangen, als es klingelte & ich mehrere Gestalten hinter der Scheibe sah. Als ich die Tür öffnete, war ich im ersten Augenblick völlig verwirrt; da standen Olive & M. Heseltine & Herbert Fisher.[28] Die H.s gingen, & Herbert kam herein, wie sie es vorher ausgemacht hatten. Ob ich wohl nervös oder stolz war oder sonst was außer interessiert & begierig, ihm die Neuigkeiten aus der Nase zu ziehen? Ich glaube, ich war keinen Augenblick lang aufgeregt. Zunächst einmal sieht er nicht mehr so schmal & intellektuell aus; seine hohlen Wangen haben sich gerundet; seine Augen haben jenen blassen frostigen Ausdruck, den blaue Augen mit dem Älterwerden bekommen; sein Verhalten ist durchweg sehr ruhig, schlicht, & wenn er nicht spricht ziemlich betrübt & gedämpft. Die Zahl der Todesfälle in seiner Familie haben das vielleicht bewirkt; aber ich glaube fast, daß das Leben in London ihm den Wunsch ausgetrieben hat, ständig Studienanfängern kluge Sachen zu erzählen. Jedenfalls redeten wir ohne Unterlaß & ohne Schwierigkeiten.

»Wir haben heute den Krieg gewonnen«, sagte er sofort. »Ich habe heute morgen mit Milner gesprochen, & er sagt, wir werden spätestens zu Weihnachten Frieden haben. Die Deutschen haben begriffen, daß sie keine Rückzugsgefechte liefern können. Der deutsche Generalstab hat diese Tatsache erkannt, & sie haben den – wie ich finde – bemerkenswerten Mut gezeigt, es zuzugeben. Natürlich können wir ihre gegenwärtigen Bedingungen nicht annehmen. Damit würden sie ja immer noch als größte Militärmacht Europas dastehen. Sie könnten in zehn Jahren wie-

28 Herbert Albert Laurens (»H. A. L.«) Fisher (1865–1940), Historiker, wurde Ende 1916 von Lloyd George zum Präsidenten des Board of Education ernannt, eine Stellung, die er bis zum Sturz der Koalitionsregierung Ende 1922 innehatte. Er war ein Cousin von VW.

der anfangen. Aber die Entscheidung liegt bei den Franzosen. Lloyd George fährt am Montag nach Paris; sie bestehen aber auf dem Rückzug aus Elsaß-Lothringen als Garantie. Wir werden wahrscheinlich auch die Entwaffnung bestimmter Regimenter fordern. Aber wir haben den Krieg gewonnen.«

Dann erzählte er mir, wie wir den Krieg gewonnen haben, seiner Meinung nach, nämlich indem wir irgendwann im Juli ein enormes Risiko eingegangen sind & die englische Front ohne Verstärkung ließen & die Armee abzogen, um Foch bei seinem Schlag zu unterstützen, der mit französischer Präzision 10 Minuten vor dem deutschen Angriff losging. Wenn das nicht funktioniert hätte, hätte zwischen den Deutschen und den Kanalhäfen nichts gestanden. Es bestehen jetzt gute Aussichten für eine vollständige Niederlage der deutschen Armee; Foch sagt, »ich habe meine Schlacht noch nicht gehabt«. Trotz der extremen Rachsucht unserer Presse & der französischen Presse glaubt Herbert, daß wir Fochs Schlacht vereiteln werden, teilweise weil die Deutschen jede Bedingung annehmen werden, um ihr zu entgehen. »Lloyd George hat mir wiederholt versichert, daß er großzügig den Deutschen gegenüber sein will. ›Wir wollen ein starkes Deutschland‹, sagt er. Der Kaiser wird wahrscheinlich gehen. Oh ich war am Anfang ein großer Bewunderer der Deutschen. Ich bin dort in die Schule gegangen & habe viele Freunde dort, aber ich habe meinen Glauben an sie verloren. Der Anteil an Unmenschen ist bei ihnen höher als bei uns. Man hat sie dazu erzogen, brutal zu sein. Aber es hat sich nicht ausgezahlt. Jedes ihrer Verbrechen ist mißglückt. Niemand könnte einen neuen Krieg durchstehen. In 10 Jahren könnten sie ja ganz London mit ihren Flugzeugen auslöschen. Es hat uns 1000 Pfund gekostet, einen Deutschen an der Somme [1916] zu töten; jetzt kostet es uns 3000 Pfund. Aber der Anteil der Männer, die nie verwundet wurden oder auch nur irgendetwas Schreckliches gesehen haben, ist sehr groß. Seeley erzählte mir neulich, daß er mit Tausenden & Abertausenden von Soldaten gesprochen hätte, & sie alle wünschten sich, daß die Lebensbedingungen wie im Kriege weitergingen, nur »ohne diese verdammten Granaten«. Es wird Unruhen geben, wenn sie zurückkommen. Sie werden ihr altes Leben zu langweilig finden. Ich werde sie umerziehen, das ist wahr; aber das wird nicht gleich anfangen – nicht in meiner Zeit. Ich möchte als nächstes die Universitäten reformieren; & dann habe ich genug. Ich kann ohne Amt nicht im Parlament bleiben. Höchstwahrscheinlich werde ich nach Oxford zurückgehen und lehren.«

So unterhielten wir uns weiter, nicht viel anders wie in einem Roman von Mrs Humphry Ward.[29] Ich versuchte mir das Außergewöhnliche klarzumachen, aber ich fand es schwer – außergewöhnlich, meine ich, in Kontakt zu sein mit jemandem, der sich genau im Zentrum des Zentrums befindet, in einem kleinen Zimmer in Downing Street sitzt, wo, wie er sagte, die Funkmeldungen aus der ganzen Welt durchrasen, eine Million Meilen in der Minute; wo ununterbrochen Fragen von enormer Schwierigkeit & Bedeutung aus dem Handgelenk entschieden werden müssen – wo die Geschicke von Armeen mehr oder weniger abhängen von dem, was zwei oder drei ältere Herren beschließen. Herbert meint, es gebe 2 oder 3 Genies im Kabinett (L. George, Balfour & möglicherweise Winston Churchill – wobei seine Definition ist, daß sie die Fähigkeit besitzen, alles plötzlich anders erscheinen zu lassen) & eine Riege von Mittelmäßigen. Seine Qualitäten sind vermutlich Ausgewogenheit & Weitblick & Kultiviertheit. Die Wichtigkeit scheint oberflächliche Eigenheiten zu glätten; den Menschen den Anschein von Schlichtheit zu verleihen; sie sind sehr höflich; aber irgendwie nicht mehr spontane Menschen; ein Ruch von Familienbutler haftet ihnen an. Das wurde aber deutlicher, als L. hereinkam. Mit mir allein war H. sehr freundlich & ruhig & legte kein würdevolles Benehmen an den Tag.

29 Mary Augusta Ward (Mrs Humphry Ward, 1851–1920), eine außerordentlich energische, philanthropisch engagierte Frau, aktive Gegnerin der Frauenbewegung, war hauptsächlich als viel und erfolgreich schreibende Romanautorin bekannt.

Mittwoch 30. Oktober 1918

Gerade zurückgekommen von einem Spaziergang im Park an diesem unglaublich schönen Herbsttag. Verschiedene Häuser waren mit orangefarbenen Beeren bewachsen; die Buchen leuchten so, daß alles blaß wirkt, nachdem man sie angesehen hat. (Ich schreibe so ungern, direkt nachdem ich Mrs H. Ward gelesen habe! – sie ist eine ebensogroße Gefahr für die Gesundheit des Geistes wie die Grippe für die des Körpers.) Wir sprachen über den Frieden: wie die wurstförmigen Ballons heruntergeholt werden würden & Goldmünzen hereinströmen; & wie die Menschen bald den ganzen Krieg vergessen haben würden & die Früchte unseres Sieges verstauben würden wie die Schmuckstücke unter Glas in den Aufenthaltsräumen von Pensionen. Wie oft werden die guten Leute von Richmond sich freuen bei dem Gedanken, daß für die guten Leute von Potsdam die Freiheit erkämpft worden ist? Ich kann mir jedoch vorstellen, daß wir uns auf unsere eigenen Tugenden allerlei einbilden werden. Die Times spricht immer noch von der Möglichkeit einer weiteren Saison, um den Krieg nach Deutschland hineinzutragen & dort den deutschen Bauern Respekt für die Freiheit beizubringen. Ich glaube, die Distanz, die der Durchschnittsmensch zu Gefühlen dieser Art hat, ist die einzige Bürgschaft & Sicherheit, daß wir wieder zur Ruhe kommen werden, um nichts besser oder schlechter geworden.

Wir waren gestern einen Tag in London; er endete für mich mit Gesprächen mit Ka & James im Club, der sich jetzt offensichtlich wieder belebt. Ka hat wegen Wills Krankheit aufgehört Bürokratin zu sein; streifte die Macht ab wie eine Kastanie ihre Schale; & bleibt innerlich unberührt. James gerade aus Cornwall zurück, wo er Grippe hatte. Alix auch zurück; ohne die Grippe gehabt zu haben & bereit, vermute ich, ihre Herbstkampagne aufzunehmen, von der Oliver wettet, daß sie sie gewinnen wird. Ich vermerke hier, daß ich am Dienstag, dem 29. Okt., meine neue Batterie gekauft habe; bis jetzt außerordentlich hell.

Montag 11. November 1918

Vor fünfundzwanzig Minuten sind die Kanonen losgegangen, um den Frieden zu verkünden. Eine Sirene schrillte auf dem Fluß. Sie schrillen immer noch. Ein paar Leute liefen an die Fenster, um hinauszusehen. Die Krähen schwenkten herum & wirkten momentlang wie symbolische Kreaturen, die irgendeine Zeremonie, teils Danksagung, teils Abschied an einem Grab, vollführten. Ein stark bewölkter stiller Tag, der Rauch sackt gen Osten ab; & auch das wirkt momentlang wie etwas Schwebendes, Winkendes, Ermattendes. Wir schauten aus dem Fenster; sahen wie der Fassadenmaler einen Blick gen Himmel warf & mit seiner Arbeit fortfuhr; wie der alte Mann die Straße entlangzockelte, in der Hand eine Tasche, aus der ein großer Laib Brot herausragte, gefolgt von seinem Köter. Bis jetzt weder Glocken noch Fahnen, nur das Heulen der Sirenen & gelegentlich Kanonendonner.

Dienstag 12. November 1918

Wir wären gut beraten gewesen, glaube ich, uns mit den Zeichen des Friedens zufrieden zu geben; wie die Krähen langsam kreisten & der Rauch niedersank; aber ich mußte zu Harrison, & ich denke wir spürten beide eine Rastlosigkeit, die es ganz einfach nahelegte nach London zu fahren.[30] Die Desillusionierung begann nach 10 Minuten Zugfahrt. Eine dicke schlampige Frau in schwarzem Samt & Federn, mit den schlechten Zähnen armer Leute, wollte unbedingt zwei Soldaten die Hand schütteln; »Euch verdanken wir es Jungs &c &c«. Sie war schon halb betrunken & holte gleich darauf eine große Flasche Bier heraus, aus der sie trinken mußten; & dann küßte sie sie, & das letzte, was wir von ihr sahen, war, wie sie am Zug entlanglief und den beiden ungerührten Soldaten nachwinkte. Aber sie & ihresglei-

30 Harrison war der Zahnarzt der Woolfs.

chen hatten von London Besitz ergriffen & feierten allein den Frieden auf ihre elende Art, schwankten im Regen den schmutzigen Bürgersteig entlang, hatten sich selbst mit Fahnen geschmückt & johlten beim Anblick der Fahnen anderer. Den Himmeln mißfiel es & sie taten ihr bestes um es auszulöschen, erreichten aber nur, daß die Federn knickten & die Fahnen erschlafften. Droschken waren mit ganzen Familien vollgestopft, mit Großmüttern & Babies, die sich produzierten; & doch gab es keinen Mittelpunkt, keine Form, in die all diese herumschweifenden Emotionen hätten münden können. Die Menschenmassen hatten kein Ziel, nichts zu tun; sie waren wie Kinder, denen die Ferien zu lang werden. Vielleicht unterdrückten die Respektablen die Freude, die sie empfanden; es schien keinen Mittelweg zu geben zwischen betrunkener Vulgarität & ziemlich saurer Mißbilligung. Außerdem strapazierten die Beschwernisse die Laune aller. Wir brauchten von 4 bis 6 um nach Hause zu kommen; standen in Schlangen an, alle naß, viele Läden geschlossen, noch kein Licht zu haben, & in allen Gemütern dieselbe Ruhelosigkeit & Unfähigkeit sich zu sammeln, & doch unzufrieden mit allem & jedem, was man hätte unternehmen können.

Samstag 7. Dezember 1918

Aus irgendeinem Grunde, der wohl nichts mit meinen Fähigkeiten zu tun hat, bekomme ich 2 oder sogar 3 Bücher wöchentlich von der Times & kämpfe so gegen eine kurze kabbelige Welle nach der anderen. Es füllt die Zeit aus, während Night & Day im Schlafe liegt; es macht mir ausgesprochen Vergnügen, das gebe ich zu, fixe Meinungen über Henry James & Mr Hergesheimer zu formulieren; hauptsächlich weil ich irgendeine uralte Marotte von mir darin unterbringen kann. Aber diese Art des Schreibens rennt immer gegen die Zeit an; unabhängig davon, wieviel Zeit ich habe. Zum Beispiel habe ich jetzt die ganze Woche (doch ich wurde 2 Tage lang unterbrochen, & einer verkürzte sich durch

Lunch mit Roger) mit Hakluyt verbracht: & es erweist sich, daß nach reifer Überprüfung meine jugendlichen Vorbehalte gegen ihn mehr als gerechtfertigt waren. Ich schreibe & schreibe; man ruft mich an & sagt mir, ich soll mit dem Schreiben aufhören; die Besprechung muß am Freitag da sein; ich tippe, bis der Bote von der Times erscheint; ich korrigiere die Seiten in meinem Schlafzimmer, während er hier am Kamin sitzt.

»Eine Weihnachtsausgabe, die gar nicht nach Mr Richmonds Geschmack ist; sagte er. Ganz anders als der Stil des Supplement.«

»Geschenkbücher, vermutlich?« meinte ich.

»Oh nein, Mrs Woolf, sie ist für die Inserenten.«

Aber um zurückzukommen. Am Donnerstag hatte ich Lunch mit Roger, um die folgende Geschichte zu hören.

Mrs McColl zu Mr Cox von der London Library.

»Haben Sie The Voyage Out von Virginia Woolf?«

»Virginia Woolf? Lassen Sie mich nachdenken; sie war eine Miss Stephen, Tochter von Sir Leslie. Ihre Schwester ist Mrs Clive Bell, glaube ich. O je, es ist doch sonderbar, was aus diesen beiden Mädchen geworden ist. Und dabei in einer so guten Familie großgeworden. Na ja, sie wurden ja auch nie *getauft*.«

Roger & ich verstehen uns jetzt sehr gut; aufrichtiger & freier als wir im Schatten von Gordon Square waren. Wir stimmen in vielen Punkten überein; & er, zumindest, sieht wie isoliert unsere kleine Gruppe ist in der großen feindlichen Welt der MacColls & Duckworths. Dann reden wir über Prosa; & gewöhnlich wird ein Buch hervorgeholt, & ich muß einen Abschnitt über seine Schulter lesen. Theorien werden ausgesponnen. Bilder auf Stühle gestellt. Hier werde ich ziemlich beliebig & verzweifelt. Wolfe bringt ein Bild herein – Es geht um einen Schnitz Grün auf dem mittlersten Apfel. Vermittelt es zwischen dem Violett am Rande der Kartoffel? »Nimm es weg: sieh wie die Farben dort stärker herauskommen: – nun, dann übermale es mit Firnis.« »Ich glaube es ist das Beste, was ich bis jetzt gemacht habe.« »Oh ja, es hat mehr Leben – es ist sehr stark, Wolfe, sehr stark.«[31]

Schließlich, naturgemäß spät, gehe ich weiter zum 17er Club, wo Mrs Manus & L. im oberen Zimmer sitzen, Fahnen korrigierend, aber Couch [*Drucker?*] hat nur eine Handvoll geschickt. Jedenfalls kam ich zu spät um zu helfen; aber nicht, um Miss Matthaie den Tee einzuschenken. Warum muß sich eine Frau, die so gescheit ist wie sie, ihr ganzes Leben lang entschuldigen, weil sie unattraktiv ist? Sie sieht einen schräg von unten an, wie ein Kind, das etwas Schlimmes getan hat. Und doch hat sie mehr im Kopf als die ganzen Bubiköpfe zusammengenommen. Alix traf ich unten an, pompös psalmodierend, das pervertierte Spiegelbild eines Obristen der Oberschicht, der sich über die Ungeheuerlichkeiten des Bolschewismus ausläßt. Ihr Thema sind die Ungeheuerlichkeiten von Obristen; die Methode scheint sehr ähnlich; sogar die Stimme.

Freitag verbrachte ich, wie gesagt, schreibend; Leonard indem er mit Will A. F. Lunch hatte & weitere Fahnen korrigierte. Kaum hatte ich ein paar Zeilen gesetzt & die anderthalb Stunden vor dem Dinner hinter mich gebracht, in denen ich meinen hochgelobten amerikanischen Romancier [*Hergesheimer*] lese, den Mr Galsworthy empfohlen hat, da öffnete Lottie auch schon Sydney Waterlow die Tür.[32] Meine ganze Hoffnung auf einen vergnüglichen Zeitvertreib wäre irgendeine tiefsinnige vertrauliche Mitteilung seinerseits gewesen; aber das Glück war mir nicht hold. Er ist wohlsituiert, selbstgefällig & so selbstsicher, daß er sich sogar furchtlos den Mißbilligungen von Gordon

31 Edward Wolfe (1897–1982), Maler, arbeitete in den Omega Workshops, die Roger Fry 1913 gegründet hatte, um jungen Künstlern eine Einkommensquelle und ein neues Betätigungsfeld zu eröffnen.

32 Sydney Philip Waterlow (1878–1944) hatte 1905 den diplomatischen Dienst in Washington quittiert, um in Cambridge klassische Sprachen zu unterrichten und Euripides zu übersetzen. Bei Kriegsausbruch war er vom Außenministerium wieder auf Zeit eingestellt worden. VW lernte ihn durch Clive Bell kennen, wahrscheinlich 1910. Nach dem Scheitern seiner ersten Ehe machte er VW 1911 einen Heiratsantrag. 1913 heiratete er Margery Eckhard.

Square aussetzt. Er macht jetzt die Runde bei seinen Freunden, nicht, wie er nachdrücklich erklärte, um uns zu prüfen, sondern um in den Genuß unserer Gesellschaft zu kommen. Mary Sheepshanks war zum Dinner herbeizitiert worden, um über die Review zu sprechen & über MacDonalds Verrat.[33] Blasser, dünner vielleicht, unbemerkt ins mittlere Alter hinübergleitend, mit dem gleichen Zug von Bitterkeit gegenüber einer Welt – einer Welt von Frauen aus der Oberschicht, sie sind es diesmal, die nach einer Wiedergutmachung verlangen. Dennoch, verglichen mit der Mehrzahl meiner Bekannten sticht sie durch größere Fähigkeiten hervor, ist besser informiert, vernünftiger als ich sie aus den Fitzroy Square-Tagen in Erinnerung habe. Aber immer noch nimmt sie ihren »netten Abend« dankbar an, wie mürrische Arme eine Wohltätigkeit annehmen, die eigentlich kleiner ist als sie sie verdient hätten.

1919

Montag 20. Januar 1919

Ich habe die Absicht dies abzuschreiben, sobald ich eine Kladde kaufen kann, also lasse ich die Neujahrsfloskeln weg. Diesmal ist es nicht das Geld, das mir fehlt, sondern die Fähigkeit, nach zwei Wochen im Bett die Reise zur Fleet Street zu unternehmen. Sogar die Muskeln meiner rechten Hand fühlen sich an wie sich vermutlich die Hand eines Dienstboten anfühlt. Sonderbarerweise habe ich dieselbe Steifheit beim Drechseln von Sätzen, obwohl ich jetzt eigentlich geistig besser ausgerüstet sein müßte als vor einem Monat. Die zwei Wochen im Bett waren die Folge davon, daß mir ein Zahn gezogen wurde & daß ich so müde war, daß es zu Kopfschmerzen führte – eine lange mühsame Angelegenheit, die sich legte & wieder aufzog wie ein Nebel an einem

33 Ramsay MacDonalds »Verrat« bestand darin, daß er LWs Projekte für die *International Review* erst gebilligt, dann verworfen hatte.

Januartag. Eine Stunde Schreiben wird mir für die nächsten Wochen zugebilligt; & nachdem ich sie heute vormittag eingespart habe, kann ich einen Teil davon jetzt verbrauchen, da L. ausgegangen ist & ich mit dem Monat Januar ziemlich im Verzug bin. Ich vermerke jedoch, daß dieses Tagebuchschreiben nicht als Schreiben zählt, da ich gerade das Tagebuch des letzten Jahres wieder gelesen habe & mir stark auffällt, mit was für einem schnellen gewagten Galopp es dahersaust, manchmal geradezu unerträglich über das Kopfsteinpflaster ruckelt. Dennoch, wenn es nicht nachgerade schneller als das schnellste Schreiben auf der Schreibmaschine vonstatten ginge, wenn ich pausieren & nachdenken würde, würde es überhaupt nie geschrieben werden; & der Vorteil dieser Methode ist, daß sie nebenher manch eine abwegige Angelegenheit aufrührt, die ich draußen ließe, wenn ich zögerte, die aber die Diamanten unter einem Berg von Staub sind. Sollte Virginia Woolf im Alter von 50 Jahren, wenn sie sich niedersetzt, um ihre Memoiren aus diesen Büchern zu konstruieren, nicht in der Lage sein, einen Satz zu bauen wie er gebaut werden sollte, dann kann ich ihr nur kondolieren & sie an die Existenz des Kamins erinnern, wo sie meinetwegen diese Seiten geradewegs zu schwarzen Filmen mit roten Augen darin verkohlen lassen kann. Aber wie beneide ich sie um diese Aufgabe, die ich für sie vorbereite! Keine könnte mir besser gefallen. Schon verliert mein 37. Geburtstag nächsten Samstag etwas von seinem Schrecken durch diesen Gedanken. Teilweise um der älteren Dame einen Gefallen zu erweisen (kein Ausweichen wird dann noch möglich sein: 50 ist älter, obwohl ich ihren Protest vorwegnehme & zugebe, daß es nicht alt ist), teilweise um dem Jahr eine solide Grundlage zu geben, beabsichtige ich, die Abende dieser Woche der Gefangenschaft damit zu verbringen, daß ich einen Bericht anfertige über meine Freundschaften & deren gegenwärtigen Zustand, samt einer Beschreibung der Charaktereigenschaften meiner Freunde; der ich eine Einschätzung ihrer Arbeit hinzufügen werde & eine Prognose über ihre zukünftigen Werke. Die fünfzigjährige Dame wird feststellen können, wie nah ich der Wahrheit komme; aber für heute habe ich genug geschrieben (nur 15 Minuten, sehe ich).

Um zusammenzufassen; ich gebe zu, ich denke nicht gerne an die fünfzigjährige Dame. Nur Mut, dennoch; Roger ist über dieses Alter hinaus & immer noch fähig zu fühlen & zu genießen & eine sehr beachtenswerte Rolle im Leben zu spielen.

Mittwoch 5. März 1919

Gerade zurückgekehrt von 4 Tagen in Asheham & einem in Charleston;[1] ich sitze & warte darauf, daß Leonard nach Hause kommt, während mein Kopf immer noch die Schienenstränge entlangläuft, was ihn untauglich macht fürs Lesen. Aber du liebe Güte, was muß ich alles lesen! Sämtliche Werke von Mr James Joyce, Wyndham Lewis, Ezra Pound, um sie mit sämtlichen Werken von Dickens & Mrs Gaskell zu vergleichen; außerdem George Eliot & schließlich Hardy.[2] Und ich habe gerade Tante Anny abgeschlossen, aus einer wirklich großzügigen Perspektive.[3] Ja, seit ich das letzte Mal schrieb, ist sie gestorben, heute vor einer Woche genau, in Freshwater, & ist gestern in Hampstead beerdigt worden, wo wir vor 6 oder 7 Jahren mit dabei waren, als Richmond in einem gelben Nebel beerdigt wurde. Ich vermute, mein Gefühl für sie ist zur Hälfte Mondschein; oder richtiger, zur Hälfte eine Rückspiegelung anderer Gefühle. Vater mochte sie; sie tritt ab als die letzte, beinahe, aus jener alten Hyde Park Gate-Welt des 19. Jahrhunderts. Im Gegensatz zu

1 In Charleston Farmhouse in Sussex lebten Vanessa Bell und Duncan Grant mit Vanessas Söhnen Julian und Quentin.

2 Möglicherweise als Vorbereitung für ihren Artikel ›Modern Novels‹, *TLS*, 10. April 1919.

3 Anne Isabella (1837–1919) war eine Tochter von W. M. Thackeray. Ihre jüngere Schwester war die erste Frau von VWs Vater Leslie Stephen gewesen. Anne Isabella, verheiratete Lady Ritchie, war eine produktive Schriftstellerin und das Modell für Mrs Hilbery in VWs Roman *Night and Day*, der im Oktober 1919 veröffentlicht wurde. VWs Nachruf auf Lady Ritchie erschien im *TLS* vom 6. März 1919.

den meisten alten Damen schien sie sehr wenig darauf aus zu sein, daß man sie besuche; es war ihr wohl fast etwas schmerzlich, meine ich manchmal, uns zu sehen, als wären wir weit fortgegangen & erinnerten sie an unglückliche Zeiten, mit denen sie sich nie beschäftigen mochte. Außerdem war sie, im Gegensatz zu den meisten alten Tanten, scharfsinnig genug um zu merken, wie deutlich wir uns in aktuellen Fragen unterschieden; & vielleicht war es das, was ihr das Gefühl gab – ein in ihrem Kreis sonst fast inexistentes Gefühl – von Alter, Überholtheit, Untergang. Was mich betrifft, hätte sie in dieser Hinsicht allerdings unbesorgt sein können, da ich sie aufrichtig bewunderte; dennoch sieht für die Generationen gewiß alles anders aus. Vor zwei oder vielleicht drei Jahren statteten L. & ich ihr einen Besuch ab; wir fanden sie sehr geschrumpft, mit einer Federboa um den Hals, und allein in einem Salon sitzend, der fast eine Kopie, in kleinerem Maßstab, des alten Salons war; die gleiche gedämpfte angenehme Atmosphäre des 18. Jahrhunderts & alte Porträts & altes Porzellan. Der Tee war schon für uns bereitet worden. Ihr Gebaren hatte ein wenig Distanz, & mehr als nur ein wenig Melancholie. Ich fragte sie nach Vater, & sie erzählte, wie diese jungen Männer immer auf eine »laute melancholische Art« lachten & daß ihre Generation eine sehr glückliche gewesen wäre, aber selbstsüchtig; & daß unsere ihr in Ordnung scheine aber ziemlich fürchterlich; aber wir hätten keine solchen Schriftsteller wie sie gehabt hätten: »Manche haben einen Anflug jener Qualität; Bernard Shaw; aber nur einen Anflug. Das Angenehme war, sie alle als gewöhnliche Menschen zu kennen, nicht als große Männer –« Und dann eine Geschichte von Carlyle & Vater; wobei Carlyle sagte, er würde lieber sein Gesicht in einer schmutzigen Pfütze waschen, denn als Journalist arbeiten. Sie fuhr mit der Hand, erinnere ich mich, in eine Tasche oder Schachtel, die hinter dem Kamin stand, & sagte, sie habe einen Roman, dreiviertel fertiggeschrieben, aber sie könne ihn nicht beenden – und ich glaube nicht, daß sie ihn beendet hat. Aber ich habe alles gesagt, was es zu sagen gibt, leicht in rosarote Farbe getaucht, in der morgigen Times. Ich habe an Hester geschrieben, aber ich zweifle sehr an der Aufrichtigkeit meiner eigenen Gefühle!

Asheham war, vermute ich, nur ein bedingter Erfolg – jedenfalls für L. wegen der Unannehmlichkeiten; für mich bestanden die Unannehmlichkeiten, sofern es sie gab, hauptsächlich in der Anwesenheit von Philip [Woolf]. Man konnte sich nicht einfach vor dem Holzfeuer zurücklehnen & Shakespeare lesen. Diese Form von gehobenem Egoismus wurde unterbunden, & ich glaube, daß Philip sich vielleicht selbst als ein gewisses Hindernis empfindet, & sich zweifellos jetzt immer so empfindet – als einen Außenseiter, einen Zuschauer; ohne Bindungen & sehr einsam. Duncan kam herüber, verstrickt in häusliche Schwierigkeiten, & gab ihm einen Brief an Mr Hecks, den Bauern, den er gestern vormittag abgeben sollte, im schlimmsten Regenguß des Jahres. Aber wir hatten zwei schöne Frühlingsnachmittage, wobei ich mich immer wieder fragte, »Was ist es jetzt? Wieweit sind wir? Ist es Frühling oder September?« & aufschrecke bei der Tatsache, daß wir auf einen weiteren Sommer zusteuern. Die kleinen graugrünen Troddeln schmückten das Gehölz, wie die Zeichnung auf einem japanischen Wandschirm. Als wir uns an einem dieser Tage aufmachten um Milch zu holen, trafen wir Gunn & erfuhren unser Schicksal. Wir sollen im September ausziehen. Er will Asheham haben, um mit seiner alten Mutter darin zu wohnen. Oh je oh je! – Jedesmal, wenn ich die Auffahrt hinaufkam, dachte ich, daß es nichts Schöneres gebe. Wäre da nicht etwas in mir, das verteufelt gerne von neuem anfängt, dann wäre ich verzweifelt. L. meinte, es brauchte nicht viel, um aus einem Haus einen Fetisch zu machen; was stimmt; in der Zwischenzeit hängen wir in der Luft. Aber die Notwendigkeit, sich nach einem anderen Haus umzusehen, ist eine Quelle großen Vergnügens. Sie führte uns alle zur Rodmell Road zu Mr Stacey, & dort erfuhren wir von einem Paar farbloser Weibsen in einer Kalesche, daß Mr Robinson aus Itford vermieten will; also fuhren wir weiter nach Itford, einem eng zusammengedrängten kleinen Dorf auf dem flachen Lande; & fanden ein Haus mit drei grünen Säulen vor, einem vollgestopften Wohnzimmer, & einer Mrs Robinson, die, wie L. behauptete & die Zahl der Kinder bewies, für Zuchtzwecke geschaffen war. Stillampen & funkelnde Teller an den Wänden demonstrierten die Vornehmheit ihres bäuerlichen Ehemannes. Offensichtlich haben sie sich sehr schmuck eingerichtet & werden mehr wollen als wir zahlen können; selbst wenn die Landschaft dort schöner wäre als sie ist. Im großen ganzen sind wir dabei, das Itforder Bauernhaus ins Auge zu fassen – ein Haus, das man sehr anziehend gestalten könnte, mit den Ausblicken, die es hat & der Sonne. Wir sind den Häusern der Gentlemen entwachsen.

Charleston ist keineswegs ein Gentleman-Haus. Ich radelte hin in einem Regenschauer & fand das Baby in seinem Bettchen schlafend vor, & Nessa & Duncan am Kaminfeuer sitzend, mit Fläschchen & Lätzchen & Schüsseln rundherum. Duncan ging, um das Bett für mich zu machen. Ihr Dienstpersonal besteht zur Zeit nur aus Jenny, der scharfzüngigen jüdisch aussehenden Köchin; & die, da sie zusammengebrochen war, den Nachmittag im Bett verbrachte. Dank äußerster Methodik & Selbstlosigkeit & Routine, vorwiegend auf Nessas & Duncans Seite, wird Dinner gekocht & finden zahllose Verabreichungen von Wärmflaschen & Bädern statt. Man hat das Gefühl, am Rande eines Umzugs zu leben. Auf einer der kleinen Inseln vergleichsweiser Ordnung stellte Duncan seine Leinwand auf & schrieb Bunny einen Roman in einen Stapel Hefte.[4] Nessa verläßt das Zimmer des Babies kaum, wenn sie aber für einen Augenblick außerhalb auftaucht, muß sie sofort weg & mit Dan reden, Jennys jungem Mann & der zukünftigen Stütze von Charleston, oder Windeln oder Flaschen waschen oder Mahlzeiten zubereiten. Mrs B. & die Kinder laufen hastig hin & her zwischen ihren Zimmern. Ich hatte eine endlos lange Unterhaltung mit Ann [Brereton] über

4 David (»Bunny«) Garnett (1892–1981) hatte Biologie studiert und eine neue Pilz-Spezies entdeckt. Er lebte ebenfalls in Charleston. Sein Roman *Dope Darling* erschien 1919 unter dem Pseudonym Leda Burke. (Siehe Biographische Skizzen.)

den Gesundheitszustand der Perserkatze, die, laut Mrs B., innerlich schwer verletzt wurde, als man sie wusch, um sie von den Nissen zu befreien; so daß sie Chloroform verlangte, was Nessa ihr verweigerte, & die Katze erholte sich. Dann bestand bei Quentin gerade der Verdacht auf Masern – Die Atmosphäre scheint geladen mit Katastrophen, die niemanden aus dem Gleichgewicht bringen; die Atmosphäre ist freundlich, lebhaft, wie das meistens nach drei Monaten häuslicher Desaster der Fall ist. Ich wette, daß ich unter diesen Umständen nicht länger als 30 Minuten nacheinander mit Nessa reden konnte, hauptsächlich über das große Epos von Dr, Krankenschwester & Emily.[5] Aber wie das so geht wenn ein Desaster auf das andere folgt, trat heute morgen eine plötzliche Erleichterung der Misere ein: nachdem Dan & seine Mutter eingestellt worden waren, traf ein Brief von einer Krankenschwester ein, die entgegen aller Wahrscheinlichkeit anscheinend kommen möchte, falls sie eine Freundin mitbringen darf. Aber ich brach bei Flut auf & mußte nach Glynde durch Schlamm waten – einen solchen Schlamm, daß als ich bei Powell, dem Verwalter, eintrat, der geschniegelte kleine Angestellte mich vom Kopf bis zu den Stiefeln mit Entsetzen musterte – als könnte eine solche Gestalt unmöglich ein Haus mit 7 Schlafzimmern & Bad brauchen. Unglücklicherweise stehen die Aussichten schlecht eines zu finden. Ich habe nichts von meiner Nichte erzählt, die so formell genannt werden muß, da Susanna Paula wieder gestrichen ist & ihnen nichts anderes einfällt.[6] Sie ist eine versonnene, geduldige, gedankenvolle kleine Person, sehr meditativ in die Betrachtung des Feuers versunken, mit einem ergebenen Gesichtsausdruck & sehr großen blauen Augen. Ich glaube, sie ist nicht viel größer als ein

5 Vanessas Tochter, die am Weihnachtstag 1918 geboren wurde, gedieh zunächst nicht, konnte aber gerettet werden, als Dr. Marie Moralt die Pflege übernahm. Erschwert wurde das Leben in Charleston außerdem durch das Hausmädchen Emily Paton, eine unverheiratete Mutter, die man des Diebstahls von Kleidung und Lebensmitteln verdächtigte.

6 Das Kind wurde standesamtlich zunächst als Helen Vanessa eingetragen; der Rufname Angelica wurde später hinzugefügt.

großer Hase, wiewohl vollkommen geformt – Beine, Schenkel, Finger & Zehen – sowohl die Finger als auch die Zehen sehr lang & sensibel.

Mittwoch 2. April 1919

Gestern bin ich mit Night & Day zu Gerald gefahren & hatte ein kleines, halb häusliches halb professionelles Gespräch mit ihm in seinem Büro.[7] Mir mißfällt die Art & Weise, wie die Clubherren Literatur betrachten. Zunächst einmal erweckt das in mir den leidenschaftlichen Wunsch, anzugeben: ich gab an mit Nessa & Clive & Leonard; & wieviel Geld sie verdienten. Dann öffneten wir das Paket, & der Titel gefiel ihm, aber er stellte fest, daß ein Buch von Miss Maud Annesley Nights & Days heißt – was zu Schwierigkeiten bei Mudies führen könnte. Aber er war sicher, er würde es veröffentlichen wollen; & wir waren durchaus herzlich miteinander; & mir fiel auf, wie weiß jeder Halm seiner Haare war, mit etwas Zwischenraum zwischen den Halmen; ein sehr dünn besätes Feld. Ich trank Tee am Gordon Square; Sheppard, Norton, Nessa, Duncan & später Clive. Diese Gesellschaft hat nicht mehr die beunruhigende Wirkung, die sie früher hatte. Dennoch habe ich das Gefühl, daß in Gegenwart dieser sehr hell erleuchteten Hirne alles sich rasch bewegt, & ohne überflüssiges Beiwerk. Und zudem gibt es dort jetzt andere Tassen & Untertassen, & Bilder an den Wänden, & neue Stuhlbezüge. Später zog ich mich mit Nessa zurück, obwohl es sehr schwierig ist sich zurückzuziehen wegen der Kohlerationierungen. Viel Haushaltsgeschwätz; Lil bietet sich an, vergeblich wie es scheint. Dann Dinner im Isola Bella; Gespräche mit Clive & Duncan: Clive besteht darauf, daß Eliot mich nicht

7 VWs älterer Halbbruder Gerald Duckworth veröffentlichte auch ihren zweiten Roman, *Night and Day*. (*Nacht und Tag*, deutsch von Michael Walter, Frankfurt: S. Fischer, 2009.)

mag,[8] & versucht uns dazu noch zu überzeugen, daß Nessa, Roger, er selbst, Lytton & ich die meistgehaßten Personen in London sind; oberflächlich, hochmütig, mit vornehmen Allüren – so, glaube ich, lautete das Urteil über die Damen. Ich gestehe, ich hasse es, nicht gemocht zu werden; & eine der Schattenseiten von Bloomsbury ist, daß es meine Empfindlichkeit gegenüber solchen Anschwärzungen erhöht, die von Clive immer sehr schnell durchleuchtet werden, denn ich muß zugeben, daß ich etwas eingeschnappt war bei dem Gedanken, Murry hätte Clive anvertraut, daß ihm mein Artikel nicht gefalle. Nach Hause, wo ich L. im Bett vorfinde; ein Anblick, der das Selbstvertrauen wieder stärkt. Er hatte mit Bob Trevy zu Abend gegessen, in South Place gesprochen & andere Tätigkeiten ausgeübt, die ich nicht beschreiben werde. Das heißt, er war im Büro & beim Völkerbund & bei der Labour Partei, so daß er & ich zusammen gestern ein ziemlich weites Feld bearbeitet haben. Forster ist wieder im Lande & der guten Dutch Bessy zufolge soll er »ernster« sein.[9]

Donnerstag 10. April 1919

Ein großer Sprung, wie ich ihn erklären soll, weiß ich kaum. Vielleicht hat das intensive Schreiben eines Times-Artikels über Romane mein Bedürfnis nach weiterer Fingerarbeit erschöpft; & dann bin ich in den letzten Tagen in Defoe eingetaucht; & stehle 10 Minuten von Roxana, um dies hier zu schreiben.[10]

8 T[homas]. S[tearns]. Eliot (1888–1965), der in Amerika geborene Dichter, verdiente seinen Lebensunterhalt zu dieser Zeit als Angestellter der Lloyds Bank und als Redakteur von *The Egoist*. VW hatte ihn offenbar am 15. November 1918 kennengelernt. (Siehe Biographische Skizzen.)

9 E[dward] M[organ] Forster (1879–1970), Romancier. Er kehrte Anfang 1919 aus Alexandria nach England zurück, wohin er im Oktober 1915 vom Roten Kreuz geschickt worden war. (Siehe Biographische Skizzen.) »Dutch Bessy« war Mrs Robert Trevelyan.

10 ›Modern Novels‹, *TLS* vom 10. April 1919, und ›The Novels of Defoe‹, *TLS* vom 24. April 1919.

Ich muß ein Buch pro Tag lesen, um am Samstag anfangen zu können – so sieht das Leben eines Lohnschreibers aus. Ich fuhr zu Janet zum Tee & bemerkte die Anzeichen des Alterns an ihr; sanftes altdamenhaftes Lächeln & Drechseln der Sätze; für sie wird das Alter eine einträgliche Jahreszeit werden. Und die Eliots, Walter & Marjorie kamen am Sonntag zum Dinner; ich machte mir das Vergnügen festzustellen, wie bissig, verkniffen & langweilig Eliot geworden ist, seit er angefangen hat, mich nicht zu mögen. Seine Frau eine verwaschene, ältliche & abgehärmt aussehende kleine Person, die erleichtert war, als sie sah, daß Walter Lamb mit seinen Geschichten über den König für sie vorgesehen war; & in der Tat erschien Walter ihnen beiden als das Ideal von Männlichkeit.[11] Gumbo verbreitete sich in ihrer äußerst lebhaften & dominanten Manier. Ich versuchte Faulker [als?] Kinderschwester für Nessa zu gewinnen & hatte keinen Erfolg; fuhr am Montag zur Times & hatte eine Besprechung mit Richmond – ein rastloser, lebhafter kleiner Mann, wie er so auf den Stuhl sprang, um über das Rouleau hinweg den Verkehr zu sehen, & ein Stück Papier mit den Füßen im Zimmer hin- und herschubste. Er hatte viele Ideen wegen Häusern in Cornwall. Gestern tauchte Desmond auf & erzählte uns die sonderbare Geschichte von Elizabeth Asquith & Hugh Gibson, die ich nicht aufschreiben kann, weil mir die Zeit fehlt, aber es ist bemerkenswert, daß sie vor 2 Jahren nichts von der körperlichen Seite der Geschlechter wußte.

Montag 12. Mai 1919

Wir befinden uns inmitten unserer Veröffentlichungssaison: Murry, Eliot & ich selbst sind seit heute morgen in den Händen

11 Vivienne, geb. Haigh-Wood (1888–1947) heiratete T. S. Eliot 1915, als sie eine attraktive und lebhafte junge Frau war. Sie litt zunehmend an psychotischen Zuständen, was sich auch in ihrem Äußeren zu zeigen begann.

der Öffentlichkeit.[12] Aus diesem Grunde, vielleicht, fühle ich mich ein wenig, doch deutlich deprimiert. Ich habe ein gebundenes Exemplar von Kew Gardens durchgelesen; diese elende Aufgabe habe ich aufgeschoben, bis es fertig war. Das Ergebnis ist vage. Es scheint mir dünn & kurz; ich verstehe nicht, wie Leonard von der Lektüre so beeindruckt sein konnte. Seiner Meinung nach ist es das beste Stück Kurzprosa, das ich bisher geschrieben habe; & dieses Urteil führte dazu, daß ich The Mark on the Wall las & vieles darin fand, was mich störte. Wie Sydney Waterlow einmal sagte, das Schlimmste am Schreiben ist, daß man so sehr vom Lob abhängig ist. Ich bin ziemlich sicher, daß ich für diese Geschichte keines bekommen werde; & es wird mir etwas ausmachen. Ungelobt finde ich es schwer, am Morgen mit dem Schreiben anzufangen; aber die Niedergeschlagenheit dauert nur 30 Minuten, & wenn ich einmal angefangen habe, denke ich überhaupt nicht mehr daran. Man sollte danach streben, ernstlich das Auf & Ab nicht zu beachten; hier ein Kompliment, dort ein Stillschweigen; Murry & Eliot nachbestellt, & ich nicht; die zentrale Tatsache bleibt unverändert, es ist das Faktum meines eigenen Vergnügens an der Kunst. Und diese geistigen Nebel haben andere Ursachen, vermute ich; obwohl sie tief verborgen sind. Es gibt eine gewisse Ebbe & Flut in den Gezeiten des Lebens, die das bewirken; doch was es ist, das Ebbe oder Flut verursacht, ist mir nicht klar.

Aber ich habe hier seit einer Woche nichts geschrieben; & muß mich sogar jetzt kurz fassen, um noch mehr Buchdeckel zuzuschneiden. Dienstag habe ich aufgeschrieben; am Freitag [*9. Mai*] ging ich zum Tee zu K. M. & Murry, dem gegenüber ich mir jetzt eine Art mütterlichen Scherzton angewöhne; was weniger ermüdend ist als die intellektuelle Pose. Er hat noch nicht all die Hülsen eines altklugen Jugendlichen abgeworfen. Man

12 *The Critic in Judgement* von John Middleton Murry, *Poems* von T. S. Eliot und *Kew Gardens* von Virginia Woolf wurden alle am 12. Mai 1919 bei der Hogarth Press veröffentlicht. Die beiden letzteren waren von den Woolfs eigenhändig gedruckt und gebunden worden.

merkt, daß er im Grunde noch sehr ungeformt ist, & er kann sich aufgeregt & angespannt über das Leben auslassen, wie ich mich erinnere, es früher auch getan zu haben. Man hielt das stillschweigend für ein Zeichen von Genialität. Am Sonntag kamen Margaret & Lilian hierher zum Dinner; Margaret hat eine Tendenz zur überfließenden Matrone; sie wird umfangreicher; & man kann sich vorstellen, wie sie einen großen Sessel ausfüllt & sich nicht gerne bewegt. Sie erwägen ernsthaft, aufzuhören zu arbeiten. Für Lilian, flüsterte M., wird die Arbeit zu viel. Die arme Janet ist deprimiert, weil sie ihre Stelle verloren hat & sich nicht eignet für irgendeine andere & auch in großen Geldschwierigkeiten ist. In der Tat ist dies eine melancholische Jahreszeit für sie alle; aber auf J. lastet mehr als nur der gewöhnliche Schatten. Ich mußte lachen über die Massen von Armeniern. Wie kann man davon betroffen sein, ob es 4000 sind oder 4 000 000? Die Dimension übersteigt mein Auffassungsvermögen.[13]

Montag 23. Juni 1919

Wenn ich mich nicht seit heute mittag hätte beruhigen können, würde ich immer noch vor lauter Garsington zittern & zirpen.[14] Doch machen Gesellschaften mich nicht mehr so nervös wie früher. Ich bin jetzt nicht mehr so beschäftigt mit der großen Frage der Frisur & Kleiderordnung; ich habe mich mit meiner Stellung unter den Schlechtgekleideten abgefunden, obwohl Gravé [*eine Schneiderin*] & ihre Grillen & die Eile, mit der mein blaues Kleid genäht werden mußte, & die Zweifel an dessen Schönheit diese Behauptung schwerlich bekräftigen. An dieser Stelle kommt, glaube ich, die große & im Moment schmerzliche

13 Die Bevölkerung in Armenien war durch das türkische Massaker von 1915 dezimiert worden; das Ausscheiden Rußlands aus dem Krieg hatte sie erneut Angriffen ausgesetzt. Eine Hungersnot – ein Resultat der türkischen und ägyptischen Angriffe – forderte täglich, so hieß es, in einem Teil Armeniens allein 150 Todesopfer.

14 VW fuhr am Samstag, dem 21. Juni, zu den Morrells nach Garsington und kehrte am Montag nach Hause zurück; LW fuhr nicht mit.

Frage des ästhetischen Geschmacks ins Spiel. Warum bin ich gelassen & indifferent gegenüber dem, was die Leute über Night & Day sagen, & begierig auf ihre gute Meinung über mein blaues Kleid?

Wie dem auch sei, ich genoß Garsington & sagte mir, »Der schlimmste Augenblick wird der sein, wenn ich in meinem blauen Kleid vor dem Dinner den Salon betrete.« Ich beschloß also, mich schnell umzuziehen & vor Ott. herunterzukommen, was nicht schwer ist, da Ott. sich nie schnell umzieht. Gott sei Dank ist es nicht erforderlich, daß ich Garsington direkt gegenübertrete & ein Bild davon zeichne. Ich stellte fest, daß der siegelwachsrote Salon bei diesem Besuch ein ganzes Stück kleiner war als beim letzten; & bei dem letzten Besuch kleiner als beim ersten. Auch mit Menschen passiert das. Da spazierte der junge Lord de la Warr zwischen den Rosen & Kohlköpfen, ein Junge von 19, der, nachdem er als Seemann das Meer nach Minen abgesucht hat, jetzt ein Sozialist ist, unter Lansburys Fittichen. Aber ich sah ihn mir genau an & bemerkte, wie aufrecht sein Körper ist, & mit welcher Ungezwungenheit & Sicherheit er sich benahm, was ihn sehr nachdrücklich von Gertler unterscheidet. Gertler & Nelson spazierten einen anderen Gartenweg entlang. Nelson einer der Unbedeutenden, möchte ich meinen, der sich den Annehmlichkeiten von Garsington fest verschrieben hat. Seine Bereitwilligkeit, eine Dinnereinladung anzunehmen, zeigte, wie sehr er von Ottolines Mildtätigkeiten gerade diese schätzte. Die Anwesenden kamen & gingen. Goldie & ich blieben; Aldous H. kam für eine Nacht.[15] Ich werde einige Namen auslassen, wenn ich versuche, sie aufzuzählen. Der junge Lord de La Warr sagte sehr wenig; aber ich denke, er könnte einen Amerikaner beeindrucken; & gute Manieren versöhnen mich. Ich glaube, Goldie war das tragende Element des Wochenendes; damit meine ich, daß er die Hauptlast des Sonntagmorgens auf

15 Aldous Huxley (1894–1963) besuchte Eton und studierte am Balliol College, Oxford. Er gehörte zum Freundeskreis von Lady Ottoline Morrell. (Siehe Biographische Skizzen.)

sich nahm & der Mahlzeiten; 3 Stunden auf einem harten Stuhl mit Ott. & mir sitzen, manchmal mit Philip, gelegentlich Gertler, & hin & wieder Aldous war eine Prüfung; aber wir alle bestanden sie gut. Kein einziges Mal versuchte ich zu erraten, wieviel Uhr es sei. Als Philip einen Besuch bei den Schweinen vorschlug, war ich bereit, aber nicht übermäßig. Ich glaube, wir unterhielten uns sehr ausführlich über Roger & Forster & Bob. Ott. stichelte an ihrer Stickerei drauflos, Philips Überdecke, & verlor ihre Nadel einmal & kroch auf allen Vieren hinter dem Sitz herum, während Goldie & ich weiterredeten. Das schien mir typisch für ihre bescheidene Haltung; solange Menschen sprechen, unterbricht sie sie nicht gerne, & sie hört zu, besonders wenn man sich über die Eigenschaften anderer Leute unterhält. Sie hatte den großen Kummer wegen Picasso auf Goldie abgeladen; mir wurden nur vage Klagen & Seufzer zuteil.[16] Und doch kam es mir merkwürdig vor.

Samstag 11. Oktober 1919

Die Dinge sind wieder in Schwung gekommen, obwohl in einer eher eingeschränkten Form für mich, da ich versprochen habe, vorsichtig zu sein, was bedeutet, den Verlockungen von London zu widerstehen & die sonnigen Wege in Kew entlangzuspazieren. Trotz der Kälte ist die Sonne immer noch die Sonne der Ferien & des Landes, sie paßt irgendwie nicht zu den Pflasterplatten. Was das schöne Wetter betrifft, ein Rekordherbst, der ständig die Vorhersagen des Propheten der Times Lügen straft, der trübsinnig ist. Gestern bin ich zum ersten Mal nach London gefahren, hauptsächlich um Handschuhe zu kaufen; dann um zum Tee in Nessas Wohnung zu gehen [*Regent Square 36*]. Eine

16 Picasso hielt sich im Sommer 1919 in London auf, wo er Dekorationen für das Russische Ballett gestaltete. Clive Bell und Maynard Keynes organisierten ein Diner für ihn, weshalb er Lady Ottolines Einladung nach Garsington ausschlagen mußte. Zu diesem Diner wiederum war sie nicht eingeladen worden.

gemütliche Gesellschaft dort, auf dem Küchenfußboden sitzend. Julian in einem Norfolk-Jackett & Eton-Kragen sah aus wie ein verantwortungsbewußter Brite; Quentin noch amorph. Die trübselige & düstere Wohnung aus James' Zeiten befindet sich jetzt am entgegengesetzten Pol der Lebenskultur – dem Pol von Sonne & Helligkeit. Die Zimmer quellen über vor Kindern. Die Bücher sind der inkongruente Teil der Ausstattung, & Nessa bekundet große Geringschätzung für sie. »Natürlich, sagte sie, steht da Shakespeare & all das auf dem unteren Regal, aber sieh dir das hier an! Verrät sich James damit nicht?« Er hat all die richtigen Bücher, säuberlich aufgereiht, die aber kein bißchen interessant sind – nicht die lustvollen & kuriosen Bücher eines Schriftstellers, meine ich. Die Stracheys sind, bis auf Lytton, gesellschaftlich abgestiegen. Über Lytton stolperten wir, als wir auf dem Rückweg im Club vorbeigingen – gelassen, freundlich, ununterbrochen angestrahlt, & absolut selbstsicher – ja, aber dazu auch noch unendlich charmant. Erfolg bringt, meine ich, eine Art Bescheidenheit hervor. Es befreit einen davon, sich ständig über sich selbst Gedanken machen zu müssen. Er schmeichelte mir, wie gewöhnlich; aber schließlich bin ich *kein* Erfolgsautor. Habe ich nicht heute von Macmillan erfahren, daß die Forderungen der Firma Duckworth untragbar sind? Damit ist meine Chance, in Amerika zu erscheinen, dahin. Aber ich werde überschwemmt von Büchern zum Rezensieren; & obwohl ich dazu neige, zu vermuten, daß alles & jedes, was ein Verleger sagt, eine Abfuhr ist, bin ich mir doch bewußt, daß ich fast gefeit bin – gegen Gordon Square? Das frage ich mich. Ja, ich glaube, der Quell meines Vertrauens, oder eher meiner Heiterkeit, ist so tief in mir versenkt, daß er ein oder zwei Tage nach jeder Art von Rüffel wieder emporsprudelt. Aber das werde ich bald überprüfen können. Meine so mühevolle & wohlmeinende Besprechung von Hopes Buch hat mir bisher noch keinen Dankesbrief von ihr eingebracht. Ich bin mir nicht so sicher, ob sie nicht irgendeinen maßlosen Traum darüber gehegt hat. Eine ganze Spalte, in der Mitte, wo sie nur mit den Größten verglichen wird. Nun, auch ich habe meine Träume gehabt. Zugleich bin ich im allgemeinen ziemlich vom Wohlwollen der Wirklichkeit überrascht.

Sonntag 19. Oktober 1919

Eine Lücke von mehr als einer Woche. Und womit sind meine Stunden nach dem Tee ausgefüllt gewesen? Die Waterlows kamen letzten Sonntag; am Montag fuhr ich hinein, war zum Tee im Club & begegnete eine Sekunde lang Molly Hamilton: »Und wann erscheint Ihr Roman?«; Dienstag mußte ich 2 Bände eines amerikanischen Skribenten durchlesen, die Murry mir geschickt hatte; Mittwoch war mit George Eliot besetzt, nehme ich an, da Logan & Clive um 7.30 kamen; Donnerstag erfreute ich mich an Saxon & Barbara; Freitag trank ich Tee mit Nessa & aß mit ihr zu Abend & ging zu einem Promenadenkonzert; Samstag hörte ich L.s Vortrag zu & hatte dann die arme kleine Dorothy Hornett hier, um ihr ihre Süßigkeiten zu geben; also sitze ich hier mit gutem Gewissen am Sonntag, bei meinem Feuer, und warte, daß L. aus Sutton zurückkehrt. Offensichtlich kann ich mich nicht durch diese Liste hindurcharbeiten. Das ist ein unsinniger Anspruch. Sydney Waterlow ist äußerst zufrieden mit sich. Doch während seine Reden immer selbstgefälliger werden, seine Vorhaben immer blühender, habe ich ständig den Eindruck, daß ich ein leichtes Eiern der Kugel wahrnehme, die eigentlich vollkommen rund sein sollte, wie das Eiern, das das Platzen eines Gummiballs ankündigte. Er hat Großes mit dem F. O. [*Außenministerium*] vor, nichts Geringeres als eine völlige Umgestaltung; wenn das aber mißlingt, wird er sich mit £ 10 000 in der City zufriedengeben. Aber der unmögliche Mann hat seine liebenswert absurden Seiten. Ein dritter Plan von ihm ist, sich in Oare niederzulassen & Bücher in Zusammenarbeit mit Desmond zu schreiben. Ewig hängt er an den Röcken der Desmonds & Leonards & selbst Virginias (ich werde zur Zeit sehr bewundert), als wäre er sogar jetzt sich seiner selbst nicht sicher. Sie, Dawks, war füllig & lebhaft wie gewöhnlich. Einige ihrer intelligenten Bemerkungen gingen aber ins Leere – jene, die eine Kenntnis von Sydneys Arbeiten voraussetzten. Er respektiert sie auf ihrem eigenen Gebiet & empfindet ihre Fähigkeiten dort als einen Tribut an sich. Saxon & Barbara brauchen nicht viel, um auf Vordermann gebracht zu werden: er eher munter, sie mütterlich & jungenhaft, was mich ein wenig irritierte. Dabei gibt es wenige Menschen, die nicht irgendeine Rolle spielen. Logan war kühler & distinguierter, als ich ihn in Erinnerung hatte. Möglicherweise war er nicht ganz einverstanden mit Clive. Clive hatte es mit Sicherheit darauf angelegt. Er beschrieb ausgiebig seine Trägheit; & dann seine Vergnügungen: »Wir essen nicht sehr gut zu Abend & schlüpfen dann zusammen ins Bett.« »Um Himmelswillen nein – ich lese nicht systematisch – Gottbehüte, ich schreibe keineswegs jeden Tag.« – so weiter. Nun ist Logans epikuräische Lebensweise wohlgeregelt; Vervollkommnung seiner selbst ist in seinen Augen nicht verächtlich; seine Unterhaltung ist gepflegt. Wir holten 12 Bände Gibbon hervor, & sie zitierten ihn abschnittweise um die Wette. Wir haben das Drucken von Logans Geschichten übernommen.

Dienstag 21. Oktober 1919

Heute ist Trafalgar-Tag, & gestern ist ein denkwürdiger Tag wegen des Erscheinens von Night & Day. Meine sechs Exemplare erreichten mich am Morgen, & fünf wurden verschickt, so daß ich mir die Nasen von fünf Freunden bereits hineinvergraben vorstellen kann. Bin ich nervös? Erstaunlich wenig; mehr aufgeregt und stolz als nervös. Zunächst einmal, da ist es nun, heraus & basta; dann las ich ein wenig darin & es gefiel mir; dann habe ich ein gewisses Vertrauen, daß die Menschen, deren Urteil mir etwas bedeutet, es wahrscheinlich mögen werden; was sehr verstärkt wird durch das Wissen, daß selbst wenn dem nicht so ist, ich doch wieder anfangen & eine neue eigene Geschichte schreiben werde. Natürlich, wenn Morgan & Lytton & die anderen begeistert wären, würde ich mich für noch besser halten.[17] Das Unangenehme ist, Leuten zu begegnen, die das Übliche sagen. Aber im großen ganzen weiß ich, was ich anstrebe; ich habe das Gefühl, daß ich diesmal eine faire Chance gehabt & mein Bestes getan habe; so daß ich mit Gleichmut zusehen & Gott die Schuld geben kann. Wunderschöne Herbsttage kommen einer nach dem anderen; die Blätter hängen wie seltene Goldmünzen an den Bäumen. Clive war gestern im Club & sprach vorgeblich mit mir, aber in Wirklichkeit zu allen im Raum, von denen einige ihn wohl für einen rechten Flegel hielten, sich umdrehten & Gott dankten, als er den Raum verließ.

Oh ja, eine schöne lange Besprechung in der Times würde mir gefallen.

Donnerstag 23. Oktober 1919

Die ersten Früchte von Night & Day müssen eingetragen werden: »Zweifellos ein Werk höchster Genialität«, Clive Bell. Nun, es hätte ihm genausogut nicht gefallen können; er war kritisch gegenüber The Voyage Out.[18] Ich gestehe, ich bin erfreut; doch nicht überzeugt, daß es so ist, wie er sagt. Dennoch, es ist ein Zeichen, daß ich recht habe, keine Angst zu haben. Die Menschen, deren Urteil ich respektiere, werden nicht so begeistert sein wie er, aber sie werden sich fraglos in derselben Richtung bewegen, glaube ich. Außerdem respektiere ich Clives Urteil in einer Weise, die ich L. gegenüber nicht verteidigen kann. Es ist erratisch, entspringt aber immer einem direkten Gefühl. Ich glaube, ich habe die stärksten Zweifel, was Morgan betrifft; nachdem ich seine Stellungnahme erhalten habe, kann ich mich ganz entspannen. Drei oder vier Menschen zählen, & die übri-

17 VW legte großen Wert auf E. M[organ]. Forsters Meinung zu ihren Romanen; alle seine eigenen Romane bis auf *A Passage to India* (1924) und *Maurice* (1971) waren bis 1910 erschienen. (Siehe Biographische Skizzen.)

18 *The Voyage Out*, VWs erster Roman, war 1915 erschienen. (*Die Fahrt hinaus*, deutsch von Karin Kersten, Frankfurt: S. Fischer, 1989.)

gen, abgesehen von einem sinnlosen Händeklatschen oder Zischen, bringen nichts. Niemand mit einiger Intelligenz, außer meinen Freunden, wird vermutlich einen sehr langen Roman lesen. Aber ich muß aufhören; ich bin an meiner Brotarbeit, & Ka kommt zum Dinner, & ich kann mir nicht die Zeit nehmen, das Konzert gestern abend zu beschreiben. Nur Platz für mein eigenes Lob. Außerdem muß ich C. danken.

Donnerstag 30. Oktober 1919

Ich kann mich mit meinem Rheumatismus dafür entschuldigen, daß ich nicht mehr geschrieben habe; & meine Hand ist müde vom Schreiben, abgesehen vom Rheumatismus. Dennoch, wenn ich mit mir als Objekt einer Analyse professionell umgehen könnte, könnte ich aus den letzten Tagen eine interessante Geschichte machen, aus meinen Wechselbädern anläßlich N[ight]. & D[ay]. Nach Clives Brief kam Nessas – rückhaltloses Lob; daraufhin Lyttons: begeistertes Lob; ein großer Triumph; ein Klassiker; & so weiter; Violets Lobpreis folgte; & dann, gestern morgen, diese Zeile von Morgan: »Es gefällt mir weniger als V[oyage]. O[ut].« Obwohl er auch von großer Bewunderung sprach & es in Eile gelesen hatte & es noch einmal zu lesen beabsichtigt, wischte das das ganze Vergnügen der anderen weg. Ja; aber um fortzufahren. Gegen 3 Uhr nachmittags fühlte ich mich glücklicher & leichter aufgrund seines Tadels als aufgrund des Lobes der anderen – so als wäre ich wieder in der menschlichen Atmosphäre gelandet, nach einem glückseligen Taumel zwischen elastischen Wolken & flaumigen Daunenkissen. Dennoch glaube ich, daß Morgans Meinung mir ebensoviel wert ist wie die von irgendjemand anderem. Dann ist da eine Spalte in der Times heute morgen; hohes Lob; & intelligent dazu; mit der Feststellung unter anderem, daß N. & D., obwohl es an der Oberfläche weniger brillant ist, mehr Tiefe hat als das andere; dem ich zustimme. Ich hoffe, daß bis zum Ende der Woche die Besprechungen abgeschlossen sind, es wäre mir lieb, wenn dann intelligente

Briefe folgten; aber ich möchte jetzt kleine Geschichten schreiben; mir ist ein Stein vom Herzen gefallen, trotzdem.

Der Rheumatismus hat mich veranlaßt, die Gegend zu besuchen, die in meiner Vorstellung die mittelalterliche ist. Clive brach herein wie eine, ich möchte fast sagen, rotbackige Sonne gestern abend; aber ich war nicht gerade in der richtigen Stimmung, er auch nicht. Der selbstsüchtigste Mann, in gewisser Weise; obwohl ich nicht weiß, wieso mir das in den Kopf kam. Daß er seiner Stimmung freien Lauf ließ, unbekümmert & frivol. Aber ich nagelte ihn fest & brachte ihn dazu, sich über N. & D. zu äußern, was er auch tat, geistesabwesend zunächst; später erwärmte er sich für den Gegenstand; aber er war in Gedanken bei den Vergnügungen von Paris.

Freitag 5. Dezember 1919

Noch einer dieser Sprünge, aber ich glaube, das Buch bezieht seinen Atem, selbst wenn er bedächtig ist, aus der Stetigkeit. Ich überlege, daß ich kein griechisches Buch aufgeschlagen habe, seitdem wir zurück sind; kaum etwas anderes als die Bücher, die ich besprechen muß, gelesen habe, was beweist, daß meine Zeit zum Schreiben keineswegs meine eigene gewesen ist. In dieser Woche hat L. abends eine leichte Temperatur gehabt, wegen Malaria, & das wegen eines Besuches in Oxford; ein Ort des Todes & der Verwesung.[19] Ich bin fast beunruhigt zu sehen, wie vollständig mein Gewicht auf seiner Stütze ruht. Und fast beunruhigt, wenn ich feststelle, wie stark spezialisiert ich bin. Wenn mein Geist aus Sorge, oder einem anderen Grund, von seiner Fixierung auf das leere Blatt Papier abgelenkt wird, ist er wie ein verirrtes Kind – das durch das Haus streicht, sich auf die unterste Stufe setzt und weint.

Night & Day umschwirrt mich immer noch & verursacht großen Zeitverlust. George Eliot las nie Rezensionen, da das Re-

19 LW hatte sich als Kolonialbeamter in Ceylon Malaria geholt. Er war am Freitag, dem 28. November, in Oxford gewesen und hatte vor der Oxford Union Socialist Society über die Außenpolitik der Sozialisten gesprochen.

den über ihre Bücher ihr Schreiben hemmte. Ich beginne sie zu verstehen. Ich nehme mir Lob oder Tadel nicht übermäßig zu Herzen, aber sie unterbrechen einen, lenken das Auge rückwärts, lassen den Wunsch entstehen, zu erklären oder zu überprüfen. Letzte Woche bekam ich eine schneidende Kurzkritik im Wayfarer; in dieser Woche streicht Olive Heseltine Balsam darauf.[20] Aber mir ist es lieber, ich schreibe auf meine Weise über »vier leidenschaftliche Schnecken«, als eine Neuauflage von Jane Austen zu sein, wie K. M. behauptet.

1920

Montag 26. Januar 1920

Der Tag nach meinem Geburtstag; ich bin jetzt tatsächlich 38. Also, zweifellos bin ich viel glücklicher als mit 28; & heute glücklicher als gestern, weil mir heute nachmittag eine neue Form für einen neuen Roman eingefallen ist. Wie wäre es, wenn sich eine Sache aus der anderen entfalten würde – wie in An Unwritten Novel – nur nicht auf 10, sondern auf vielleicht 200 Seiten – ergibt das nicht die Lockerheit & Leichtigkeit, die ich will: gibt das nicht eine größere Dichte & erhält doch Form & Geschwindigkeit & umfaßt alles, wirklich alles?[1] Ich habe nur Bedenken, inwieweit das menschliche Herz sich in der Form umfassen läßt – Meistere ich meine Dialoge gut genug, um es in ihnen einzufangen? Ich denke nämlich, daß der Ansatz diesmal

20 H. W. Massingham hatte in seinem ›Wayfarer's Diary‹ (*Nation*, 29. November) implizit die Autorin von *Night and Day* mit Jane Austen verglichen und sich über VWs Vorliebe für Teetrinken und Taxis lustig gemacht; er nennt ihre Hauptpersonen »Vier leidenschaftliche Schnecken«. In der nächsten Ausgabe kam Olive Heseltine auf den Vergleich zurück und zieh »Wayfarer« der Beschränktheit und Oberflächlichkeit.

1 ›An Unwritten Novel‹ erschien im Juli 1920 im *London Mercury* und dann in *Monday or Tuesday*, einem Band mit Erzählungen, der bei der Hogarth Press 1921 erschien. (›Ein ungeschriebener Roman‹, deutsch von Marianne Frisch, in: *Das Mal an der Wand*, Frankfurt: S. Fischer, 1989.)

völlig anders ist: kein Gerüst; kaum ein Baustein, den man sieht; alles im Halbdunkel, aber Herz, Leidenschaft, Humor, all das hell wie Feuer im Nebel. Außerdem wird Platz für so vieles sein – für Heiterkeit – Zusammenhangloses – ein leichter, lebendiger Schritt, wohin immer ich will. Ob ich all das gut genug beherrsche – da zweifle ich; aber man muß sich vorstellen, daß Mark on the Wall, K[ew]. G[ardens]. & An Unwritten Novel sich an den Händen fassen & vereint zusammen tanzen. Worin die Einheit besteht, muß ich erst noch herausfinden: das Sujet ist noch völlig offen; aber ich sehe enorme Möglichkeiten in der Form, auf die ich vor 2 Wochen mehr oder weniger zufällig gestoßen bin. Die Gefahr dabei ist vermutlich die verdammte Ichbezogenheit; die meines Erachtens Joyce & [Dorothy] Richardson verdirbt: ist man flexibel & reich genug, um das Buch mit einer Mauer vor dem eigenen Selbst zu schützen, ohne daß es, wie bei Joyce & Richardson, einengend und beschränkend wird? Meine Hoffnung ist, daß ich mein Handwerk jetzt gut genug beherrsche, um mit jeder Art von Unterhaltung aufwarten zu können. Jedenfalls führt der Weg ohne Frage irgendwo in diese Richtung; ich muß mich noch weitertasten & experimentieren, aber heute nachmittag sah ich einen Lichtschimmer. Die Leichtigkeit, mit der ich die Unwritten Novel entwickle, zeigt mir, daß dort tatsächlich ein Weg für mich sein muß.

Da ich gestern Geburtstag hatte & es noch dazu ein strahlend klarer Tag war, an dem man plötzlich überall Anflüge von Grün & Gelb an den Bäumen sah, ging ich nach South Kensington & hörte Mozart & Beethoven. Ich habe wohl nicht viel davon mitbekommen, so wie ich saß, zwischen Katie & Elena, & bis über beide Ohren im üblichen haarsträubenden Geplänkel mit der Countess.[2] Aber die Countess war sehr umgänglich & vergnügt, lud mich zum Tee zu sich ein, ja bestand darauf, daß ich komme. Wir wendeten unser Geld unter dem Neumond. Sie bebte vor

2 Von 1918 bis 1921 ging VW allein zu einigen Abonnementkonzerten. Unter den Konzertbesuchern waren viele ihrer Jugendfreundinnen, darunter die Countess of Cromer (Katie).

Freude über ein Kompliment – »wenn Lady Cromer da ist, fühlt man sich &c &c –« ein Kompliment über ihre Schönheit. Aber im Saal lärmte South Kensington. Insbesondere Eily Darwin, dick & sittsam & herzlich, aber wehleidig wie immer, als würde sie Einspruch gegen jede Kritik erheben, bevor man etwas sagte. Sie sagte zu mir, ich sei grausam gewesen. Ich weiß nicht mehr, was ich gesagt habe – etwas Unausgegorenes & Willkürliches, wie es unter den Umständen nicht anders ausfallen kann. George Booth nahm meinen Arm & lobte mein Buch.

Freitag 13. Februar 1920

Wieder viele Schreibpausen & dieselben Entschuldigungen. Schon seit einer Weile ist das Leben durch viele Menschen beträchtlich durcheinander gekommen. Ob es das Alter ist oder der Ruhm oder der wiedergekehrte Frieden – ich weiß nicht, was davon – aber jedenfalls werde ich es leid ›zu Tees zu gehen‹; & kann doch nicht widerstehen. Eine Tür geschlossen zu lassen, die man öffnen könnte, ist in meinen Augen eine Form von Blasphemie. Das mag stimmen; unterdessen schreibe ich weder Tagebuch noch lese ich mein Griechisch. Am Tag von Duncans Vernissage gab es im Café Royal eine Lunchparty, von der ich schreiben muß: 12 Gäste; alles sehr schön arrangiert; ich stimuliert & beschwipst vom Wein; eine eigentümliche Mischung von gewohnten & ungewohnten Gesichtern. Da war Mrs Grant, eine Frau, die immer noch wie eine Jacht unter dem Hauch reifen Charmes dahinsegelt; Pippa; Adrian; Bunny; Lytton. Lytton hatte £ 70 in eines der Bilder investiert. Maynard erhob sich & sagte »Auf unsere tiefe Zuneigung zu Duncan«.[3] Ich glaube, Duncan hätte lieber auf alles Theater verzichtet, & er schlich

3 Duncan Grant hatte seine erste Einzelausstellung in der Paterson & Carfax Galerie, Old Bond Street 5. Duncans Mutter, Mrs Bartle Grant, war eine charmante Frau von großer Schönheit; seine Cousine Philippa (Pippa) Strachey, die dritte von Lyttons fünf Schwestern, war bis 1951 Secretary of the National Council for Women's Service.

sich nach dem Lunch davon & wir sahen uns die Ausstellung allein an. Absurd – meine Fähigkeit, Auftritte mit einer irrationalen Erregung zu überschwemmen; eine Stimmung, in der ich mehr sage als ich eigentlich will; oder beziehungsweise sage, was ich wirklich meine. Als ich mir mit Adrian den Raum ansah, fand ich ihn bedrückt, wie einen Mann, der jetzt weiß, daß er versagt hat & der sein Leben mit dem seiner Altersgenossen vergleicht. »Wie distinguiert wir doch alle sind!« sagte ich; & dann kam heraus – oder habe ich mir das alles eingebildet? – daß er & K[arin]. sich isoliert fühlen & wie Menschen, die beim Examen durchgefallen sind. Mit ungefähr 35 hängen die Listen aus und jeder kann sie lesen. Daraufhin habe ich sie aus einem Impuls heraus zum Dinner eingeladen; & wenn sie kommen, werde ich erkennen, daß ich einen schweren Fehler gemacht habe, das weiß ich jetzt schon. Unterdessen sage ich nichts zu Duncans Bildern & habe auch nichts dazu zu sagen. Sie kreisten in meinem Kopf wie der Weißwein, den ich getrunken hatte; so wunderschön, so entzückend; so leicht zu bewundern. Ich konnte sie jedoch nur hier & da kurz sehen, weil gut gekleidete Leute vor ihnen vorbeigingen. Dann Tee mit Roger beim Burlington, ich lief mit Maynard hinüber; & erfuhr, daß sein Buch jetzt eine Auflage von 15 000 erreicht hat; aber er bleibt ungerührt & ist bescheidener, nicht etwa umgekehrt, als zuvor, was Cambridge zur Ehre gereicht.[4]

Am Tag darauf habe ich eins von Duncans Bildern gekauft; und dafür auf ein granatrotes Kleid verzichtet, das mich sehr ansprach. Es gibt einen Zusammenhang zwischen dem Kleid und Tee bei Eily. Sie hat mich enttäuscht: verlottert, Kompromisse schließend schlappt sie durchs Leben, im Grunde zufrieden mit dem zweitbesten, aber nach außen beklagt sie sich – so kam sie mir vor; & so matronenhaft & sittsam & was für ein schmuckes sauberes Heim & was für durchschnittliche Kinder.

4 Keynes' polemische Schrift *The Economic Consequences of the Peace (Die wirtschaftlichen Folgen des Friedens)* war Ende Dezember 1919 zunächst mit einer Auflage von 5000 Exemplaren bei Macmillan erschienen.

Der ehrenwerte Bernard, der ehrlich ist & echte unzerbrechliche Darwinware, gefiel mir viel besser. Er sprach über Golf & die Wadden Chase Kontroverse. Aber Eily werde ich nie wieder besuchen.[5]

Nach dem hier muß ich die vergessenen Tage überspringen & setze wieder ein bei Ottoline gestern abend (ich überspringe den Tee mit Ottoline & Birrell & Tony Birrell, dem Schwachsinnigen). Doch ich weiß nicht, ob ich eine Abendgesellschaft beschreiben kann – Philip & ich saßen zusammen & hatten die Tür im Auge & die Leute, die hereinkamen. Es gab mehr von der zwielichtigen schicken Sorte als früher; wenigstens erschienen die Leute mir so, da ich sie nicht kannte. Die Eliots & die Huxleys & Forster waren da & – alle übrigen. Meine einzige Unterhaltung bestand in einem Gespräch mit W.J. Turner, einem wenig beredten, unendlich bescheidenen Mann mit roter Nase und hervortretenden braunen Augen, schönen verschwommenen Augen, die, wie es schien, die Wahrheit sagen wollten; doch zu schüchtern, sie ausdrücken zu können. Squire ist der Meinung, ich hätte neulich abends seine Seele ausgelotet; das hat er gesagt; Squire hat ungeheuere Achtung vor mir; nun ja, ich fürchte, das hat zu meiner Sympathie für Turner beigetragen. Auf Parties fühle ich mich jetzt ein bißchen berühmt – es besteht die Wahrscheinlichkeit, daß Leute wie Turner, deren Namen ich kenne, auch meinen Namen kennen. Außerdem freuen sich Leute wie Turner sehr über jedes Lob. Das ist immer wieder überraschend. Die Eliots kommen gerne zu uns zum Dinner. Murry ist herzlich & zu Späßen aufgelegt. Trotzdem muß ich eine bunte Gestalt in meinem Schwarzweißbild haben; ich brauche unbedingt einen Satz für das Siegelwachsgrün von Ottolines Kleid. Diese leuchtende Seide über einer echten Krinoline stach ins Auge. In diesem Aufzug beherrschte Ottoline den Raum. Trotzdem habe ich die ganze Nacht von ihr als einer desillusio-

5 Die Künstlerin Elinor Mary (Eily), geb. Monsell (gest. 1954), hatte 1906 Bernard Darwin (1876–1961) geheiratet; er war fast 40 Jahre lang Golf-Berichterstatter bei der *Times* und Autor zahlreicher Bücher.

nierten Frau mit einem empfindlichen Schmollgesicht geträumt, die aus ihrer inneren Unzufriedenheit keinen Hehl macht. Wenn irgend jemand desillusioniert ist, so sagen alle, dann sie. Tatsächlich kann ich nicht umhin, sie für unglücklich zu halten!

Letztes Wochenende bei den Arnold Forsters habe ich vollständig ausgelassen.

Sonntag 15. Februar 1920

Teils um die Webbs zu überdecken, teils um die Lektüre von The Voyage Out ein paar Minuten vor mir herzuschieben, will ich sagen, daß wir bei den Webbs zum Lunch waren; gestern abend Adrian, Sanger & Hussey zum Dinner hatten.[6] Aber diese Webbs! Ich finde, daß die Zeit um halb zwei an einem kalten windigen Tag genau zu ihnen paßt. Wie wir die Grosvenor Road hinunterlaufen, wirbeln alte Zeitungen umher & die Mittelschicht marschiert in ihren Sonntagskleidern vorbei. Die Häuser sehen rot & rauh aus. Vor den Fenstern auf der anderen Seite des Flusses sind Fabrikschornsteine. Weil Sonntag ist, sind alle Schleppkähne vertäut. Es gibt keine Sonne oder Wärme. Aber worauf sind sie aus? Warum müssen die richtigen Absichten so durch & durch scheußlich sein? Dann der Hammel & der Kohl & der Apfelkuchen – alles angemessen aber freudlos. Schlechte Zigaretten. Ein Tropfen Whisky. Der Salon jetzt in eiskaltem Weiß mit Aquarellen, die in genau gleichgroßen Abständen voneinander aufgehängt sind. Mrs Webb zeigte die Haifischzähne. Webb mit roten Flecken & von plump massiger Gestalt. Das Fenster im Hinterzimmer ist aus Milchglas, damit man die Fenster dahinter nicht sieht. Ich bin nicht mehr verängstigt; nur betrübt & niedergeschlagen & völlig überreizt vom Gefühl so scheußlicher Aussichten. Mr Cross vom Auswärtigen Amt hatte sechs Mappen mit Unterlagen mitgebracht, die durchgesehen

6 Sidney und Beatrice Webb, Sozialhistoriker und politische Lobbyisten, wohnten in der Grosvenor Road 41 am Thames Embankment.

werden mußten. Mrs Webb sagte zu mir, es sei falsch L. daran zu hindern, ins Parlament zu gehen; wir brauchen Männer mit scharfer Intelligenz & – Aber was ist ›richtig‹ & wer ist ›wir‹. Sie verabschiedete sich mit unterkühlter Freundlichkeit. Man kommt leichter mit der Situation zurecht, aber das Grauen nimmt mit der Vertrautheit auch zu. Ob wir auch so werden? Ich stampfe den Bahnsteig auf & ab, um warm zu werden; tauche die Hände in heißes Wasser, kauere mich an den Kamin, aber ich bin immer noch sehr gereizt & erbittert.

Dienstag 9. März 1920

Trotz einiger Erschütterungen werde ich dieses Tagebuch wohl erst einmal weiterschreiben. Manchmal denke ich, daß ich mich durch die Stilebene hindurchgearbeitet habe, die dazu paßt – zu der gemütlichen, heiteren Stunde nach dem Tee; & was ich jetzt erreicht habe, ist viel sperriger. Egal: ich glaube, die alte Virginia, die ihre Brille aufsetzt und den März 1920 liest, wünscht ganz entschieden, daß ich weiterschreibe. Sei gegrüßt, lieber Geist! & sieh dich vor, daß *ich* nicht glaube, 50 sei ein hohes Alter. Ein paar gute Bücher lassen sich noch schreiben; & hier sind die Bausteine für ein schönes.

Um auf die zurückzukommen, die den Namen in der Jetztzeit trägt: am Sonntag ging ich nach Campden Hill, um mir das Schubert-Quintett anzuhören – das Haus von George Booth zu besichtigen – mir Notizen für meine Geschichte zu machen – mit Honoratioren in Berührung zu kommen – aus all diesen Gründen bin ich dort hingegangen, & für 7 Shilling 6 Pence preiswert zufriedengestellt worden.[7]

7 Die Booths waren eng mit der intellektuellen und gesellschaftlichen Welt verknüpft, in der VW aufgewachsen war. Charles Booth, Reeder und Sozialwissenschaftler, und seine Frau Mary, geb. Macauly, waren mit VWs Eltern, Leslie und Julia Stephen, befreundet. Ihr zweiter Sohn George Macauly Booth (1877–1971) arbeitete in der Familienreederei, und seine Frau Margaret, geb. Meinertzhagen, war eine begabte Geigerin.

Ob die Menschen ihre Wohnungen mit derselben vernichtenden Klarheit sehen wie ich, die wie in diesem Fall eine Stunde zu Besuch kommen darf, ist fraglich. Frösteliger oberflächlicher Anstand; aber dünn wie eine Eisdecke auf einem Tümpel im März. Eine Art merkantile Selbstgefälligkeit. Roßhaar & Mahagoni ist die Wahrheit darüber; & die weiße Täfelung, die Vermeer-Reproduktionen, der Omega-Tisch & die buntgescheckten Vorhänge sind eher snobistische Verkleidung. Das uninteressanteste Zimmer überhaupt: ein Kompromiß; obwohl das natürlich wiederum interessant ist. Ich bekam eine Abneigung gegen das Familiensystem. Die alte Mrs Booth thronte in Witwenkleidern auf einer Art hohem Nachtstuhl: flankiert von treu ergebenen Töchtern; mit Enkelkindern, die irgendwie symbolischen Cherubim glichen. Was für adrette trostlose kleine Jungen & Mädchen. Da saßen wir nun alle in unseren Pelzen & weißen Handschuhen. Elena lud uns zum Dinner ein: sie & Bruce sind (vielleicht deswegen) von dieser Kritik ausgenommen. [...]

Donnerstag 15. April 1920

Es sieht so aus, als ginge meine Handschrift vor die Hunde. Vielleicht bringe ich das hier mit meiner Schreiberei durcheinander. Habe ich gesagt, daß Richmond begeistert von meinem James-Artikel war?[8] Also, vor zwei Tagen hat der kleine alte Walkley ihn in der Times scharf kritisiert, er sagte, ich sei in H[enry]. J[ames]. schlimmste Manierismen verfallen – völlig abgedroschene ›Sprachfiguren‹ – & deutete an, daß ich eine sentimentale Freundin von H. J. sei. Percy Lubbock kam ebenfalls vor; aber ob nun zu Recht oder Unrecht, ich lösche den Artikel beschämt

8 Am 8. April 1920 war im *TLS* VWs Rezension der *Letters of Henry James*, herausgegeben von Percy Lubbock, erschienen. Am 14. April beschäftigte sich der Kritiker Arthur Bingham Walkley in der *Times* ausführlich mit ihrem Artikel, in dem er einige der »am wenigsten liebenswerten Manierismen« des Meisters aufspürte.

aus meinem Gedächtnis & sehe mein gesamtes Schreiben in einem äußerst unvorteilhaften Licht. Es ist wahrscheinlich die alte Geschichte des ›blumig Überschwenglichen‹ – zweifellos eine berechtigte Kritik, obwohl es sich um meine eigene Krankheit handelt, die ich mir nicht bei H. J. geholt habe, falls das ein Trost ist. Trotzdem muß ich etwas daran tun. Die Times-Atmosphäre bringt es an den Tag; denn erstens muß ich dort förmlich sein, besonders im Fall von H. J.; & daher einen Artikel fabrizieren, der eher wie ein kunstvolles Konstrukt ist; was zum Ausschmücken ermuntert. Desmond dagegen hat mir freiwillig seine Bewunderung ausgesprochen. Ich wünschte, man könnte irgendeine Regel zu Lob & Tadel ausfindig machen. Ich prophezeie, daß ich für jede Menge Tadel bestimmt bin. Ich falle auf; & besonders ältere Herren werden dann ärgerlich. An unwritten novel wird man sicher verreißen; ich weiß noch nicht, nach welcher Methode sie diesmal vorgehen werden. Es ist zum Teil das ›Gutgeschriebensein‹, was die Leute in Rage bringt – & das war vermutlich schon immer so. ›Prätentiös‹ heißt es; & dann auch noch eine Frau, die gut schreibt & noch dazu in der Times – in diese Richtung geht es. Das hemmt meinen Einstieg in Jacob's room ein bißchen.[9] Aber ich weiß Tadel durchaus zu schätzen. Er gibt einem Ansporn, sogar der von Walkley; der (das habe ich nachgesehen) 65 ist, & ein schäbiger kleiner Schwätzer, über den zu meiner Freude sogar Desmond lacht.[10] Aber vergiß nicht, daß etwas Wahres dran ist; es ist mehr als ein Körnchen Wahrheit an der Kritik, daß ich in der Times gräßlich kultiviert bin: kultiviert & warmherzig; ich glaube, das zu ändern wird nicht einfach sein: denn bevor ich mit dem H. J.-Artikel anfing, schwor ich mir zu sagen, was ich denke & es auf meine Weise zu sagen. Na ja, jetzt habe ich diese ganze Seite vollgeschrieben & nicht heraus-

9 *Jacob's Room*, VWs dritter Roman, mit dem sie den entscheidenden Schritt in ihrer künstlerischen Entwicklung vollzog.

10 Desmond MacCarthy (1877–1952), literarischer Journalist und Theaterkritiker. Seine Freunde sahen in ihm einen kommenden großen Romancier, aber seine natürliche Begabung war die Konversation.

gefunden, wie ich ruhig reagiere, wenn die Unwritten Novel erscheint.

Es regnet jetzt – der schwarze Himmel macht mir viel mehr aus: so häßlich. Gestern war ich, glaube ich, den ganzen Tag unglücklich. Zuerst Walkley; dann 2 Zähne gezogen; dann den ganzen Abend Zahnschmerzen; L. fort, eine Rede in Richmond halten; & konnte nicht lesen wegen des Pochens in meinem Zahnfleisch. Vorgestern war ich bei der Niggerausstellung in Chelsea; sehr traurige eindrucksvolle Figuren; obszön; irgendwie gewaltig; zivilisations- & zynismusgetränkte Figuren von Franzosen, dachte ich; sie wurden jedoch vor 100en von Jahren im Kongo geschnitzt (vielleicht). Hannay kam auf mich zu. ›Mrs Woolf?‹ Ja – aber wer –? Wir sind uns vor Jahren bei den Squires begegnet – Hannay. Ah ja, Sie schreiben jetzt Kunstkritiken? Sagen Sie mir, was ich von den Schnitzereien halten soll. Und diese peruanischen Schalen – es ist die Form, bei den Schalen. Ich habe zu lange mit diesen Schnitzereien gelebt. (Wobei ihn das wohl nicht richtig beschreibt. Ein Mann, der lange Pausen beim Sprechen macht – ein schlechter Kritiker, höre ich. Wie es nicht anders sein kann bei jemandem, der in dieser Buchhandlung arbeitet.) Dann hörte ich Desmond sagen Oh das ist im Obergeschoß – er kam aber mit einem großen hageren braunen älteren Mann in Gehrock & Zylinder herein. Er wurde mir nicht vorgestellt, als läge ein tiefer Graben zwischen uns. Ich verschwand & sah mir in der Chelsea Church die H. J.-Gedenktafel an – überreich verziert & wenn man so will kultiviert – spindelige Buchstaben & James-Formulierungen. Möglicherweise von Gosse verfaßt. Dann zu Madame Gravé – dann zum 17er Club – dann nach Hause & dann fing mein Zahn an.

Welches Buch soll ich als nächstes lesen? Ich will etwas, das meine morgendliche Stimmung nicht beeinträchtigt – etwas eher Strenges. Ich stelle mir vor, das gleich kapitelweise zu schreiben; ein Kapitel nur dann anzufangen, wenn ich mir sicher bin, daß ich genügend Zeit habe, es fertigzukriegen.

Dienstag 11. Mai 1920

Damit ich mich in Zukunft daran entsinne, ist es erwähnenswert, daß die Schöpferkraft, die zu Beginn eines neuen Buches so angenehm sprudelt, nach einer Weile abnimmt & man ruhiger fortfährt. Zweifel beschleichen einen. Dann resigniert man. Der Entschluß, nicht aufzugeben & das Gespür für die werdende Form sind am wichtigsten, damit man dranbleibt. Ich bin etwas besorgt. Wie soll ich dieses Konzept umsetzen? Sobald man sich an die Arbeit macht, ist man wie ein Spaziergänger, der zuvor weite Landstriche überschaut hat. Ich möchte in diesem Buch nur schreiben, was mir wirklich Spaß macht. Aber Schreiben ist immer schwer.

L. ist in London, um seine Wähler zu sehen.[11] Acht Herren warten darauf, seine Ansichten kennenzulernen. Danach trifft er sich mit Kot zum Tee. Er hat eine Besprechung, kommt (glaube ich) erst spät nach Hause. Ich habe den ganzen Nachmittag getippt & Morgans Geschichte gesetzt.[12] Habe mir ein süßes Stückchen geholt, bei Miss Milan vorbeigeschaut wegen der Sesselbezüge, & wenn ich hiermit fertig bin lese ich Berkeley. Um 14.15 wurden Lady Cynthia Curzon und Captain Mosley getraut. Obwohl es bis 15.30 sommerlich war, ist jetzt alles schwarz bepinselt & ich muß das Fenster zumachen & mir einen Jersey anziehen. Nessa kommt Freitag zurück. Clive & Mary sind in Paris. Außerdem habe ich Sonntag mit A. & K. Tee getrunken & alle Kinder gesehen – Judith ist ein richtiger Brocken; Ann sah aus wie auf Watts Zeichnung von Mutter; und doch sind beide richtige Costelloes. Wenn ich am Gordon Square war, komme ich immer gerne nach Richmond zurück. Wir leben gern

11 LW hatte sich bereit erklärt, als Vertreter der Labour Party für die Combined English Universities – alle englischen Universitäten mit Ausnahme von Oxford und Cambridge – zu kandidieren, und wurde Ende Mai als Kandidat aufgestellt.

12 E. M. Forsters *The Story of the Siren*, von den Woolfs handgesetzt und gedruckt, mit Umschlägen aus marmoriertem Papier versehen, erschien im Juli 1920.

zurückgezogen, ohne groß bemerkt zu werden. Murry hat mich gebeten, Geschichten für das Athenaeum zu schreiben. Noch kein Wort davon, daß K[atherine] mich sehen will.

Montag 31. Mai 1920

Seit einer Stunde vom Monks House zurück, es war unser erstes Wochenende dort – das idealste, wollte ich gerade sagen, aber wie kann ich wissen, was für Wochenenden wir dort noch verbringen werden?[13] Die erste ungetrübte Freude am Garten, meine ich. Draußen sehr windig; drinnen sonnig & geschützt; & den ganzen Tag Unkraut gejätet & die Beete fertig gemacht, in einer eigentümlichen Art von Begeisterung, die mich dazu brachte zu sagen, das ist das Glück. Die Gladiolen stehen in Truppen da: der Pfeifenstrauch blüht. Die Küchenwand abgerissen. Wir waren bis 9 draußen, obwohl es ein kalter Abend war. Beide sind wir heute steif & überall zerkratzt; mit schokoladenbrauner Erde unter den Nägeln. Dann ist die Haltestelle wieder in Betrieb; zum ersten Mal seit dem Krieg waren wir wieder in Lewes. Gunn ritt über den Bahnübergang, mit seinem großen Hund, der einen kupierten Schwanz hat. Die Thomas' waren auf dem Bahnsteig: arme kleine Schluderschwestern, die fast alles Damenhafte abgelegt haben. Thomas leutselig & freundlich zu den Männern, denen er im Predigerton von den Regengüssen in Louth erzählte. »Sehr e-e-ernste Sache, viele kamen ums Leben, & eine Viertelmillion Schaden«, sagte er, als wollte er einen Ausgleich herstellen; sein Oberkiefer zahnlos. Gunn kanterte durch die Feuchtwiesen, seine Stute ›an den Gattern sehr schlau, kann aber nicht stillstehen‹ wie die Miss T's sagten, die sich für diese Dinge mehr interessierten als für Regengüsse.

Am Freitag hatte ich mein Gespräch mit K[atherine]. M[ansfield]. Anfangs eine permanente, verwirrende Förmlichkeit &

13 Monks House war das neue Wochenend- und Ferienhaus der Woolfs in Rodmell in Sussex. Sie waren am 1. September 1919 von Asheham dorthin gezogen.

Kälte. Erkundigungen nach dem Haus & so weiter. Keine Freude oder Aufgeregtheit, als sie mich sah. Mir fiel auf, daß sie die Art einer Katze hat: fremd, gelassen, immer allein & wachsam. Und dann sprachen wir über Einsamkeit, & ich entdeckte, daß sie meine Gefühle aussprach, wie ich es noch nie erlebt habe. Woraufhin wir in Gleichschritt verfielen & uns unterhielten wie immer, so mühelos, als seien die 8 Monate nur Minuten gewesen – bis Murry mit einem Paar Meißener Kerzenständer in Blau & Rosa hereinkam: »Wie *wunder*schön«, sagte sie. »Aber hol doch noch die Kerzen.« »Virginia, wie *schrecklich*, was soll ich sagen? Er hat £ 5 dafür ausgegeben« sagte sie, als er wieder draußen war. Mir ist klar, daß sie einander oft feindselig gesonnen sind. Zum einen – Murrys Schriftstellerei. »Hat dir C[innamon]. & A[ngelica]. gefallen?« Nein, gar nicht. »Mir auch nicht. Aber D[efeat]. of an I[magination]. fand ich geradezu entsetzlich – falsch – Es ist oft sehr sehr schwierig …« Dann kam Murry zurück. Wir plauderten wie gewöhnlich. Thema war Aldous. Aldous hat Leda herausgebracht: ob die Öffentlichkeit ihn ebenfalls heiligsprechen wird?[14] Aber als Murry schließlich ging, kamen K. & ich nochmals auf Literatur zu sprechen. Fragen zu ihren Geschichten. Diese letzte, Man without a T[emperament]., ist ihre erste im neuen Stil. Sie sagt, sie hätte etwas in den Griff bekommen – beginne zu tun, was sie wirklich will. Das Prelude eine bunte Postkarte. Ihre Rezensionen bloßes Geschreibsel ohne tieferen Gehalt. Und Sullivans Lob im A[thenaeum]. findet sie widerwärtig. Eine seltsame Wirkung geht von ihr aus, wie von jemandem, der für sich ist, völlig egozentrisch; ganz und gar auf ihre ›Kunst‹ konzentriert: fast böse mit mir deswegen, als ich so tat, als könnte ich nicht schreiben. »Was soll man sonst tun? Wir müssen schreiben. Das Leben –« dann daß sie sich nachts Geschichten erzählt von allen Menschen, die in einer Stadt leben. »Es ist eine Frühlingsnacht. Ich fahre zu den

14 *Leda and Other Poems* von Aldous Huxley erschien im Mai 1920. Huxley war von Ende April 1919 bis Oktober 1920 einer von Murrys Assistenten in der Redaktion des *Athenaeum*.

Docks runter – ich höre wie die Reisenden sagen –« dabei schauspielert sie auf die ihr eigene Art, & improvisiert. Dann ihre Bitte an mich, Geschichten für das A. zu schreiben. »Aber ich weiß nicht, ob ich Geschichten schreiben kann« sagte ich und meinte es ehrlich, weil ich dachte, daß das ihrer Ansicht nach, jedenfalls nach ihrer Rezension von mir, ihr heimliches Gefühl sein mußte. Worauf sie auf mich losging & sagte, ich sei die einzige, die Geschichten schreiben könnte – Kew [Gardens] sei die richtige ›Geste‹; ein Wendepunkt – Na ja, aber Night & Day? sagte ich, obwohl ich eigentlich nicht davon sprechen wollte.

›Eine erstaunliche Leistung‹, sagte sie. Nun, wir haben dergleichen seit wer weiß wie langer Zeit nicht mehr gehabt –,

Aber ich dachte, es hat dir nicht gefallen?[15]

Dann sagte sie, sie könnte sich getrost darüber prüfen lassen. Ob ich kommen & darüber sprechen wollte – zum Lunch – also komme ich zum Lunch; aber was bedeutet ihr Rezensieren dann? – oder ist sie mir gegenüber emotional? Jedenfalls spüre ich wieder mit der alten Heftigkeit das gewisse Einverständnis zwischen uns – das merkwürdige Gefühl ›ähnlich‹ zu sein – nicht nur in bezug auf Literatur – & ich glaube, es hat nichts mit befriedigter Eitelkeit zu tun. Ich kann offen mit ihr sprechen.

Donnerstag 17. Juni 1920

Heute ist Pokaltag in Ascot; der wohl den absoluten Höhepunkt der Saison für die vornehmsten Gesellschaftskreise darstellt – alles Superlative, dir mir wenig bedeuten – es sei denn, ich bekomme das Surren der Räder an einem schönen Nachmittag in Piccadilly mit & die vorbeifahrenden Wagen, schaue hinein & sehe gepuderte Gesichter wie Juwelen in Glasvitrinen. Man muß jung sein, um das Aufwühlende daran zu spüren. Wir sind

15 Katherine Mansfield hatte *Night and Day* im *Athenaeum* vom 16. 11. 1919 rezensiert.

unterwegs nach Ascot. Offene Droschken rollen vorbei; oder Automobile wie Lokomotiven auf der Great Western Railway Route. Doch das schöne Wetter beschleunigt plötzlich auch unser Leben: Dinnerparties; Memoir Club; Einladungen; all das häuft sich. Und ich kann Mrs Mirrlees jetzt nicht beschreiben, & mein Dinner im Rubens Hotel, inmitten einer reichen warmherzigen britischen Familie, die von den letzten 100 Jahren in keiner Weise berührt worden ist. Die Zivilisation hat diesen Organismus hervorgebracht, ein Stereotyp daraus gemacht. Die Booths sind von derselben Spezies. Ich frage mich, ob Familien von Natur aus beieinander bleiben. An jenem Abend habe ich mich das allerdings nicht gefragt. Das Silber floß unaufhörlich aus Sneezers Taschen.

Am nächsten Tag hatte ich Lunch am Gordon Square, Anlaß war Rogers Ausstellung:[16] bekam den Kopf von Wein & Gesprächen voll & saß dort etwas unbehaglich. Der Trinkspruch auf Roger war irgendwie ein Fehlschuß – ebenso die Bilder, fürchte ich, die 3 Zimmer mit grellen Farben ausfüllen, wie bunte Blechbeschläge, und noch kein einziges verkauft. Lytton & ich standen an einem Fenster; & betrachteten (zumindest ich) eine Frau, die sich hoch oben in einer Nebenstraße die Haare bürstete, & dann wurde es still. »Gibt es da nicht reichlich zu erzählen?« fragte Lytton, sich auf mein buntes Leben beziehend. Ich sagte nein. Es reichte kaum aus. Dann erzählte er mir, daß er seinem Ehrgeiz lebe; er will Einfluß, nicht Ruhm; nicht Maynards Einfluß, sondern denjenigen eines alten Herrn, auf den man zu seinem 80. Geburtstag Reden hält – er will mit wenig Worten die Riesenungetüme der Unwahrheit ausmerzen. Ich habe erklärt, das sei unmöglich. Aber ich glaube, daß er sich genau das wünscht. Tee bei Gunters; Dinner bei Nessa; & dann nach Hause, mit einer kleinen Verletzung am Mund, nach einem großen Schluck Einsamkeit lechzend, den man mir nicht ge-

16 Roger Frys Ausstellung war in der Independent Gallery, Grafton Street 7a; 114 seiner Arbeiten waren dort ausgestellt, und bis zum 20. Juni hatte er ein Bild und fünf kleine Studien verkauft.

währte; da wir danach mit den Murrys zum Dinner waren, danach mit Roger, & gestern abend den Memoir Club hier hatten, von dem zu berichten ich zu müde bin. Leonard ißt mit der Society zu Abend, was ich wohl mehr genieße als er, da ich bei gedämpftem Licht daliegen und auf ihn warten werde; dann wird er hereinkommen; dann werde ich den neuesten Klatsch hören.

Dienstag 6. Juli 1920

Wie immer zu viel zu schreiben, aber wir schuften wie Kanalarbeiter beim Binden von Morgan, & habe keine Zeit für Spielereien. Geselligkeiten werden wo es geht dazwischengezwängt. All das rührt daher, daß wir ein Papier ausgesucht haben, das zusätzlich verstärkt werden muß. Es sieht so aus als würden wir mit Morgan ein blühendes Geschäft machen, obwohl ich als Kritikerin nicht ganz verstehe warum. Und bin ich eine Kritikerin? Zum Beispiel Conrads Buch. Wir waren beim ersten Athenaeum-Lunch – eine lange Reihe unbedeutender Geistesarbeiter bei einem schlechten Essen. Katherine saß mir gegenüber, & ich hörte, wie sie ausgerechnet dieses Buch enthusiastisch lobte. Als sie mich dazu aufforderte, gestand ich schließlich, daß es mir gegen den Strich ginge, woraufhin sie auswich – und ich auch. Aber was stimmt? Ich behaupte immer noch, daß ich die wahre Seherin bin, die einzige unabhängige Stimme in einem Chor gehorsamer Schafe, da sie sich alle einstimmig lobend äußern. Sie fangen immer damit an, wenn das Schauspiel vorbei ist – das ist zumindest meine Meinung. Dieses Lunch war ein bißchen schäbig & branchenintern, ein Blick in die Waschküche, in der die Sullivans & Pounds & Murrys & Huxleys ausgezogen stehen, die Arme in Waschzubern. Dem kann man eindeutig widersprechen; dennoch werde ich das Gefühl nicht los, daß, wären Lytton, Roger, Desmond, Morgan, Nessa & Duncan dagewesen, die Stimmung weniger vorgartentreppenhaft gewesen wäre & mehr wie an der frischen Luft. Aber ich bin ziemlich geladen auf Murry, wohl wegen dem, was er schreibt, & weiß der Himmel, eine Erzählung von Katherine macht mich doch immer wieder kribbelig. *Meine* Erzählung ist erschienen – von Sydney & Mrs Schiff bejubelt[17] – es ist seltsam, daß mein engster Freundeskreis diesen Gefühlsausbrüchen keine Beachtung mehr schenkt, & daß Lob oder Tadel jetzt, wenn überhaupt, aus der Öffentlichkeit kommen. Julian war übers Wochenende da; & was das Wetter betrifft Dauerregen, wie wir ihn selten haben; ab & zu schüttet es so, daß innerhalb von 5 Minuten reißende Bäche entstehen.

Dienstag 13. Juli 1920

Ach, die Dienstboten! Ach, das Kritikenschreiben! ach, das Wetter! Auf diese Weise versuche ich, um die eigene Darstellung der Dinge herumzukommen. Nelly schwankt seit 10 Tagen zwischen Lachen & Weinen, Leben & Tod; kann nirgends Schmerzen haben, ohne nach mir oder nach L. zu rufen und sich versichern zu lassen, daß Schmerzen auf gar keinen Fall tödlich sind. Dann weint sie. Sagt, sie wird sich nie, nie, nie erholen. Der Arzt kommt. Sie nimmt zahllose Pillen & Arzneisäfte ein. Schweißausbrüche, schlaflose Nächte, zu wiederholten Malen. Ich persönlich bin wie immer erstaunt darüber, wie sie es fertigbringen, auch nur eine Woche am Leben zu bleiben – nicht vom Donner getötet zu werden wie die Fliegen. Sie sind nicht in der Wirklichkeit verwurzelt; und was die Vernunft betrifft, so könnte man, wenn sie in dieser Stimmung sind, noch eher ein entlaufenes Pferd überzeugen. Und es ist nichts weiter als eine Magenverstimmung – so würde unsereins dazu sagen & eine Pille dagegen nehmen. Wir sind deshalb gezwungen, Einladungen anzunehmen, denn wenn jemand hierher kommt, sinkt die Stimmung. Aber wo sind wir gewesen? Ich sehe mich tatsächlich fortwäh-

17 VW spricht hier wahrscheinlich von ihrer eigenen Erzählung ›An Unwritten Novel‹ (›Ein ungeschriebener Roman‹), die in der Julinummer des *London Mercury* erschien. Sydney Schiff und seine Frau Violet waren reiche, aufmerksame Mäzene.

rend Einbände schneiden. Allerdings glaube ich nicht, daß das Geschäft mit Morgan sich sofort einstellen wird. Wir machen Werbung in der Nation.

Jetzt zu ach, dem Kritikenschreiben! – Drei Wochen sind glaube ich vergangen, ohne daß ich einen Strich an Jacob getan habe. Wie soll man das Buch bei diesem Tempo fertigkriegen. Doch es ist alles meine Schuld – warum mußte ich auch den Kirschgarten & Tolstoi für Desmond machen, warum über die Plumage Bill für Ray schreiben? Aber wenn diese Woche vorbei ist, mache ich nichts mehr. Was das Wetter anbelangt, so haben wir im Augenblick mäßigen Sonnenschein; also will ich nichts mehr sagen, außer, daß ich nicht glaube, daß es so bleibt, oder mehr ausrichtet, als die oberste Erdschicht zu trocknen, unter der es völlig sumpfig sein muß. Doch an was denke ich? Daß Ka sich Eagle's Nest genommen hat. & daß ich wünschte, es würde mir gehören.[18]

Donnerstag 19. August 1920

Ich hebe den Kopf von der Patchwork-Decke, an der ich gerade arbeite. Heute ist der Tag im Monat, an dem ich stopfe & andere Handarbeiten erledige, & in Wahrheit nützlichere Arbeit verrichte als an Tagen ungebundener Intelligenz. Was für ein wechselhaftes & schwankendes Gemüt man doch hat! Gestern den ganzen Tag über grüblerisch & verschlafen, das Schreiben mühelos, & doch nicht völlig bewußt, flüssig wie unter Medikamenteneinfluß: heute anscheinend klar im Kopf, jedoch unfähig, einen Satz an den anderen zu reihen – saß eine Stunde da, strich aus, fügte ein, strich aus, & las dann [Sophokles'] Trachinierinnen, was vergleichsweise einfach ging – immer vergleichsweise – du liebe Zeit!

18 Dieses Haus lag hoch oben auf den Mooren über Zennor in Cornwall, einer Landschaft, die für VW seit ihrer Kindheit ein Ort der Sehnsucht war.

Von 12 bis 16.30 hatten wir Nelly Cecil hier; und wie unelegant & sogar schäbig unsere Einrichtung neben ihr wirkte![19] die Zimmer schrumpften, das Silber lief an, das Huhn vertrocknete, & das Porzellan verlor seinen Glanz. Es war harte Arbeit; einer von uns immer an ihrem Ohr, & sie, die arme Frau, empfing ununterbrochen die Worte des einen oder des anderen. Wir fingen an der äußersten Peripherie der Vertraulichkeit an und drangen ins Zentrum vor. Zunächst ist sie schüchtern, voller Entschuldigungen dafür, daß sie sich aufgedrängt hat: »Ich bleibe eine Stunde – ach, ich störe – wie müssen Sie mich verfluchen, daß ich bei Ihnen eingebrochen bin!« Aber das ging vorbei & ihr Verstand, der im Umgang mit der politischen Lage geübt ist, hielt sie munter. Wir tratschten auch viel, vor allem über Mrs Asquith & ihre Ungenauigkeiten, und wie die Tennants die alte aristokratische Welt zum Einsturz gebracht haben. So kamen wir zur Religion. »Ich bin nicht mehr so gläubig wie früher. Als man jung war, hat man sich Unsterblichkeit gewünscht. Und der Krieg hat es schwer gemacht – oh ja, ich gehe noch in die Kirche. Bob führt ein gutes, gewissenhaftes Leben & hat immer noch seinen Glauben.« Bob ist für einen Monat mit den Mosleys in Deauville. Tatsächlich errät man ihre unbeschreibliche Isolation; noch nie habe ich so viel Einsamkeit in einem menschlichen Gesicht gesehen wie bei ihr; als stünde sie immer außerhalb des Lebens, allein, gezwungen, es zu ertragen, & als sei sie dankbar für jede Hilfe. Ihr Körper unglaublich klein & zusammengeschrumpft; die Augen fast am Erlöschen; die Wangen eingesunken –

19 Nelly Cecil (1868–1956) war mit VW seit Anfang des Jahrhunderts befreundet. Die geborene Lady Eleanor Lambton hatte 1889 Lord Robert Cecil geheiratet, der als Premierminister auf seinem Familiensitz, Hatfield House, 1891 den Kaiser zu Gast gehabt hatte.

Montag 18. Oktober 1920

Diese Pause war lang, & vielleicht sollte ich sie nicht jetzt füllen, aber ich komme gerade aus dem Club, & mich auf nichts konzentrieren kann. Doch wir sind seit siebzehn Tagen wieder da, haben eine Reihe von Leuten gesehen, & ich habe mehr Gedanken im Kopf als ich Worte dafür habe: gerade kam L. herein & erzählte mir, daß Rowntree den Tod der Beilage noch einmal überdenken will; wird sie wohl behalten und den Redaktionsstab verkleinern. Leider habe ich mich nicht gefreut; denn dann sind wir wieder gebunden, L. gibt sich mit £ 200 statt der £ 250 zufrieden; & keine Chance für Italien. Wir stritten, & meine Befürchtungen wurden als töricht bezeichnet; & wahrscheinlich sind sie es auch. Nur beunruhigt es mich manchmal, wenn ich denke, wie leicht sich L. einer Sache hingibt. Ich tue mein möglichstes, um seine Karriere zu ruinieren.

Wen haben wir gesehen? Die üblichen, Nessa & Duncan Clive Mary Stracheys Stephens, Ka, Arnold Forsters, – auch Kot, der uns den Tschechov vorbeibrachte, & davon sowie von den anderen Projekten so begeistert war, daß er quietschte wie eine Fiedel, statt in gewohnter Weise feierlich tief wie ein volles Bierfaß zu klingen. Mit der Verlagsarbeit kommen wir gut voran. Partridge – Ralph sollte ich ihn nennen – legt sich mächtig ins Zeug & will ein »Orkan«-Geschäft machen.[20] Wir bringen Three Stories von L. heraus: mein Buch; (versuchsweise von McDermott gedruckt;) & haben Tschechov, Eliot, Roger im Auge, möglicherweise Lyttons Essays; & jetzt will der kleine hochnäsige Mervyn A. F. uns den Auftrag geben, seine ›Reime‹ zu drucken, – die schlecht sein werden, aber es ist amüsant, unser Können zu verkaufen.

20 Reginald (Ralph) Partridge (1894–1960), der mit Carrington und Lytton Strachey in einer Dreierverbindung lebte, sah sich nach einer Beschäftigung um, nachdem er das Examen in Englischer Literatur 1919 in Oxford mit Auszeichnung bestanden hatte. Die Woolfs hatten ihm angeboten, als LWs Sekretär zu arbeiten sowie Teilhaber der Hogarth Press zu werden und diese auszubauen.

Montag 25. Oktober 1920 (der erste Tag der Winterzeit)

Warum ist das Leben so tragisch; wie ein schmales Stückchen Trottoir über einem Abgrund. Ich schaue hinunter; mich schwindelt; ich frage mich, wie ich je auf die andere Seite gelangen soll. Aber warum habe ich dieses Gefühl? Jetzt, wo ich es sage, ist es weg. Das Kaminfeuer brennt; wir hören uns gleich die Beggar's Opera an. Nur ist es um mich herum; ich kann meine Augen nicht davor verschließen. Es ist ein Gefühl der Ohnmacht: daß ich keinen Eindruck hinterlasse. Hier sitze ich in Richmond, & wie bei einer Laterne, die man mitten auf einem Feld abgestellt hat, steigt mein Licht in die Dunkelheit. Die Melancholie nimmt ab, wenn ich schreibe. Warum schreibe ich es dann nicht öfter auf? Nun, die Eitelkeit verbietet das. Ich will sogar vor mir selbst erfolgreich erscheinen. Doch komme ich dem nicht auf den Grund. Es ist, weil ich keine Kinder habe, getrennt von meinen Freunden wohne, es mir nicht gelingt, gut zu schreiben, ich zuviel für Essen ausgebe, alt werde – ich denke zu viel an das Warum & Weshalb: zu viel an mich selbst. Ich mag nicht, daß die Zeit mich umflattert. Also gut, Arbeit. Schon, aber ich werde so schnell müde bei der Arbeit – kann immer nur ein bißchen lesen, eine Stunde Schreiben reicht mir. Hier draußen schaut niemand herein, um auf angenehme Weise Zeit zu verschwenden. Wenn es jemand tut, bin ich böse. Nach London zu fahren ist zuviel Aufwand. Nessas Kinder werden größer, & ich kann sie nicht zum Tee herbitten oder mit ihnen in den Zoo gehen. Mein Taschengeld reicht nicht sehr weit. Doch bin ich überzeugt, daß diese Dinge belanglos sind: es ist das Leben selber, denke ich manchmal, so tragisch für uns und unsere Generation – kein Zeitungsplakat, aus dem nicht die Agonie von irgend jemandem schreit. McSwiney heute nachmittag & die Gewalt in Irland; ein andermal ist es der Streik. Das Unglück ist überall; direkt vor der Türe; oder die Dummheit, was noch schlimmer ist. Und doch werde ich mein Unbehagen nicht los. Wenn ich an Jacob's Room weiterschreibe, werden meine Fasern glaube ich wieder lebendig. Evelyn ist fertig: aber mir gefällt nicht, was ich jetzt schreibe. Und wie glücklich bin ich trotz alledem – wenn da nur nicht das Gefühl von dem schmalen Stück Trottoir über dem Abgrund wäre.

Mittwoch 10. November 1920

Ich bin das schmale Trottoir noch ein Stück weitergegangen ohne abzustürzen. Die Arbeit hat meinen Schritt flott und forsch gemacht, & dann habe ich die Anstrengung auf mich genommen und mir ein Kostüm gekauft, & habe mein Wintergesellschaftsleben bei Mrs Samuel Bruce begonnen, wieder zwischen Katie & Elena, wo ich wieder dasselbe hörte & dasselbe sagte. Nelly Cecil hat bei uns übernachtet, ehrlich, demütig, schäbig, distinguiert. Schriftsteller sind die einzigen Menschen, die sie mag; ihre eigenen Freunde verachtet sie ein bißchen. De la Mare & Mary Coleridge schätzt sie. Nessas Zimmer am Gordon Square wird zu dem, was der Salon in der Nr. 46 vor 5 oder 6 Jahren war. Ich gehe dorthin & begegne dieser erstaunlichen Helligkeit mitten im Dunkel. Julian kommt mit seiner Französischlektion herein; Angelica reitet perlenbehangen auf Rogers Fuß; Clive weinrot & gelb wie ein Kanarienvogel; Duncan verschwommen im Hintergrund, rittlings auf einem Stuhl sitzend, mit verschleiertem Blick ziemlich trüb vor sich hin blickend. Dann hatten wir Dinner mit Roger & den Sturgeons, & insgesamt habe ich manchmal das Gefühl, daß es schlimm wäre, wenn wir uns nicht hierher flüchten könnten – ich weiß es nicht. Ralph deutet an, mit uns zusammen ein Haus in London zu mieten – was ich an manchen Tagen verlockend finde. Wir alle drei haben heute nachmittag L's Geschichte gesetzt. Ich habe geschrieben, um das Buch fertigzukriegen; & mit Jacob immer noch kein Wort weiter; & ich muß ein Kapitel für den Memoir Club vorbereiten; & deshalb komme ich nicht wie geplant voran, auch ohne Rezensieren. Im Haus läuft jetzt alles völlig reibungslos, ja sogar harmonisch. Hatte ich nicht Nellys Butter zum Tee? Die

Tage verfliegen wie immer; & ich schreibe eine Geschichte, die fragt, warum –

L. arbeitet an einem Buch für Snowden: rezensiert auch pausenlos; noch keine Nachricht von Rowntree wegen der Beilage, & das erinnert mich an den Kuddelmuddel, in den ich letzte Woche wegen Evelyn im TLS geraten bin. 4 Fehler in 4 Spalten.[21]

Sonntag 5. Dezember 1920

Der Memoir Club war einfach großartig – ich meine, ich war großartig; & Leonard hat viel mehr Eindruck gemacht und sich viel weniger abgequält; & Morgan sehr professionell; & Mary hat kein einziges Mal über meine Witze gelacht. Nun, ich werde nächsten Mittwoch laut über ihre lachen, als Entschädigung.[22] Denn ich bin hier mit einem Satz im Dezember gelandet, & schreibe jetzt nur, wie ich fürchte, weil ich vom Coleridge-Lesen geistig erschöpft bin. Warum lese ich Coleridge? Zum Teil wegen Eliot, den ich nicht gelesen habe; den L. aber gelesen & rezensiert & außerdem gepriesen hat. Eliot & Goldie waren

21 Auf VWs Rezension von *Early Life and Education of John Evelyn, 1620–1641*, in der kommentierten Ausgabe von H. Maynard Smith, replizierte am 4. November der Herausgeber, indem er die Rezensentin in einigen Punkten ausführlich korrigierte und den Kommentar hinzufügte, »es [sei] immer Zeitverschwendung, über ein Sujet zu schreiben, für das man sich nicht interessiert und über das man nur unzureichend Bescheid weiß«. VWs Antwort darauf erschien, signiert mit »Your Reviewer«, in der Ausgabe vom 11. November, und VW bekannte sich zu »drei Fehlern in vier Spalten«. Für diese »Irrtümer in der Chronologie« entschuldigte sie sich.

22 Der Memoir Club, organisiert von Molly MacCarthy, bestand aus einem kleinen Kreis von Freunden, die sich von Zeit zu Zeit versammelten, um sich gegenseitig offene autobiographische Essays vorzulesen. Die ursprünglichen Mitglieder der Gruppe, die sich von 1920 bis 1956 traf, waren Virginia und Leonard Woolf, Vanessa und Clive Bell, Molly und Desmond MacCarthy, Lytton Strachey, John Maynard Keynes, Duncan Grant, Roger Fry, E. M. Forster, Saxon Sydney-Turner und Sydney Waterlow. Vor dem Treffen am 17. November aßen die Woolfs mit den MacCarthys zu Abend. VWs Beitrag war wahrscheinlich ›22 Hyde Park Gate‹ (siehe *Augenblicke des Daseins*, deutsch von Brigitte Walitzek, Frankfurt: S. Fischer, 2012, S. 49–67). Das nächste Treffen fand am 8. Dezember statt.

neulich abend zum Dinner hier – ein gelungener Abend. Mein Schnupfen machte mich tollkühn, als hätte ich Wein getrunken – alles schien egal zu sein. Ich lachte das grimmige Marmorgesicht an & es zwinkerte mir zu. Wie groß und weiß sein Gesicht neben Goldies beweglichem braunen Affengesicht wirkt! Ein verzerrter & zusammengekniffener Mund; nicht die leiseste Unbeschwertheit in seinen Zügen; alles verklemmt, gepreßt, gehemmt; aber irgendwo großer Elan – & meine Güte, wie konzentriert er blickt, wenn er debattiert! Wir redeten über Literaturkritik, & ich mußte feststellen, daß er sich für einen Dichter hält. Für ein bißchen menschliches Lachen ist er, wie ich meine, sehr empfänglich, & ich glaube, er würde gerne mit seiner förmlichen Art brechen. Bis ins kleinste schilderte er uns die Blinddarmentzündung seines Schwiegervaters. Ich vermute, daß er sich von den Konventionen befreien will, & daß wir eine willkommene Abwechslung für ihn sind. Dann – was noch? Gerald Duckworth hat sich mit Miss Chad verlobt – zählt das als Neuigkeit? Dinner bei den Toynbees, aber darauf kann ich nicht eingehen. Worauf will ich eingehen? Wie hart wir arbeiten – das beeindruckt mich diesen Winter: jede Ecke vollgestopft, hauptsächlich wegen des Verlages. Ob wir das durchhalten können, weiß ich nicht. Zudem beide so beliebt, so berühmt, so geachtet – & Leonard 40, & ich bald auch, also gibt es nicht viel zu prahlen. Im Grunde meines Herzens gebe ich den unauffälligen anonymen Tagen der Jugend den Vorzug. Ich mag jugendliche Geister; & das Gefühl, daß noch niemand etwas vorstellt. Das bezieht sich, bei aller schockierenden Schludrigkeit – aber was soll ich machen? ich kann nicht 2000 Wörter in der Stunde auch noch mit Sorgfalt schreiben – auf den Tee mit Miss Hussey im Clifford's Inn. Ich weiß nicht, warum ich meine eigene Jugend dort sah: sie auf sich gestellt, Journalistin, arm, unordentlich, begeisterungsfähig; & ein jüngerer Bruder kam zum Tee dazu; nicht so gescheit, zumindest hat er seinen Weg noch nicht gefunden; verlegen; ach, aber so jung! Die beiden gehen zusammen ins Theater, so wie Adrian & ich früher; aber vielleicht ist sie glücklicher als ich damals. Man muß sich ein kümmerliches Zimmer vorstellen; einen kaputten Gasofen; Margarine; einen einzigen Tisch; Bücher, meist billige; Schreibtisch, kein Schmuck oder Sessel – (den hatte ich möglicherweise) düsterer Novembertag; in einem oberen Stockwerk; Bad, Küche hinter einem schmuddeligen Vorhang & von einer anderen Frau mitbenutzt. Wir sprachen über die Notwendigkeit von Bildung. »Bildung ist bestimmt für irgend etwas gut« stammelte der Bruder. Sie fand nichts daran gescheit & paradox & unbeständig – vorn dran; aber ihrer Jugend wegen verzeihe ich all das.

1921

Freitag 18. Februar 1921

Schon seit längerer Zeit will ich eine historische Abhandlung über den wiedergekehrten Frieden schreiben; denn die alte Virginia wird sich schämen, wenn sie bedenkt, was für eine Schwatztante sie war, die immer nur über Leute gesprochen hat, nie über Politik. Außerdem, wird sie sagen, hast du in einer so außergewöhnlichen Zeit gelebt. Das muß deutlich gewesen sein, selbst für Frauen, die zurückgezogen in den Vororten lebten. Aber in Wirklichkeit hat hinsichtlich der Ereignisse kein Augenblick Vorrang vor dem anderen. Die Geschichtsbücher werden daraus etwas viel Eindeutigeres machen als es ist. Das bedeutungsvollste Anzeichen des Friedens ist dieses Jahr der Schlußverkauf; gerade vorbei; in den Läden gab es eine Flut billiger Kleider. Kostüme, die im November £ 14 kosteten, gab es jetzt für 7, vielleicht sogar 5. Die Leute hatten aufgehört zu kaufen, & die Läden mußten die Sachen irgendwie loswerden. Margery Strachey, die bei Debenham unterrichtet, sagt voraus, daß die meisten Geschäftsinhaber noch diesen Monat bankrott machen.[1]

1 Debenham & Freebody, das Warenhaus für Mode und Textilien in der Wigmore Street; es war üblich, daß sich Warenhäuser dieser Größe um die Unterkunft und den Unterricht der weiblichen Angestellten kümmerten.

Doch sie verkaufen weiterhin zu Tiefpreisen. Vorkriegspreise, heißt es. Und ich habe einen Markt in Soho entdeckt, wo ich für das Paar Strümpfe 1 Shilling bezahle: für Seidenstrümpfe (zweite Wahl) 1 Shilling 10 Pence. Hundert Meter weiter unten verlangen sie zwischen 5 Shilling 6 Pence und 10 Shilling 6 Pence für die gleichen Sachen, zumindest sehen sie gleich aus. Lebensmittel sind hier und da einen Penny billiger geworden, aber die Preise für unsere Bücher sind so gut wie unverändert. Milch ist teuer, 11 Pence das Quart [1,136 l]. Butter ist auf 3 Shilling gefallen, allerdings ist das dänische. Eier – was Eier kosten, weiß ich nicht. 20jährige Dienstmädchen bekommen einen Lohn von £ 45. Und die Times zahlt mir für die Spalte 3 Guineen statt £ 2. 2. Aber ich glaube, meine liebe Virginia, du wirst in anderen Büchern genauere Aufzeichnungen über all das finden: zum Beispiel in den Tagebüchern von Mrs Gosse & Mrs Webb. Ich glaube, es stimmt, wenn ich sage, daß wir uns in den vergangenen 2 Monaten merklich auf billigere Preise zubewegt haben – so daß man es *gerade eben* merkt. Ebenfalls zu merken ist, daß es auf den Straßen sehr wenig Kriegsversehrte in Uniform gibt, obwohl steife Beine, Einbeinigkeit, gummibeschlagene Stöcke & leere Ärmel durchaus häufig sind. An der Waterloo Station sehe ich auch manchmal furchtbar aussehende Spinnen, die sich ruckartig den Bahnsteig entlangschieben – Männer, die nur noch Rumpf sind – die Beine direkt am Rumpf amputiert. Es sind kaum Soldaten unterwegs.

Um auf ein anderes Thema zu kommen, Rose Macaulay war letzte Woche zum Dinner hier – äußerlich erinnert sie an einen mageren Hütehund – unbesonnen – bescheiden – zu sehr Berufsschriftstellerin, aber gerade noch im intellektuellen Lager. Aber möglicherweise religiös: vielleicht mystische Richtung. Kein bißchen dominierend oder beeindruckend: ich könnte mir denken, daß sie mehr beobachtet als man annimmt. Klare helle mystische Augen. Von einer Schönheit wie fahles Mondlicht: ach & schlecht angezogen. Ich glaube nicht, daß wir uns je treffen werden, denn sie lebt bei Royd Smith & kommt irgendwie nicht mit uns klar.

Freitag 8. April 1921

Morgens, 10 Minuten vor elf. Und ich sollte an Jacob's Room schreiben; – kann es nicht, & werde statt dessen über die Gründe schreiben, warum ich es nicht kann – immerhin ist dieses Tagebuch eine freundliche alte Vertraute ohne bestimmtes Gesicht. Nun, als Schriftstellerin bin ich nämlich eine Versagerin. Ich bin aus der Mode; alt; werde nicht besser; habe kein herausragendes Werk; überall Sprünge; mein Buch [*Monday or Tuesday*] ist (verfrüht) erschienen & eingegangen, ein naß gewordenes Feuerwerk. Die Sache ist die, und daran gibt es nichts zu rütteln, daß Ralph mein Buch zur Rezension an die Times geschickt hat, ohne das Erscheinungsdatum hineinzuschreiben. Deshalb wird eine Kurzkritik zusammengebraut, die »spätestens am Montag« erscheint, an obskurer Stelle, ziemlich zusammengestoppelt, so weit ganz schmeichelhaft, aber völlig unintelligent. Damit meine ich, ihnen ist nicht klar, daß ich etwas Interessantem auf der Spur bin. Also stellt sich bei mir der Verdacht ein, daß ich mich irre. Und folglich komme ich mit Jacob nicht weiter. Oh, & Lyttons Buch ist erschienen & nimmt drei Spalten in Anspruch: Lob, wie ich vermute.[2] Ich mache mir nicht die Mühe, das in der richtigen Reihenfolge zu skizzieren; oder nachzuzeichnen, wie meine Laune immer schlechter wurde, bis ich eine halbe Stunde lang so deprimiert war wie immer bei so etwas. Ich meine, ich spielte mit dem Gedanken, nie mehr zu schreiben – nur noch Kritiken. Zu allem Übel hatten wir dann auch noch ein Fest in der Nummer 41 [*Gordon Square*]: um Lytton zu gratulieren; was auch alles seine Richtigkeit hatte; aber wiederum erwähnte er kein einziges Mal mein Buch, das er vermutlich gelesen hat; & zum ersten Mal kann ich nicht auf sein Lob zählen. Wenn mich das Lit. Sup. nun als Geheimnis & Rätsel begrüßen würde, hätte ich nichts dagegen;

2 Lytton Stracheys *Queen Victoria* wurde auf über 2¾ Spalten im *TLS* vom 7. April rezensiert.

denn Lytton würde so etwas nicht mögen, aber wenn ich sonnenklar bin & unbedeutend?

Nun, der Frage nach Lob & Ruhm muß man sich stellen. (Ich vergaß zu sagen, daß Doran in Amerika das Buch abgelehnt hat.) Welchen Unterschied macht es, wenn man bekannt ist? (Ich sehe ziemlich deutlich, das darf ich nach einer Pause hinzufügen, in der Lottie die Milch hereingebracht hat & die Sonne wieder aus der Sonnenfinsternis herausgetreten ist, daß ich großen Unsinn schreibe.) Man will, wie Roger gestern sehr richtig gesagt hat, immer obenauf sein; die Leute sollen sich für einen interessieren & das Werk verfolgen, an dem man arbeitet. Was mich deprimiert, ist der Gedanke, daß sich die Leute nicht mehr für mich interessieren – ausgerechnet zu einem Zeitpunkt, da ich dachte, ich würde mit Hilfe der Pressestimmen mehr ich selbst werden. Man will *kein* eingefahrenes Renommee als eine unserer führenden Schriftstellerinnen, wie man es mir, glaube ich, zuerkannt hat. Ich muß natürlich noch die ganze Kritik aus meinem Bekanntenkreis einholen, die der wahre Prüfstein ist. Wenn ich die in die Waagschale geworfen habe, bin ich imstande zu sagen, ob ich »interessant« oder obsolet bin. Jedenfalls fühle ich mich wach genug, um aufzuhören, falls ich obsolet bin. Ich werde nicht zu einer Maschine werden, es sei denn zu einer, die Artikel ausspuckt. Wenn ich schreibe, entsteht irgendwo in meinem Kopf diese merkwürdige & sehr wohltuende Empfindung für etwas, das ich schreiben will; meine eigene Sicht der Dinge. Ich frage mich allerdings, ob das Gefühl, für ein halbes Dutzend Menschen statt für 1500 zu schreiben, meine Sicht nicht verzerren wird? – mich exzentrisch machen wird, – nein, ich glaube nicht. Aber man muß, wie gesagt, der abscheulichen Eitelkeit ins Auge sehen, die die eigentliche Wurzel dieser ganzen Nörgelei & Zänkerei ist. Ich glaube, das einzige Rezept für mich besteht darin, tausenderlei Interessen zu haben – wenn eines davon angeschlagen ist, auf der Stelle imstande zu sein, meine Energien aufs Russische zu lenken, oder aufs Griechische, oder die Presse, oder den Garten, oder Menschen, oder irgendeine Tätigkeit, die mit meinem Schreiben nichts zu tun hat.

Aber ehrlich gesagt brauche ich noch kein langes Gesicht zu machen. Roger wohnt bei uns. Ich glaube, er hat das sympathischste Naturell von uns allen – so offen, aufrichtig & ohne jeden Arg; immer großzügig, glaube ich, & irgendwie herzlich? Er hat ein gewaltiges Lachen. Gestern abend gingen wir in die Bedford Music Hall & sahen Miss Marie Lloyd, die geballte Verderbtheit – lange Vorderzähne – die unmäßige Art, mit der sie ›desire‹ sagt, & dennoch eine geborene Künstlerin – kann kaum laufen, watschelt, alt, schamlos. Schallendes Gelächter, als sie von ihrer Ehe erzählte. Sie wird jeden Abend von ihrem Mann geschlagen. Ich spürte, daß den Zuschauern Alkohol & Prügel & Gefängnis viel vertrauter waren als uns. Die Bergarbeiter streiken jetzt. Wenn ich nicht so viel zu tun hätte & nicht so in Eile & abgelenkt wäre, würde ich meinen Gordon Square Tratsch auf den neuesten Stand bringen. Man hat Juana Ganderilla zu Gesicht bekommen – eine Dame kontinentalen Stils, liebenswürdig, beherrscht, einfach, ungebildet, gefühlvoll, zu Verzückungen neigend.

Dienstag 3. Mai 1921

Hamilton Fyfe sagt in der Daily Mail, daß man Leonards Erzählung P[earls]. & S[wine]. zu den großen Erzählungen der Welt zählen wird. Bin ich eifersüchtig? Nur augenblicksweise. Aber das Komische ist – das Idiotische – ist, daß ich sofort denke, ich hätte versagt – mir vorstelle, daß mir insbesondere die Qualitäten fehlen, die L. besitzt. Ich fühle mich hauchfein, verschwommen, verdünnt, unmenschlich, blutleer & mit nebensächlichen Tüfteleien beschäftigt, für die sich kein Mensch interessiert. Der »Limbus« ist mein Gebiet; das steht in den Daily News.[3] Dann hat

3 Die Besprechung von VWs *Monday or Tuesday* erschien am Montag, dem 2. Mai 1921, in den *Daily News* unter dem Titel »Limbo«. Der Rezensent R. Elis Roberts hebt insbesondere ›The Haunted House‹ (›Das verwun-

Romer Wilson einen Roman herausgebracht – was er auch tat für den Squire ihr bestimmt den Hawthornden-Preis verleiht und so Katherine darum bringt: ein Grund zur Freude für mich. Ich schreibe das absichtlich, um das Beschämende nicht in mir verborgen zu halten. Jacob stockt total, zum Teil weil ich deprimiert bin. Aber ich muß mich zusammenreißen & das Buch zu Ende schreiben. In der jetzigen Fassung kann ich es nicht lesen.

Am Sonntag hatten wir Oliver & Saxon zum Dinner; & am Samstag war ich bei Nessa zum Tee; & gestern waren wir in der Redaktion des New Statesman in London: & ich habe mir Eliot über Prosa gekauft; & Romer Wilson; – all das schreibe ich auf, um mein Russischlernen vor mir herzuschieben; glaube ich: denn wie ich sehe, habe ich nichts Vernünftiges oder Witziges oder Tiefsinniges zu sagen. Doch tröste ich mich mit dem Gedanken, daß man nicht wissen kann, wofür sich die alte Virginia eines Tages interessiert.

Montag 8. August 1921

Was für eine Lücke! Wie erstaunt wäre ich gewesen, wenn man mir am 7. Juni, als ich hier das letzte Wort schrieb, gesagt hätte, daß ich mich noch in derselben Woche ins Bett legen & erst am 6. August wieder richtig aufstehen würde – zwei ganze Monate ausradiert – Diese hier, heute morgen, die ersten Worte, die ich geschrieben habe – die man Schreiben nennen kann – seit 60 Tagen; & diese Tage verbracht mit lästigen Kopfschmerzen, jagendem Puls, Rückenschmerzen, Unruhe, Nervosität, Wachliegen, Schlafmitteln, Beruhigungsmitteln, Digitalis, kurzen Spaziergängen, nach denen ich wieder ins Bett sank – das ganze Krankheitsgruselkabinett zeigte sich wieder einmal zu meiner Unter-

schene Haus‹) als »die mit Abstand beste Erzählung des Buches« hervor und sagt abschließend: »[...] diese ganze verwaiste Welt unzusammenhängender Empfindungen ist nur Wohnstätte für jene einsamen, zerzausten Seelen, die vom heftigen Wind, der durch den Limbus fegt, umhergetrieben werden.«

haltung. Ich will geloben, daß das nie, nie wieder geschieht; & *dann* erst gestehen, daß es ein paar Entschädigungen gibt. Müde zu sein & im Bett liegen zu dürfen ist angenehm; und wenn man zudem 365 Tage im Jahr schreibselt wie ich, ist es heilsam, bloß zu empfangen, ohne die rechte Hand zu bewegen und etwas von sich zu geben. Ich habe das Gefühl, daß ich mir auf gemächliche Weise über die Dinge klar werden kann. Außerdem hat die finstere Unterwelt ihre Faszinationen ebenso wie ihre Schrecken; & dann vergleiche ich manchmal die fundamentale Sicherheit meines Lebens in allen (hier unterbricht Mrs Dedman für eine Viertelstunde) Stürmen (wollte ich vielleicht sagen) mit dem alten schrecklichen Zustand, als alles dem Zufall überlassen war –

Später bekam ich dann Besuch, einen Besucher am Tag; so daß ich sogar mehr Leute sah als normalerweise. Vielleicht werde ich diese Methode in Zukunft öfter anwenden als bisher. Roger, Lytton, Nessa, Duncan, Dorothy Bussy, Pippa, Carrington, James & Alix – sie alle kamen; & waren wie Einzelporträts – herausgeschnitten, emphatisch, folglich herausgelöst gesehen im Vergleich zu sonst, wo man sie in Gruppen sieht. Lytton ist, wie ich feststelle, herzlicher denn je. Das muß man wohl sein, wenn man berühmt ist. Man muß zu seinen alten Freunden sagen, »Meine ganze Berühmtheit ist nichts – gar nichts – im Vergleich hierzu.« Und genau das sagte er auch. Wir sprachen über die Liebe. Er sagte, er hätte schrecklich unter D[uncan]. & H[enry]. L[amb]. gelitten, hätte den Wunsch gehabt, sie zu heiraten & seßhaft zu werden, sei abgewiesen worden; & könne jetzt nicht mehr lieben. »Es ist Wahnsinn –« sagte er. »Man kann Liebhaber nicht wie vernünftige Menschen behandeln«, war der Kommentar zu Ralphs Kapricen. »Das wird uns nicht mehr passieren« »Aber die Liebe ist immer noch von Bedeutung – denn schau dich an, du bist berühmt genug – ich sehe meinen Namen manchmal in der Zeitung – aber das bedeutet nichts.« »Du meinst das – sagte er – und zeigte auf uns 3, die wir am Fenster saßen – Oh ja, das ist es, was zählt – die Freunde.«

Dienstag 9. August 1921

Dann war da, wie gesagt, Roger, mit 20 Löchern in den Zähnen, die plombiert werden mußten; & ich dachte, seine Zähne seien alle aus unbeseeltem Knochen so wie manche von meinen; & jetzt höre ich, daß er von den Pariser Plomben eine Quecksilbervergiftung hat. Zweifelsohne sind wir eine schwächliche Bande; aber wiederum hatten sie d.h. Nessa &c einen herrlichen Sommer voller Amüsements. Ich bin nicht neidisch darauf; will so etwas nicht; es scheint ganz ganz fern; ich will nur Ruhe & einen regen Geist. Tatsächlich lese ich Hardy für meinen berühmten Artikel – den, von dem ich immer rede.[4] Ich durchwühle die Bibliotheken & finde sie voller verborgener Schätze. Doch an den Grundfesten dieses angenehmen Lebens regt sich der Wurm der Ungewißheit – als wir Allison baten, einen Ast auf dem Feld zu zersägen, antwortete er uns, er hätte das Feld zwecks Bebauung an einen Freund verkauft. Also werde ich Jack Squire hundert Yards von hier in einer poetischen Villa sitzen haben. Schon jetzt sehe ich Shanks' Zeitungsregal am Fenster seines Cottage, wenn ich meinen Gartenweg hinuntergehe; & am Sonntagmorgen wecken uns kultivierte Stimmen & das Bellen eines kultivierten Hundes. Es ist schon so, Rodmell ist eine Kolonie für Georgian Poets, & obwohl ich sehr für leben und leben lassen bin & ihre Werke nicht lese, ist es hart & wirklich unerträglich, daß sie im Nachbarhaus wohnen müssen, und ich nichts dagegen tun kann. Wir haben uns sogar auf eine Annonce gemeldet wegen eines Hauses in der Nähe von Arundel; & haben mit Schritten eine Wiese ausgemessen, von der man eine wundervolle Aussicht hat, & uns vorgestellt, wir hätten dort ein Haus. Aber L. sagt, wir sind zu alt, um ein Haus zu bauen.

4 Am 14. Februar 1919 hatte Bruce Richmond an VW geschrieben: »Was ich jetzt vorschlage, hat, wie ich hoffe, noch ein paar Jahre Zeit; aber hätten Sie einen Artikel über Hardys Romane bei der Hand, wenn der Unglückstag kommt?«

Bei näherer Betrachtung, & wenn man das Wohl der Mehrheit berücksichtigt, dann ist Allinsons [*sic*] Erscheinen in Rodmell wahrscheinlich ein Gewinn. Er errichtet Gatter & Hecken, bessert Cottages aus, pflügt Felder, hat ein Telephon, veranstaltet Teegesellschaften in der Scheune & findet, glaube ich, anderen Arbeit & ist hilfsbereit, wo der alte Stacey knauserig gewesen wäre & zu sehr Bauer, um sich die Dinge in einem besseren Zustand auszumalen. Der alte Stacey, heißt es, trank sich zu Tode & mußte auf der Stelle beerdigt werden – was Allinson nicht passieren wird. Für meine Zwecke sind jedoch Bauern, die trinken & herumlungern wie Mr Smith, schlammbespritzt & rotgesichtig & verbraucht, einem Allinson weit vorzuziehen, der aussieht als hätte er sich bei einem Inserenten seines Field ausstaffiert.[5]

Donnerstag 11. August 1921

Zwei Wochen sind bereits vergangen. Es geht zu schnell – zu schnell. Könnte man nur in langsamen Zügen nippen & jede Stunde bis ins kleinste auskosten! Denn offengestanden habe ich in den vergangenen Wochen zum ersten Mal daran gedacht, mein Testament zu machen. Manchmal habe ich den Eindruck, daß ich all die Bücher, die ich im Kopf habe, niemals schreiben werde, weil mich das zu sehr strapaziert. Das Teuflische am Schreiben ist, daß jede Nervenfaser dabei aufs äußerste gespannt sein muß. Genau das halte ich nicht durch – wenn es ums Malen ginge, oder darum, vor sich hin zu komponieren oder Patchworkdecken zu fabrizieren oder Sandburgen, dann würde das keine Rolle spielen.

Als wir hierher kamen, flog als erstes ein Ast von Allisons Baum. Mit seinen in die Luft ragenden Zweigen liegt er am Wiesenhang, & die Kinder aus den Cottages versammeln sich jeden Morgen & schaukeln an einem Seil oder lassen sich im Kreis her-

5 J. M. Allison hatte ein finanzielles Interesse an *The Field*, einer Wochenzeitung für landbesitzende Jäger und Angler, an die er seine eigene Zeitung *Land and Water* verkauft hatte.

umwirbeln bis es dunkel wird. Ein 12jähriges Mädchen hat die Aufsicht, & ich sehe, wie sie ihre Arbeit tut und die kleinen stundenlang schaukelt. Manchmal weinen sie; manchmal streiten sie; aber es macht ihnen immer wieder Spaß. Ich glaube, Julian & Quentin hätten das schnell satt. Kein Kindermädchen wäre bereit, dort zu stehen und sie zu schaukeln.

Abends wird manchmal Stoolball gespielt. Ich habe das einmal mitbekommen, als ich unten auf der Straße stand und über mir rosafarbene & blaue & rote & gelbe Kleidchen auftauchten, & hinter ihnen nichts als die weiten Hügel von Asheham – ein zu schöner Anblick für ein einziges Augenpaar. Instinktiv will ich, daß jemand mein überbordendes Vergnügen mit mir teilt.

Donnerstag 18. August 1921

Nichts zu berichten; nur ein Anfall von unerträglicher Kribbeligkeit, weil ich schreiben will. Hier bin ich nun an meinen Felsen gekettet: zum Nichtstun verdammt; dazu verurteilt, die Kratzer & Krallen jeder Sorge, jeder Boshaftigkeit, jeden Ärgers & jeder Obsession immer wieder zu ertragen. Ich meine damit, daß ich nicht spazierengehen soll & nicht arbeiten darf. Ganz gleich welches Buch ich lese, es sprudelt in meinem Kopf als Teil eines Artikels nach oben, den ich schreiben will. Niemand in ganz Sussex ist so elend wie ich; oder weiß so sehr um das grenzenlose Genußvermögen, das sich in mir zusammenballt, wenn ich nur Gebrauch davon machen könnte. Die Sonne überströmt (nein: sie überströmt nie, überflutet eher) all die gelben Felder & die langen niedrigen Scheunen; & was gäbe ich darum, aus dem Firle Wald zu kommen, erhitzt & voller Staub, die Nase heimwärts gerichtet, Müdigkeit in jedem Muskel, & das Gehirn auf süßen Lavendel gebettet, gesund & kühl & reif für kommendes Tagwerk. Wieviel Beachtung ich allem schenken würde – der entsprechende Satz käme einen Augenblick später & würde wie angegossen passen; & auf der staubigen Straße würde meine Geschichte dann, während ich in die Pedale trete, anfangen, sich selbst zu erzählen; & dann ginge die Sonne unter, & nach Hause, & eine Runde Gedichte nach dem Dinner, halb gelesen, halb gelebt, als löste das Fleisch sich auf & Blumen durchbrächen es rot & weiß.

Na also! Das Schreiben hat meine Irritation fast vertrieben. Ich höre, wie der arme L. mit dem Rasenmäher auf & ab geht, denn eine Ehefrau wie ich sollte ein Schild an ihrem Käfig haben. Sie beißt! Und er ist gestern den ganzen Tag für mich in London herumgerannt. Doch wenn man Prometheus ist, der Felsen hart ist & die Bremsen stechen, regiert weder die Dankbarkeit noch die Zuneigung noch sonst ein edleres Gefühl. Und so vergeht dieser August ungenutzt.

Einzig der Gedanke an die Menschen, die mehr leiden als ich, hat etwas Tröstliches; & das ist vermutlich eine ichbezogene Verirrung. Ich will mir jetzt wenn ich kann einen Zeitplan machen, damit ich diese abscheulichen Tage überstehe. […]

Dienstag 15. November 1921

Also wirklich – es ist eine Schande – 15 Novembertage vorüber & mein Tagebuch hat nichts davon gemerkt. Aber wenn es keine Eintragungen gibt, kann man mit Sicherheit davon ausgehen, daß ich Bücher fadengeheftet habe; oder wir um 4 Tee getrunken haben & ich danach meinen Spaziergang gemacht habe; oder ich noch etwas lesen mußte, für das, was ich am folgenden Tag schreiben wollte, oder bis spät aus war & mit Materialschablonen nach Hause kam & mich aufgeregt hinsetzte, um eine davon auszuprobieren. Wir fuhren nach Rodmell, & es stürmte den ganzen Tag; Polarwind; also verbrachten wir die Zeit damit, uns ums Feuer zu kümmern. Einen Tag zuvor habe ich den Schlußsatz von Jacob geschrieben – genauer gesagt am Freitag, dem 4. Nov., und angefangen habe ich am 16. April 1920: unter Berücksichtigung der 6monatigen Pause wegen Monday or Tuesday & meinem Kranksein, ergibt das ungefähr ein Jahr. Ich habe es mir noch nicht angeschaut. Ich schlage mich mit Henry James' Ghost Stories für die Times herum; habe ich sie nicht gerade weggelegt, weil ich mich übersättigt fühlte? – Dann muß ich Hardy machen; dann will ich eine Newnes-Biographie schreiben;[6] dann muß ich Jacob aufpolieren; & irgendwann in den nächsten Tagen, wenn ich nur die Kraft finden könnte, die Paston Letters in Angriff zu nehmen, muß ich Reading anfangen:[7] gleich wenn ich mit Reading angefangen habe, werde ich wahrscheinlich über einen neuen Roman nachdenken. So daß sich anscheinend nur noch die Frage stellt – werden meine Finger das viele Kritzeln aushalten?

Am Freitag waren wir zum Dinner bei Clive. Mit Aldous [Huxley] & Mary & Maynard [Keynes]. Die ganze Zeit über empfand ich Mary als sehr bemüht, sogar liebevoll; & tatsächlich nahm sie, als ich ging, meine Hand, sagte »Ich mag nicht, daß wir uns ewig streiten« & bat mich, sie zu besuchen. Bisher ist noch nichts geschehen – denn sollte ich sie anrufen oder sie mich – & um was geht es eigentlich?

Molly kam zum Tee. Lilian kam zum Lunch. Die arme Lilian – die arme Margaret. Sie sitzen neben der Leiche der Women's Guild; die Jalousien sind heruntergelassen; sie sind traurig & kreidebleich, tapfer, vergießen keine Träne, sind aber von grenzenloser Trauer erfüllt.[8] Mir ist klar, was passiert ist. Wenn man sich mit 60 von einem Lebenswerk trennt, stirbt man. Zumindest muß es einem so vorkommen, als sei der Tod da, sichtbar, erwartungsvoll. Man muß arbeiten – sich immer auf die eigene Arbeit konzentrieren; & wenn der Tod dann dazwischenfahren sollte, nun, dann muß man bloß aufstehen & seine Stickarbeit

6 Sir George Newnes (1851–1910) machte sein Geld mit dem erfolgreichen Magazin *Tit Bits* und gründete danach das *Strand Magazine*, die *Westminster Gazette*, *Country Life* und viele andere Zeitungen und Magazine. Außerdem finanzierte er die Südpolexpedition von 1898.

7 *The Common Reader* hieß bei VW zu dieser Zeit noch »Reading« (»Lesen«).

8 1921 gaben Margaret Llewelyn Davies und Lilian Harris ihre Posten als General Secretary und Assistant Secretary der Women's Co-operative Guild auf und setzten sich zur Ruhe. Sie hatten dort über 30 Jahre ehrenamtlich gearbeitet.

liegenlassen – nicht einen Gedanken wird man an den Tod verschwendet haben. Margaret sagt, für ihre Arbeit sei man irgendwann zu alt. Man müsse aufhören. Eine sehr grausame Arbeit also; & sie hat keinen Mann und keine Kinder. So schleiften wir Lilian durch Richmond; aber sie sah nichts als den Boden. Sie sei sehr unglücklich, sagte sie. Und Janet will ihr abscheuliches Haus verkaufen & in den New Forest ziehen. Ich kann nicht behaupten, daß diesen älteren Menschen das Schicksal zuteil wird, das sie verdienen.

Molly trug Mrs Freshfields Samtkleider. Ein Rock reicht allerdings für die normale Garderobe. »Haben wir uns mit Desmond gestritten?« fragten wir. Liebe Güte nein. Findet er uns verschroben & bärbeißig? Ach Unsinn. Ach, dann ist ja alles in Ordnung – Desmond ist bloß träge. Er ist im Moment nur sehr wenig mitteilsam. Er erzählt mir nichts. Habt ihr von den Waterlows gehört? Sydney ist ziemlich unerträglich geworden. Er pflanzt rote Blumen & heraus kommen blaue. Sie kann ihm einfach *nichts* recht machen. Er murrt das ganze Wochenende über. Also hat sie ihm schließlich verboten zu kommen. Aber er könnte es nicht ertragen, wenn wieder eine Alice das Haus verließe. Sie sind 6 Wochen im Ausland gewesen. Sie brach zusammen & erzählte mir das Ganze. Wir müssen eben wie andere Paare weiterleben ohne uns zu mögen, sagte sie.

1922

Freitag 17. Februar 1922

Ich habe gerade meine Dosis Phenacetin genommen – das soll heißen, eine leicht negative Rezension von Monday or Tuesday im Dial, von der mir Leonard berichtet hat, um so deprimierender, als ich die vage Hoffnung hatte, in diesem erlauchten Forum Anerkennung zu finden. Anscheinend habe ich nirgends Erfolg. Doch stelle ich freudig fest, daß ich mir ein bißchen Philosophie angeeignet habe. Sie läuft auf eine Art Freiheitsgefühl hinaus.

Ich schreibe, was ich schreiben möchte & Schluß. Außerdem wird mir weiß Gott genügend Achtung zuteil.

Molly Hamilton sitzt mir heute Modell. Ihr Porträt wurde natürlich ein bißchen davon überschattet, daß ich, wenn sie nicht gewesen wäre, Lytton auf dem Stuhl gehabt & mehr für mein Geld bekommen hätte. Sie ist eine vergleichsweise krude Arbeit. Eine Kämpfernatur; & daher muß man eine Menge Zeit mit Fakten vergeuden – wie sie Arbeit finden soll – wovon sie leben kann &c. Außerdem sind die Kämpfernaturen völlig ausgelaugt & muskulös vom Kämpfen. Sie ist den Menschen gegenüber bitter – kommt mir vor, als würde sie schnappen, wie ein Hund mit einem Dorn in der Pfote. Und ihre Freude, wenn sie mich sieht, hat etwas von der Freude einer Putzfrau, wenn sie von ihrem schlimmen Bein erzählt: neben einem Gitter, das sie nicht polieren muß & mit Teegeschirr, das sie nicht spülen muß. Man muß jedoch gerechterweise zugeben, daß sie eine warmherzige, mutige, geschäftige Frau ist; & ich mag ihren Elan, & die Trophäen, die sie mir von den Schlägen & Ablehnungen überbringt – »wirkliches« Leben; wenn man so will. Niemand ist so allein wie sie; & ich glaube, sie meint es ernst, wenn sie sich wünscht, daß der Omnibus auf sie zuschwenkt; hat aber keine Lust, bewußt in ihn hineinzulaufen. »Und dann bin ich sehr böse auf mich. Ich heule richtig & fange wieder von vorne an.« Mir würde es nicht gefallen, von der Strand nach Hause zu kommen, mürrisch zu sein, daß der Bus so gut gelenkt wurde, kein brennendes Feuer vorzufinden, niemand da & vielleicht ein Geschäftsbrief von einer Firma oder einem Verlag – etwas Ernstes & Unpersönliches. Einen Langweiler möchte sie heiraten. Warum sie nicht einen netten Mann heirate? fragte ich.[1] »Wenn man acht Jahre allein gelebt hat, kommt keiner mehr als Ehemann in Frage«, sagte sie mir. »Man hat sich daran gewöhnt, machen zu können, was man will.« Sie war bei Lady Rhondda zu

1 Mrs Hamiltons 1905 geschlossene Ehe war kurz und nicht glücklich gewesen. Sie blieb danach unverheiratet.

Gast in Südfrankreich; & Lady R., die eine gute fähige oberflächliche Frau ist, hatte die ganze Zeit über ihre Scheidung psychologisiert, was langweilig gewesen sei, sagte Molly; & Lady R. ist eine Feministin & Molly nicht. Aber die Lady R.s sollten Feministinnen sein, sagte ich; & du mußt ihnen Mut machen, denn wenn die reichen Frauen es tun, brauchen wir es nicht zu tun; & es sind die Feministinnen, die die schwarze Galle der Bitterkeit herausziehen, die uns alle vergiftet. So unterhielten wir uns; das Feuer brannte herunter; alles im Dämmerlicht, das am zuträglichsten ist für die Nerven von Frauen, die die 40 überschritten haben. Ich bemerke, daß die Frauen dieses Alters, die mich besuchen – Molly & Elena, sich mit irgendeiner Entschuldigung so setzen, daß sie das Fenster im Rücken haben. Die alte Violet, die über dieses Stadium hinaus ist, setzt sich gelassen dem Licht aus.

Ich wollte eigentlich über den Tod schreiben, nur ist das Leben wie immer dazwischengekommen. Wie ich sehe, frage ich die Menschen gern über den Tod aus. Ich habe mir in den Kopf gesetzt, niemals 70 zu werden. Angenommen, sagte ich mir neulich, dieser Schmerz in der Herzgegend würde mich plötzlich auswringen wie einen Spüllappen & ich wäre tot? – Ich fühlte mich schläfrig, indifferent & ruhig; & dachte also, es wäre ziemlich egal, außer für L. Dann löste ein Vogel oder ein Lichtstrahl vielleicht, oder ein Wacherwerden, den Wunsch in mir aus, allein zu leben – den Wunsch vor allem, am Fluß entlangzugehen & die Dinge zu betrachten.

Donnerstag 3. August 1922

Da ich die Tinte gewechselt habe & den Ort, fange ich hier eine neue Seite an.[2] Zweimal im Jahr fasse ich gute Vorsätze – im August & im Oktober. Im August habe ich mir vorgenommen, systematisch zu arbeiten, jedoch nicht auf Teufel komm raus. Oft, so lehrt mich meine Weisheit, verschwinden die guten Vor-

2 Die Woolfs waren für den Sommer ins Monks House gefahren.

sätze, weil man sie gewaltsam durchsetzen will. Und die moderne Wissenschaft lehrt uns, das Vergnügen zu respektieren, zumindest verstehe ich es so.

Ich sollte eine meiner kleinen Tagesadditionen machen, da ich gerade eine Pause habe. Alles in allem ein guter Sommer; womit ich meine, daß das Vergnügen – zum Essen ausgehen, Leute treffen, – sich gut mit dem Lesen & Schreiben & Zu-Hause-Bleiben verbinden ließ. Alles in allem werden L. & ich langsam Berühmtheiten. L. würde das bestreiten; aber er war eben weder bei Logans Teegesellschaft noch in Garsington. Doch ich hole meine Beobachtungen aus anderen Quellen. Unser Ansehen scheint zuzunehmen, obwohl wir dieses Jahr nichts veröffentlicht haben. Mrs Nicolson hält mich für die beste Schriftstellerin – & ich habe mich fast daran gewöhnt, daß Mrs Nicolson von mir gehört hat.[3] Aber es freut mich doch. Ich habe wieder ein freieres Verhältnis zu meiner kleinen Welt & auch die Gelegenheit, sie zu vergrößern, glaube ich, nur kein Geld, mir Kleider zu kaufen. Ich bin momentan furchtbar verschuldet, wegen Joyce & Proust, & muß, wenn ich nach London zurückkomme, sofort Bücher verkaufen.

Wir haben die Saison letzten Montag im Commercio beendet, mit Clive & Roger. Roger kam mit wehendem Haar & wehendem Mantel herein, Leinwände schleppend – aufgesperrter Mund, suchender Blick – & wir unterhielten uns wie gewohnt. Clive bekam seine Klatschgeschichten; & hat nicht mein böser Blick eine davon ausgelöst? Mrs Shanks (heißt es) hat den Georgian Poet verlassen. Aber Tom, der danach zum Gordon Square rüberkam, war sich dessen keineswegs so sicher, wie ich mir gewünscht hätte. Tom war trocken ironisch, zurückhaltend, genau, & leicht boshaft, wie immer. Clive zeigte sich natürlich

3 The Honourable Victoria (Vita) Nicolson, geb. Sackville-West (1892–1963), Romanautorin und Lyrikerin, einziges Kind des 3rd Baron Sackville of Knole und seiner Frau Victoria. Vita Sackville-West hatte seit ihrer Kindheit wie besessen geschrieben. 1913 hatte sie Harold Nicolson geheiratet, der im diplomatischen Dienst tätig war. (Siehe Biographische Skizzen.)

von seiner guten Seite. Er klopfte mich auf einen Besuch in Wittering hin ab.[4] Nessa hatte unten die Mumps. Duncan wehte herein, mit seidigem Haar, zerstreut, sanftmütig, wie immer. Und Roger packte seine Leinwände aus & lehnte 2 Porträts von Logan ans Sofa. »Ja, ich glaube, das ist das beste Porträt, das ich bisher gemalt habe«, sagte er. »Ich glaube, ich bin nirgends so weit gegangen wie bei diesem Kopf.« Er ist, glaube ich, 55; & glaubt immer noch, er würde gerade anfangen so zu malen, wie er eigentlich sollte – ein gnädiger Dispens – eine Karotte, die ihn durch die Wüste lockt. Aber für Roger ist es keine Wüste. Von jeder Fähigkeit wird Gebrauch gemacht, & jede wird poliert, & ein paar erschöpfen sich wohl bald. Er leidet, sucht Ärzte auf, hat Schmerzen & zittert, macht aber ewig weiter. Der perfekte Mann, wie ich zu ihm gesagt habe, & für den ich ihn in der Tat halte. Er ist den Sommer über weg, um mit Derain zu malen. Er ist jetzt davon besessen – zu malen, malen, malen. Keine andere Tätigkeit ist der Mühe wert. Pamela heiratet, oder auch nicht, ihren rumänischen Juden.

Gestern bin ich auf den Hügel von Asheham hinaufgelaufen & habe unterwegs ganze Pilzkolonien entdeckt. Verglichen damit sieht das Haus jetzt ein bißchen starr & unbeweglich aus, die Landschaft eingesperrt & streng. Aber der Garten hier, mit den Außengebäuden & ihrem Efeuflaum, ist ein hübsches Fleckchen – offen & luftig mit Blick auf die Hügel; & bisher verhält Ted Hunter sich ruhig. Der Fäulnisprozeß hat hoffentlich begonnen & ich bete, daß Ted Hunters Frau jetzt mit Mr Belloc durchbrennt. Allison wird dann sein Vermögen verlieren, & da Bowen von Shanks ein Kind erwartet, werden die Hawkesfords wegziehen, & die Woolves werden in Keuschheit & himmlischer Herrlichkeit für sich sein.[5]

4 Mary Hutchinsons Ferienhaus Eleanor Farm am Chichester Canal bei West Wittering.

5 Da sich VW durch die sich in Rodmell niederlassenden Freunde und Kollegen des reichen und geselligen J. M. Allison in ihrer Privatsphäre bedroht fühlte, entstand diese optimistische Phantasie.

Ich muß eine neue Seite anbrechen, um zu verkünden, daß ich heute morgen tatsächlich, und nicht nur zum Schein, mit Reading angefangen habe. Als nächstes werde ich schreiben, daß mir das Schreiben noch nie so viel Spaß gemacht hat, oder daß ich mir meines Erfolges noch nie so sicher war. Jacob's Room überquert den Atlantik.

Mittwoch 16. August 1922

Ich müßte Ulysses lesen & mir Argumente dafür & dagegen ausdenken. Bis jetzt habe ich 200 Seiten gelesen – nicht einmal ein Drittel; & fand die ersten zwei, drei Kapitel amüsant, anregend, bezaubernd, interessant – bis ans Ende der Friedhofsszene; & war dann verwirrt, gelangweilt, verärgert & desillusioniert, wie von einem ekligen Studenten, der sich die Pickel aufkratzt. Und Tom [T. S. Eliot], der große Tom meint, daß es auf einer Ebene mit Krieg & Frieden steht! Ein primitives ungebildetes Buch, scheint mir: das Buch eines Autodidakten aus der Arbeiterschicht & man weiß ja, wie erschreckend die sind, wie ichbezogen, penetrant, derb, auffallend & letztlich ekelerregend. Wenn man das Fleisch gebraten haben kann, warum soll man es dann roh essen? Aber ich glaube, wenn man anämisch ist wie Tom, ist Blut etwas Herrliches. Da ich selbst ziemlich normal bin, bin ich bald wieder bereit für die Klassiker. Vielleicht revidiere ich das später. Ich mache mit meinem kritischen Scharfsinn keine Kompromisse. Ich pflanze einen Stab in den Boden und markiere die Seite 200.

Was mich betrifft, so baggere ich meinen Kopf mühsam für Mrs Dalloway aus & bringe leichte Eimer herauf.[6] Ich mag das Gefühl nicht, zu schnell zu schreiben. Ich muß verdichten. Ich habe 4 tausend Wörter von Reading im Rekordtempo geschrieben, in 10 Tagen; aber das war eben auch bloß eine schnelle Skizze der Pastons, die sich aus Büchern speiste. Ich breche jetzt

6 VW hatte die Arbeit an ihrem vierten Roman, *Mrs Dalloway*, begonnen.

ab, gemäß meiner Theorie des schnellen Wechsels, und schreibe an Mrs D. (die eine Heerschar anderer nach sich zieht, wie ich langsam merke) dann mache ich Chaucer; & schließe das erste Kapitel Anfang September ab. Bis dahin weiß ich vielleicht, wie ich meine Griechischkapitel anfange; & also ist die Zukunft ganz abgesteckt; & wenn man Jacob in Amerika ablehnt & in England ignoriert, werde ich gelassen auf abgelegenen Feldern meine Furchen ziehen. Überall im Land wird jetzt das Getreide gemäht, was mir die Metapher liefert, & sie vielleicht entschuldigt. Aber ich brauche keine Entschuldigung, da ich nicht für das Lit. Sup. schreibe. Ob ich je wieder dafür schreiben werde?

Wie ich sehe, habe ich nichts über unseren Tag in London [*am 9. August*] gesagt – Dr. Sainsbury, Dr. Fergusson, & die halblegale Diskussion über meinen Körper, die mit einer Flasche Chinintabletten endete & einer Schachtel Pastillen & einer Flüssigkeit, mit der ich mir den Rachen auspinseln soll. Möglicherweise Grippe- & Lungenentzündungskeime, sagt Sainsbury, sehr leise, weise & äußerst bedächtig. »Gelassenheit – üben Sie sich in Gelassenheit, Mrs Woolf«, sagte er, als ich ging; ein meiner Ansicht nach unnötiges Gespräch; aber wir wurden Schritt für Schritt seitens des Bakteriologen dazu genötigt. Ich messe erst wieder am 1. Oktober Fieber.

Inzwischen ist da die Sache mit Ralph. Die – es ist die alte Sache, seine Trampeligkeit, Mürrischkeit, Schludrigkeit & Blödheit gegen seine Nettigkeit, Kraft, eigentliche Liebenswürdigkeit & persönlichen Beziehungen – drängt sich uns auf, weil Roger einen seiner Vorschläge gemacht hat – ein Mann namens Whittal will zu uns kommen: jung, intelligent, mit Automobil, gut gekleidet, gesellig & kritisch; wohnt in London, & nicht in Geldnot. Mr W.s gesellschaftliche Wertvorstellungen beunruhigen mich ein bißchen, denn wir wollen die Hogarth Press nicht als modisches Hobby, das von Chelsea unterstützt & inspiriert wird. Whittal wohnt nur zwei Häuser von Logan entfernt.

Dienstag 26. September 1922

Eine Menge Dinge sind passiert, die ich nicht festgehalten habe. Dieser Sommer war der geselligste, den wir je hatten. Manchmal fühle ich mich, als sei ich, statt die Monate in einem dunklen Zimmer zu verschlafen, die ganze Nacht bei Licht aufgewesen. Clive & Mary kamen; Mary in grauen Seidenstrümpfen; konnte einen Graben nicht überspringen; war sehr umgänglich; sagte, sie liebe lange Spaziergänge; saß auf dem Fußboden; lobte Clive; & lud mich fast nach Wittering ein. Morgan kam am Freitag; Tom am Samstag. Mein Gespräch mit Tom ist es wert, aufgeschrieben zu werden, aber daraus wird nichts, weil es nicht mehr hell genug ist; & Gespräche lassen sich ohnehin nicht aufschreiben, wie wir neulich in Charleston übereinstimmend festgestellt haben.

Wir redeten viel über Ulysses. Tom sagte »Er ist ein rein literarischer Schriftsteller. Seine Grundlage ist Walter Pater mit einem Spritzer Newman.« Ich sagte, er sei viril – ein Ziegenbock; erwartete aber nicht, daß Tom mir beipflichtete. Das tat er aber; & sagte, er ließe viele Sachen weg, die wichtig sind. Das Buch würde zu einem Meilenstein, weil es das gesamte 19. Jahrhundert zunichte mache. Joyce hätte jetzt nichts mehr, worüber er noch ein Buch schreiben könnte. Es habe die Nichtigkeit aller englischen Stilrichtungen aufgezeigt. Er fand einiges am Text direkt schön. Aber es gebe keine »große Konzeption«: die hätte Joyce nicht intendiert. Er meinte, Joyce hätte voll und ganz gemacht, was er sich vorgenommen hätte. Aber er sei nicht der Ansicht, daß er neue Einsichten in die menschliche Natur liefere – er sage nichts Neues, so wie Tolstoi. Bloom teile einem nichts mit. In der Tat, sagte er, beweist diese neue Methode der psychologischen Darstellung meines Erachtens, daß sie nicht funktioniert. Sie ist weniger aussagestark als so mancher Blick aufs Geratewohl von außen. Ich sagte, ich hätte [Thackerays] Pendennis in dieser Richtung erhellender gefunden. (Die Pferde weiden jetzt in der Nähe meines Fensters; die kleine Eule ruft; & so schreibe ich Unsinn.)

Dann kamen wir auf S. Sitwell zu sprechen, der nur die eigene Empfindsamkeit erforscht – eine der Todsünden wie Tom meint: auf Dostojewski – den Ruin der englischen Literatur, wie wir beide fanden; Synge ein Hochstapler: der gegenwärtige Zustand katastrophal, weil die Form einfach nich' stimmt; seines Erachtens nicht einmal vielversprechend; er sagte, man müsse heute ein wirklich erstrangiger Dichter sein, wenn man überhaupt dichten wolle: als es große Dichter gab, hätte etwas von ihrer Glut auf die kleinen geschienen & sie hätten durchaus passabel gedichtet. Heutzutage gibt es keinen großen Dichter. Wann hat der letzte gelebt? fragte ich; & er sagte, seit Johnsons Zeiten interessiere ihn keiner. Browning, sagte er, sei faul: alle seien sie faul, sagte er. Und Macaulay hätte die englische Prosa verdorben. Wir waren beide der Meinung, daß die Leute heutzutage Angst vor der englischen Sprache hätten. Er sagte, das käme daher, daß die Leute belesen seien, aber nicht genügend Bücher lesen würden. Man müsse alle Stilrichtungen gründlich lesen. Er fand, daß D. H. Lawrence gelegentlich etwas glücke, besonders in Aaron's Rod, dem letzten Buch; er hätte seine großen Momente; sei aber ein äußerst inkompetenter Schriftsteller. Allerdings könnte er an seiner Überzeugung wirklich festhalten. (Das Licht ist jetzt zu schwach – 19.10 nach einem verregneten Tag.)

Dienstag 17. Oktober 1922

Da ich hier festhalten will, wie ich im Rennen liege, mache ich jetzt schnell eine Eintragung, erstens, ein Brief von Desmond, der zur Hälfte durch ist: sagt »So gut hast Du noch nie geschrieben ... Ich staune & bin verblüfft« – oder etwas in dieser Richtung:[7] (2) Bunny ruft mich begeistert an, sagt, es sei großartig,

7 *Jacobs Room* war gerade erschienen. (*Jacobs Zimmer*, deutsch von Heidi Zerning, Frankfurt: S. Fischer, 1998.) Desmond MacCarthy hatte an VW geschrieben: »*So gut hast du noch nie geschrieben* ... als Schriftstellerin bist Du erstaunlich und verblüffend.«

bei weitem mein bestes, von großer Vitalität & Bedeutung: er nimmt auch 36 Exemplare & sagt, die Leute würden bereits »danach schreien«. Die Buchhandlungen, denen Ralph einen Besuch abgestattet hat, können das nicht bestätigen. Heute weniger als 50 verkauft; aber es gibt immer noch die Büchereien & Simpkin Marshall.

Freitag 15. Dezember 1922

Ich habe vergessen, was ich sagen wollte & schreibe das jetzt nur, da mir noch 15 Minuten bis zu meinem einsamen Dinner bleiben, L. ißt bei den Sangers, nach einer furchtbaren Hogarth Press-Diskussion, die damit endete, daß Ralph schließlich ging. Es ging um die Zeit, die der Tidmarsh Press (er wollte sie zusammen mit uns betreiben) eingeräumt werden sollte. Er bestand auf einem Drittel. Wir waren schließlich einverstanden; aber die Diskussion brachte uns auf, & so – (Nell sagte, Orange sei schlecht – alles scheine durch – Lotties Gespräche sind zu hören, während ich schreibe). Ich bin zu benommen, um etwas zu verstehen. Das kommt zum Teil daher, daß ich gestern abend bei Clive zum Dinner war und die schöne begabte Aristokratin Sackville West getroffen habe. Nicht besonders nach meinem eher strengen Geschmack – blühend, bärtig, sittichfarben, mit der ganzen aristokratischen Gewandtheit und Ungezwungenheit, aber ohne künstlerischen Esprit. Sie schreibt 15 Seiten pro Tag – hat eben wieder ein Buch beendet – veröffentlicht bei Heinemann – kennt alle Welt – Aber kann ich sie je kennenlernen? Ich soll am Dienstag zu ihr zum Dinner kommen.

Während ich auf L. warte, schreibe ich weiter. Es hat gerade halb elf geschlagen, und es ist eine von diesen schönen Dezembernächten, die auf sonnige Tage folgen & die, warum, weiß ich auch nicht, immer derartige Schocks aus Kindertagen durch mich hindurchleiten. Werde ich jetzt alt & sentimental? Ich denke dauernd an die Geräusche, die ich gehört habe, als ich Kind war – vor allem in St Ives.

Das aristokratische Benehmen ähnelt dem von Schauspielerinnen – keine falsche Schüchternheit oder Bescheidenheit: beim Dinner fiel ihr eine Perle auf den Teller – die sie Clive gab – bittet um Likör – mischt überall mit – vermittelt mir das Gefühl, jungfräulich, schüchtern & schulmädchenhaft zu sein. Doch nach dem Dinner stieß ich meine Ansichten hervor. Sie ist ein Grenadier; hart; gutaussehend, männlich; mit Neigung zum Doppelkinn. Der liebe alte Desmond blies wie eine beschwipste Eule in seiner Ecke Trübsal, voller Zuneigung & froh, mit mir zu sprechen, glaube ich. Er sagt etwas davon, daß die Franzosen Jacob bewundern & übersetzen wollen. Ich bekomme weiterhin Briefe & ernte mehr Lob als je zuvor. Der Absatz ist allerdings flau. Noch keine 1000. Aber es ist mir egal. […]

1923

Dienstag 16. Januar 1923

Katherine ist seit einer Woche tot, & inwiefern befolge ich ihr »Vergiß Katherine nicht völlig«, das in einem ihrer alten Briefe steht?[1] Vergesse ich sie bereits? Es ist merkwürdig, den Lauf der eigenen Gefühle zu verfolgen. Am Freitag beim Frühstück sagte Nelly in ihrer sensationslüsternen Art »Mrs Murry ist tot! Es steht in der Zeitung!« Und dann empfindet man – was? Einen Schock oder Erleichterung? – eine Rivalin weniger? Dann Verwirrung, weil man so wenig empfindet – dann allmählich Leere & Enttäuschung; dann eine Deprimiertheit, von der ich mich den ganzen Tag nicht mehr erholen konnte. Als ich zu schreiben anfing, kam es mir vor, als sei das Schreiben sinnlos. Katherine wird es nicht lesen. Katherine ist nicht mehr meine Rivalin. Mit

1 Katherine Mansfield starb in der Nacht des 9. Januar 1923 ganz plötzlich an den Folgen eines Blutsturzes. Der letzte Satz eines Briefes vom Juli 1917, den Murry in den von ihm herausgegebenen Briefen seiner Frau gestrichen hat, lautet: »Wir wollen uns so bald wie möglich treffen, meine allerliebste Virginia, und vergiß es nicht völlig.«

mehr Großmut fühlte ich, aber obgleich ich das besser kann als sie, wo ist sie, die konnte, was ich nicht kann! Dann hatte ich wie immer visuelle Eindrücke, die fortwährend auftauchten – immer von Katherine, die sich einen weißen Kranz aufsetzte & uns verließ, auf Abruf; geehrt, auserwählt. Und dann bedauerte man sie. Und man spürte, daß sie sich sträubte, den Kranz zu tragen, der eiskalt war. Und sie war erst 33. Und ich konnte sie so genau vor mir sehen, & das Zimmer in Portland Villas. Ich gehe hinauf. Sie erhebt sich ganz langsam von ihrem Schreibtisch. Ein Glas Milch & eine Flasche Medizin standen dort. Auch Romane türmten sich. Alles war sehr ordentlich, hell & irgendwie puppenstubenhaft. Sofort, oder fast sofort, verloren wir unsere Schüchternheit. Sie (es war Sommer) lag beinahe auf dem Sofa am Fenster. Sie sah wieder wie eine japanische Puppe aus, mit dem ganz gerade über die Stirn gekämmten Pony. Manchmal sahen wir uns völlig unverwandt an, als wären wir, unabhängig von den Veränderungen des Körpers, durch die Augen zu einer dauerhaften Beziehung gelangt. Sie hatte wunderschöne Augen – ein bißchen wie die eines Hundes, braun, sehr weit auseinanderliegend, von einem ruhigen, bedächtigen ziemlich treuen & traurigen Ausdruck. Ihre Nase war spitz & ein bißchen ordinär. Ihre Lippen dünn & hart. Sie trug kurze Röcke & hatte gerne »Konturen um sich herum«, sagte sie. Sie sah sehr krank aus – sehr abgespannt, & schleppte sich mit matten Bewegungen durchs Zimmer, wie ein leidendes Tier. Ich glaube, ich habe ein paar von den Sachen aufgeschrieben, die wir sagten. An den meisten Tagen kamen wir zu dieser Art Bestimmtheit, wenn wir über Bücher sprachen, beziehungsweise über unsere Schriftstellerei, und das hatte, wie ich fand, etwas Dauerhaftes. Und dann war sie unergründlich. Mochte sie mich? Manchmal sagte sie es – küßte mich – sah mich an, als ob (ist das sentimental?) ihre Augen immer treu sein wollten. Sie versprach dann, es nie nie zu vergessen. Das waren ihre Worte am Schluß unseres letzten Gesprächs. Sie sagte, sie würde mir ihr Tagebuch zum Lesen schicken & immer schreiben. Denn unsere Freundschaft sei echt, sagten wir, und sahen uns dabei offen an. Sie würde immer fortbestehen, egal was geschähe. Was geschah, war vermutlich Krittelei & möglicherweise Klatsch. Sie hat meinen Brief nie beantwortet. Doch habe ich immer noch irgendwie das Gefühl, daß diese Freundschaft fortbesteht. Es gibt immer noch Dinge über das Schreiben, die mir einfallen & die ich Katherine sagen will. Wenn ich in Paris gewesen & zu ihr gegangen wäre, wäre sie aufgestanden & innerhalb von drei Minuten wären wir wieder ins Gespräch vertieft gewesen. Nur konnte ich diesen Schritt nicht tun. Das Umfeld – Murry & so weiter – & die kleinen Lügen & Betrügereien, die ständige Spielerei & Neckerei, oder was immer es war, hat die Substanz der Freundschaft sehr beschnitten. Wir waren zu unsicher. Und sind deshalb sehr nachlässig geworden. Trotzdem habe ich sicher damit gerechnet, daß wir uns im nächsten Sommer sehen & wieder von vorne anfangen würden. Und ich war auf ihr Schreiben eifersüchtig – das einzige Schreiben, auf das ich je eifersüchtig war. Das machte es noch schwerer, ihr zu schreiben; & ich sah darin, vielleicht aus Eifersucht, all die Eigenschaften, die ich an ihr nicht mochte.

Zwei Tage lang hatte ich das Gefühl, ich sei gealtert, & hätte den Antrieb zu schreiben verloren. Dieses Gefühl verschwindet jetzt. Ich sehe sie nicht mehr dauernd mit ihrem Kranz. Ich bemitleide sie nicht mehr so sehr. Trotzdem habe ich das Gefühl, daß ich solange ich lebe von Zeit zu Zeit an sie denken werde. Wahrscheinlich hatten wir etwas Gemeinsames, das ich bei niemand sonst finden werde. (Das sage ich 1919 mit vielen Worten immer wieder.) Außerdem stelle ich gerne Spekulationen über ihren Charakter an. Ich glaube, ich habe ihr körperliches Leiden & die Verbitterung, die es bei ihr hervorgerufen haben muß, nie besonders berücksichtigt.

Die Nation wird wahrscheinlich über Massinghams Kopf hinweg verkauft; L. hat eine starke Erkältung. Ich habe wieder mit 101 im Bett gelegen. Fergusson droht damit, mir die Mandeln herauszunehmen.

Montag 19. Februar 1923

Wie interessant fände ich es, wenn dieses Tagebuch jemals ein richtiges Tagebuch würde: etwas, worin ich Veränderungen sehen, aufkommende Stimmungen verfolgen könnte; aber dazu müßte ich von der Seele sprechen, & habe ich die Seele nicht von Anfang an verbannt? Es ist immer so, daß ich über die Seele schreiben will, & dann kommt das Leben dazwischen. Wenn ich so über Tagebücher spreche, fällt mir die alte Kate ein, im Eßzimmer von 4 Rosary Gardens; & wie sie das Schränkchen aufmachte (an das ich mich erinnere) & dort auf einem Bord ihre Tagebücher vom 1. Jan. 1877 ab in einer Reihe standen.[2] Ein paar waren braun; andere rot; alle haargenau gleich. Und ich brachte sie dazu, daß sie etwas daraus vorlas; einen von vielen tausend Tagen, wie Kiesel am Strand: Morgen, Abend, Nachmittag, ohne einen Akzent. Ach wie wenig akzentuiert sie ist, wenn sie so dasitzt, unversehrt, weiß, in einem einzigen Stück, ausgeglichen, weise, von der stummen Weisheit eines Elephanten oder einer grauen Mähre! In dem einen blaßblauen Auge, das ihr geblieben ist und das zarter als das Glasauge ist, bin ich nur ein- oder zweimal auf einen Funken gestoßen. Jedes winzige Teilchen dort deutet auf ordentliche Solidheit hin. Die Vasen standen auf Deckchen: jede war mit einem Büschel aus Mimosen & Frauenhaar versorgt. Die Weihnachtskarten – 6 – waren auf dem Kaminsims angeordnet. Helen, Photo, gerahmt. Rote, frisch abgestaubte Fliesen. Grüne Wände. Gegenstände aus Indien; Bücherschrank aus dem Besitz von Nun. Ob ich mich daran erinnere. Und, sagte Kate, ich habe vor, bis 1944 zu leben, da bin ich 84. Und an ihrem letzten Tag wird sie zu der Putzfrau, die nach ihr sieht, sagen, Bringen Sie mir die Tagebücher aus dem Schränkchen; & jetzt tun Sie sie ins Feuer. Ich machte kaum den Versuch, durcheinanderzu-

2 VWs Cousine Katherine Stephen wohnte in Rosary Gardens 4, South Kensington; Helen war eine jüngere Schwester von ihr; »Nun« war ihre und VWs Tante Caroline Emilia Stephen.

bringen, was wie gemeißelte klassische Alabasterfrüchte unter Glas wirkte.

Indem ich das schreibe, komme ich von meiner Seele ab, die mich trotzdem interessiert. Meine Seele hat hervorgelugt. Denn ich glaube, es ist die Seele, die Kommentare über Besucher abgibt & deren Kommentare wiedergibt, & manchmal in den Hauptabteilungen meines Getriebes einen solchen Krach macht, daß mein ganzer Globus auf Stecknadelkopfgröße zusammenschrumpft. Ich glaube, dieses Zusammenschrumpfen ist oft darauf zurückzuführen, daß ich mich mit zweitrangigen Leuten unterhalte. Sie machen die Welt zu Talmi. Bei meinem guten alten Leo gibt es eine solche Herabwürdigung nicht. Oh nein, er weigert sich vielleicht, Feuer zu fangen, aber er schmälert die Dinge nie; & wenn er dann einmal Feuer fängt, dann leuchtet es in reinstem glühendem Rot – das ich jetzt im Kamin sehe, ein Rot, das an Weiß grenzt. [...]

Montag 6. August 1923 [Rodmell]

Ich habe mir die Vormittagsarbeit mit dem Backen von Brot & süßen Brötchen verdorben, bei dem man sich fortwährend in die Küche begeben muß. Mein böser Geist suggeriert mir dann immer, ich solle The Hours lesen.[3] Wie gänzlich dünnes Getröpfel kommt es mir vor (wenn ich es unter diesen Umständen lese). Mein Trost ist, daß ich völlig freie Hand dabei habe; & wenn es dann immer noch nichts wird, ins Feuer damit. Ich halte es auch nicht für völlig mißlungen. Immer wenn meine Gelassenheit einen Riß bekommt, schleichen sich all die abschätzigen Kritiken ein; gemeinerweise halten sich die guten fern.

Gestern waren wir drüben in Charleston. Obwohl wir eine ganz gute Meinung von uns hatten, wurden wir von den Malern nicht gut empfangen. Da saßen sie in einem Schlafzimmer wie

3 »The Hours« war zu dieser Zeit der Arbeitstitel des Romans, der schließlich als *Mrs Dalloway* erschien.

gewissenhafte Kinder, bei irgendeiner Tätigkeit – Roger, Nessa & Duncan; Roger auf einem Sessel im Vordergrund; Nessa auf dem Sofa, Duncan auf dem Bett. Vor ihnen stand ein Krug mit Blumen & ein Stilleben, das sie zusammengestellt hatten. Roger ließ seine blaue Blume leuchtend hervorstechen. Aus irgendeinem Grund sprachen wir ein bißchen aneinander vorbei. Vermutlich bin ich vorlaut gewesen & so weiter. Clive saß in der Fensternische im Wohnzimmer und las Dryden.

Eine sehr gute Ausgabe – Ich möchte deinem Mann ein paar Fragen stellen – Ob er wohl einen Artikel gebrauchen kann ... V. Oh, ich fand deinen Lyttonartikel sehr gut ... Van. Der Tee ist fertig – V. Was soll ich mit meiner Zigarette machen?

Stockrosen, geköpft, schwammen in einer Schale; zum Tee gab es einen Laib Brot & ein langes großes Stück Kuchen. Roger ist, ich kann mir nicht helfen, mit den Jahren ein bißchen zänkisch geworden. Sein Groll macht ihm schwer zu schaffen; er spricht zuviel darüber. Nach dem Tee gab Angelica in der Fensternische eine Teegesellschaft für ihre Puppen & schlug Clive, & als der weinte, rannte sie von selbst weg & pflückte ihm eine Blume – was eine sehr sensible weibliche Tat war. Sie ist sensibel – es macht ihr etwas aus, wenn man über sie lacht (so wie mir). Sie sagte, sie wolle eine ›Spange‹ im Haar. »Lach mich nicht aus«, sagte sie beleidigt zu Roger.

Ich muß sagen, daß wir ideales Wetter haben, weich wie ein Kissen, blau bis ins Herz. Eine Evangelistenkarawane hat gerade ihr Zelt in der Nähe aufgeschlagen, & neulich abend grölten 10 junge Männer Choräle ... Aber ich lasse meine Gedanken zu den Hours schweifen. Es ist schon merkwürdig, daß ich zwar vielleicht kein Talent zum Romaneschreiben habe, aber trotzdem so davon absorbiert bin – ich kann mich nicht selber diagnostizieren – was mich daran erinnert, daß ich mit der Überarbeitung meiner alten Artikel angefangen habe; & gegenüber dieser Seite meiner Begabung ziemlich freundliche Gefühle hege. Leonard fängt gerade wieder mit seinem Buch an, das er wohl seit Weihnachten nicht mehr angerührt hat.

Mittwoch 9. Januar 1924

In diesem Augenblick, oder genauer gesagt vor einer Viertelstunde, habe ich 52 Tavistock Square London W. C. 1 für 10 Jahre gemietet – Tavistock zu schreiben gefällt mir.[1] Abhängig natürlich von dem Vertrag & der Vorsehung & den unvorhergesehenen Launen von seiten der alten Mrs Simons, gehört uns das Haus: & der Keller & das Billardzimmer, mit dem Steingarten obendrauf, & dem Blick vorne auf den Platz & hinten auf die trostlosen Gebäude & die Southampton Row & ganz London – London du bist der Juwelen schönstes, & Jaspis der Heiterkeit – Musik, Gespräche, Freundschaften, Großstadtansichten, Bücher, Veröffentlichungen, etwas Wesentliches & Unerklärbares, all das ist jetzt in meiner Reichweite, was seit August 1913 nicht mehr der Fall war, als wir aus Cliffords Inn auszogen, wegen einer Reihe von Katastrophen, die meinem Leben beinah ein Ende gesetzt & das von Leonard, wie ich eingebildeterweise glaube, ruiniert hätten.[2] Also sollte ich dankbar sein für Richmond & das Hogarth House, & bin, ob aus unerschütterlichem Optimismus oder nicht, tatsächlich dankbar. Nichts hätte sich besser geeignet während all der Jahre, als ich herumkroch, wie eine Ratte, der man auf den Kopf geschlagen hat, & nachts die Aeroplane über London waren, & die Straßen dunkel, & keine Pennybrötchen im Schaufenster. Außerdem hätten wir nirgends sonst die Hogarth Press starten können, die hier in ebendiesem Zimmer, auf ebendiesem grünen Teppich ihren äußerst unbeholfenen Anfang nahm. Hier wuchs & gedieh die-

1 Die Woolfs hatten beschlossen, aus dem Vorort Richmond wieder in das von VW geliebte London zu ziehen. Am 15. März zogen sie nach Tavistock Square 52, Bloomsbury.

2 VW spricht von ihrem Zusammenbruch im Spätsommer, Herbst und Winter 1913. In diese Krankheitsperiode fiel ihr Selbstmordversuch am Abend des 9. September. Kurz nachdem die Woolfs im Oktober 1912 aus den Flitterwochen zurück nach London gekommen waren, hatten sie sich in Clifford's Inn eingemietet, ganz in der Nähe der Strand.

ser seltsame junge Sproß; er verdrängte uns aus dem Eßzimmer, das jetzt ein staubiger Sarg ist; & breitete sich über das ganze Haus aus.

Und es waren Menschen hier, tausende, wie es mir vorkommt. Ich habe so manchen Abend an diesem Kamin gesessen & mich unterhalten; & mich abgesehen von einem Schwermutsanfall letzten Sommer nie über Richmond beklagt, bis ich es abstreifte, wie eine lose Haut.

[*Postskriptum von VW:*] Ich hatte in diesem Zimmer auch ein paar merkwürdige Visionen, als ich im Bett lag, verrückt, & das Sonnenlicht wie goldenes Wasser an der Wand zittern sah. Ich habe hier die Stimmen der Toten gehört. Und mich während dieser Zeit außerordentlich glücklich gefühlt.

Saxon kommt heute abend zum Dinner & wir bieten ihm an, an Ostern mit seinem Irrentrupp einzuziehen.[3] Unser Umzug kann jederzeit zwischen dem 1. Februar & Ostern erfolgen. Wirklich, da ich nicht über Einzelheiten der Immobilienhändler berichten will, kann ich auch kurz sagen, daß mein guter Geist für Häuser mir am Montag ins Ohr geflüstert hat, als ich von Mr Coade fortging und die junge Dame mit rotem Kopf sagte, »Mrs Woolf, suchen Sie immer noch ein Haus?« »Deswegen bin ich hier«, sagte ich. »Aber ich hatte schon daran gedacht, vielleicht besser eine Wohnung zu nehmen.« »Also 52 Tavistock Square könnte das richtige für Sie sein. Das Haus hat ein großes Atelier.« Danach ließ mich der eigensinnige junge Mann zum Gordon Square kommen, schickte mich dann in die falsche Richtung; & dann traf ich zufällig Adrian; & dann gingen wir beide zusammen zur Firma Dollman & Pritchard, durch große grüne Friesdrehtüren, eine Treppe hinauf, in eine Wohnung, die im Halbdunkel lag; & dann hinunter in den Keller, wo ich sehr schnell die Übersicht über die Zimmer verlor, & hinaus ins Bil-

3 Saxon Sydney-Turner wollte, daß seine verwitwete Mutter aus Hove wegzog, wo sein Vater eine Privatklinik geleitet hatte, und verhandelte mit den Woolfs, weil er Hogarth House mieten und sie dort unterbringen wollte.

lardzimmer des alten Herrn; & beschloß also, daß falls überhaupt ein Haus für uns in Frage komme, es dieses sei.[4]

Nun, gestern hatten wir einen langen, kalten arbeitsreichen Tag – waren, das heißt ich, zweimal in London & zum Abschluß in The Flame, einem Theaterstück, das Gefühle erfand, die niemand in den letzten 100 Jahren gehabt hat; die selbst im Jahr 1824 niemand hatte. Aber durch Hypnosetechnik zwang sich halb Bayswater gestern abend zu dem Glauben, daß andere Menschen so fühlen & sie es deshalb auch tun müßten.

Ich darf sagen, daß der Erwerb von 52 Tavistock Square (wie gern ich das schreibe!) mit dem Erwerb eines Neunpenny-Federhalters zusammenfiel, einem Füllfederhalter, der eine normale Feder hat, & – manchmal sehr gut schreibt. Finde ich den Kauf von Tavistock Square aufregender oder den Kauf meines neuen Füllfederhalters? – eine Überlegung, die mich daran erinnert, daß ich Band 7 von Montaigne hinter mich bringen muß & Saxon zum Dinner kommt. Also, trotz meiner Benebelung, nach oben, die Bücher geholt & angefangen. Doch zuerst ein Blick in den Kamin – & meine Güte, ich habe mein Ultimatum an die armen Hausangestellten vergessen. Beide sollen gehen; & beide sind sehr mutwillig, & auch liebevoll – eine anstrengende Kombination.

Montag 5. Mai 1924

Heute ist Mutters 29. Todestag. Ich glaube, es passierte an einem Sonntag früh morgens, & ich schaute aus dem Kinderzimmerfenster & sah den alten Dr. Seton fortgehen, die Hände hinter dem Rücken, als wollte er sagen, es ist vorbei, & dann sah ich die Tauben herniederfliegen und auf der Straße picken, glaube ich, & ihr jäher Sturz und ihr Niederflug waren unend-

4 J. W. Coade Son & Budgen waren ein Auktionshaus und eine Immobilienfirma; Dollman and Pritchard war eine Rechtsanwaltskanzlei im Erdgeschoß und im ersten Stock von Tavistock Square 52; Vermieter der beiden Stockwerke war das alte Ehepaar Simon, die ehemaligen Besitzer des Hauses.

lich friedlich. Ich war 13, & könnte mehr als eine Seite mit den Eindrücken jenes Tages füllen, von denen ich viele schlecht aufgenommen & vor den Erwachsenen versteckt habe, aber deshalb sind sie mir noch lebhaft im Gedächtnis: wie ich zum Beispiel hinter vorgehaltener Hand lachte, weil ich meine Tränen verbergen wollte; & durch die Finger die Kindermädchen schluchzen sah.

Aber genug vom Tod – was zählt, ist das Leben. Vor 7 Tagen sind wir aus Rodmell zurückgekommen, nach einem fürstlichen Osterfest, das Nelly heldenhaft überstanden hat. Nach dem Unkrautjäten mußte ich aus der Sonne und ins Haus; & wie die Stille mich umhüllte! & wie träge ich dann wurde, wenn ich ganz genau bin: & wie die Schönheit über mich floß & meine Nerven durchtränkte bis sie zitterten, so wie ich einmal eine Wasserpflanze zittern sah, als sie vom Wasser überspült wurde. (Das stimmt nicht, aber ich muß diese Empfindung eines Tages formulieren.) Dann der Ärger mit dem Lärm hier – hatte ich Kopfschmerzen oder was? Ich weiß es gar nicht mehr, da ich jetzt schon zum 2. Mal wieder aus Rodmell zurück bin & meine Zappeligkeit auf die herkömmliche Weise erledige. Denn mir scheint, dieses Tagebuch wird an London scheitern, wenn ich nicht aufpasse.

Montag 26. Mai

London ist bezaubernd. Ich trete auf einen goldbraunen Zauberteppich hinaus, so kommt es mir vor, & schwebe in die Schönheit, ohne einen Finger zu rühren. Die Nächte sind wunderbar, mit all den weißen Portikos & breiten stillen Boulevards. Und die Leute springen rein & raus, behende, unterhaltsam wie Kaninchen; & ich sehe die Southampton Row hinab, schwarz wie ein Seehundrücken oder rot & gelb vom Sonnenschein, & schaue zu, wie die Omnibusse kommen & gehen, & höre die alten verrückten Orgeln. Eines Tages werde ich über London schreiben, & wie es das Privatleben vereinnahmt & mühelos mit sich fortträgt. Die Gesichter der Passanten muntern meinen Geist auf; verhindern, daß er zur Ruhe kommt, wie in der Stille von Rodmell.

Aber mein Kopf ist voll mit The Hours. Ich sage jetzt, daß ich 4 Monate daran schreiben werde, Juni, Juli, August & September, & dann ist es fertig & ich lege es drei Monate beiseite und schreibe in dieser Zeit meine Essays zu Ende; & dann haben wir – Oktober, November, Dezember – Januar: & Januar Februar März April überarbeite ich es; & im April kommen meine Essays heraus; & im Mai mein Roman. So sieht mein Programm aus. Mein Geist spult ihn jetzt schnell & ohne Stocken herunter; seit der Krise letzten August, als ich ernsthaft damit begann, ist es schnell gegangen, wenn auch mit vielen Unterbrechungen. Er wird jetzt analytischer & menschlicher, denke ich; weniger lyrisch; aber ich habe das Gefühl, als hätte ich so ziemlich alle Fesseln abgestreift & könnte alles einfließen lassen. Wenn dem so ist – gut. Dann muß ich ihn noch lesen. Ich will diesmal 80 000 Wörter schreiben. Und ich schreibe ihn gerne in London, zum Teil, wie gesagt, weil das Leben einen hochhält; & bei meinem Eichhörnchenkäfiggeist ist es toll, sich nicht mehr dauernd im Kreis zu drehen. Dann ist es auch für mich ein unendlicher Gewinn, ungehindert & schnell Menschen zu sehen. Und ich kann blitzschnell rein & raus & mich von meiner Stagnation erholen.

Ich habe das gesamte Gesellschaftsleben ausgelassen. Tidmarsh, Cambridge, & jetzt Rodmell: Wir hatten hier neulich eine seltsame kleine Gesellschaft – bei der der düstere & pädagogische Tom [T. S. Eliot] eine seltsame Figur machte. Ich kann meinen Argwohn ihm gegenüber nicht ganz ablegen – schlimmstenfalls läuft es nur darauf hinaus, daß ich ihn einen amerikanischen Schulmeister nenne: einen sehr eitlen Mann. Er nahm mich mit zu Lear (keine Aufzeichnungen) & wir machten beide spöttische & verächtliche Bemerkungen; & jetzt geht er her, und weist im Criterion feierlich & erhaben diejenigen zurecht, die spöttische & verächtliche Bemerkungen machen. Ich habe ihm deswegen leichte Vorwürfe gemacht: er saß steif da & sagte, er meine, was er schreibe: nur was meint er dann mit dem, was er sagt? Weiß der Himmel. Er hat etwas leicht Hinterhältiges, Verleumderisches, Argwöhnisches, Abgezirkeltes, Beklemmendes: sehr befreiend wäre eine Dusche reines Lob, auf die er kaum hoffen kann. Da war Philip Ritchie mit der sehr scharf geschnittenen Nase. Und sollte ich nicht ein Bad nehmen? da Dr. Glover kommt, um über die P. S. S. zu sprechen.[5] & dann mein neues rotes Kleid anziehen? Leonard denkt jetzt weniger gut von mir, weil ich mir die Nase pudere & Geld für Kleider ausgebe. Egal. Ich liebe Leonard über alles.

Samstag 5. Juli 1924

Eben wieder zurück, nicht vom 17er Club; sondern von Knole, wo ich tatsächlich eingeladen war, allein mit seiner Lordschaft zu speisen.[6] Seine Lordschaft wohnt im Kern einer riesigen Nuß. Man durchwandert meilenlange Galerien; überspringt unzählige Schätze – Stühle, auf denen Shakespeare gesessen haben könnte – Tapisserien, Gemälde, Fußböden aus halben Eichen; & dringt schließlich zu einem runden glänzenden Tisch vor, auf dem für eine Person gedeckt ist. Ein Dutzend Gläser bilden einen Kreis, jedes mit einer roten Rose darin. Wie kann sich ein einziger Mensch in solch einer Umgebung noch schmuckvoll hervortun? Man hat das Gefühl, ein Elefant sein zu müssen, der Unmengen vertilgen kann & mit ganzen Bäumen voller Blüten behängt wird – während ein einziger Peer in der Mitte sitzt und

5 Dr. James Glover, namhafter Psychoanalytiker, verhandelte mit LW über die Bedingungen, unter denen die Hogarth Press 1924 den Vertrieb und künftig auch die Publikation der Arbeiten der International Psycho-Analytical Library übernahm – ein Schritt, der dazu führte, daß die Hogarth Press schließlich Freuds Gesamtwerk in englischer Übersetzung verlegte.

6 Lionel Edward Sackville-West, 3rd Baron Sackville (1867–1928), der Vater von Vita, wohnte in Knole, einem der größten und schönsten Adelssitze in England. Er wurde 1456 erbaut und zu Beginn des 17. Jahrhunderts von Thomas Sackville, 1st Earl of Dorset, der es von seiner Verwandten, Queen Elizabeth, geschenkt bekommen hatte, stark erweitert. Vitas Mutter, die impulsive Halbspanierin Lady Sackville, hatte Knole und ihren Ehemann 1919 verlassen. Knole House wird im ersten Kapitel von VWs Roman *Orlando* beschrieben.

alleine sein Lunch zu sich nimmt, die Serviette lotosblütenförmig gefaltet. Offenbar habe ich menschliche Werte & ästhetische Werte nicht richtig auseinandergehalten. Knole ist ein Konglomerat von Gebäuden, halb so groß wie Cambridge, würde ich sagen; wenn man Trinity, Clare & King's zusammenklebt, hat man es in etwa. Aber die Trakte ganz außen & selbst die inneren Teile sind abgestorben. Die Räume sind zur Hälfte mit Seilen abgesperrt; die Sessel & Gemälde wirken konserviert; es ist kein Leben mehr darin. Schon seit hundert Jahren nehmen die Gefolgsleute ihr Dinner nicht mehr im großen Saal ein. Dann ist da Mary Stuarts Altar, an dem sie vor ihrer Hinrichtung gebetet hat. »Einer unserer Vorfahren überbrachte ihr das Todesurteil«, sagte Vita.[7] Diese ganzen Vorfahren & Jahrhunderte & Silber & Gold haben einen vollendeten Körper hervorgebracht. Sie hat etwas von einem Hirsch oder einem Rennpferd, abgesehen von ihrem Schmollgesicht, & hat keinen sehr scharfen Verstand. Aber körperlich gesehen ist sie vollkommen. So viele seltene & merkwürdige Gegenstände treffen einem das Gehirn wie Schrotkörner und breiten sich möglicherweise später aus. Neben Geoffrey Scott gab ich keinen sehr intelligenten Touristen ab, – Lady Gerald Wellesley war bei uns, & wir fuhren mit dem Automobil durch Kent, das Vita liebt;[8] alles sehr ungezwungen,

7 Thomas Sackville war damit betraut worden, der Schottenkönigin Mary am Vorabend ihrer Hinrichtung in Fotheringay 1586 das Todesurteil zu überbringen; in Anerkennung seines Taktgefühls, das er bei der Erfüllung dieser traurigen Pflicht an den Tag legte, schenkte ihm Mary ein holzgeschnitztes Triptychon, das Heilige und den Kreuzweg nach Golgatha darstellt. Es befindet sich bis heute in der Kapelle von Knole.

8 Geoffrey Scott (1883–1929), Autor des einflußreichen Buches T*he Architecture of Humanism* (1914), hatte als Architekt und Diplomat gearbeitet. Vita hatte ihn 1911 in Rom kennengelernt und mit ihm eine heftige Liebesbeziehung gehabt, aus der sie sich jetzt löste. Dorothy Violet Wellesley, geb. Ashton (1889–1956), hatte 1914 den zweitältesten Sohn des 4th Duke of Wellington geheiratet. Man kennt sie durch ihre Freundschaft mit William Butler Yeats, der seine berühmten Letters on Poetry ursprünglich an sie gerichtet hatte. – Nach dem Lunch in Knole wurde VW das kurze Stück nach Long Barn gefahren, zum Landhaus von Harold und Vita Nicolson, das sie jetzt zum ersten Mal sah.

locker, wie immer bei Adligen; keine Hemmungen, keine falsche Zurückhaltung; man kann alles sagen; aber wie gewöhnlich jene fatale Einfachheit oder Sturheit im Denken, die alles ein bißchen schattierungslos & leer erscheinen läßt. Mehr Verstand, mein Gott –[9] (ich bin zu nervös, um auch nur richtig zu zitieren). Als Rahmen & Vorbereitung finde ich es hier, oder bei Ottoline oder allen Adeligen, die ich kenne, immer geradezu ideal. Aber man wartet & es passiert nichts. Nicht daß Harold [Nicolson], der vor den großen brennenden Scheiten auf der Eisenstange saß und mit der Stirn sanft an die Quaste vom Baldachin stieß, oder wie immer das heißt, nicht vertrauenswürdig & aufrichtig & lebhaft gewesen wäre. Er trug ein blaues Samtjackett. Ich mochte ihn lieber als den umgänglicheren & unterwürfigeren Geoffrey. Ich vermute fast, Geoffrey ist mir gegenüber argwöhnisch; roch, daß ich aus demselben Stall komme wie er & nicht adelig bin, & ertappte sich dabei, wie er mir zuzwinkerte, wie zwei Gassenkinder, & wollte nicht an die Zeit erinnert werden, als er noch ein Gassenkind war. Er sprach voller Bitterkeit von Florenz & den Berensons & dieser furchtbaren Gesellschaft. Vitas Lebensart aber nahm ich als Eindruck mit, und sie & Knole hatte ich vor Augen, als ich mit der unteren Mittelschicht durch die Elendsviertel fuhr. Da ist Knole, in dem all die verzweifelten Armen aus der Judd Street unterkommen könnten, & zuallerinnerst wohnt nur dieser eine zurückgezogene Earl.[10]

Marjorie hat Lungenentzündung; & wahrscheinlich müssen wir arbeiten bis wir umfallen. Wir bekommen Ströme von Manuskripten; & aus diesem Verlag wird ein ernsthaftes Unternehmen.

9 »More brain, O Lord, more brain!« (»Mehr Verstand, O Herr, mehr Verstand!«), George Meredith, *Modern Love*, XLViii.

10 Die Judd Street verläuft zwischen dem Brunswick Square und der St Pancras Station und war eines der Elendsviertel von Bloomsbury.

Montag 15. September 1924

Hier warte ich nun darauf, daß L. aus London zurückkommt, & da mich sein Zuspätkommen letztes Jahr verletzt hat, fühle ich um diese Stunde immer ein Stechen in der alten Wunde.[11] Er hat Nancy Cunard gesprochen, also rechne ich mit ein paar guten Klatschgeschichten.[12] Vita war den ganzen Sonntag hier, glitt in ihrem großen neuen blauen Austin durchs Dorf, den sie perfekt zu handhaben weiß. Sie trug einen gelben Ringelpullover & einen großen Hut & hatte ein Reisenecessaire voll mit Silber & Nachthemden, die in Seidenpapier gewickelt waren. Nelly sagte, »Wenn sie bloß keine Hochwohlgeborene wäre!« & konnte ihr das heiße Wasser nicht bringen. Aber mir gefällt, daß sie hochwohlgeboren ist; & sie ist es wirklich; eine vollkommene Dame, mit dem ganzen Schwung & der Beherztheit der Adeligen & weniger von deren Infantilität, als ich erwartet hatte. Sie ließ uns eine Geschichte da, die mich wirklich ziemlich interessiert.[13] Ich sehe mein eigenes Gesicht darin, das stimmt. Aber sie hat den alten Wortwust hinter sich gelassen & sich jetzt mit einer Art Schimmer von Kunst angefreundet; das ist mein Eindruck; & ich staune in der Tat über ihre Kunstfertigkeit & Sensibilität; denn ist sie nicht Mutter, Ehefrau, Grande Dame, Gastgeberin, und schreibt gleichzeitig? Wie wenig ich von alldem tue: ich könnte

11 Am 15. Oktober 1923 hatte VW in ihrem Tagebuch einen »seltsamen Abend« festgehalten, als sie »Leonard entgegenging & ihn nicht traf. Welche Gefühlsintensität sich in jene Stunden preßte!« Sie kämpfte sich durch die Dunkelheit, erfüllt von einem Gefühl der Einsamkeit, um LW schließlich am Bahnhof doch noch zu begegnen: »Es war tatsächlich eine körperliche Empfindung, von Unbeschwertheit & Erleichterung & Sicherheit. & doch stand dahinter auch etwas Schreckliches«. Sie schreibt von einem »reale[n] Schmerz; der ein paar Tage anhielt«.

12 Nancy Cunard (1896–1965), die übertrieben rebellische und kapriziöse Tochter von Lady Cunard, lebte die meiste Zeit in Paris; *Parallax*, ein Gedicht von ihr in freien Versen, wurde im April 1925 von der Hogarth Press gedruckt und veröffentlicht.

13 Es handelte sich um *Seducers in Ecuador*, das im November 1924 bei der Hogarth Press erschien.

meinem Hirn niemals in vierzehn Tagen die stattliche Summe von 20000 Wörtern abzapfen, & also muß es mir wohl entscheidend an Energie mangeln. Hier bin ich nun und nehme über Vita hinweg meine verflixte Mrs Dalloway in Augenschein; & muß nachts dauernd an die nächste Szene denken, & wie ich aufhören soll. Vita, um noch einmal auf sie zurückzukommen, hat die Züge einer überreifen Traube, Schnurrbart, Schmollmund, Neigung zur Korpulenz; in der Zwischenzeit schreitet sie mit ihren schönen Beinen aus, in einem gut geschnittenen Rock, & obwohl sie uns beim Frühstück in Verlegenheit brachte, ist sie von einer männlichen Vernunft & Schlichtheit, die sowohl L. als auch mir gefallen. Oh ja, ich mag sie; könnte sie für immer an meine Equipage heften; & glaube, falls es das Leben erlaubt, es könnte eine Art Freundschaft daraus werden. [...]

Freitag 17. Oktober 1924

Es ist eine Schande. Ich bin nach oben gerannt, weil ich dachte, ich würde schnell mit diesem erstaunlichen Faktum beginnen – den letzten Worten der letzten Seite von Mrs Dalloway; wurde aber unterbrochen. Jedenfalls habe ich sie gestern vor einer Woche geschrieben. »For there she was.« [»Denn da war sie.«] & ich war froh, es los zu sein, weil es mich in den letzten Wochen sehr angestrengt hat, war jedoch geistig frischer; ich meine, ich hatte nicht mehr so stark wie sonst das Gefühl, es gerade noch einmal geschafft & mich auf dem straffen Seil gerade noch gehalten zu haben. Ich fühle mich viel vollständiger von dem befreit, was ich sagen wollte, als sonst – ob das nach dem zweiten Lesen immer noch gilt, ist fraglich. Aber das Buch ist in mancher Hinsicht eine Glanzleistung; fertig geschrieben ohne zwischendurch krank geworden zu sein, was eine Ausnahme ist; & tatsächlich in einem Jahr entstanden; & schließlich von Ende März bis zum 8. Oktober geschrieben, mit einer kurzen Pause von ein paar Tagen, in denen ich journalistisch gearbeitet habe. Also ist es vielleicht anders als die anderen. Jedenfalls habe ich das Gefühl, den

Bann gebrochen zu haben, den ich laut Murry & anderen nach Jacob's Room über mich verhängt hatte. Die einzige Schwierigkeit besteht darin, Zurückhaltung zu üben und nicht gleich wieder etwas zu schreiben. Meine Sackgasse, wie man dazu gesagt hat, ist von beachtlicher Länge & läßt solche Perspektiven erkennen. Ich sehe bereits The Old Man.[14]

Aber das reicht jetzt wirklich – doch worüber sollte ich sonst hier schreiben, wenn nicht über meine Schriftstellerei? Seltsam diese Beeinträchtigungen durch die herkömmliche Moral. Man darf nicht von sich reden &c; man darf nicht eitel sein &c. Selbst wenn ich völlig für mich bin, schieben sich diese Geister zwischen mich & die Seite. Aber ich muß hier abbrechen und zur Post gehen, diese wunderbare laternenbeleuchtete Straße, die durch mein Doppelfenster noch schöner, noch unwirklicher wird. Und ich sitze geschützt drinnen. Dieses Haus ist jetzt perfekt. Das Atelier das beste Arbeitszimmer, das ich je hatte. [...]

1925

Montag 27. April 1925

Der Common Reader ist am Donnerstag erschienen:[1] heute ist Montag, & bis jetzt habe ich kein einziges Wort darüber gehört, weder privat noch öffentlich: es ist, als würde man einen Stein in einen Teich werfen, & die Wasser schlössen sich ohne sich zu kräuseln. Und ich bin vollkommen zufrieden, & es macht mir weniger aus als je zuvor, & ich mache diese Notiz nur, damit ich mich das nächste Mal an das großartige Vorankommen meiner

14 Kaum hatte VW *Mrs Dalloway* abgeschlossen (*Mrs Dalloway*, deutsch von Walter Boehlich, Frankfurt: S. Fischer, 1997), sah sie bereits den »Alten Mann« vor sich, den Mr Ramsay aus *To the Lighthouse*, das Porträt ihres Vaters Sir Leslie Stephen.

1 *The Common Reader* erschien am 23. April in der Hogarth Press in einer Auflage von 1250 Exemplaren. (*Der gewöhnliche Leser 1*, Essays, deutsch von Hannelore Faden und Helmut Viebrock, Frankfurt: S. Fischer, 1989.)

Bücher erinnere. Ich habe für Vogue Porträt gesessen, das heißt für die Becks in ihren Ställen, die Mr Woolner in ein Studio für sich umgebaut hatte, & vielleicht war es dort, wo er an meine Mutter gedacht hat, die er heiraten wollte, glaube ich. Aber mein augenblicklicher Gedanke ist, daß die Menschen eine Vielzahl von Bewußtseinszuständen haben: & ich möchte das Partybewußtsein, das Kleidungsbewußtsein &c. erforschen. Die Modewelt bei den Becks – Mrs Garland war da, um eine Schau zu beaufsichtigen – ist sicher eines; wo die Leute eine Hülle absondern, die sie miteinander verbindet & sie vor anderen schützt, wie vor mir, die ich außerhalb der Hülle bin, vor Fremdkörpern. Diese Zustände sind sehr schwierig (offensichtlich taste ich nach Worten), aber ich komme immer wieder darauf zurück. Das Partybewußtsein, zum Beispiel: Sybils Bewußtsein. Man darf es nicht zerbrechen. Es ist etwas Wirkliches. Man muß es hochhalten; damit konspirieren. Immer noch komme ich nicht an das heran, was ich meine. Dann wollte ich Graves schnell aufschreiben, bevor ich ihn vergesse.[2]

das zweite Selbst ist was ich meine

Man stelle sich einen starr blickenden Mann vor in blauem Hemd und ebensolchem Mantel, strubbelig, ohne Hut, der am Freitag um 4.30 mit aufgerissenen Augen vor der Tür steht. »Mrs Woolf?« Ich fürchtete & vermutete irgendein Genie von der *Nation*, irgendeinen jungen Mann, entschlossen, sein Herz auszuschütten, & eilte mit ihm ins Souterrain, wo er sagte: »Ich bin Graves.« »Ich bin Graves.« Alle starrten. Er schien mit 60 Stundenmeilen durch die Luft gebraust & vorübergehend gelandet zu sein. Er kam also herauf, &, gewitzt wie ich bin, wußte ich, daß mit dem Teekessel samt Topflappen in der Hand auf ihn zuzugehen genau die richtige Methode, Haltung, Pose war. Der arme Junge ist durch & durch Emphase, Protest & Pose. Er hat eine grobe Ähnlichkeit mit Shelley, nur daß seine Nase ein Zick-

2 Robert Ranke Graves (1895–1985), Dichter und Romanautor; die Hogarth Press hatte bereits zwei seiner Bücher veröffentlicht.

zack ist und seine Züge verschwommen. Aber das Bewußtsein, ein Genie zu sein, ist schlecht für einen Menschen. Er blieb bis 7.15 (wir wollten zu Caesar & Cleopatra – ein eigenartiges rhetorisches romantisches frühes Stück von Shaw) & mußten das schließlich sagen, denn er steckte so fest in dem Genuß, uns seinen Lebensstil zu erläutern, wie nicht mal eine Biene, die am Honig klebt. Er kocht, seine Frau putzt; 4 Kinder gehen in die Grundschule; die Dorfbewohner schenken ihnen Gemüse; sie wurden kirchlich getraut; seine Frau nennt sich Nancy Nicolson; will nicht nach Garsington, hat ihm gesagt, ich muß ein Haus umsonst haben; an einem Fluß; in einem Dorf mit viereckigem Kirchturm; in der Nähe von, aber nicht *an* der Eisenbahnlinie – was er alles, da sie weiß, was sie will, beschaffte. Daß sie sich Nicolson nennt, hat ihre Freunde in Böcke & Schafe geteilt. All das klang uns wie die übliche Unsicherheit junger Männer, besonders da er unaufgefordert hinzufügte, daß er von Dekan, Rektor, Bischof, Von Ranker [*sic*] &c &c &c abstamme: nur um zu sagen, daß er sie verachte. Und dennoch, dennoch ist er ein netter naiver wirrköpfiger junger Mann; aber warum sollte unser Alter uns diese Beweislast aufbürden? Bestimmt könnte man auch mal einfach ohne Proteste leben. Ich bemühte mich vielleicht, lieb Kind zu sein, was meine Schwäche ist. L. war unerbittlich. Dann wurde uns eine Karte für das Pokalspiel angeboten, damit wir verstehen, weshalb Graves nach 6 Jahren wieder nach London gekommen ist; kann nicht mit der Bahn reisen, ohne daß ihm schlecht wird; ist ziemlich stolz auf seine Empfindlichkeit. Nein ich glaube nicht, daß er große Dichtung schreiben wird: aber was will man? Die Empfindlichen werden auch gebraucht; die Halbfertigen, Stammelnden, Stotternden, die vielleicht ihren eigenen Landstrich von Oxfordshire verbessern.

Und am Sonntag machten wir unseren ersten Spaziergang, nach Epping.

Samstag 5. September 1925

Und warum konnte ich nicht sehen oder spüren, daß ich schon die ganze Zeit ein wenig verbraucht war & mit einem platten Reifen fuhr? Das war der Fall, als es passierte; & ich in Ohnmacht fiel in Charleston, mitten in Q[uentin].s Geburtstagsfeier: & habe dann hier herumgelegen, in dieser merkwürdig amphibischen Kopfschmerzexistenz, zwei Wochen lang. Das hat ein großes Loch in meine 8 Wochen gerissen, die so vollgestopft werden sollten. Macht nichts. Ordne, was an Bruchstücken deines Weges kommt. Laß dich nie aus dem Sattel werfen durch das Scheuen dieses unzuverlässigen Biestes, des Lebens, das dazu den Schikanen meines eigenen sonderbaren, schwierigen Nervensystems ausgesetzt ist. Selbst mit 43 verstehe ich nicht, wie es funktioniert, denn ich habe mir den ganzen Sommer über gesagt, »Ich bin jetzt ziemlich gestählt. Ich kann jetzt friedlich durch einen Gefühlsaufruhr gehen, der mich noch vor zwei Jahren wundgeharkt hätte.«

Ich habe dennoch eine schnelle & schwungvolle Attacke auf To the Lighthouse geritten – 22 Seiten hintereinander weg in weniger als zwei Wochen. Ich krieche immer noch herum & ermüde leicht, aber wenn ich einmal in Fahrt käme, könnte ich es wohl mit dem größten Vergnügen abspulen. Bedenk doch was für eine Mühsal die ersten Seiten von Dalloway waren! Jedes Wort herausdestilliert durch ein schonungsloses Zusammenpressen meines Hirns.

Ich griff zur Feder in der Absicht, über »Desillusionierung« zu schreiben. Mir ist noch nie eine Illusion so vollständig ausgemerzt worden wie meine Illusion die Richmonds betreffend.[3] Dies bewerkstelligten sie zwischen 4 & 6 gestern. Aber Elena verfügt ja über keine Schönheit, keinen Charme, nicht einmal eine besondere Nettigkeit! Jede Frau eines Landpastors kann es

3 Bruce Lyttelton Richmond, Chefredakteur des *TLS* und VWs regelmäßigster Auftraggeber, und seine Frau Elena.

mit ihr aufnehmen. Ihre Nase ist rot, ihre Wangen drall: ihre Augen ohne Charakter. Sogar ihre Stimme & Bewegungen, die entzückend waren, ihre Würde, ihr freundlicher Charme – all das ist verschwunden; sie ist eine dicke, schlampige, verschwommene Frau, die keine Gefühle hat, kein Mitempfinden; alle Ekken & Kanten sind völlig bloßgelegt. Ernstlich, es melden sich Zweifel an ihrer vollständigen geistigen Ausstattung. Die Unterhaltung war nachgerade schwachsinnig: zum Beispiel: (E). Ich glaube ich könnte ein Haus richtig liebgewinnen. Aber wir haben solch ein Glück. Es gibt ein paar reizende Leute in der Nähe. Leute, die dieselben Neigungen haben wie wir. (B). Wir haben großes Glück. In einem Umkreis von 4 Meilen gibt es zwei Burschen, die mit mir in Winchester waren. Einer ging als Teepflanzer nach Ceylon. Beide betreiben sie jetzt Landwirtschaft. Habt ihr Glück mit eurem Pastor? Auf dem Lande hängt so viel von dem Pastor ab, den man hat. (E). Ich habe wirklich vergessen, was noch von E.s Lippen kam. Ich glaube, es war alles dasselbe: wie gerne sie ein Haus mit einem Klavier hätte: & sie beabsichtigen, sich zur Ruhe zu setzen & ein Haus mit einem Klavier zu kaufen. Sie sieht Blumen, Hunde, Häuser, Menschen mit derselben ruhigen, unerschütterlichen, geradezu rohen, jedenfalls stumpfen Indifferenz. Ihre Hände sind dick. Sie hat ein Doppelkinn. Sie trägt einen langen amerikanisch wirkenden bläulichen Mantel mit einem nichtssagenden Halstuch, eine weiße Bluse, mit einer Diamanteidechse zusammengesteckt – oh, diese Farblosigkeit, Eintönigkeit & Kälte ihres Wesens – sie, die ich für gewitzt & weiblich & tröstlich hielt! Sie ist weißhaarig obendrein. Bruce ist kreisrund, alles ist rund: Kopf, Augen, Nase, Wanst, Geist. Du kannst ihn nicht stoppen wenn er von einer Sache zur anderen rollt. Er hält nie an, er gleitet glatt dahin. Er wäre schokkiert, wenn man das Schreiben erwähnen würde, oder Geld, oder Menschen. Alles muß in Jargon & Freundlichkeit aufgelöst werden.

Nun war das Sonderbare, daß diese Eigenschaften uns beide so sehr infizierten, daß wir uns absolut miserabel fühlten. Ich habe mich manchmal so gefühlt, wenn ich durch die Vororte ging. Castello Avenue hat mich einmal so wütend gemacht.[4] Was L. betraf, so war er entrüstet. Daß die menschliche Natur so tief sinken sollte, sagte er; & dann, daß Menschen derart ziellose, schlechte Leben führten – die verabscheuungswürdigsten, die er sich vorstellen könnte. Allem nähmen sie die Farbe, den Biß, das Unverwechselbare. Und wenn ich daran denke, daß ich jemals einen Gedanken daran verschwendet habe, was dieser gutmütige, weltlich gesinnte kleine Krämer wohl von meinem Schreiben hält! Doch E. ist die große Desillusionierung. Zum Teil wegen Thoby, zum Teil wegen meiner eigenen Empfänglichkeit für gewisse Schattierungen weiblichen Charmes, empfand ich immer noch ein gewisses Glühen, wenn ich an sie dachte. Jetzt ist an die Stelle dieses Glühens eine handfeste Talgkerze getreten. Und heute morgen fühle ich mich, nachdem ich erschöpft, körperlich am Ende, geistig bankrott, ausgehöhlt, ins Bett gefallen war; weißgewaschen, gereinigt. Eine Illusion dahin.

Dienstag 22. September 1925

Wie es mit meiner Handschrift bergab geht! Noch ein Opfer für die Hogarth Press. Doch was ich der Hogarth Press verdanke, ist mit meiner gesamten Handschrift kaum zu begleichen. Habe ich nicht eben Herbert Fisher geschrieben und es abgelehnt, für die Home University Series ein Buch über Nach-Viktorianisches zu schreiben – wissend, daß ich ein Buch schreiben kann, ein besseres Buch, ein Buch auf eigene Faust für die Hogarth Press, wenn ich will! Die Vorstellung, diese Herren von der Universität könnten einem alle Luken dichtmachen, läßt mir das Blut in den Adern erstarren. Doch bin ich die einzige Frau in England, die frei ist zu schreiben, was ich will. Die anderen müssen Serien & Herausgeber mitbedenken. Gestern erfuhr ich von Harcourt Brace, daß sich von Mrs D[alloway]. & dem C[om-

4 LWs Bruder Edgar und seine Frau wohnten in der Castello Avenue 7, Putney.

mon]. R[eader]. 148 & 73 pro Woche verkaufen – Ist das nicht eine erstaunliche Ziffer für den 4. Monat?[5] Spricht das nicht für ein Badezimmer & ein W. C. entweder hier oder in Southease? Ich schreibe im wäßrig blauen Sonnenuntergang, reumütig nach einem schlechtgelaunten grämlichen Tag, der entschwand, mit Wolken, die sich zweifellos golden über den Downs zeigten, & einen zarten goldenen Saum dort oben hinterlassen.

Heute ist
Donnerstag, der 24. September 1925

– traurig die Vorstellung nur noch eine Woche übrig von diesem teilweise elenden Sommer; dennoch, ich beklage mich nicht, da ich doch sehe, wie ich meinen Kopf wieder in die Gesundung eingetaucht habe & mich wieder einmal um die Wirbelsäule gefestigt fühle, die immer das Zentrum meines Seins ist. Maynard [Keynes] & Lydia waren gestern da – M. in einem Tolstoi-Hemd & einer russischen Mütze aus schwarzem Astrachan – Ein feiner Anblick, die beiden, wenn man sie auf der Chaussee trifft![6] Er ist von enorm viel gutem Willen & Lebenskraft erfüllt. Sie summt in seinem Kielwasser, des großen Mannes Gattin. Aber obwohl man herumkritteln könnte, kann man sie auch als gute Gesellschaft empfinden, & mein Herz, in diesem, dem Herbst meines Alters, erwärmt sich ein wenig für ihn, den ich all die Jahre schon kenne, so trotzig kämpferisch, & distanziert. Wir unterhielten uns sehr lebhaft über Rußland: ein derartiger Mischmasch, ein derart wüstes Durcheinander, sagt M., von Gut & Schlecht, & den äußersten Extremen, daß er das nicht zusammenbringt – noch nicht sieht, worauf es hinausläuft. Kurz gesagt, überall

5 Der Verlag Harcourt Brace hatte die amerikanischen Ausgaben ihrer Bücher herausgebracht.

6 Lydia Keynes, geb. Lopokova (1892–1981), russische Ballerina. Sie hatte mit der Ballett-Truppe von Diaghilev 1918, 1919 und 1921 in London gastiert. Keynes verliebte sich in sie und konnte sie bewegen, zu ihm und seinen Freunden am Gordon Square zu ziehen. Sie hatten im August 1925 geheiratet.

Spione, keine Redefreiheit, die Gier auf Geld ausgerottet, die Menschen leben in Gemeinschaft, doch manche, L[ydia]s Mutter zum Beispiel, mit Dienstboten, die Bauern zufrieden, weil sie Land besitzen, kein Anzeichen von Revolution, die Aristokraten fungieren als Schausteller ihrer Besitztümer, das Ballett findet Anerkennung, die beste Ausstellung von Cezanne & Matisse, die es gibt. Endlose Umzüge von Kommunisten in Zylindern, die Preise exorbitant, doch Champagner wird produziert, & die feinste Küche in Europa, Banketts beginnen um 8.30 & dauern bis 2.30; so gegen 11 fangen die Leute an, leicht angetrunken zu sein & wandern um die Tische. Kalinin erhebt sich, & spaziert herum, gefolgt von einer kleinen Menge, die ihm ständig applaudiert während er geht; dann der ungeheuere Luxus der alten kaiserlichen Eisenbahnen; vom Silber des Zaren getafelt; Interviews mit Zinoview, der (glaube ich) ein sanfter kosmopolitischer Jude war, aber zwei fanatische Wachhunde mit viereckigen Gesichtern hatte, die ihn bewachten & ihre Geheimnisse vor sich hin murmelten, fanatisch. Von einer ihrer Vorhersagen, des Inhalts, daß in 10 Jahren der Lebensstandard in Rußland höher sein werde, als er vor dem Krieg war, aber in allen anderen Ländern niedriger, meinte M., sie könnte sich durchaus bewahrheiten. Jedenfalls sind sie vollgestopft & voll bepackt mit Gesprächen und Dingen, die sie gesehen haben: Maynard hat eine Medaille, die in Diamanten gefaßt ist, & L. einen goldenen Sovereign, den sie sich aus den Säcken in der Münze nehmen durfte.

Aber die Keynes, das brauche ich kaum zu erwähnen, verursachten mir erneut Kopfschmerzen, & als Lytton kam, saß ich mit hängendem Kopf am Kamin, & konnte mich kaum auf ein Gefecht mit dieser alten Schlange einlassen. Was wir besprachen lief, glaube ich, darauf hinaus, daß er in Hamspray einen Brand gehabt hatte, der Blasen auf der Wand verursacht, aber seine Bücher nicht angegriffen hatte – & welches Feuer hätte das Herz, das zu tun? Dann hatte er Bunny gelesen, »Wirklich, es ist ganz außerordentlich – so kunstvoll, – so komponiert – eine ungeheure Kompetenz, aber ... – tja, es ist wie ein vollkommen restauriertes Wirtshaus – Zum alten … – alles aufgeräumt & restauriert.« Es enthält nichts von Bunny, von dem es doch Zeichen gab in The Man in the Zoo; kein Humor; eine vollkommene Restaurierung.[7]

Aber um die Wahrheit zu sagen, ich bin verärgert heute morgen. Es ist 10.25 an einem schönen grauen ruhigen Tag; Lily räumt mein Schlafzimmer auf; die Sperlinge sind im Apfelbaum; Leonard ist in London, & Nelly regelt vermutlich die wichtigste Frage ihres ganzen Lebens – was die Ehe für eine Frau bedeutet – mit Lottie. Lily ist ein großäugiger Schäferhund von einem Mädchen, das aus Iford kommt, um zu »schaffen«; aber nicht ein Rührei machen kann oder eine Kartoffel backen, & daher schlecht ausgerüstet ist fürs Leben, soweit ich sehen kann.

Seit 9.45 habe ich zwei Seiten einer Geschichte geschrieben, wieder als einen Test; & habe ihn gut bestanden, glaube ich, jedenfalls ist meine Zisterne voller Einfälle. Aber um drauf zurückzukommen: warum bin ich verärgert? Wegen Roger. Ich berichtete ihm, daß ich den ganzen Sommer über krank gewesen sei. Seine Antwort ist – ein Schweigen dazu; aber umfangreiche Beschreibungen seiner eigenen Schneidezähne. Egotismus, Egotismus – das ist der wesentliche Bestandteil im Leben eines gescheiten Mannes, glaube ich. Das schützt; das bringt zur Geltung; das bewahrt die eigenen Lebenssäfte, indem es sie eingedämmt läßt. Auch kann ich nicht umhin zu vermuten, daß er mich der Anstellerei verdächtigt, & das macht mich wütend: & L. ist fort & ich kann mir meinen Dorn nicht von ihm ziehen lassen, also muß ich es herausschreiben. So! jetzt ist es besser; & ich glaube ich höre die Zeitungen kommen; & werde sie holen gehen, meine Wollstickerei, & ein Glas Milch.

7 David (»Bunny«) Garnetts kürzlich veröffentlichtes drittes Buch war *The Sailor's Return*; sein zweites, *A Man in the Zoo*, war 1924 erschienen. Garnett (1892–1989) war ein langjähriger, wenn auch jüngerer Freund sowohl von Lytton Strachey als auch von VW; im Sommer 1924 hatte er seine Teilhaberschaft in der Buchhandlung aufgegeben, die er 1919 mit Francis Birrell gegründet hatte; er wollte sich dem Schreiben und dem Landleben widmen.

Montag 7. Dezember 1925

Ich möchte mich niederlegen wie ein müdes Kind & dieses sorgenvolle Leben hinwegweinen – & mein Tagebuch wird mich auf seine Daunenkissen betten.[8] Die meisten Kinder wissen nicht, worüber sie weinen; auch ich weiß es nicht wirklich. Es ist 12 Uhr am Montagmorgen, ein sehr kalter Tag, doch sonnig, gesund, heiter. Klingeln schellen unten; Türen werden zugeschlagen. Ich sollte in Hochform sein, denn nach all diesen halbwachen unselbständigen Wochen bin ich da jetzt fast wieder heraus; & kann lesen & schreiben, & ein wenig spazierengehen, & maßvoll Gäste empfangen. Nun, es ist zum Teil dieser Teufel Vita. Kein Brief. Kein Besuch. Keine Einladung nach Long Barn. Sie war letzte Woche in der Stadt, & ist nicht gekommen. So viele Gründe für diese Vernachlässigung fallen mir ein, daß ich mich schäme, das den Anlaß für mein Weinen zu nennen. Nur, wenn ich sie jetzt nicht wiedersehe, werde ich es – nie: denn der Zeitpunkt für ein vertrauliches Zusammensein wird verstrichen sein, nächsten Sommer. Und ich ärgere mich darüber, zum Teil, weil ich sie mag; zum Teil, weil es mich mit Haß erfüllt, daß das Leben die Macht hat, zu trennen. Außerdem bin ich eitel. Clive wird wissen, *warum* Vita mich nicht besucht hat. Dies Thema abgehakt, dann Toms Postkarte zu *On Being Ill* – ein Artikel, den ich, & Leonard ebenfalls, für einen meiner besten hielt: er findet ihn charakteristisch &c: will sagen,

Arme Frau! sie versuchte zu kommen – verhindert, Nebel &c.

8 »I could lie down like a tired child,
And weep away the life of care
Which I have borne and yet must bear,
Till death like sleep might steal on me.«
Shelley, *Stanzas Written in Dejection near Naples.*

(»Ich möchte mich niederlegen wie ein müdes Kind
Und das sorgenvolle Leben hinwegweinen,
Das ich getragen habe und weiter tragen muß,
Bis der Tod wie ein Schlaf sich zu mir stiehlt.«)

er ist nicht begeistert; so daß ich, als ich eben Korrektur las, darin Langatmigkeit, Ausdrucksschwäche, & sämtliche Untugenden ausmachte.[9] Das verstärkt meine Abneigung gegenüber meinem eigenen Schreiben, & die Niedergeschlagenheit beim Gedanken, einen neuen Roman anzufangen. Was für ein Thema habe ich? Werde ich nicht aus persönlichen Gründen ins Stokken geraten? Es wird Vater zu ähnlich sein, oder Mutter: & merkwürdigerweise kenne ich meine eigenen Stärken so wenig. Noch ein Thema abgehakt. Jetzt also die Neuigkeiten.

Wir werden Weihnachten in Charleston verbringen, was Leonard, fürchte ich, nicht sehr gefallen wird. Wir gingen am Samstag in Hampstead spazieren. Es war sehr kalt – überall lief man Schlittschuh, außer dort, obwohl L. seine Schlittschuhe mitgebracht hatte. Es hatte eine neblige Winterschönheit. Wir betraten Ken Wood (Hunde sind aber an der Leine zu führen) & kamen dort zum Duellierplatz, auf dem große Bäume herumstehen, & vermutlich die Fechter des 18. Jahrhunderts beschützten (wie doch die Vergangenheit mir lieb zu werden beginnt – ich denke, das hat etwas mit meinem Buch zu tun) & hier sprachen wir dann über Lytton, ernsthaft, wie Menschen, die verheiratet sind. Du liebe Güte – wie befriedigend ist es, nach wohl zwölf Jahren, ein menschliches Wesen zu haben, mit dem man so offen sprechen kann wie ich mit L.! […]

Katie kam zu Besuch;[10] eine Art Hülse abgelegter Schönheit, die jetzt an einem ramponierten Gerüst hängt. Mit der Festigkeit des Fleisches & dem Blau der Augen ist ihre eindrucksvolle Hal-

9 Als Antwort auf T. S. Eliots Brief, in dem er sie anflehte, etwas für seine neue Vierteljahreszeitschrift zu schreiben, hatte VW ihm am 14. November ihren Aufsatz ›On Being Ill‹ geschickt. Seine wenig begeisterte Postkarte ist nicht aufgefunden worden, aber der Aufsatz erschien in *The New Criterion* im Januar 1926. (›Über das Kranksein‹, deutsch von Hannelore Faden, in: *Der Augenblick*, Frankfurt: S. Fischer, 1996, S. 13–27.)

10 Katie, eine Jugendfreundin von VW, war die Countess of Cromer, geb. Lady Katherine Thynne (1865–1933), die zweite Frau des inzwischen verstorbenen 1st Earl of Cromer, der britischer Bevollmächtigter und Generalkonsul in Ägypten war.

tung geschwunden. Ich sehe sie noch wie sie in H[yde] P[ark] G[ate] 22 war, vor 25 Jahren: in einem Jäckchen & Rock; sehr großartig; die Augen halb geschlossen; zauberhafte spöttische Stimme; kerzengerade; wunderbar; schüchtern. Jetzt brabbelt sie vor sich hin.

»Aber kein Herzog hat je bei mir angefragt, meine liebe Virginia. Sie nannten mich die Eiskönigin.

Und warum ich Cromer geheiratet habe? Ich haßte Ägypten; ich haßte Invaliden. Ich habe zwei sehr glückliche Zeiten in meinem Leben gehabt – die Kindheit – nicht, als ich heranwuchs – sondern später, mit meinem Jungenverein, meinem Cottage, & meinem Chow-Chow – & jetzt. Jetzt habe ich alles, was ich mir wünsche. Meinen Garten – meinen Hund.«

Ich glaube nicht, daß ihr Sohn eine große Rolle spielt. Sie ist eine dieser kalten exzentrischen großen Engländerinnen, die ihren Rang ungeheuer genießt, & die Bedeutung, die er ihr in St John's Wood verleiht, & jetzt frei, in allen staubigen Löchern & Ecken herumzustochern, wie eine Putzfrau gekleidet, mit ebensolchen Händen, & schmutzverklebten Fingernägeln. Sie hört nicht auf zu reden. Sie hat nicht viel Körper an sich. Sie hat sich fast in Dunst aufgelöst. Aber ich habe es genossen. Obwohl ich glaube, daß sie wenig Gefühle hat, & keine sehr leidenschaftlichen Interessen. Jetzt, nachdem ich das losgeworden bin, & die Sonne herauskommt, muß ich eine Liste von Weihnachtsgeschenken schreiben. Ethel Sands kommt zum Tee.[11] Aber keine Vita.

11 Ethel Sands (1873–1962), in Amerika geborene Malerin, die das Jahr abwechselnd in der Nähe von Dieppe und in Chelsea verbrachte, war eine reiche und gesellige Frau, eine aktive und gütige Gastgeberin und Mäzenin der schönen Künste.

Montag 21. Dezember 1925

Aber keine Vita! Vita jedoch 3 Tage lang in Long Barn, von wo L. & ich gestern zurückgekehrt sind.[12] Diese Sapphierinnen *lieben* die Frauen; Freundschaft ist niemals unberührt von Verliebtheit. Kurzum, meine Ängste, meine Zurückhaltung, meine ›Impertinenz‹, meine übliche Befangenheit im Umgang mit Menschen, die mich vielleicht nicht wollen & so weiter – waren allesamt, wie L. sagte, großer Quatsch; & zum Teil dank ihm (er brachte mich dazu, zu schreiben) beendete ich dieses beschädigte & schwergeprüfte Jahr in großem Stil. Ich mag sie & das Zusammensein mit ihr, & den Glanz – sie verbreitet ein Strahlen wie von brennenden Kerzen, wenn sie beim Krämer von Sevenoaks daherschreitet auf Beinen wie Buchen, rosaglühend, klunker- und perlenbehangen. Das ist das Geheimnis ihres Zaubers, vermute ich. Jedenfalls fand sie mich unglaublich schäbig gekleidet, keine Frau würde sich weniger um ihr Aussehen kümmern – keine würde Sachen so anziehen wie ich. Dabei so schön, &c. Was ist die Wirkung von all dem auf mich? Sehr gemischt. Da ist ihre Reife & Vollbusigkeit: wie sie so mit vollen Segeln auf hoher See kreuzt, während ich auf Nebengewässern dahindümpele; ihre Fähigkeit, meine ich, in jeder Gesellschaft das Wort zu führen, ihr Land zu repräsentieren, Chatsworth zu besuchen, über Silber, Dienstboten, Chow-Chows zu herrschen; ihre Mutterschaft (doch ist sie ein wenig kalt & unbeteiligt ihren Jungen gegenüber),[13] kurzum sie ist (was ich nie gewesen bin) eine richtige Frau. Dann hat sie eine gewisse üppige Sinnlichkeit an sich; die Trauben sind reif; & sie reflektiert nicht. Nein. Was Verstand & Einsicht betrifft ist sie nicht in dem Maße organisiert wie ich.

12 VW fuhr zum 17. Dezember in das Landhaus von Vita Sackville-West, um sie zu besuchen. Laut Nigel Nicolson, Vitas Sohn, Herausgeber von VWs Briefen, war es »der Anfang ihrer Liebesaffäre«. LW gesellte sich am Nachmittag des 19. Dezember zu ihnen, und Vita fuhr sie am nächsten Tag mit dem Auto nach London zurück.

13 Vitas Söhne waren Benedict (1914–1978) und Nigel (1917–2004) Nicolson.

Aber dessen ist sie sich auch bewußt, & überschüttet mich also mit der mütterlichen Zuwendung, die, aus irgendeinem Grunde, das ist, was ich mir immer am meisten von jedem gewünscht habe. Was L. mir gibt, & Nessa mir gibt, & Vita, in ihrer unbeholfeneren äußerlichen Weise mir zu geben versucht. Natürlich ist da, vermischt mit all diesem Zauber, diesen Klunkern & Perlenketten, etwas, was nicht ganz paßt. Wie sehr, beispielsweise, werde ich sie wirklich vermissen, wenn sie durch die Wüste fährt? Ich werde nächstes Jahr dazu eine Anmerkung machen. Jedenfalls bin ich sehr froh, daß sie heute zum Tee kommt, & ich werde sie fragen, ob es ihr etwas ausmacht, daß ich mich so schlecht kleide? Ich glaube schon. Ich habe ihr Gedicht gelesen, das dichter ist, besser wahrgenommen & empfunden als alles andere von ihr bisher.[14]

Marys Geschichten sind, fürchte ich, schlecht.[15] Du liebe Güte – dazu ist Roger [Fry] in H[elen Anrep] verliebt. Morgans Artikel hat mich sehr aufgemuntert.[16] L. verpackt gerade Gummiseehunde & Fellkaninchen. Die Handwerker hämmern bei tosenden Maschinen draußen am Hotel. Wir fahren morgen nach Charleston, nicht ohne eine gewisse Beklommenheit meinerseits, teilweise, weil Glorienwolken von Long Barn mir hinterherschweifen werden, was mich immer verwirrt & noch nervöser macht als sonst: außerdem bin ich – überhaupt so sonderbar in mancher Hinsicht. Auf ein Gefühl folgt das nächste.

14 Harold Nicolson war als Botschaftsrat an die Britische Gesandtschaft in Teheran versetzt worden. Vita, die einen Horror vor den Zwängen und Formalitäten des diplomatischen Lebens hatte, blieb in Long Barn, besuchte ihn aber zwei Monate lang im Frühjahr 1926 und 1927 in Persien. Ihre Reise von Kairo nach Persien beschrieb sie im März 1926 in ihrem Buch *Passenger to Teheran*, das 1926 bei der Hogarth Press erschien. Ihr Gedicht war wahrscheinlich ›On the Lake‹, das am 26. Dezember 1925 in *N&A* [*Nation & Athenaeum*] erschien.

15 Trotzdem veröffentlichte die Hogarth Press Mary Hutchinsons *Fugitive Pieces* im Juni 1927.

16 E. M. Forster schickte VW seinen noch unveröffentlichten Artikel ›The Novels of Virginia Woolf‹ zum Lesen. Er erschien im April 1926 in *The New Criterion*.

Dienstag 19. Januar 1926

Nachdem Vita mich gerade (vor 20 Minuten – es ist jetzt 7) verlassen hat, was sind meine Gefühle? Die eines trüben Novembernebels; die Lichter gedämpft & verschwommen. Ich steuerte auf die Klänge eines Leierkastens in der Marchmont Street zu. Aber das wird sich verlieren; dann werde ich sie wollen, klar & deutlich. Dann nicht – & so weiter. Das ist das normale menschliche Gefühl, glaube ich. Man möchte die Sätze beenden. Man möchte diese Atmosphäre haben – so rosig & ruhig für mich. Sie ist nicht klug; aber üppig & fruchtbar; wahrhaftig dazu. Sie bringt so viele Lebensquellen zum Sprudeln: Ruhe & Vielfalt, war ihr eigener Ausdruck, als sie heute abend im Gaslicht auf dem Fußboden saß. Wir aßen gestern mit Clive im Ivy zu Abend; & dann gab es eine Abendgesellschaft, auf die ich verzichtete. Oh & damit vermischt ist die Lebendigkeit, die sich eingestellt hat, als ich wieder mit meinem Roman angefangen habe, im Studio, heute morgen zum ersten Mal. All diese Springbrunnen umspielen mich & vermischen sich. Ich fühle, daß mir die Anregung fehlt, die klare Abgrenzung der Tage, jetzt wo Vita fort ist; & ein gewisses Pathos, wie immer bei solchen Trennungen; & sie muß 4 Tage durch den Schnee reisen.

Montag 8. Februar 1926

Gerade aus Rodmell zurück – um wieder die Standarderöffnung zu verwenden. Und ich sollte vielleicht erklären, warum ich einen Monat habe verstreichen lassen. Zunächst, glaube ich, die Röteln oder Grippe; als nächstes Vita; dann Abneigung gegen jederlei Anstrengung, so daß ich vor der letzten Woche kein einziges Buch gemacht habe. Doch zweifellos ist dieses Tagebuch eine feste Einrichtung geworden, & manchmal sehe ich es an & frage mich, was um Himmels willen sein Schicksal sein wird. Es soll dem Zweck meiner Memoiren dienen. Mit 60 werde ich mich hinsetzen müssen & meine Lebensgeschichte schreiben. Als Rohmaterial für dieses Meisterwerk – & weil ich weiß, wie kapriziös mein Kopf sich aufführt beim Entschlüsseln meiner Aufzeichnungen, denn ich weiß nie, was meinen Sinn gefangennehmen wird, zeichne ich hier auf, daß ich nach Hause komme und folgende Briefe auf mich warten. 1. Ottoline, über jenen wunderbaren Essay On Being Ill. Sie macht eine Kur. 2. ein langer Brief voll exaltierter Schmeicheleien von Miss Keiller [Kieffer], die Jacob's Room übersetzt. 3. eine Postkarte, die mir ihren Charakter in einem ungünstigen Licht zeigt, von Miss Ethel Pye, die mir einmal in einem Autobus begegnet ist & eine Maske von meinem Kopf machen möchte; 4. ein Brief von Harcourt Brace, der einen Scheck vom Forum für O[n]. B[eing]. Ill enthielt. 5. ein Brief mit einer Einladung, Mitglied des Committee of the English Association zu werden; 6. ein Zeitungsausschnitt über die Hogarth Essays aus dem Dial; 7. ein Briefchen von Clive mit einer Einladung zum Dinner, um seinen Bruder kennenzulernen. Ich finde, das weist mich als ziemlich bedeutend aus. Es ist die Post von 3 Tagen. Ich bin recht müde, etwas ermüdet von zu ausgiebigem Nachdenken über To the Lighthouse. Noch nie, nie habe ich so leicht geschrieben, so reiche Vorstellungen entwickelt. Murry sagt, meine Werke werden in 10 Jahren nicht mehr gelesen werden – Nun, heute abend erhalte ich von Harcourt Brace eine neue Ausgabe von V[oyage]. O[ut]. – es wurde vor 11 Jahren veröffentlicht.

Samstag 20. März 1926

Aber was wird aus all diesen Tagebüchern werden, fragte ich mich gestern. Wenn ich stürbe, was würde Leo mit ihnen anfangen? Es würde ihm widerstreben, sie zu verbrennen; er könnte sie nicht veröffentlichen. Nun, er sollte ein Buch aus ihnen machen, finde ich; & das Corpus dann verbrennen. Ich glaube durchaus, daß ein kleines Buch in ihnen steckt: wenn man das Gefitzel & Gekritzel ein wenig glättet. Weiß der Himmel.

So was wird mir von einer leichten Melancholie in die Feder diktiert, die mich jetzt manchmal überkommt, & mich glauben macht, ich sei alt: ich sei häßlich. Ich wiederhole mich. Dennoch, soweit ich weiß, lasse ich als Schriftstellerin erst jetzt meinen Geist beim Schreiben sprechen.

Als ich gestern abend mit Clive zum Dinner war, um Lord Ivor Spencer Churchill kennenzulernen – ein eleganter, ranker junger Mann, etwas mückenhaft; sehr glatt, sehr geschmeidig, mit dem halbtransparenten Gesicht einer Blume, & den Beinen einer Gazelle, & der weißen Weste & den diamantenen Manschettenknöpfen eines Dandy, & erfüllt von dem Bedürfnis eines Amerikaners, die Psychoanalyse zu verstehen – fiel mir mein eigenes Alter ein. Kurz davor hatte ich einen scheußlichen Fauxpas begangen: gesagt, mir würde ein Bild gefallen, das mir nicht gefiel, & festgestellt, daß ich mich irrte. Wäre ich nun meinem Instinkt gefolgt, wie man soll, hätte ich das rechte getroffen. Aus irgendeinem merkwürdigen Grund vergiftete das meinen Abend, etwas. Der Lord analysierte alles sehr spitzfindig: er ist ein gescheiter Junge. Ich war sehr beeindruckt von der männlichen Gescheitheit, & ihrer Fähigkeit, die Bälle schnell & sicher hin & her zu schicken: keine Sülzfinger; jedes Auffangen sitzt. Adrian Bishop kam herein; ein rotbackiger Ochsenfrosch; & dann ging ich, & Clive, mit einer Feinfühligkeit, die liebevoll, aber nicht angemessen war, entschuldigte sich, in der Annahme, ich hätte nicht genug geredet für meinen Geschmack; wo ich doch das Falsche gesagt hatte & deshalb deprimiert war. Im übrigen hatte mich der Abend amüsiert, & ich wollte, wie ein Kind, dableiben & weiterdiskutieren. Allerdings, die Diskussion ging über meine Grenzen – daß wir, wenn Einstein recht hätte, in der Lage wären, unser eigenes Leben vorauszusagen. Wahrsager könnten heutzutage genauestens die Gedanken eines Menschen lesen, laut Lord Ivor, der übrigens weder Henry James noch V. W. gelesen hat, um die 23 ist, & heute vormittag zur Hogarth Press kam, pflichtschuldig, um meine vollständigen Werke zu kaufen. Kein Intellektueller hätte das getan. Sie sind maßlos bemüht, ihre Seelen zu retten – diese Aristokraten; als Bestätigung dafür Lord Berners neulich abends, der sich Peacock besorgen ließ – auf meine Empfehlung hin.

Weiter hatten wir Bea Howe zum Dinner; & besuchten Philip [Woolf] an einem warmen stillen Tag, zauberhaft wie immer, & sahen das Anwesen, & die Pferde & die Pfeffermühlentürme von Waddesdon, & mir gefiel das ungeheuer Direkte & Ungetrübte an Babs;[1] aber Eddy [Sackville-West], der am Sonntag zum Tee kam, sagt, das sei, »das kann ich dir versichern«, nur in meiner Phantasie so. Sie wäre sehr langweilig, wenn ich sie kennte. Er kennt Dutzende ihresgleichen. Wer ist nicht langweilig? Nur B[loomsbur]'y, laut Eddy.

Dann war Sybil Colefax da: sie fügt sich sofort: nein, ich gehe nicht zu ihr; sie kann etwas billigen Tee hier trinken, was sie auch dankbar tut. Sie hat Amerika abgehakt mit der üblichen forschen lustlosen Tüchtigkeit; war nicht in der Lage zu analysieren, nur zu berichten. Charlie Chaplin sei eine derartige Mischung von subtil & ordinär: aber warum? Keine Beispiele zur Hand, also schließe ich daraus, daß sie das irgendwo aufgelesen hat, vielleicht bei Esme Howard; vielleicht bei Coolidge, oder bei Douglas Fairbanks oder vom jungen Italiener, der das Auto fuhr. Als gute Hausfrau, die sie ist, zwingt sie Peter, gleich die Härte des Lebens kennenzulernen, macht sein Frühstück, Punkt 9 in Wall Street. Sie hat einen harten, grundsätzlichen Zug zum Professionellen, den die ganze Pracht von Argyll House kein bißchen gemildert hat.

Mittwoch 24. März 1926

»Ich werde heute morgen meinen Rücktritt einreichen«, sagte L. als er den Kaffee machte.

Wovon? fragte ich.

1 Philip Sidney Woolf, LWs jüngster Bruder, hatte 1922 Marjorie (»Babs«) Lowndes geheiratet.

»The Nation.«

Und es ist passiert; & wir haben nur noch 6 Monate vor uns. Ich fühle mich 10 Jahre jünger; die Deichseln nicht mehr auf unseren Schultern & die Welt vor uns. Ich kann jetzt nicht einen großen Wirbel um diese Sache inszenieren, in keiner Hinsicht. Es war eine zeitweilige improvisierte Tätigkeit, zunächst amüsant, dann verdrießlich, & gestern abend, nach einer der üblichen Diskussionen über literarische Artikel & Platz & so weiter mit Maynard & Hubert, faßte L. den Entschluß, jetzt zurückzutreten. Es gab keinen Streit. Merkwürdigerweise hatte Nessa, bei der ich zum Tee war, meinen Gedanken dieselbe Richtung gegeben. Phil [Noel-]Baker hatte ihr gesagt, daß er finde, L. sei der beste jetzt lebende Schriftsteller, & wie schade es sei, daß er so viel Zeit für Nation & [Hogarth] Press aufwende. Also fing ich gerade an mit, meinst du nicht, wir könnten das beides aufgeben! – als L. einfiel mit seinem Beitrag zu der Frage. Er hatte Dinner mit Clive, so mußte das Gespräch darüber bis heute morgen warten; um 10 Uhr war es entschieden; in den Händen des Chefs um 11 – & jetzt Gott sei Dank keine Chefs mehr für keinen von uns beiden solange wir leben, hoffe ich.[2]

Die Situation sieht so aus, daß L. £ 300 verdienen wird; ich £ 200 – & tatsächlich glaube ich nicht, daß es uns hart ankommen wird; & dann der Segen, keine Verpflichtungen zu haben, keine Korrekturen, keine Artikel, die herbeigeschafft werden müssen, & das alles ist ein wenig mehr Anstrengung anderswo wert, wenn es nötig werden sollte. Mein eigenes Gefühl von Befreiung amüsiert mich. Alles alle 3 oder 4 Jahre über den Haufen werfen ist meine Vorstellung von einem glücklichen Leben. Immer lavieren, um gegen den Wind zu halten. Allerdings wäre ein vernünftiges Leben, wie L. im Square verlautbarte, das Gegenteil davon. Man sollte am selben Platz bleiben. Aber mit £ 400 sicher & keinen Kindern, warum sollte man da eine Napfschnecke

2 John Maynard Keynes und Hubert Douglas Henderson, die Herausgeber der Zeitschrift, brachten LW davon ab, von seinem Posten zurückzutreten, und er bekleidete ihn schließlich bis Ende 1929.

nachmachen, um die Sicherheit einer Napfschnecke zu genießen? Die nächste Frage, das sehe ich schon, wird die Press sein. Sollen wir die auch aufgeben, & dann alles los sein? Das ist keine so einfache Frage, noch ist sie so dringend. Ich wünsche es mir manchmal. Denn, selbstsüchtig gesprochen, sie hat mir Dienste geleistet: mir die Möglichkeit gegeben, auf eigene Faust zu schreiben, & jetzt bezweifle ich, daß Heinemann oder Cape mich sehr einschüchtern könnten. Aber dann ist da das Vergnügen – ein beträchtliches. Die Zeit wird kommen, wenn das so weitergeht, wo wir nichts in der Welt haben, was wir aufgeben könnten: dann werden wir, um eine Veränderung zu erleben, einwilligen müssen. Wir sagen, wir wollen reisen & die Welt sehen. Jedenfalls mache ich meine übliche Vorhersage – wir werden nächstes Jahr um diese Zeit ohne die Nation reicher sein als mit ihr.

Mir gefällt das Gefühl ganz gut, daß ich Geld verdienen *muß*. Es widerstrebt mir zutiefst, in einem Büro zu sein, in jeder Art von Stellung, die Autorität verkörpert. Ich bin nicht gerne in jemandes Sold. Das ist natürlich einer der Gründe, warum ich gerne für die Press schreibe. Aber ich vermute, die Freiheit kann, wie alles und jedes, zu einem Fetisch werden. Diese unzusammenhängenden Überlegungen notiere ich an einem göttlichen, wenn auch windigen Tag; im Begriff, nachdem ich Anna Karenina gelesen habe, mit Rose Macaulay in einem Wirtshaus zu Abend zu essen – kein erheiterndes Vergnügen; aber eine Erfahrung vielleicht.

Lydia kam ins Zimmer als L. heute morgen mit Maynard sprach, um ihm ihre Zebraschuhe zu zeigen, die £ 5.8.6 gekostet haben & sie seien eigentlich Krokodil, sagt L. Es ist auch interessant, wie eine Veränderung dieser Art das Formelle zunichte macht – die Elemente aufsplittert.

Mittwoch 9. Juni 1926

Leonard zurück von [H. G.] Wells, der bis ¼ vor 4 plauderte: spaziert gerne durch die Straßen, hat ein Haus in Frankreich, das eine sehr intelligente Brasilianerin für ihn hütet. Sprach von mir als »zu intelligent – das ist nicht gut«: kann nicht Kritik üben; bringt Gesellschaftstheorien herein, weil er sagt, in einem Zeitalter, in dem sich das gesellschaftliche Gefüge auflöst, sei der soziale Status Teil des Charakters. Sie hatten Lunch in Boulesteins. Leonard fragte beim Automobile Club nach ihm; »Ein sehr berühmter Name«, sagte der Mann. Und die Wärme & das Getöse von Wells' Ruhm scheinen bis zu mir zu reichen, an diesem kühlen regnerischen Abend; & ich merke wie ich, wenn ich ihn besuchen sollte, wozu er uns eingeladen hat, von ihm überwältigt sein würde. (Wir sind übrigens sehr hungrig; Nelly bereitet einen feinen Hühnerbraten & Eis zum Dinner vor, was ich mir schmecken lassen werde. Dann werden wir das Grammophon spielen.) Ich fasse wieder Mut nach meinem Grippeanfall, glücklicherweise, obwohl ich ein wenig unschlüssig bin, ob ich Vita besuchen oder nach Monks House fahren sollte.

L. wird ein Buch aus seinen Essays machen. Ich überlege, Lady Horner aufzufordern, ihre Memoiren zu schreiben. Heute haben wir den Zeitpunkt für Nellys Ferien erörtert – & so geht es weiter.

Mittwoch 30. Juni 1926

Dies ist der letzte Junitag & er trifft mich in nachtschwarzer Verzweiflung an, weil Clive meinen neuen Hut ausgelacht hat, Vita mich bemitleidete, & ich in tiefste Schwermut versank. Es passierte gestern abend bei Clive, nachdem wir mit Vita zu den Sitwells gegangen waren. O je, ich hatte den Hut aufgesetzt, ohne zu überlegen, ob er gut oder schlecht paßte; & es war alles sehr großartig & leger; & ich sah da einen Mann mit geflochtenem Haar, einen anderen mit langen roten Zungen im Knopfloch; &

saß neben Vita & fühlte mich heiter & richtig mittendrin. Als wir aus dem Haus traten, war es erst 10.30 – eine milde sternklare Nacht: ich hatte abgelehnt, zu Colefax zu gehen: es war noch zu früh für sie, um zu gehen. Also sagte sie, »Sollen wir zu Clive gehen & ihn abholen?« & da war mir wieder so leicht zumute, als wir durch den Park fuhren & sahen, wie die Leute vor uns auswichen. Und wir betrachteten all die Häuser in Mayfair & kamen schließlich in Gordon Square an & trafen auf Nessa, die im Dunkeln dahergetrippelt kam, mit ihrem unauffälligen schwarzen Hut. Also schwatzten wir eine Weile lebhaft. Sie sagte, Duncan würde in einer Kneipe ein Sandwich essen: Dann kam er, mit einem Ei in der Hand. Kommt, laßt uns alle zu Clive gehen, sagte ich; & sie waren einverstanden. Also gut, & es passierte nachdem alle da waren & wir herumsaßen & redeten, da sagte Clive plötzlich, oder platzte vielmehr heraus, was für einen erstaunlichen Hut du aufhast! Dann fragte er mich, wo ich ihn gekauft hätte. Ich machte, als wenn es ein Geheimnis wäre, versuchte, das Thema zu wechseln, sie ließen mich nicht, & sie zerfetzten mich zwischen sich, wie einen Hasen; nie habe ich mich so gedemütigt gefühlt. Clive sagte, Hat Mary ihn ausgesucht? Nein. Todd, sagte Vita. Und das Kleid? Todd natürlich: danach wurde ich gezwungen, weiterzureden, als ob nichts Entsetzliches passiert wäre; doch ich war sehr gezwungen & durcheinander & gedemütigt. So daß ich zuviel redete & lachte. Duncan erklärte mir in seiner pedantischen & bissigen Art, es sei völlig unmöglich, mit einem solchen Hut irgend etwas zu unternehmen. Und ich machte Witze über die Einladung der Squires. & Leonard verstummte, & ich ging zutiefst gekränkt davon, so unglücklich, wie ich es in den letzten zehn Jahren nicht mehr gewesen bin; & drehte es im Schlaf & in den Träumen die ganze Nacht im Kreise; & der heutige Tag ist ruiniert.

Donnerstag 1. Juli 1926

Diese Gedanken über den Hut lesen sich recht amüsant, finde ich. Was für ein Wetterhahn von Empfindlichkeit ich doch bin! Welche Lust – oder zumindest welch ein Interesse (denn ich war wirklich tief unglücklich & gedemütigt) dieses Kreiseln in mir weckt, da ich ja weiß, daß eine starke Achse es stabilisiert – Leonard, kurzum. Als ich heute vom Lunch mit Maynard kam, traf ich (in dem Hut, dem Kleid) Clive & Mary, & mußte mich ihrer Kritik stellen: das Kleid über den grünen Klee gelobt, der Hut ging durch. Das also hab ich hinter mir. In der Tat begann die Wolke gestern abend um 7 sich zu verziehen.

Aber all das hat Garsington; Bridges; & Wells überschattet. Diese großen Männer sind uns doch so ähnlich. Wells bemerkenswert nur wegen einer bestimmten Verbindung von Behäbigkeit mit Schliff: er hat eine scharfe Nase, & die Wangen & Hängebacken eines Fleischers. Es gefällt ihm, meiner Meinung nach, über das Leben anderer Leute zu plaudern & zu fabulieren; er fabulierte über die Webbs: sagte, ihre Bücher seien glänzende Eier, gut & gründlich gelegt, aber faul. Beschrieb Beatrice als hätten eine Zigeunerin & ein Jude sie gezeugt: ein flammendes Geschöpf, das Quäker geworden sei, wie wir alle, wenn wir älter werden. Das habe nicht mit ⟨Gott⟩ Christentum zu tun. Sind Sie Quäker, fragte ich. Natürlich bin ich einer. Man glaubt, die Dinge hätten einen Grund (sagte er, meine ich). Aber er erhob sich nicht ununterbrochen & für länger in die Lüfte. Die Lunchzeit ist außerdem eine heiße, stickige Stunde. Ich konnte aus dem wehmütigen, wäßrigen Ausdruck auf Mrs Wells Gesicht schließen (sie hat weit auseinanderstehende Zähne & sieht, wenn sie entspannt ist, sehr besorgt, gleichzeitig leer aus), daß er privat arrogant, lüstern & tyrannisch ist.[3] Die Tugenden, die ihm gefallen, sind Mut & Vitalität. Ich sagte, wie entsetzlich! (Das ist

3 LW hatte während des Krieges und danach im Zusammenhang mit dem Völkerbund und Wells' *Outline of History* ziemlich viel mit H. G. Wells zu tun gehabt.

die Geschichte von Dorothy Richardsons Kämpfen.) Nein: nichts sei entsetzlich, wo es Mut gebe, sagte er. Er plauderte über ihr Leben, amüsant. Wie sie Odel geheiratet hätte, einen Mann, der symbolische Bilder macht – Blasen steigen aus einem menschlichen Mund auf & verwandeln sich in Frauenbeine & so weiter: was genau wie das Leben sei, sagte Wells: die Heterogenität – ein Ding führe zum nächsten, & die Zeichentechnik sehr bemerkenswert. Aber sie verkauften sich nicht. Und jetzt möchte Duckworth keine Bücher von ihr mehr veröffentlichen.

Was Bridges betrifft: er sprang aus einem Rhododendronbusch, ein sehr schlanker hochgewachsener alter Mann, mit einem gewellten grauen Hut, & einem rötlichen verwüsteten Gesicht, rauchigen wilden Augen, die etwas Verschwommenes haben; sehr aktiv; ziemlich heiser, ununterbrochen redend. Wir saßen in seinem offenen Zimmer & blickten an blauen Blütenrispen vorbei zu Hügeln, die unsichtbar waren, wenn sie sich aber zeigten, geht all dies hier aus – sein einziger poetischer Ausspruch, oder was mir wie ein solcher vorkam. Wir redeten über Handschriften, & Kritik; was Garrod über Keats geschrieben hat; & sie würden ein petrarkistisches Sonett erkennen, aber nicht, warum man es verändert. Weil sie nicht Sonette schrieben, meinte ich, & redete ihm zu, Kritiken zu schreiben.[4] Er ist geradeheraus & flink, sehr behende in all seinen Bewegungen, hetzte mich durch den ganzen Garten, um Nelken anzugucken, dann in seine Bibliothek, wo er mir die französischen Kritiker zeigte, dann erklärte er Michelet zu seinem Lieblingshistoriker; dann fragte ich, ob ich die Hopkins-Manuskripte ansehen könnte; & saß da & betrachtete sie, während diese riesige Heuschrecke Aldous zusammengefaltet auf einem Sessel danebensaß. Ottoline wallend & sich wellend.

4 Der Schriftsteller Robert Bridges (1844–1930) lebte in der Nähe von Oxford; er hatte selbst 1894 einen kritischen Aufsatz über Keats geschrieben, der 1896 als Einleitung zu G. Thorn Drurys Ausgabe der *Poems* veröffentlicht worden war.

Er lud mich ein wiederzukommen: würde mir seine Gedichte vorlesen – nicht seine frühen, die nach einer schönen Stimme verlangten, & nicht interessant seien, sagte er: sondern seine späteren, seine Hexameter. Er hüpfte davon und hielt das Tor auf. Ich sagte ihm, wie sehr mir seine Gedichte gefielen – was für die kurzen stimmt: war aber vor allem erfreut & zufrieden, ihn so zuvorkommend & entspannt & interessiert zu finden. Ottoline schmeichelte mir deshalb. Aber sie hatte auch ihre Spitzenmomente; ihr schwindender Charme bringt sie zum Vorschein, als wir am See saßen, & über Mary, Clive, das Leben, die Wahrheit, die Literatur redeten. Dann umgekleidet, & Aldous & Eddie & Philip Nichols, & Miss Spender Clay, die £ 500 pro Jahr haben könnte, wenn sie wollte, erzählte Julian.

Donnerstag 22. Juli 1926

Das Stundenglas des Sommers leert sich rasend schnell & ziemlich sandig. In vielen Nächten erwache ich mit Schaudern beim Gedanken an irgendeine Scheußlichkeit meinerseits. Ich bringe winzige Nadelstiche nach Hause, die sich mitten in der Nacht zu klaffenden Wunden vergrößern. Jedoch jage ich einen ganzen Vormittag lang meine Feder durch de Quincey, nachdem ich The Lighthouse bis Rodmell beiseite gelegt habe. Dort hat alle Tugend, alles Gute seinen Zufluchtsort. Hier nichts außer allerlei Kleinkram – zum Zahnarzt gehen, Kämme kaufen; Maynard & Bob zum Tee, & dann Ralph & Frances zum Dinner, gefolgt von Eddie & Kitchen [C. H. B. Kitchin]. Doch sind wir beide erschöpft, & es bleibt uns kein klarer Eindruck mehr von menschlichen Gesichtern – muß aber heute abend mit Osbert Sitwell zum Dinner, & morgen zu Hardy fahren. Das ist das Menschenleben: das ist der unendlich kostbare Stoff, der uns jetzt in einem schmalen Röllchen zugeteilt wird, & dann auf immer entzogen; & wir verbrauchen es so. Tage ohne deutliche Empfindungen sind am schlimmsten. Tage, an denen man sich nötigt, dieses oder jenes auszuführen, aus irgendeinem Grunde – aber aus welchem?

Es gibt im Augenblick nichts Wichtiges festzuhalten: oder falls doch, & die eigene geistige Verfassung überwältigend wichtig ist, lasse ich auch das bis Rodmell. Dort werde ich dem letzten Teil dieser Python, meinem Buch, zu Leibe rücken; es ist ein Zerren & ein Ringen, & ab & zu frage ich mich, warum ich mich darauf eingelassen habe. Rose Macaulay sagte, »Was würde man sonst mit seinen Gedanken anfangen?« Ich habe sie nicht wiedergesehen, Gwen ebensowenig, noch Violet [Dickinson] geschrieben; noch Französisch gelernt, noch Clarissa beendet.

Desmond kam; redeten über Shakespeare. Jetzt meinen Geist Suspiria zuwenden.[5]

Montag 13. September 1926

Das verflixte Ding nähert sich dem [Ende], sage ich mir mit einem Aufstöhnen. Es ist wie ein langer, ziemlich schmerzhafter & doch aufregender natürlicher Prozeß, den man unsäglich gerne hinter sich hätte. O welche Erleichterung, aufzuwachen mit dem Gedanken, es ist fertig – welche Erleichterung, & Enttäuschung, vermutlich. Ich spreche von To the Lighthouse. Ich bin erbittert von der Tatsache, daß ich 4 Tage letzte Woche damit verbracht habe, de Quincy herauszuhauen, der seit Juni herumlag; dadurch £ 30 für einen Text über Willa Cather ausschlug; & jetzt in einer Woche diesen unprofitablen Roman hoffentlich los sein werde, & Willa hätte dazwischenschieben können, bevor ich zurückfahre. Somit hätte ich £ 70 meiner jährlichen 200 bis zum Oktober leicht verdient: (meine Gier ist immens: ich möchte £ 50 eigenes Geld in der Bank haben, um persische Teppiche, Töpfe, Stühle &c zu kaufen). Verflucht sei Richmond, Verflucht The Times, Verflucht mein eigenes Zaudern & meine Nerven. Ich werde Cobden Sanderson & Mrs Hemans machen & an ihnen jedenfalls etwas verdienen. Was das Buch angeht

5 ›Suspiria de Profundis‹ ist eine von Thomas de Quinceys »Traumvisionen«. VWs Essay ›Impassioned Prose‹ erschien am 16. September 1926 und wurde in *Granite and Rainbow* nachgedruckt.

[*To the Lighthouse*] – Morgan sagte, er hatte das Gefühl ›Das ist mißlungen‹, als er The passage to India beendete.[6] Was ist mein Gefühl? Ein wenig ausgebrannt diese letzten ein oder zwei Wochen, wegen des ständigen Schreibens. Aber auch ein wenig triumphierend. Wenn mein Gefühl stimmt, ist das die größte Belastung, der ich meine Methode ausgesetzt habe, & ich glaube, sie hält es aus. Damit meine ich, daß ich mehr an Charakter & Gefühlen heraufbefördert habe, stelle ich mir vor. Aber weiß der Himmel, bevor ich mir meinen Fang nicht angesehen habe. Das ist jetzt nur mein eigenes Gefühl, das sich wandelt. Sonderbar, wie mich diese verdammte Kritik von Janet Case verfolgt, »es ist alles Maskerade … Technik. (Mrs Dalloway). Der C[ommon]. R[eader]. hat Substanz.« Aber wenn man so angespannt ist, steht es jeder Fliege frei, sich niederzulassen, & es sind immer die Bremsen. Muirs intelligentes Lob trägt vergleichsweise wenig bei zur Ermutigung – das heißt, wenn ich arbeite – sobald die Ideen stillstehen.[7] Und diese letzte Strecke, im Boot, ist schwer, weil das Material nicht so reichhaltig ist wie bei Lily auf dem Rasen: ich bin gezwungen, direkter & konzentrierter vorzugehen. Ich nutze gelegentlich das Symbolische, stelle ich fest; & habe eine Heidenangst vor ›Sentimentalität‹. Ist das ganze Thema anfällig für diese Tendenz? Aber ich bezweifle, daß irgendein Thema an sich gut oder schlecht ist. Es eröffnet den eigenen besonderen Qualitäten eine Möglichkeit – das ist alles. Dann beschäftigt mich der Gedanke, ob ich Ethel Sands besuchen soll oder nicht: ob ich ein Kleid kaufen soll oder nicht. Dann bin ich erstaunlich glücklich auf dem Lande – ein Geisteszustand, den ich, sofern ich nicht etwas gegen Anführungszeichen hätte, in

6 E. M. Forsters Roman *A Passage to India* war 1924 erschienen.

7 Edwin Muir (1887–1959), Lyriker und Kritiker, arbeitete für die Wochenschrift der Guild, *The New Age*. LW beschäftigte ihn als Rezensent bei *N&A*, wo seine Serie von Würdigungen zeitgenössischer Autoren vorabgedruckt wurde, ehe sie als Buch unter dem Titel *Transition* bei der Hogarth Press erschien. Der lange Essay über VW war am 17. April 1926 in *N&A* erschienen. Edwin und seine Frau Willa Muir waren die ersten Übersetzer Kafkas ins Englische.

Anführungszeichen setzen würde, um anzuzeigen, daß es ein eigener Zustand ist.

Wir gingen gestern mit Angus über die Downs Richtung Falmer. Nach all diesen Jahren haben wir eine der schönsten, einsamsten, überraschendsten Gegenden in den Downs entdeckt: schöner, meine ich, als unser Rivale, der Seaford-Tilton-Höhenzug, über den wir letzten Donnerstag bei glühend heißer Sonne gingen. Wie brannte sie uns auf die Köpfe, ließ das arme Hündchen japsen. Lydia & Maynard kamen zum Tee.

Dienstag 28. September 1926

Jeden Tag wollte ich einen Geisteszustand festhalten. Doch er verschwand immer (typischerweise), kehrte aber häufig genug wieder, um eine gewisse Bedeutung zu erlangen. Heute abend regnet es stark; wir sind in die ruhige Phase von Nellys Abwesenheit eingetreten. So will ich versuchen, ehe meine Finger kalt werden & mein Geist zum Feuer wandert, hier aufzuschreiben, woran ich mich noch erinnere.

Intensive Depression: Ich muß gestehen, daß sie mich mehrmals seit dem 6. September überkommen hat (ich glaube das war das Datum, oder in der Gegend.) Sie ist mir so fremdartig, daß ich sie nicht richtig zu fassen kriege – die Depression, meine ich, die nicht aus etwas Bestimmtem entsteht, sondern aus nichts. »Wo nichts ist«, der Satz fiel mir wieder ein, als ich am Tisch im Wohnzimmer saß. Natürlich interessierte mich das; & ich entdeckte, daß ich, zum ersten Mal seit vielen Jahren, untätig gewesen war ohne krank zu sein. Wir hatten Spaziergänge gemacht, Ausflüge, im schönen heißen Wetter. Ich schrieb an den letzten Seiten von To the Lighthouse (vorläufig beendet am 16. Sept.). Irgendwie war mein Lesen zum Stillstand gekommen. Ich hatte nichts, dem ich auf der Spur war. Eines Abends geriet ich an Geoffrey Scotts Buch über Architektur, & ein kleiner Funke von Motivationskraft erwachte in mir. Das ist also eine Warnung; nie aufzuhören, das Gehirn zu gebrauchen. Also gebrauchte ich mein Gehirn. Dann, aufgrund von Fehlplanung, kam niemand zu Besuch, & ich bekam sehr wenige Briefe, & die hohen reinen heißen Tage hielten unentwegt an; & diese Leere dauerte an, & ich begann, von meinem Buch dasselbe zu vermuten; & da war Nessa mit ihrem Summen & Blühen & Gedeihen jenseits des Hügels; & eines Abends hatten wir eine lange Auseinandersetzung. Vita löste sie aus, als sie mit [George] Plank herüberkam, & L. (behaupte ich) verdarb den Besuch, indem er finster vor sich hin brütete, weil ich gesagt hatte, er hätte sich geärgert. Er schwieg, & war giftig. Er stritt das ab, gab aber zu, daß meine Angewohnheit, ihn, & andere, zu beschreiben, oft diese Auswirkung hätte. Ich sah mich selbst, mitsamt Brillanz, Genie, Charme, Schönheit (&c.&c – die Helfer, die mich durch so viele Jahre getragen haben) kleiner werden & verschwinden. In Wirklichkeit ist man eine ziemlich ältliche hausbackene kleinliche häßliche inkompetente Frau, eitel, schwatzhaft & nichtig. Ich sah das lebhaft, einprägsam. Dann sagte er, unsere Beziehungen wären in letzter Zeit nicht so gut gewesen. Als ich meine geistige Verfassung erforschte, gab ich zu, daß ich mich gereizt gefühlt hatte, zunächst von dem Überhandnehmen der Hunde (Grizzle dazu noch läufig.[8]) Dann von seiner Idee, daß wir es uns leisten könnten, uns einen Vollzeitgärtner aufzuladen, ihm ein Cottage zu bauen oder zu kaufen, & das terrassierte Stück Land dem Garten anzufügen. Dann, sagte ich, legen wir uns darauf fest, hierherzukommen; werden nie reisen; & es wird vorausgesetzt, daß Monks House der Nabel der Welt ist. Das ist es aber mit Sicherheit nicht, sagte ich, nicht für mich; auch möchte ich nicht einen so großen Teil unseres Geldes für Gärten ausgeben, wenn wir keine Teppiche, Betten oder anständige Sessel kaufen können. L. fühlte sich dadurch verletzt, glaube ich, & ich fand es verdrießlich, das zu sagen, tat es aber, nicht im Ärger, sondern im Interesse der Freiheit. Zu viele Frauen geben an diesem Punkt

8 Grizzle, der Foxterriermischling, den sich die Woolfs im Sommer 1922 zugelegt hatten, litt unter einem Ausschlag.

nach, & entwickeln im geheimen einen stillen Groll wegen ihrer Selbstlosigkeit – eine üble Atmosphäre. Unsere Atmosphäre klärte sich danach deutlich, Tommie [Tomlin] kam zum Wochenende, & ich stecke wieder einmal voller Arbeit, unter Hochdruck, interessiert, & keineswegs in der Lage, merke ich, auch nur meinen eigenen Augen meine Phase tiefer Verzweiflung einsehbar zu machen.

Wenn ich das in Zukunft vermeiden möchte, empfehle ich, erstens, unablässige geistige Tätigkeit; Lesen, & Pläne machen; zweitens, ein methodisches System der Einladungen hierher (was möglich ist, mit einer folgsamen & fröhlichen Nelly); drittens, gesteigerte Mobilität. Für nächstes Jahr werde ich vielleicht endgültig Vorkehrungen treffen, Ethel Sands zu besuchen. Mit meinem Auto werde ich beweglicher sein.

Aber es ist immer auch die Frage, ob ich diese Phasen von Schwermut vermeiden möchte. Zum Teil sind sie das Resultat eines Rückzugs auf sich allein; & daß man ein psychologisches Interesse hat, das im gewöhnlichen Zustand von Arbeit & Entspannung fehlt. Diese 9 Wochen lassen einen in tiefe Wasser tauchen; was ein wenig beunruhigend ist, aber sehr interessant. Den ganzen Rest des Jahres ist man damit beschäftigt (und zu Recht, meine ich), diese sonderbare unermeßliche Seele zu zügeln & unter Kontrolle zu halten. Wenn sie sich jedoch ausweitet, ist man verschreckt & geistesabwesend & trübsinnig, es ist, wie ich mir sage, ungeheuer sonderbar. Es bringt eine Schärfe mit sich, der ich große Bedeutung zumesse, hin & wieder. Man steigt in den Brunnen hinab & nichts schützt einen vor dem Ansturm der Wahrheit. Dort unten kann ich weder schreiben noch lesen; ich existiere jedoch. Ich bin. Dann frage ich mich, was ich bin? & erhalte eine genauere, wiewohl weniger schmeichelnde Antwort als ich auf der Oberfläche bekäme – wo ich, um ehrlich zu sein, mehr Lob bekomme als recht ist. Aber das Lob wird vergehen; man wird im Alter mit diesem sonderbaren Wesen allein gelassen sein. Ich bin froh, es im großen ganzen als so interessant zu erleben, wenn auch so extrem unangenehm. Außerdem kann ich, wenn ich mir Mühe gebe, sehr viel mehr Rücksicht auf Ls Gefühle nehmen; & dadurch sehr viel sicherer unser übliches Maß an Vertrautheit & Wohlbefinden wahren: ein Maß das, meiner Meinung nach, kein anderes so lange verheiratetes Paar erreicht, & so konstant wahrt.

Donnerstag 30. September 1926

Ich wollte ein paar Bemerkungen hinzufügen, über die mystische Seite der Einsamkeit; daß das, womit man allein bleibt, nicht man selbst ist, sondern etwas im Universum. Das ist es, was beängstigend & aufregend ist, mitten in meiner tiefen Schwermut, Depression, Geistesabwesenheit, was es auch sei: Man sieht eine Flosse weit draußen vorbeiziehen. Was für ein Bild kann ich herbeiholen, um zu vermitteln, was ich meine? Es gibt wirklich keines, glaube ich. Das Interessante ist, daß ich in all meinen Gefühlen & Gedanken noch nie mit so was konfrontiert worden bin. Das Leben ist, nüchtern & genau besehen, die sonderbarste Angelegenheit; enthält die Essenz von Wirklichkeit. Ich habe das manchmal als Kind gefühlt – konnte einmal nicht einen Schritt über eine Pfütze machen, erinnere ich mich, vor lauter Sinnieren, wie merkwürdig – was bin ich? &c. Aber durchs Schreiben komme ich an nichts heran. Ich habe nur die Absicht, einen merkwürdigen Geisteszustand festzuhalten. Ich wage die Vermutung, es könnte der Impuls zu einem neuen Buch sein. Zur Zeit ist mein Geist völlig leer & unbefleckt von Büchern.* Ich möchte aufpassen & sehen, wie die Idee sich ankündigt und einstellt. Ich möchte meinen eigenen Prozeß nachzeichnen.

* Vielleicht The waves oder moths (Okt. 1929)

Ich war heute wieder deprimiert, weil Vita nicht gekommen ist (doch zugleich auch erleichtert); mußte Ls Leiter im Garten halten, als ich gerne schreiben wollte oder Nessas Kleid anprobieren; & habe die leichte Befürchtung, daß das Kleid kein großer Erfolg ist.

Aber ich vertage das Kleiderproblem aufgrund folgender Prinzipien. Ich verfüge über billige Alltagskleidung; & ein gutes Kleid von Brooke; & ich bin weniger kleinlich, wenn es um das Einhalten von Grenzen geht, da ich nur zu schreiben & mich zu rühren brauche, um so an die £ 50 zusätzlich pro Jahr, wette ich, für meine persönlichen Extravaganzen dazuzuverdienen. Ich werde nicht mehr zulassen, daß ein Mantel für £ 3 mich mitten in der Nacht umwirft, noch, daß ich mich scheue, zum Lunch zu gehen, weil ich »nichts anzuziehen habe«. Eine großzügigere & verwegenere Sicht der Dinge tut not. Jetzt befasse ich mich mit der Frage der Ordnung & so weiter, wie eine Haushälterin, die eine Vorratslieferung entgegennimmt. Bald, nächste Woche um diese Zeit, werde ich keine Zeit für Trübsinn oder Selbstbeobachtung haben. Es wird heißen, »Wann kann ich Sie besuchen kommen?« Betty Potter hat schon den Anfang gemacht.[9]

Jetzt muß ich etwas an meinem Buch über Literaturkritik herumtüfteln.

1927

Sonntag 23. Januar 1927

Also, Leonard hat To the Lighthouse gelesen, & sagt, es sei bei weitem mein bestes Buch, & es sei ein ›Meisterwerk‹. Er sagte das, ohne daß ich ihn gefragt hätte. Ich kam von Knole zurück & saß da ohne ihn zu fragen.[1] Er nennt es etwas ganz Neues, ›ein psychologisches Gedicht‹, ist sein Name dafür. Ein Fortschritt gegenüber Dalloway: interessanter. Nachdem mir diese große Erleichterung zuteil geworden ist, betrachtet mein Geist die

9 Betty Potter war der Bühnenname von Elizabeth Meinertzhagen (1892–1948), einer ambitionierten, aber nicht sehr erfolgreichen Schauspielerin, der VW ein paar Jahre zuvor zu helfen versucht hatte, als sie selbstmordgefährdet war.

1 VW hatte mit Vita deren Vater, den 3rd Baron Lionel Edward Sackville-West, auf dessen Schloß Knole besucht.

ganze Angelegenheit als erledigt, wie gewöhnlich; & ich vergesse sie, & werde erst wieder aufwachen & mir Sorgen machen, wenn ich die Korrekturfahnen lese & dann wenn es erscheint.

Wir fuhren nach Cornwall (wage ich es, Will zu charakterisieren während ich ihn nebenan reden höre – es ist Sonntag – er ist zum Dinner bei uns). Er ist ein wasserblütiger, reizbarer kleiner Mann, leicht aus der Fassung zu bringen, eitel, schlechtgelaunt, nervös. Ka ist matronenhaft, hat aber Substanz. Einige Anblicke behalte ich – einen vom Tal im Abendlicht – aber andere waren nur der triste Eindruck eines ununterbrochenen & eingefrorenen Lebens, & Mervyns zersägtes Kinn: völlig aufgeplatzt, vor Kälte.[2] Aus diesen Gründen kamen wir einen Tag früher nach Hause, & am nächsten Morgen erhielt ich einen Brief von der New York H[erald]. & T[ribune]. mit der Einladung, hinzukommen, Reisekosten bezahlt, 120 in der Tasche &, vielleicht, Spesen, & 4 Artikel zu schreiben. Wir haben zugesagt, unter bestimmten Bedingungen; haben aber noch nichts gehört. Mittlerweile zögern wir, denn wenn Leonard mitkäme, würden wir wahrscheinlich £150 draufzahlen. So sieht es aus. Das Abenteuer ist verlockend. Aber die Schinderei des Geldverdienens ist ohne zwingenden Grund kaum zu ertragen. Wir könnten nach Griechenland, oder Italien, für weniger fahren.

Dazu ist Nessa weggefahren, die Arme, Liebe. Vor zwei Tagen ging ich hin & traf sie schneeweiß am Telephon an; Elly am anderen Ende sagte, daß Duncans Krankheit wahrscheinlich Typhus wäre.[3] Ich denke, eine Ehe zur linken Hand macht solche

2 William Edward Arnold-Forster hatte 1918 VWs langjährige Freundin Ka Cox geheiratet. Sein jüngerer Bruder Mervyn Nevil Arnold-Forster hatte bei den Grenadier Guards gekämpft.

3 Anfang Januar war Duncan Grant nach Cassis an der südfranzösischen Küste gefahren, wo er nach der Ankunft mit Fieber zusammenbrach. Angus Davidson, der ihm gefolgt war, um seine Winterferien in der Provence zu verbringen, alarmierte Vanessa, die ohnehin die Absicht gehabt hatte, sich mit Duncan zu treffen und mehrere Monate im Süden zu malen. Sie verließ mit Angelica und ihrem Dienstmädchen am 22. Januar England; als sie in Cassis ankam, ging es Duncan bereits besser.

Augenblicke noch entsetzlicher: man spürt, denke ich, daß die eigene Besorgnis verborgen bleiben sollte; die Unsicherheit. Angus schreibt die vorsichtigsten Alarmbriefe. Jedenfalls fuhr sie gestern in einem Schneesturm los, & wir küßten uns auf dem Trottoir im Schnee. Wir sind uns sehr nahe – ein großer Trost für mich. Vita fährt am Samstag. Morgen bin ich mit ihr bei den Colefaxes zum Dinner: eine glänzende Gesellschaft: nichts anzuziehen: mein Haar hängt hinten herunter wie gewöhnlich. Spielt das eine großer Rolle? Ich war neulich abends in Knole so weit, das philosophisch zu nehmen, angesichts der großzügigen, weiblichen Mrs Rubens & seiner Lordschaft, eines englischen Adligen wie er leibt & lebt, welk, würdevoll, samtweich, kraftlos; respektabel, finde ich, auf seine bescheidene Art.[4] Aber ich habe derlei Gesellschaften nie genossen. Bälle im Buckingham-Palast anzusehen lohne sich. Er verbringt den Tag damit, in Maidstone in Ausschüssen zu sitzen; interviewt Pfarrer über ihre Pfründe; goutiert das Schachspiel & das Verbrechen. Vita führte mich durch das 4 Acre große Bauwerk, das sie liebt: zu wenig bewußte Schönheit für meinen Geschmack: eher kleine Räume mit Blick auf Gebäude: keine Ausblicke: doch ein oder zwei Dinge bleiben haften: Vita, wie sie in ihrem türkischen Gewand die Galerie entlangstolziert, von kleinen Jungen geleitet, die sie vor sich herweht wie ein großes Segelschiff – eine Art Brutstätte adliger englischer Lebensweise: kläffende Hunde, wimmelnde Kinder, alle sehr frei & stattlich; & ein Karren bringt Holz, das von der großen Kreissäge gesägt werden soll. Wie siehst du das? fragte ich Vita. Sie sagte, sie sehe es als etwas, das sich seit Hunderten von Jahren so abgespielt habe. Seit Jahrhunderten sei so Holz aus dem Park hergebracht worden, um die großen Kaminfeuer zu unterhalten: & ihre Vorfahrinnen seien

4 Vitas Mutter, Lady Sackville, hatte dem Wohnsitz Knole 1919 den Rücken gekehrt, nachdem ihr Mann die Sängerin Olive Rubens und ihren Ehemann Walter in den Haushalt aufgenommen hatte; sie weigerte sich aber, sich von ihm scheiden zu lassen, damit er Mrs. Rubens heiraten könnte, nachdem deren Mann 1920 gestorben war.

so über den Schnee geschritten mit ihren großen Hunden, die sie umsprangen. All diese Jahrhunderte schienen hell erleuchtet, die Vergangenheit ausdrucksvoll, artikuliert; nicht stumm & vergessen; nein, eine Menge Menschen standen dahinter, keineswegs tot; nicht außergewöhnlich; hellhäutig, langgliedrig; entgegenkommend; & so gelangen wir ganz leicht zu den Zeiten von Elizabeth. Nach dem Tee, als sie nach Briefen von Dryden suchte, die sie mir zeigen wollte, stieß sie auf einen Liebesbrief von Ld Dorset (17. Jahrhundert), mit einer Locke seines weichen goldgetönten Haares, die ich einen Augenblick in meiner Hand hielt.[5] Es war als würden Verbindungen ans Licht heraufgefischt, die gewöhnlich von Wasser bedeckt sind. Im übrigen keine besondere Ehrfurcht oder ein ausgeprägtes Gefühl von Andersartigkeit oder Distinktion. Sie sind kein brillantes Geschlecht. Der viele Platz & die Schicklichkeit des Ganzen fiel mir auf. Ich kam nach Hause & fand Marjorie Strachey, Tom Eliot, Nessa & Roger vor. Ein wenig eingeschränkt, unsere Gesellschaft: keine Gespräche über die Geistlichkeit oder das Landleben; doch wie lebendig & beweglich verglichen mit den [*Ende des Textes*]

Montag 14. März 1927

Obwohl ich verärgert bin, daß ich von Vita weder mit dieser Post noch letzte Woche etwas gehört habe, gefühlsmäßig verärgert, & teilweise aus Eitelkeit – muß ich doch die Empfängnis des Konzeptes für ein neues Buch gestern nacht zwischen 12 & ein Uhr festhalten. Ich sagte ja, ich würde Ausschau halten nach Symptomen dieses äußerst geheimnisvollen Prozesses. Eine

5 In ihrem Buch *Knole and the Sackvilles* (1922) stellt Vita Sackville-West den Dichter und Dramatiker John Dryden (1631–1700) als einen ständigen Besucher von Knole dar und erwähnt eine Locke »rotbraunen Haares von erstaunlicher Länge«, die sich in einem Liebesbrief an die Countess of Falmouth befand. Vitas Buch über Knole ist die wichtigste Quelle für VWs *Orlando* (1928).

Woche lang, seit ich The Lighthouse beendet hatte, hielt ich mich für jungfräulich, passiv, bar jeder Idee. Ich spielte vage herum mit irgendwelchen Vorstellungen von einer Blume, deren Blütenblätter abfallen; von der Zeit, die wie ein Teleskop ganz zu einem leuchtenden Kanal zusammengeschoben wäre, den meine Heldin nach Belieben passieren könnte. Die Blumenblätter fallen ab. Aber daraus wurde nichts. Ich scheute die Anstrengung – schien keine Eingebung in diese Richtung zu haben, vermutete, daß ich das, was mir liegt, ausgereizt hätte. Faith Henderson kam zum Tee, &, tapfer die Wasser der Konversation aufpeitschend, entwarf ich die Möglichkeiten, die eine unattraktive Frau, ohne einen Pfennig, ganz allein, dennoch verwirklichen könnte.[6] Ich fing an, mir die Ausgangssituation vorzustellen – wie sie ein Automobil auf der Straße nach Dover anhielte, & so nach Dover gelangte: den Ärmelkanal überquerte; &c. Es ging mir durch den Sinn, daß ich zum Spaß einen Defoe-Roman schreiben könnte. Plötzlich, zwischen zwölf & eins entstand in mir der Plan einer kompletten Phantasiegeschichte, die »The Jessamy Brides« heißen könnte – warum, frage ich mich? Ich habe von diesem Mittelpunkt aus mehrere Szenen entworfen. Zwei Frauen, arm, einsam, oben in einem Hause. Man kann alles sehen (denn es ist alles Phantasie), die Tower Bridge, Wolken, Flugzeuge. Auch alte Männer, die im Zimmer gegenüber horchen. Alles soll kunterbunt hineingeworfen werden. Es soll geschrieben werden wie ich Briefe schreibe, mit äußerster Geschwindigkeit: über die Damen von Llangollen; über Mrs Fladgate; über Passanten.[7] Es soll nicht der Versuch unternommen werden, Charaktere zu entwickeln. Sapphismus soll angedeutet werden. Es soll im Grundton satirisch sein – satirisch & wild.

6 Faith Henderson, geb. Bagenal (geb. 1889), war die Frau des Herausgebers von *N&A*.

7 Lady Eleanor Butler (1739–1829) und die Honourable Sarah Ponsonby (1755–1831) schworen dem Ehestand ab und zogen sich nach Plas Newydd oberhalb von Llangollen zurück, wo sie als Exzentrikerinnen berühmt wurden. Mrs Fladgate ist nicht identifiziert.

Die Damen sollen Konstantinopel im Blick haben. Träume von goldenen Kuppeln. Meine eigene lyrische Ader soll satirisch aufs Korn genommen werden. Alles der Lächerlichkeit preisgegeben. Und es soll mit drei Pünktchen aufhören … so. Denn ich spüre wirklich ein Bedürfnis nach einer Eskapade nach diesen ernsthaften poetischen Büchern, deren Form immer so genau durchdacht ist. Ich möchte die Beine in die Hand nehmen & loslegen. Ich möchte all den unzähligen kleinen Einfällen & winzigen Geschichten, die zu jeder Tages- und Nachtzeit in meinem Kopf aufblitzen, Gestalt geben. Ich glaube, es wird großen Spaß machen, das zu schreiben; & es wird meinen Kopf ausruhen, bevor ich das sehr ernsthafte, mystische poetische Werk in Angriff nehme, das ich mir als nächstes erwarte. In der Zwischenzeit, ehe ich mich an die Jessamy Brides machen kann, muß ich mein Buch über ›fiction‹ schreiben & das wird wohl kaum vor Januar fertig werden. Ich könnte ab & zu mal ein oder zwei Seiten herunterschreiben, als Versuch. Und es ist möglich, daß die Idee sich verflüchtigt. Jedenfalls dokumentiert dies die sonderbare übereilte unerwartete Art & Weise, in der diese Dinge sich plötzlich selbst hervorbringen – eins über dem andern im Lauf von etwa einer Stunde. So habe ich mir Jacob's Room ausgedacht, während ich im Hogarth House ins Feuer schaute; so habe ich The Lighthouse ausgedacht, eines Nachmittags hier im Square.

Orlando, der zu The Waves führt. (8. Juli 1933)

Mittwoch 11. Mai 1927

Vita zurück: unverändert, obwohl ich meine, daß die Beziehung sich von Tag zu Tag verändert. Clive & sie zusammen. Ich glaube, Clive geht es ziemlich elend: sein Cassisaufenthalt ein Fehlschlag, was das Schreiben betrifft. Und dann stellt sich die Frage, ist er nicht zu weit gegangen mit Essen, Trinken, Liebesaffären, um jetzt am Ende zu sein? Er schien ziellos & unstet, ähnlich wie als er wegfuhr, jetzt allerdings ohne einen absoluten starken Arm zum Festklammern, wie er sich das vorstellte, als er nach Cassis fuhr. Er redete (wobei er sich ständig von sich als Thema entfernte, und doch zweideutig zu diesem Zentrum zurückkehrte) über das Wahnsinnigwerden: dächte manchmal, er würde wahnsinnig; dann, daß das Leben vorbei sei; man sei verausgabt, ausgelaugt; das würde deutlich, wenn man Julian & Quentin sähe. Schließlich ist es ja auch eine schändliche Position, die große Verweigerung ausgesprochen & sie dann zurückgenommen zu haben. Mary sei in der Oper, an einem so warmen Abend Wagner anhören, man stelle sich das vor, sagte er. Saxon sei in der oberen Etage, Mary & Sibyl Colefax unten. Das alles sagte er halb neidisch, aber auch argwöhnisch; als wüßte er nicht, welche Richtung er verfolgen sollte.

Mein Buch. Was nützt es, zu behaupten, daß Besprechungen einen kalt lassen, wenn positives Lob, selbst mit Abstrichen, einen derart in Schwung versetzt, daß man, statt sich ausgetrocknet zu fühlen, sich im Gegenteil von Ideen überschwemmt fühlt? Ich entnehme vagen Andeutungen durch Margery Joad, durch Clive, daß manche es für mein bestes Buch halten. Bis dato lobt Vita es; ist Dotty begeistert; schreibt ein unbekannter Esel etwas. Niemand hat es bisher zu Ende gelesen, wette ich; & ich werde noch die nächsten 2 Wochen aufgeregt, aber nicht ängstlich, herumflattern, dann wird es vorbei sein.[8]

Montag 6. Juni 1927 (Pfingstmontag)

Ich bin seit einer Woche im Bett mit einem plötzlichen & sehr starken Anfall von Kopfschmerzen, & schreibe dies als Experiment, um mein Gehirn auszuprobieren. Es ist ein entsetzlich langweiliger regnerischer Bankfeiertagvormittag – (hier kommt L. herein & wir verbringen eine Viertelstunde damit, über Anzeigen zu diskutieren. Von L. sind 2200 verkauft & wir drucken

8 *To the Lighthouse* war Anfang Mai erschienen. (*Zum Leuchtturm*, deutsch von Karin Kersten, Frankfurt: S. Fischer, 1991.)

nach). Nessa sagt, das Wetter sei schlecht, als ich sie anrufe, um ihr eine halbe Flasche Terpentin anzubieten für das Anmalen ihres Geschirrschranks.

Aber ich würde gerne lernen, in einem ruhigen, einfachen Erzählstil zu schreiben. Dann könnte ich vielleicht die letzten Wochen aufholen; meinen Besuch in Oxford beschreiben; & wie ich mit Clive zum Lunch war & mit Dadie zum Dinner & im Souterrain stand und Gottstalk druckte und dabei ein starkes Gefühl von Schutz & Geborgenheit hatte. Mir gefällt die dunkle Anonymität der Press sehr viel mehr als mir Voltaire von Riding gefällt.[9] Und jetzt, nach Morgans morganatischem, ausweichenden, schwer faßbaren Brief heute morgen, liegt The Lighthouse hinter mir:[10] meine Kopfschmerzen sind vorbei; & nach einer Woche in Rodmell, befreit vom Beaufsichtigen, wird mein tiefes Eintauchen in meinen eigenen Geist beginnen.

Wie merkwürdig, kommt mir gerade in den Sinn, es doch ist, wie Nessa & ich gegenseitig auf unsere Kleidung eifersüchtig sind! Ich spüre wie sie, wenn ich mein schickes schwarzes gefranstes Cape umlege, eine Sekunde lang Qualen leidet: ob ich es bei Champco gekauft habe? genauso lasse ich meinen Blick über ihr Kleid aus Paris gleiten, & vergleiche es mit meinem von Brooke vom letzten Jahr. Dann sagt sie, sie werde Ohrringe tragen: ich sage sofort, ich auch; das nimmt sie mir übel. Aber im Grunde sind wir beide vernünftig, & erholen uns schnell von unserer Umwölkung.

Ich glaube allerdings, daß ich jetzt fast eine etablierte Persönlichkeit bin – als Schriftstellerin. Sie lachen nicht mehr über mich. Bald werde ich für sie etwas Selbstverständliches sein. Möglicherweise werde ich noch eine gefeierte Autorin. Auf alle

9 *Voltaire: a Biographical Fantasy*, ein langes Gedicht der amerikanischen Dichterin Laura Riding Gottschalk (geb. 1901), wurde in Tavistock Square 52 handgedruckt und im November 1927 veröffentlicht.

10 E. M. Forsters Brief ist vom 5. Juni 1927 datiert: »Es ist furchtbar traurig, sehr schön [...]; es regt mich viel mehr an, nach ob & warum zu fragen, als irgend etwas anderes, was Du geschrieben hast [...] Ich neige zu der Meinung, es könnte Dein bestes Werk sein.«

Fälle kommt The Lighthouse einem Erfolg, im üblichen Sinn des Wortes, sehr viel näher als jedes meiner anderen Bücher.

Donnerstag 30. Juni 1927

Jetzt muß ich die Sonnenfinsternis skizzieren.[11]

Am Dienstagabend gegen 10 Uhr verließen mehrere sehr lange Züge, vorschriftsmäßig gefüllt (unserer mit Beamten) King's Cross. In unserem Waggon waren Vita & Harold, Quentin, L. & ich. Das dürfte Hatfield sein, sagte ich. Ich rauchte eine Zigarre. Dann wieder, das ist wohl Peterborough, sagte L. Ehe es dunkel wurde, schauten wir immer wieder zum Himmel: weich flockig; aber da war ein Stern, über Alexandra Park. Schau Vita, das ist Alexandra Park, sagte Harold. Die Nicolsons wurden schläfrig: H. rollte sich zusammen mit dem Kopf auf Vs Knie. Sie sah aus wie die Sappho von Leighton, schlafend; so rasten wir durch die Midlands; hatten einen sehr langen Aufenthalt in York. Dann um 3 holten wir unsere Sandwiches hervor, & als ich aus dem WC zurückkam, wurde an Harold gerade die Sahne abgeputzt. Dann zerbrach er den porzellanenen Butterbrotbehälter. An diesem Punkt lachte L. hemmungslos. Dann nickten wir wieder ein, vielmehr die Ns; dann kam plötzlich ein Bahnübergang, an dem eine lange Reihe von Omnibussen & Automobilen hielt, alle mit brennenden blaßgelben Scheinwerfern. Es fing an, grau zu werden – immer noch ein flockiger gefleckter Himmel. Wir kamen gegen 3.30 in Richmond an: es war kalt, & die Ns hatten einen Streit, sagte Eddie,[12] wegen Vs Gepäck. Wir fuhren in einem Omnibus weiter, sahen ein riesiges Schloß (wem gehört das, fragte Vita, die sich für Schlösser inter-

11 Sonderzüge wurden von London nach North Yorkshire eingesetzt, das im Gürtel der totalen Verfinsterung bei der Sonnenfinsternis am 29. Juni 1927 lag – die erste, die seit zweihundert Jahren in England zu sehen war. In London hatte das schlechte Wetter das Ereignis vollständig verdunkelt.

12 Der Honourable Edward Charles Sackville-West (1901–1965), Sohn und Erbe des 4th Baron Sackville und Vitas Cousin.

essiert). Es hatte vorne ein neu eingebautes Fenster, & ein Licht brannte, glaube ich. Alle Felder waren hellbraun von Junigras & Kräutern mit roten Quasten, noch nichts farbig, alles bleich. Bleich & grau waren auch die kleinen unvergleichlichen Yorkshire-Bauernhöfe. Als wir an einem vorbeifuhren, kamen der Bauer, seine Frau & Schwester heraus, alle straff & ordentlich in Schwarz gekleidet, als gingen sie zur Kirche. Bei einem anderen häßlichen eckigen Bauernhaus guckten zwei Frauen oben aus den Fenstern heraus. Die weißen Rouleaus waren halb heruntergezogen. Wir waren ein Konvoi von 3 riesigen Fahrzeugen, eines hielt an, um die anderen vorbeizulassen; alle sehr niedrig & stark; überwanden ungeheuer steile Hügel. Einmal stieg der Fahrer aus & legte einen kleinen Stein hinter unser Rad – unzureichend. Ein Unfall wäre das Natürlichste gewesen. Es waren auch viele Automobile da. Sie nahmen plötzlich sehr zu, als wir zur Kuppe von Bardon Fell hinaufkrochen. Hier kampierten die Leute neben ihren Autos. Wir stiegen aus & waren ganz hoch, auf einem Moor, sumpfig, heidebewachsen, mit Schießständen für die Moorhuhnjagd. Hier & da waren grasbewachsene Wege, & die Leute hatten schon ihre Stellungen eingenommen. Wir gesellten uns also zu ihnen & gingen weiter bis zu dem Punkt, der am höchsten schien, mit Ausblick über Richmond. Ein Licht brannte dort unten. Täler & Moore erstreckten sich, Hang hinter Hang, rund um uns herum. Es war wie die Gegend um Haworth. Aber über Richmond, wo die Sonne aufging, lag eine weiche graue Wolke. Wir konnten an einem goldenen Fleck erkennen, wo die Sonne war. Aber es war noch früh. Wir mußten warten, stampften, um warm zu bleiben. Ray [Strachey] hatte sich in die blaugestreifte Decke eines Doppelbetts gehüllt. Sie sah unvorstellbar mächtig & schlafzimmerhaft aus. Saxon sah sehr alt aus. Leonard schaute immer wieder auf die Uhr. Vier große rote Setter kamen über das Moor gesprungen. Hinter uns weideten Schafe. Vita hatte versucht, ein Meerschweinchen zu kaufen. Quentin plädierte für ein wildes – deshalb beobachtete sie hin & wieder die Tiere. Es gab dünne Stellen in der Wolke, &

einige richtige Löcher. Die Frage war, würde die Sonne sich durch eine Wolke zeigen oder durch eine dieser leeren Stellen, wenn die Zeit käme. Die Aufregung wuchs langsam. Wir sahen Strahlen durch den unteren Teil der Wolke dringen. Dann, einen Augenblick lang, sahen wir die Sonne dahinfegen – sie schien mit großer Geschwindigkeit dahinzusegeln & klar in einem Loch; wir hatten unsere gerußten Brillen zur Hand; wir sahen sie zum Halbmond werden, rotbrennend; im nächsten Augenblick war sie stracks wieder in die Wolke gesegelt; nur die roten Bänder kamen hervor; dann nur ein goldener Schein, wie man ihn schon oft gesehen hat. Die Augenblicke gingen vorbei. Wir dachten, wir würden geprellt werden; wir beobachteten die Schafe; sie zeigten keine Furcht; die Setter rasten in die Runde; alle standen in langen Reihen, ziemlich würdevoll, Ausschau haltend. Mir kam die Vorstellung, wir wären wie sehr alte Völker, in der Geburtsstunde der Welt – Druiden bei Stonehenge: (dieser Gedanke tauchte allerdings deutlicher beim ersten bleichen Licht auf;) Hinter unserem Rücken gab es große blaue Flächen in der Wolke. Noch waren sie blau. Doch jetzt verschwand die Farbe. Die Wolken wurden bleich; ein rötliches Schwarz. Unten im Tal waren ungewöhnliche Schwaden von Rot & Schwarz; da war das eine brennende Licht; alles dort unten war Wolke, & sehr schön, ganz zart getönt. Man konnte nichts durch die Wolke sehen. Die 24 Sekunden verstrichen. Dann schauten wir wieder zum Blau hin: & rasch, sehr sehr schnell, verblaßten alle Farben; es wurde dunkler & dunkler, wie wenn ein heftiger Sturm einsetzt; das Licht sank & sank: wir sagten uns, das ist der Schatten; & wir dachten, jetzt ist es vorbei – das ist der Schatten, als das Licht plötzlich ausging. Wir waren gefallen. Es war verlöscht. Da war keine Farbe. Die Erde war tot. Das war der überraschende Augenblick: & der nächste, als die Wolke, als würde ein Ball zurückprallen, wieder Farbe

Die Farbe war ein paar Augenblicke lang von zauberhafter Art – frisch, vielfältig – hier blau, & dort braun: ganz neue Farben, als wären sie ausgewaschen & neu gemalt worden annahm, bloß eine sprühende ätherische Farbe & so das Licht wiederkam. Ich hatte sehr stark das Gefühl, als das Licht ausging, einer unendlichen Verbeugung; etwas, das niederkniete, & tief & plötzlich aufgehoben würde, als die Farben kamen. Sie kamen überraschend leicht & schnell & schön im Tal & über den Hügeln zurück – zunächst wundersam glitzernd & von ätherischer Leichtigkeit, später beinahe normal, aber mit einem starken Gefühl der Erleichterung. Es war wie eine Genesung. Es war uns viel schlechter gegangen, als wir erwartet hatten. Wir hatten die Welt tot gesehen. Das lag in der Macht der Natur. Unsere Größe hatte sich ebenfalls gezeigt. Jetzt wurden wir wieder zu Ray in einer Decke, zu Saxon mit einer Kappe &c. Wir froren bitterlich. Ich glaube, die Kälte hatte zugenommen als das Licht ausging. Man fühlte sich aschfahl. Dann – war es vorbei bis 1999. Was blieb, war ein Gefühl für den Komfort, an den wir uns gewöhnen, von viel Licht & Farbe. Das schien eine ganze Weile lang etwas überaus Willkommenes. Aber als es sich über das ganze Land verbreitet hatte, vermißte man etwas dieses Gefühl von Erleichterung & Aufschub, das man gehabt hatte, als es nach der Dunkelheit wiederkehrte. Wie kann ich die Dunkelheit ausdrücken? Es war ein plötzliches Hineinstürzen, als man es nicht erwartete: dem Himmel ausgeliefert sein: unsere eigene Würde: die Druiden; Stonehenge; & die rasenden roten Hunde; all das war einem im Sinn. Auch, daß man aus seinem Londoner Wohnzimmer herausgenommen worden war & abgesetzt auf dem wildesten Hochmoor Englands, war beeindruckend. Sonst erinnere ich mich noch, wie ich versuchte, in den Gärten in York wach zu bleiben, während Eddy redete, & wie ich einschlief. Wiederum schlafend im Zug. Es war warm & wir waren vergnügt. Der Waggon war vollgestopft mit Sachen. Harold war sehr freundlich & aufmerksam: Eddy war schlecht gelaunt. Roastbeef & Ananaswürfel, sagte er. Wir kamen gegen 8.30 zu Hause an.

Montag 4. Juli 1927

Zurück aus Long Barn. Gott sei Dank mußte ich mich kein einziges Mal umziehen. Eine derartige Opulenz & Freiheit, alle Blumen blühen, Butler, Silber, Hunde, Teegebäck, Wein, warmes Wasser, Holzfeuer im Kamin, italienische Vitrinen, Perserteppiche, Bücher – das war der Eindruck, der entstand: als würde man in ein rollendes, heiteres Meer mit hübsch schäumenden Wellen hineinspazieren: als wäre das sorgenvolle erschöpfte Leben plötzlich auf Sprungfedern gestellt worden, & hüpfte & sprang das ganze Wochenende herum. Aber vielleicht mag ich dieses Zimmer doch mehr: es enthält mehr Anstrengung & Leben, meiner Meinung nach, es sei denn, das ist das natürliche Vorurteil, das man für die Gegenstände hegt, in denen der eigene Charakter zum Ausdruck kommt. Vita sehr opulent, in ihrem braunen Samtmantel mit den ausgebeulten Taschen, Perlencollier, & leicht pelzigen Wangen. (Sie haben die Konsistenz von Wollzist, von dem sie mir einen großen Strauß pflückte.) Von seiner Art ist das das beste, repräsentativste Leben, das ich kenne: ich meine, bestimmte Gaben & Qualitäten & glückhafte Umstände sind hier wunderbar vereint – auch mochte ich Harold. Er ist ein spontaner, kindhafter Mann, ohne die Kraft, tief einzudringen; hat einen Verstand, der zurückspringt, wenn er ihn fallenläßt; er macht die Augen auf, wenn er einen ansieht; hat einen kleinen unreifen Schnurrbart; gelocktes Haar; einen Anstrich von Unreife, der willkommen ist. Ich würde ihn für sehr großzügig & warmherzig halten; ein Engländer, von Kultur überzogen; aus einem sonnengebräunten ländlichen Geschlecht stammend; & nicht besonders verfeinert, nicht einmal durch die Diplomatie. Nach dem Dinner gestern abend diskutierten wir über das Empire. »Ich ziehe Sydney Paris vor. Australien ist wichtiger als Frankreich. Schließlich sind das unsere jüngeren Söhne dort draußen. Ich bin stolz darauf. Worum es geht, Raymond, ist, daß unser Talent als Engländer im Regieren liegt.« »Die Regierten scheinen das nicht so zu schätzen«, sagte Raymond.[13] Dummer Esel, sagte Harold. »Wir machen unsere Arbeit: uneigennützig; wir denken nicht an uns selber, wie die Franzosen, wie die Deutschen. Nimm die britischen Ölfelder. Da gibt es ein Krankenhaus, wo jeder aufgenommen wird, ob Angestellter oder nicht. Die Eingeborenen kommen von überall her. Sag mir nicht, daß das nicht eine gute Sache ist. Und sie vertrauen uns.« Dann weiter zum Bestechungssystem; zu der Feststellung, das große Zeitalter Englands sei das Zeitalter der kolonialen Ausdehnung. »Ich gebe zu, Shakespeare liegt unangenehm quer.« »Aber warum nicht wachsen, sich verändern?« fragte ich. Außerdem, sagte ich, & erinnerte mich an die Aeroplane, die über uns hinweggeflogen waren, während das tragbare Radio auf der Terrasse Tanzmusik spielte, »begreift ihr nicht, daß der Nationalismus vorbei ist? Alle Unterscheidungen sind jetzt weggewischt, oder werden es bald sein.« Raymond stimmte kräftig zu. Raymond ist ganz dafür, daß der Geist triumphiert. Welches Handeln zählt? Handlungen zählen am allermeisten, sagte Harold. Ich saß auf einem geschnitzten italienischen Hocker am Holzfeuer; er & Raymond versanken im weichen grünen Sofa. Leonards Ungerechtigkeit gegenüber der Aristokratie wurde diskutiert. Davor waren Lord Sackville & Mrs Rubens herübergekommen, teilweise, um das Ansehen zu wahren, teilweise, um Tennis zu spielen. (Sie wohnen in Knole nicht allein, wenn es sich vermeiden läßt; & wenn nicht, heiligen sie den Vorgang durch einen Besuch bei Vita). Er ist ein weicher erschöpfter Mann, mit ererbter nobler Nase & noblem Kinn, die er sich nicht sehr zu Herzen genommen hat; ein gerade gewachsener, jung wirkender Mann, nur daß sein Gesicht glanzlos ist, wie das eines schwachen Menschen, dessen Leben sich als zu schwer für ihn erwiesen hat. Er kämpft nicht mehr besonders um sein Glück, stelle ich mir vor; akzeptiert resigniert; & ist fast täglich in Maidstone, als Teil seiner Routine als Aristokrat. Er

13 Der Kritiker Raymond Mortimer (1895–1980) arbeitete in den zwanziger Jahren als Journalist in Paris und London. Er war mit Clive Bell und mit den Nicolsons befreundet, die er 1926 in Persien besucht hatte.

spielt Golf; er spielt Tennis. Er hält Bernard Darwin für einen Mann von überragenden intellektuellen Fähigkeiten.[14] Wir saßen zusammen unter einem riesengroßen Ziegenfellmantel von Vita & sahen ihnen beim Tennisspiel zu, & ich fand ihn geschmeidig & gemächlich wie einen Vollblüter, doch verwüstet, verdunkelt, mit seinen großen schlaffen Sackville-Augen, & dem rot- & braunumwölkten Gesicht. Man wurde an eine Schraube oder ein anderes Werkzeug erinnert, dessen Windungen & Kanten abgeschliffen sind, so daß sie, obwohl sie wie versilbert glänzen, nicht mehr greifen.

Vita sehr frei & entspannt, bereitet mir immer ein großes Vergnügen, wenn ich ihr zusehe, & erinnert mich an das Bild eines Schiffes, das dem Meer trotzt, edel, großartig, alle Segel gehißt, & in goldenes Sonnenlicht getaucht. Was ihre Dichtung betrifft, oder ihre Intelligenz, kann ich, sofern sie nicht in traditionelle Kanäle geleitet ist, nichts Sicheres darüber sagen. Sie pflügt nie neuen Boden um. Sie sammelt ein, was die Flut ihr vor die Füße schwemmt. Zum Beispiel folgt sie, mit reinem Instinkt, allen überlieferten Traditionen in Sachen Einrichtung, so daß ihr Haus geschmackvoll ist, strahlend, imposant, doch ohne etwas Neues oder Abenteuerliches. Ebenso ihre Dichtung, wage ich zu behaupten. Raymond & ich fuhren zusammen hin & redeten über sie. Sie sei von edelstem Charakter, sagte er; beide beinahe herausfordernd vom Glück bedacht, so daß Harold auf Holz klopfe, wenn er über sein Leben nachdenkt, einen Seufzer ausstößt & sagt, würde es morgen zerschmettert, er hätte das Seine gehabt. Aber es wird keineswegs zerschmettert werden. Es wird frei & voll um sie beide wachsen; ihre Frucht wird reif werden, & ihre Blätter golden & die Nacht wird indigoblau sein, mit einem sanften goldenen Mond. Ihnen fehlt nur das, was wir haben – eine scharfe Kante; irgendeine unschätzbare Eigentüm-

14 Bernard Darwin (1876–1961), Sohn von Sir Francis Darwin und Stiefsohn von VWs Cousine Florence (Fisher), war Golf-Korrespondent bei der *Times* und beim *Country Life*, ein fruchtbarer Journalist, der über die verschiedensten Themen schrieb.

lichkeit, Intensität, gegen die ich alle Söhne & alle Monde der Welt nicht eintauschen wollte.

Sonntag 20. November 1927

Ich werde mir jetzt einen Augenblick von dem stehlen, was Morgan ›das Leben‹ nennt, um in aller Eile eine Eintragung zu machen. Meine Eintragungen sind spärlich gewesen; das Leben eine Kaskade, eine Glissade, ein Sturzbach: alles zugleich. Ich finde, im großen ganzen *ist* dies unser glücklichster Herbst. So viel Arbeit; & jetzt Erfolg; & angenehme Lebensbedingungen: weiß der Himmel was sonst noch. Vormittags meine Arbeitsschübe, wie Kraut & Rüben, von 10 bis 1. Ich schreibe so schnell, daß ich mit dem Tippen nicht nachkomme bis zum Lunch. Das ist wahrscheinlich die Hauptstütze meines Herbstes – Orlando.[15] Ich merke das nie, außer an ein oder zwei Vormittagen, wenn ich Kritiken schreibe. Heute habe ich das dritte Kapitel angefangen. Lerne ich etwas? Vielleicht ist es dafür zu sehr ein Jokus; doch mir gefallen diese einfachen Sätze; & das Äußerliche daran zur Abwechslung. Es ist zu dünn natürlich; über die Leinwand gespritzt; aber ich werde den grundlegenden Entwurf bis zum 7. Jan. (sage ich mal) fertig haben & dann überarbeiten.

Vita kommt; Dottie [Dorothy Wellesley] kommt; Clive pausenlos; Tom; Roger; wir haben unsere Bloomsbury-Abende; zum ersten Mal habe ich Geld ausgegeben, für ein Bett, für einen Mantel (den Mantel bedaure ich im Augenblick) & hatte neulich ein köstliches Gefühl von Überfluß, als ich in Long Barn Loune

15 Am 5. Oktober hatte VW in ihr Tagebuch geschrieben: »Wenn meine Feder es zuließe, würde ich jetzt versuchen, einen Arbeitsplan aufzustellen, nachdem ich meinen letzten Artikel für die Tribune geschrieben habe, & jetzt wieder frei bin. Und sofort stellen sich die gewohnten aufregenden Pläne ein; eine Biographie, die im Jahr 1500 beginnt & bis zum heutigen Tag führt, Orlando genannt: Vita; nur mit einer Umwandlung aus einem Geschlecht in ein anderes. Ich glaube, ich werde, mir zum Vergnügen, mir eine Woche nehmen, um das hinzufetzen, während« [Ende des Textes].

[*dem Butler*] 5 Shilling Trinkgeld für eine Übernachtung gab. Aber die Psychologie des Geldes ist sonderbar; & daß es mir nicht ein riesiges Vergnügen bereitet, Geld auszugeben. Ich glaube, ich will nichts wirklich stark genug haben; bin gleichzeitig besorgt, Geld für das Falsche auszugeben; & muß mir ein Abendkleid kaufen, was mich auch mit Unruhe erfüllt. Ich habe Sibyl [Colefax] abgesagt; Ethel [Sands] zugesagt.[16] Der Ruhm wächst; glaube ich. Junge Männer schreiben über mich in ihren absurden beiläufigen Büchern. Das häusliche Leben, das heißt Nelly, mustergültig.

Dies ist eine Zusammenfassung; denn ich muß zu viele Briefe schreiben; & kriege die Wolke nicht zu packen, die mein Hirn so beschwerte, als ich mich hinsetzte.

Ich habe Vita neulich zum Weinen gebracht; leise, unvermerkt. »Ich hasse es, gelangweilt zu werden«, sagte ich, über ihre Campbells & Valery Taylors; & das bedeute, glaubte sie, ich wäre ihrer überdrüssig.[17]

Mittwoch 30. November 1927

Ich bin gerade oben gewesen & habe einen Hut (18/11) anprobiert, den ich gerade bei B & H (so nennt es sich) [Bourne & Hollingsworth, Oxford Street] gekauft habe, um ihn morgen zu Sibyls Luncheinladung zu tragen. Für dieses Geld hätte ich ein Nachthemd kaufen können. Dann hörte ich, wie ein Mann im Bus über Qualität redete & gentlemanhaftes Benehmen; & Sie würden mich Sir nennen; so wie ich Sie Madam. Das zu einer Arbeiterfrau, hausbacken, teigig, aufgedonnert mit einem Baby.

16 Lady Sibyl Colefax war berühmt wegen ihrer unermüdlichen Jagd nach »interessanten« Menschen, die sie und ihr Mann Sir Arthur bei sich in Argyll House, Chelsea, bewirteten.

17 Vita, die am 10. November allein bei VW am Tavistock Square zum Dinner gewesen war, hatte ihr von den Unannehmlichkeiten ihrer augenblicklichen Affäre mit Mary Campbell erzählt, der Frau des südafrikanischen Lyrikers Roy Campbell. Als er die Liaison seiner Frau mit Vita entdeckte, hatte er sehr heftig und mit Drohungen reagiert.

»Hab mehr als 8 gehabt«, sagte sie zum Schaffner; den sie junger Mann nannte; & er nannte sie Ma. Das ist Dickens; oder Shakespeare; oder einfaches englisches Cockney: was auch immer, es entzückt mich; & mir wird warm ums Herz dabei.

Ein sehr glücklicher Herbst, ich wiederhole es. Nelly wurde auf £ 5 erhöht, & aus diesem Grund oder einem anderen ständig gutgelaunt & freundlich. Bot gestern abend an, abzudecken. Sie findet das nur fair, da wir ihr Gehalt erhöht haben. Keine Probleme wegen Besuchern. Nach Weihnachten wird die Unzufriedenheit mit Sicherheit wieder einsetzen; wenn ich Kritiken schreiben muß; das Licht schwindet; Nessa, Vita, Clive alle fort sind. Aber ich werde dieser Depression ein Schnippchen schlagen. Außerdem, bin ich im Augenblick nicht ganz schön stolz. Ruth Draper bewundert mich: ich soll sie am Freitag bei Elena Richmond kennenlernen. Was für unglaubliche Verkettungen! Also gehe ich heute abend zum Pit, um Ruth Draper zu sehen.[18] Lunch bei Sibyl; Dinner mit Ethel; & ein neues Kleid, aus einem 100 Jahre alten gemacht. Das sind die kleinen Wellen, die das Leben schlägt; die uns hochwerfen & auf ihnen auf- & abschaukeln lassen.

Donnerstag 22. Dezember 1927

Ich habe das jetzt nur einen Augenblick aufgeschlagen, weil mein Kopf stumpf ist, um eine strenge Ermahnung von mir an mich einzutragen. Das Wertvolle an der Gesellschaft ist, daß sie einen abblitzen läßt. Ich bin bombastisch, mittelmäßig; eine Hochstaplerin; gewöhne mir eine spritzige Art des Redens an. Flitterwerk schien es mir gestern abend bei den Keynes. Ich war mißgestimmt & konnte daher das Fadenscheinige meiner eigenen Aussprüche sehen. Dadie sagte auch etwas Wahres: wenn V. ihrem Stil die Zügel schießen läßt, registriert man nur den; wenn

18 Ruth Draper (1884–1956), die bereits berühmte amerikanische Charakterschauspielerin, gab eine Reihe von Soloaufführungen im Criterion Theatre.

sie Klischees verwendet, registriert man, was sie sagen will. Aber, sagt er, ich hätte nicht die Kraft der Logik & würde in einem Opiumtraum leben & schreiben. Und der Traum handele zu oft von mir.

Jetzt, wo das mittlere Alter sich hinzieht, & das Alter vor einem liegt, ist es wichtig, mit solchen Fehlern streng umzugehen. Ich könnte so leicht eine spinnerte, um sich selbst kreisende Frau werden, auf Komplimente aus, arrogant, engstirnig, vertrocknet. Nessas Kinder (ich messe mich immer an ihr, & finde sie bei weitem die Großzügigere, Menschlichere von uns beiden; denke jetzt an sie mit einer Bewunderung, die neidlos ist: mit einer Spur des alten kindischen Gefühls, daß wir Verbündete gegen die Welt wären; & wie stolz bin ich darauf, wie sie mit fliegenden Fahnen alle unsere Kämpfe gewinnt: wie sie sich so unbekümmert unauffällig, fast anonym ihren Weg über das Ziel hinaus erkämpft, mit ihren Kindern um sie herum; & nur ein wenig zusätzliche Zärtlichkeit (etwas Anrührendes bei ihr), die mir zeigt, daß auch sie Verwunderung, Überraschung empfindet, daß sie so viele Schrecken & Kümmernisse sicher hinter sich gelassen hat.

Der Traum handelt zu oft von mir. Um das zu korrigieren, & die eigene abgezirkelte absurde kleine Persönlichkeit, den Ruf & den ganzen Rest zu vergessen, sollte man lesen; Außenseiter besuchen; mehr denken; logischer schreiben; vor allem mit Arbeit ausgefüllt sein; & sich in Anonymität üben. Schweigen in Gesellschaft; oder nur die ruhigste Feststellung, nicht die auffälligste, sind ebenfalls ›indiziert‹, wie die Ärzte sagen. Es war eine leere Gesellschaft, eine ziemlich leere, gestern abend. Hier sehr schön jedoch; & F. B.[19] ist, glaube ich, willens.

19 Die Woolfs hatten Francis Birrell, der mit David Garnett die Buchhandlung *Birrell & Garnett* führte und regelmäßig für *N&A* schrieb, gefragt, ob er Mitarbeiter der Hogarth Press werden wolle.

Sonntag 18. März 1928

Ich habe mein Schreibbrett verloren; eine Entschuldigung für den anämischen Zustand dieses Heftes. Tatsächlich schreibe ich eben nur, zwischen Briefen, um festzuhalten, daß Orlando gestern beendet wurde, als die Uhr eins schlug. Jedenfalls, die Leinwand ist bedeckt. Drei Monate intensiver Arbeit werden nötig sein, unweigerlich, bevor es gedruckt werden kann; denn ich habe herumgerührt & -gespritzt, & an tausend Stellen sieht man die Leinwand durch. Aber es ist ein heiteres, erfülltes Gefühl, wenn man, wenn auch nur provisorisch, *Ende* hinschreibt, & wir fahren am Samstag los, ich mit beruhigtem Gemüt.

Ich habe dieses Buch schneller als irgendein anderes geschrieben: & es ist ein einziger Witz; & doch heiter & schnell lesbar, glaube ich; Ferien eines Schriftstellers. Ich fühle mit zunehmender Sicherheit, daß ich nie wieder einen Roman schreiben werde. Fetzen von Reimen melden sich. Also fahren wir am Samstag mit dem Auto durch Frankreich, & werden am 17. April für den Sommer zurück sein. Die Zeit fliegt – wirklich: daß es wieder Sommer sein sollte; & es mir immer noch möglich ist, das als Wunder zu sehen. Die Welt dreht sich wieder eine Runde & hält einem ihr Grün & Blau dicht vor die Augen.

Seit Februar bin ich etwas wolkig vor Kopfschmerzen, hatte einen Anflug von Grippe; & habe deshalb, bei dem abgedunkelten Licht, & der Ausrichtung aller Energien auf das Vorantreiben meines Buches, nichts hierhinein geschrieben. Ich kann diese Monate nicht leiden. Sollten wir es nächstes Jahr mit Rom versuchen? Das Leben unter Kontrolle zu bringen, das sollte man jetzt lernen: es haushälterisch zu verwalten. Ich empfinde mich als vorsichtig, wie ein bedürftiger Mensch, jetzt wo ich 46 bin. Aber vielleicht werde ich dann tot sein, denke ich mir, & so nehme ich jetzt Französischstunden, anstatt zu warten.

Donnerstag 22. März 1928

Da sind die letzten Seiten am Ende von Orlando, & es ist fünfundzwanzig Minuten vor eins; & ich habe alles geschrieben, was ich zu schreiben habe, & am Samstag fahren wir ins Ausland.

Ja, es ist geschafft – Orlando – am 8. Oktober angefangen, als ein Scherz; & jetzt eher zu lang für meinen Geschmack. Es könnte zwischen alle Stühle fallen, zu lang sein für einen Scherz, & zu frivol für ein ernsthaftes Buch. All das schiebe ich weg aus einem Kopf, den es nur nach grünen Feldern dürstet. Nach Sonne; Wein; sitzen und nichts tun. Ich war in den letzten 6 Wochen mehr ein Kübel als ein Springbrunnen; wie eine Zielscheibe für einen nach dem anderen. Ein Kaninchen, das in einer Schießbude vorbeizieht, & die Freunde machen piff-paff. Gott sei Dank hat Sibyl uns heute abgesagt, womit nur noch Dadie übrigbleibt, & ein voller Tag Alleinsein morgen, so Gott will. Aber ich habe die Absicht, diese Kaninchenschießerei unter Kontrolle zu bringen, wenn ich zurückkomme. Und das Geldverdienen. Ich hoffe, regelmäßig einen kleinen netten unauffälligen Artikel für £ 25 pro Monat zu schreiben; & so zu leben; ohne Zwänge; & zu lesen – was ich lesen will. Mit 46 muß man ein Geizhals sein; nur für die wesentlichen Dinge Zeit haben.

Aber ich finde, ich habe genug moralische Überlegungen angestellt, & sollte Menschen beschreiben, nur daß dann, wenn man sie so blaß wahrnimmt, aus der Pflicht heraus, statt aus dem Wunsch, der Kopf etwas nachläßt beim Notizenmachen. Morgan & Desmond kamen zum Tee. Morgan noch mehr ein blauer Schmetterling als je zuvor. Wenn ich nicht rede, sagt er nichts. Und ein bloßer Schatten läßt ihn losflitzen. Desmond kommt herein, rund wie eine Billardkugel; & das trifft zu auf seinen lieben sprudelnden faulen Geist; der jetzt derartig glänzt & strahlt, vom schieren Sich-wohlsein-Lassen in der Welt, daß ich einfach gutgelaunt werde, wenn ich mit ihm zusammen bin. Er beschreibt, analysiert, erzählt; unterhält sich nicht eigentlich. All seine Artigkeiten werden jetzt eingesetzt, um Artikel für »Life

& Letters« zu bekommen, das im Mai erscheint. Ich fühle mich jetzt kaum geschmeichelt, wenn man mich zur Mitarbeit auffordert; andererseits natürlich etwas brüskiert, wenn ich Mrs van Dorens £ 120 ausschlage & sie keine Notiz davon nimmt.[1] Und ebenfalls etwas brüskiert, nicht den Femina-Preis zu bekommen – teilweise, weil ich als Anwärterin publik geworden bin & man denken wird, daß ich mich brüskiert fühle: was ich nicht bin, eigentlich.[2]

Roger & Helen, Ka & Will, neulich abend. Roger ein wenig boshaft & eitel. »Ich bin der meistgelesene Kritiker Englands, & kann dennoch nirgendwo etwas schreiben.« Bei näherer Betrachtung läuft es darauf heraus, daß The Nation ihm nur £ 5 zahlt, & Konody mehr bekommt, & die Seiten mit seinen Artikeln im Burlington mehr zerlesen sind als die mit denen von MacColl. Diese Eitelkeit hat etwas von Unschuld, was sie liebenswert macht; aber ich bin empfindlich, was den Ruf von Bloomsbury betrifft. Ich meinte zu bemerken, wie Ka & Will uns verglichen, & sich freuten, daß wir nicht ohne Makel sind. Sie vergleichen uns mit der politischen Welt: wir sie mit unserer eigenen. Will lag da mit geschlossenen Augen, & er tat mir etwas leid. Er weiß, was Roger von seinen Bildern hält, & was ich nicht von ihnen halte – denn ich sehe sie mir gar nicht erst an; aber er ist großzügig genug, meine Bücher zu loben. Wir Leute mittleren Alters sind heutzutage gar nicht so sehr auf die gute Meinung des anderen erpicht: sind zufrieden, anders zu sein.

Regnerisches windiges Wetter; & nächste Woche um diese Zeit werden wir mitten in Frankreich sein.

1 Irita Van Doren war Herausgeberin des wöchentlichen Book Supplement der *New York Herald Tribune* und hatte seit 1925 mehrere Artikel bei VW in Auftrag gegeben, darunter auch eine Serie von sechs Rezensionen, für die sie ihr £ 120 zahlte. Vermutlich hatte sie jetzt dieselbe Summe für eine ähnliche Serie angeboten und war abgeblitzt.

2 VWs Niedergeschlagenheit war übereilt: am 23. März las sie in einem *Times*-Bericht aus Paris, daß ihr der Prix Femina 1927–28 für *To the Lighthouse* verliehen worden sei.

Dienstag 24. April 1928

Warte auf Gumbo [Marjorie Strachey] – wie ich es hasse, auf jemanden zu warten! Kann nicht zur Ruhe kommen, lesen, nachdenken – also schreibe ich: ein merkwürdiger Tribut an den Gebrauch, den ich von diesem Tagebuch mache. Und ich sollte im Souterrain O. tippen. Muß jetzt 10 Seiten pro Tag bis zum 1. Juni fertigkriegen. Nun, ich bin gerne ein Esel in einer Tretmühle.

Zurück von dem Triumph, ein Kleid & einen Mantel für rund 5.10 gekauft zu haben. Was man machen muß ist, die Verkäuferin mit nacktem freundlichem durchdringendem Blick ansehen: entschieden sprechen; um einen Spiegel bitten & den Effekt prüfen. Dann zittern sie unter Puder & Schminke. Ein schöner weit ausfächernder Sommertag heute: der Winter ist heulend nach Hause in seine Arktik verbannt. Ich las gestern abend Othello, & war beeindruckt von den Salven & Sturzbächen & der Fülle seiner Wörter: zu viele, würde ich sagen, wenn ich eine Besprechung für die Times schriebe. Er setzt sie ein, wenn die Spannung nachläßt. In den großen Szenen sitzt alles wie maßgeschneidert. Der Geist wälzt sich & planscht in den Wörtern, wenn er nicht vorangetrieben wird: ich meine, der Geist eines sehr großen Meisters des Wortes, der mit einer Hand schreibt. Er greift ins volle. Der geringere Autor knausert. Wie gewöhnlich von Shre. beeindruckt. Mein Geist jedoch ist bar der Wörter – englischer Wörter – im Augenblick: sie prallen auf mich ein, hart, ich sehe, wie sie hüpfen & springen. Ich habe seit 4 Wochen nur Französisch gelesen. Ich habe eine Idee für einen Artikel über das Französische; was wir davon wissen.

Samstag 27. Oktober 1928

Ein Skandal, wirklich ein Skandal, so viel Zeit verstreichen zu lassen, & ich sehe zu, an die Brücke gelehnt, wie sie davonzieht. Nur war Anlehnen nicht eigentlich meine Haltung: das Auf- &

Abrennen, reizbar, aufgeregt, rastlos. Und der Strom voll tückischer Strudel. Warum schreibe ich solche Metaphern? Weil ich seit Ewigkeiten nichts geschrieben habe.

Orlando ist erschienen.[3] Ich bin mit Vita nach Burgund gefahren. Wir haben uns nicht gegenseitig ausgelotet. Es ging wie im Flug vorbei. Dennoch war ich froh, Leonard wiederzusehen. Wie unzusammenhängend das alles ist! Mein Ehrgeiz ist, von genau diesem Augenblick an, 8 Minuten vor sechs, am Samstagabend, die vollständige Konzentrationsfähigkeit wiederzuerlangen. Wenn ich dies zu Ende geschrieben habe, werde ich Fanny Burneys Tagebücher aufschlagen & stramm an dem Artikel arbeiten, dessentwegen die arme Miss McKay depeschierte. Ich werde lesen; nachdenken. Ich habe das Lesen & Nachdenken am 24. September aufgegeben, als ich nach Frankreich fuhr. Ich kam zurück & wir stürzten uns ins Londoner Leben & ins Veröffentlichen. Ich habe Orlando ein bißchen satt. Ich glaube, es ist mir jetzt ein wenig egal, was die Leute denken. Der Genuß der Lust liegt im Tun – ich verhunze, wie üblich, ein Zitat. Ich meine, es ist das Schreiben, nicht das Gelesenwerden, was mich in Erregung versetzt. Und da ich nicht schreiben kann, während man mich liest, fühle ich mich im Herzen immer etwas hohl; aufgepeitscht; doch nicht so glücklich wie in der Abgeschiedenheit. Die Aufnahme hat, wie man so schön sagt, die Erwartungen übertroffen. Die Verkaufsziffern für die erste Woche höher als unser Rekord. Ich trieb ziemlich faul auf den Lobpreisungen dahin, als Squire im Observer losbellte, aber noch beim Lesen seiner Kritik letzten Sonntag in den Backs inmitten der herabregnenden roten Blätter & ihrem Leuchten, fühlte ich, daß der Fels der Selbstachtung in mir unberührt blieb. »Das schmerzt nicht wirklich«, sagte ich mir; nicht einmal jetzt; & tatsächlich war ich, ehe es Abend wurde, ruhig, unberührt. Und jetzt ist da Hugh [Walpole] in der Morning Post, der es wieder dick aufträgt, &

3 *Orlando. A Biography.* (*Orlando. Eine Biographie*, deutsch von Brigitte Walitzek, Frankfurt: S. Fischer, 1992).

Rebecca West – ein einziger Trompetenstoß des Lobes – das ist ihre Art –, so daß ich mir etwas einfältig & dumm vorkomme. Und jetzt Schluß damit hoffentlich.

Gott sei Dank findet meine lange Mühe mit dem Frauenvortrag in diesem Augenblick ein Ende. Ich bin zurück von meinem Vortrag am Girton, in Regengüssen. Ausgehungerte aber tapfere junge Frauen – das ist mein Eindruck. Intelligent eifrig arm; & dazu bestimmt, in Schwärmen Schulmeisterinnen zu werden. Ich sagte ihnen kühl, sie sollten Wein trinken & ein Zimmer für sich allein haben. Warum soll der ganze Glanz, der ganze Luxus des Lebens über die Julians & die Francis' ausgegossen werden, & nichts über die Phares & Thomas?[4] Julian wird das vermutlich nicht gerade goutieren. Mir scheint manchmal, die Welt verändert sich. Ich meine zu sehen, wie die Vernunft sich ausbreitet. Aber ich hätte mir ein direkteres & volleres Wissen vom Leben gewünscht. Ich hätte mir gewünscht, es manchmal mit wirklichen Dingen zu tun zu haben. Ein Abend, an dem so geredet wird, gibt mir ein derartig prickelndes & lebendiges Gefühl; die eigenen Kanten & dunklen Winkel werden geglättet & ausgeleuchtet. Wie wenig man doch zählt, denke ich: wie wenig irgend jemand zählt; wie schnell & furios & herrisch das Leben ist; & wie all diese Tausende um ihr liebes Leben schwimmen. Ich fühlte mich ältlich & reif. Und niemand hatte Respekt vor mir. Sie waren sehr eifrig, selbstbezogen, oder genauer nicht besonders beeindruckt von Alter & Ansehen: Sehr wenig Ehrfurcht oder Derartiges war zu spüren. Die Korridore von Girton sind wie Gewölbe in einer fürchterlichen hochkirchlichen Kathedrale – hören & hören nicht auf, kalt & glänzend – mit einer brennenden Lampe. Hohe gotische Räume; endlose Flächen von schimmerndem braunem Holz; hier & da eine Photographie.

4 Elsie Elizabeth Phare, Studentin am Newnham College, Cambridge, war die gegenwärtige Vorsitzende der Newnham Arts Society. Margaret Ellen Thomas, Studentin am Girton College, Cambridge, gehörte zu denen, die VW eingeladen hatten, dort zu sprechen.

Und wir besuchten heute morgen Trinity & King's. Jetzt mich auf englische Literatur konzentrieren – Mary & Tom vergessen, & wie wir hingingen & uns laut vorgelesen wurde, & Lady Cunard, & Clive, wieder da & Nessa, wieder da, & The Well of Loneliness.[5] Aber dem Himmel sei Dank, wieder zum Schreiben zu kommen.

1929

Dienstag 28. Mai 1929

Es ist ein merkwürdiger Sommer, dieses Jahr, vielleicht sogar einmalig in unserer Geschichte. Wir fahren am Dienstag nach Cassis, für eine Woche. Das ist eine Revolution. Wir sind noch nie so spät im Jahr im Ausland gewesen, glaube ich. Die Wahl wird vorbei sein. Wir werden von einer Tory- oder einer Labour-Partei regiert werden – Tory, vermute ich. Der Nachwelt zuliebe halte ich fest, daß niemand vorgibt, es genau zu wissen, außer den Kandidaten. Sie sind alle zuversichtlich – sogar Hubert.[1] Und ich habe merkwürdigerweise das Gefühl, daß dies eine wichtige Wahl ist. Als ich neulich abends mit Sidney Waterlow King's Road hinunterging – nachdem ich in seinem Club zu Abend gegessen hatte, an einem Mahagonitisch, umgeben von Porträts von Staatsmännern – ich trank einen Cocktail, aber keinen Wein – & es war ein gewittriger Tag – Leonard hatte Kopfschmerzen – & wir saßen im Damenzimmer – einem enteneifarbenen Raum mit Kugellampen, die ihr Licht nach oben schickten, nicht nach unten – sehr kühl, glatt, kompakt, als säße

5 *The Well of Loneliness*, ein Roman über lesbische Liebe von Radclyffe Hall (1886–1943), war im Juli bei Jonathan Cape veröffentlicht worden, der es angesichts wütender Proteste in der Massenpresse und seitens des Innenministers zurückzog. E. M. Forster und LW waren sich einig in ihrem prinzipiellen Widerstand gegen eine derartige Unterdrückung und organisierten Protestmaßnahmen, zu denen auch ein gemeinsamer Brief von Forster und VW gehörte, der am 8. September in *N&A* erschien.

1 Hubert Henderson war Kandidat der Liberalen für Cambridge University.

man mitten in einer Meringue – da sagte Sidney, aus dem Gefühl heraus, daß man etwas unternehmen müßte, sollen wir die Sangers besuchen gehen? Das sollte man eigentlich machen. Es würde ihnen große Freude bereiten. Und er kaufte mir an der Tür 3 Veilchensträuße von einer Frau, die sagte, es wäre ihr 40. Hochzeitstag: war das wohl ein Tribut an den Heiratsantrag, den Sidney mir einmal gemacht hatte? – Ich hielt sie den ganzen Abend in der Hand, & wir fanden, daß die Sangers ausgegangen waren; nur ein Hausangestellter kam aus dem Souterrain herauf. Also sagten wir, wir gehen die MacCarthys besuchen. Und so kam es, daß wir King's Road hinuntergingen & über die Wahl sprachen. Sidney sagte, die menschliche Natur hätte sich gebessert. Wir würden alle sanfter & weiser. Sogar die Hunde. Man sieht heutzutage nie kämpfende Hunde, & tatsächlich trottete der große Köter sehr friedlich über die Straße & schnupperte an einer Kneipentür. Da hört die Geschichte auf. Denn ich glaube nicht, daß bei den MacCarthys viel passierte. Es muß geredet werden. Ich habe nichts wahrgenommen, glaube ich. Die erinnerungswerten Dinge geschehen, wenn ein großer Raum von Stille sie völlig umgibt, glaube ich. Ich weiß es nicht.

Jetzt zu diesem Buch, The Moths. Wie soll ich damit anfangen?[2] Und was soll es werden? Ich spüre keinen deutlichen Impuls; kein Fieber; nur den starken Druck der Schwierigkeiten. Warum soll ich es dann schreiben? Warum überhaupt schreiben? Jeden Morgen schreibe ich eine kleine Skizze, mir zum Vergnügen.

Ich behaupte nicht, möchte ich sagen, daß diese Skizzen irgendwie relevant wären. Ich versuche nicht, eine Geschichte zu erzählen. Doch könnte es vielleicht so gehen. Ein denkendes Bewußtsein. Sie könnten Lichtinseln sein – Inseln im Strom, den ich zu vermitteln versuche: das Leben selbst, wie es dahinläuft. Die Strömung der Nachtfalter, die entschieden in diese Richtung fliegen. Eine Lampe & ein Blumentopf in der Mitte. Die Blume

2 Aus *The Moths* wurde schließlich VWs Roman *The Waves*.

könnte sich ständig verändern. Aber es müßte einen stärkeren Zusammenhang zwischen den Szenen geben, als ich im Augenblick finden kann. Autobiographie könnte man es nennen. Wie kann ich einen Sprung, einen Akt, zwischen dem Erscheinen der Falter intensiver machen als einen anderen, wenn es nur Szenen sind? Man muß das Gefühl bekommen, daß das der Anfang ist; das die Mitte; das der Höhepunkt – wenn sie das Fenster öffnet & der Falter hereinkommt. Ich werde die beiden verschiedenen Strömungen hereinbringen – die fliegenden Falter; die Blume aufrecht in der Mitte; ein ständiges Schrumpfen & sich Erneuern der Pflanze. In ihren Blättern könnte sie bestimmte Dinge geschehen sehen. Aber wer ist sie? Es ist mir sehr wichtig, daß sie keinen Namen hat. Ich möchte keine Lavinia oder Penelope: ich möchte ›sie‹. Aber das wird gewollt künstlerisch, wie Liberty, Grünzeug Gelbzeug oder so: symbolisch in weiten Gewändern. Natürlich kann ich sie rückwärts & vorwärts denken lassen; ich kann Geschichten erzählen. Aber das ist es nicht. Auch werde ich genauen Ort & genaue Zeit abschaffen. Es könnte irgendwas vor dem Fenster sein – ein Schiff – eine Wüste – London.

Freitag 31. Mai 1929

Der Optiker sagte heute nachmittag zu mir, »Vielleicht sind Sie nicht mehr die Allerjüngste«. Das ist das erste Mal, daß man mir das gesagt hat; & mir schien es eine erstaunliche Feststellung. Es bedeutet, daß man jetzt für einen Fremden nicht eine Frau ist, sondern eine ältere Frau. Aber dennoch, obwohl ich mich eine Stunde lang faltig & gealtert fühlte, & mich beim Kauf eines Mantels sehr weise & tolerant gebärdete, dennoch vergesse ich das alsbald; & bin wieder ›eine Frau‹. Noch ein Einblick in meinen Charakter oder mein Aussehen – Als ich Southampton Row entlangging, knipste mich ein Mann & sagte dann halt; & ließ mich 6d für einen dummen kleinen feuchten Fetzen Film zahlen, den ich gar nicht wollte; genauso wenig wollte ich stehenbleiben & mit einem kleinen klebrigen Gauner politisieren, auf nüchternen Magen. Aber mein Gesicht bestimmte mich zu seinem Opfer.

»Wir gewinnen«, sagte Nelly zur Teezeit. Der Gedanke, daß wir beide den Sieg der Labour Party wünschen, gab mir einen Schock – warum wohl? teilweise, weil ich nicht von Nelly regiert werden möchte. Ich denke, von Nelly & Lottie regiert zu werden, wäre verhängnisvoll. Es ist durchgesickert. Gestern abend in Charleston hörten wir, wie im Salon sehr deutlich Wahlergebnisse genannt wurden. Als wir durch Lewes nach Hause fuhren, sahen wir kein einziges Licht im Erdgeschoß. Niemand, der auch nur Nachrichten hören wollte. Die Straßen waren völlig leergefegt. Ein Mann schiffte an die Bahnhofsmauer. Ich hatte mir eine Menschenmenge, Fackeln, Geschrei, weiße Laken vorgestellt – bloß drei schwarze Katzen, die nach Mäusen unterwegs waren. So werden wir also von Labour regiert werden.

Wir fuhren nach Worthing, um Leonards Mutter zu besuchen, die wie eine alte Rose dalag – diesmal recht hübsch – in einem engen Zimmer; das Meer gegenüber. Ich beobachtete die Tümmler, & die Spiegelungen von Menschen, die am Strand entlanggingen. Und sie weinte; & war ganz trübsinnig; & dann redete sie drauflos über Caterham vor 50 Jahren; & die Stannards, & wie Herbert die ganze Treppe hinuntergekugelt war, & so viel Milch trank, daß die Leute sich wunderten. Nichts vom Leben, so wie wir es sehen, ist ihr geblieben – bis auf diese sonderbare hell beschienene Seite aus der Vergangenheit, die sie immer wieder umblättert, im Bett; & sie kann nicht lesen oder schreiben, & fragt doch besorgt, ob Leonard meint, sie würde wieder gesund werden? Wir hatten bei der Hinfahrt davon geredet, daß man Gift nehmen sollte. Bei ihr spricht alles dafür; & doch will sie mehr Leben, mehr Leben, mit 78. Sie ist streitsüchtig; sie kann nicht gehen; sie ist allein; sie wird von Pflegerinnen versorgt; lebt in einem Hotel, fordert aber mehr Leben, mehr Leben. Etwas Merkwürdiges, was sie erzählte, war, daß sie als Kind mit einer Gouvernante zusammen geschlafen hat, die sie mit einer schrecklichen Krankheit angesteckt hatte; & aus diesem Grund aus Holland ausgewiesen wurde. Ich vermute, sie hat das nie jemandem erzählt; es war ihr Angebot von Vertraulichkeit an uns; vielleicht eine Danksagung dafür, daß wir gekommen waren. Ich fühlte mich von ihr bewegt; konnte kaum sprechen. Ich denke der menschlichen Natur, sei sie auch so emotional, irrational, instinktiv, wie sie sie verkörpert, ich aber nicht, eignet diese Art von Schönheit; das, was man das ›Elementare‹ nennt. Es könnte sich auch bei einem selbst einstellen, wenn man 76 ist. Man könnte schluchzend daliegen, & doch wimmern, meint der Arzt, ich werde wieder gesund? Möglicherweise wird man nicht zum Schreibtisch gehen & das einfache & profunde Schriftstück über Selbstmord verfassen, das ich mich meinen Freunden hinterlassen sehe. Was für ein Tag das war – das Meer, das sich in die Buchten ergoß & aus ihnen zurückzog, restlos, wie das adriatische, oder pazifische; & der gelbe Sand; & die vorbeiziehenden Dampfer; & dahinter die Downs wie lange Wellen, sich sanft ausstreckend, um sich ganz schnell zu brechen; sanft & niedersinkend wie die Wellen. Selbst die Bungalows lodern geradezu & sind Teil dieser Schönheit geworden; die aus Dunst besteht, nicht aus Zink. Wir wählten in Rodmell. Ich sah, wie eine weißbehandschuhte Dame einem alten bäuerlichen Paar aus ihrem Daimler half. Wir haben einen Rasenmäher mit Motor gekauft. Francis gefiel mir gestern abend. Er schöpft so aus dem vollen, ist so fruchtbar, so großzügig & warmherzig. Ein wirklich himmlischer Mann – ein Mann, den ich verehre – diese Sätze kehren wieder. Und dann amüsierte mich, wie er Esther nachahmte, die wie Macaulay redet [*unerklärt*]. Als sie die Resultate bekanntgaben, redete er ständig so laut; & mußte gestoppt werden. Wir fuhren in Long Barn vorbei & ließen Pinker dort, & da sind wir wieder, nach einer dieser kleinen Reisen, die 600 Jahre gedauert haben könnten. Alles sieht etwas fremdartig & bedeutungsträchtig aus, wenn man zurückkehrt. Ich war in einer merkwürdigen Stimmung, dachte, ich sei sehr alt: aber jetzt bin ich wieder eine Frau – wie ich es immer bin, wenn ich schreibe. Es ist entspannend & stärkend, dieses Herumkutschieren.

Montag 16. September 1929

Leonard ist zu einem Picknick in Charleston & ich bin hier – ›müde‹. Aber warum bin ich müde? Nun, ich bin nie allein. Das ist der Anfang meiner Klage. Ich bin weniger physisch als psychologisch müde. Ich habe mich abgequält & ausgelaugt mit Journalismus & Fahnenkorrekturen; & darunter ist mein Moths-Buch im Entstehen. Ja, aber es entsteht sehr langsam; & was ich mir wünsche ist, es nicht zu schreiben, sondern es auszudenken, zwei oder drei Wochen lang etwa – um in denselben Gedankenstrom hineinzukommen & den alles andere überfluten zu lassen, während ich vielleicht ein paar Sätze morgens hier an meinem Fenster schreibe. (Und sie suchen irgendeinen schönen Ort auf – Hurstmonceux vielleicht, an diesem geheimnisvoll nebligen Abend; – & doch, als es Zeit zum Aufbruch war, wollte ich nur eines, allein in die Hügel hinauswandern. Jetzt fühle ich mich ein wenig einsam & verlassen & betrogen, zwangsläufig.) Und jedesmal, wenn ich in meinen Gedankenstrom hineinkomme, werde ich daraus herausgerissen. Wir hatten die Keynes hier: dann kam Vita; dann Angelica & Eve; dann fuhren wir nach Worthing, dann fängt mein Kopf zu pochen an – also sitze ich hier, ohne zu schreiben – das spielt keine Rolle, aber ohne zu denken, zu fühlen oder zu sehen – & greife nach einem Nachmittag allein wie nach einem Schatz – Leonard erschien in diesem Augenblick an der Glastür; & sie sind nicht nach H[urstmonceu]x oder sonstwohin gefahren; & Sprott war da & ein Bergarbeiter, also habe ich nichts versäumt – das erste egoistische Freudegefühl.

Wirklich, diese Vorwehen eines Buches – schöpferische Seelenzustände – sind sehr merkwürdig & wenig einsehbar.

Noch eine Überlegung – nichts ist so ermüdend wie ein Wechsel der Atmosphäre. Ich bin aufgewühlter & aufgelöster von einer Stunde mit Leonards Mutter als von 6 Stunden – nein, 6 Tagen, mit Vita. (Nessa zählt nicht.) Das stupende Umschalten der Gänge, das stattfinden muß, zermalmt einem die Maschinerie. Und ich tue das ständig – & schlimmer noch, als es zu tun, habe ich vorweggenommen, daß ich es täte – ich habe die Tage gezählt & Worthing über mir brüten gespürt. & dazu kommt, daß es anstrengend für mich ist, auch psychologisch, Nelly im Auto zu haben – schafft eine weitere angespannte Atmosphäre. Nichts von alledem würde viel ausmachen, wenn der eigene Motor mit voller Kraft liefe – wie mühelos habe ich doch jede Unterbrechung abgeschüttelt, als ich Orlando schrieb! – aber es ist, als gerieten sie zwischen die Speichen – verstopften die Räder – verhinderten im letzten Augenblick immer, daß ich den Motor ankurbelte. Und schließlich bin ich 47: ja: & meine Gebrechen werden natürlich zunehmen. Um mit meinen Augen anzufangen. Letztes Jahr konnte ich, glaube ich, ohne Brille lesen; kaufte mir eine Zeitung & las sie in der U-Bahn; allmählich merkte ich, daß ich im Bett eine Brille bräuchte; & jetzt kann ich keine Zeile ohne sie lesen (es sei denn, ich halte sie in einem sehr merkwürdigen Winkel). Meine neue Brille ist viel stärker als die alte; & wenn ich sie abnehme, bin ich einen Augenblick wie blind. Welche anderen Gebrechen? Ich kann, glaube ich, perfekt hören: ich meine, ich wäre genauso gut zu Fuß wie eh & je. Aber dann, wird es da nicht die Wechseljahre geben? Und kann das nicht eine schwierige & sogar gefährliche Zeit sein? Offensichtlich kann man darüber wegkommen, wenn man dem mit gesundem Menschenverstand begegnet – daß es ein natürlicher Prozeß ist; daß man hier draußen liegen & lesen kann; daß die geistigen Fähigkeiten dieselben sein werden danach; daß man in bestimmter Hinsicht sich keine Sorgen zu machen braucht – ich habe einige interessante Bücher geschrieben, kann Geld verdienen, kann mir einen Urlaub leisten – O nein; man braucht sich nicht zu beunruhigen; & diese merkwürdigen Lebensintervalle – ich habe viele erlebt – sind künstlerisch die fruchtbarsten – man wird befruchtet – denk an meinen Wahnsinn in Hogarth House – & all die kleinen Krankheiten – die, bevor ich To The Lighthouse schrieb, zum Beispiel. Sechs Wochen im Bett jetzt würden aus den Moths ein Meisterwerk machen. Aber das wird nicht der

Titel sein. Moths [*Nachtfalter*], fällt mir plötzlich ein, fliegen nicht am Tage. Und da gibt es keine brennende Kerze. Insgesamt muß die Form des Buches überlegt werden – & mit genug Zeit könnte ich das.

Hier habe ich abgebrochen.

Samstag 21. September 1929

Angelica geht heute zum ersten Mal in die Schule, glaube ich;[3] & ich wette, daß Nessa im stillen weinen muß – eines der Gefühle, die ich nie kennen werde – ein Kind, das letzte Kind – kommt in die Schule, & damit enden die 21 Jahre von Nessas Kindern – eine große Spanne Leben; so viel voller als ich denken kann – man stelle sich all die vertraulichen Szenen vor, die Streitigkeiten, die Glücksmomente, die Augenblicke der Aufregung & Veränderung, als sie heranwuchsen. Und jetzt beendet sie, auf eine sublime Weise, ihre Kindheitsjahre allein in einem Atelier, & kehrt zurück, vielleicht eher traurig, zu dem Leben, das ihr früher einmal am besten gefallen hätte, eine eigenständige Malerin zu sein. So haben wir unsere Leben gemacht, sie & ich, von irgendeiner sonderbaren Kraft in sie hineinkatapultiert; ich jedenfalls erinnere mich immer an diese seltsamen langen Herbstspaziergänge, mit denen wir die Sommerferien beendeten, wo wir besprachen, was wir tun würden – ›Herbstpläne‹ nannten wir das. Sie hatten immer einen Bezug zum Malen & Schreiben & wie man das gesellschaftliche Leben & das häusliche Leben besser ordnen könnte. Oft erwogen wir, ein Zimmer anders einzurichten, damit wir einen Ort hätten, wo wir unsere eigenen Freunde empfangen könnten. Sie waren immer mit Herbst verbunden, mit fallenden Blättern, mit dem fahl & winterlich werdenden Land, unsere Gemüter erregten sich bei der Vorstellung von Lichtern & Straßen & dem Beginn einer neuen Jahreszeit

3 Vanessas Tochter Angelica hatte bisher Privatunterricht gehabt; jetzt wurde sie ins Internat einer kleinen privaten Mädchenschule geschickt.

der Aktivitäten – Oktober als Morgengrauen des Jahres. Aber ich schweife wie eine alte Frau in die Vergangenheit ab, wo ich mir doch gesagt hatte, als ich mich hinsetzte, um auf den Tee zu warten, daß es so vieles gibt, was ich in mein Tagebuch schreiben muß.

Noch eine dieser merkwürdigen Pflaumen, Dinge, die uns unerwartet in den Schoß fallen, hat sich gerade ereignet. Annie, die großäugige traurige junge Frau war da, um uns zu bitten, ihr ein Cottage zu kaufen, & sie immer für uns arbeiten zu lassen, also unser Dienstmädchen hier zu sein. Sie & ihr Baby, ein zweijähriges, sind mit vierzehntägiger Frist auf die Straße gesetzt worden, um zwei altjüngferlichen Hundezüchterinnen Platz zu machen. Die Menschlichkeit befiehlt, wir sollten ihr ihr Cottage kaufen, & keine Miete verlangen – es sie abarbeiten lassen. Noch mal £ 350, & Reparaturen – weitere Dinge. Sie würde ein ideales Dienstmädchen abgeben, glaube ich; sie wäre eine große Stütze; man könnte so lange wie man wollte hierherkommen – & die arme gute Nelly in London lassen; – denn sie hat heute morgen wieder gekündigt, Leonard diesmal, wegen seines Kohlebehälters. Es scheint als würden wir nahezu täglich glätten & aufwühlen. Ich müßte die arme dürre Bartholomew entlassen. Es braucht etwas Überlegung – mittlerweile ist Annie mit dieser schrecklichen hohen schwarzen Gefängnismauer der Armut konfrontiert – muß mit einem Kind mit 15/– die Woche auskommen.

Wegen dieser Überlegungen, die sich in so viele Pfade verzweigen, gerate ich ins Trödeln mit den beiden anderen Aufzeichnungen – Peter, & meine Zukunft, die ich aufzuschreiben gedachte; aber es ist Zeit für Tee; & dann will ich davonwandern, die Downs hinauf oder längs dem Fluß, & meine Gedanken zurechtrücken.

Gott helfe, daß niemand zum Tee kommt. Aber Lytton & Antony Blunt & Peter sind alle in Charleston. Gott helfe, sage ich, daß diese bezaubernden & himmlischen Menschen nicht kommen, & er mache, daß ich mich wieder ganz auf mein Gesicht &

Gehirn konzentriere. Ich möchte in den dunklen grünen Tiefen herumschwimmen. Übrigens nannte mich gestern abend James Laver im Evening Standard eine große Schriftstellerin, »niemand braucht zu versuchen, an der Größe von Miss Virginia Woolf herumzudeuteln« – ha! Ich hoffe Arnold Bennett sieht das.[4]

1930

Montag 17. März 1930

Der Test für ein Buch [ist] (für einen Schriftsteller), ob es einen Raum schafft in dem man, völlig mühelos, sagen kann was man sagen möchte. So wie ich heute morgen sagen konnte, was Rhoda sagte. Das beweist, daß das Buch selbst lebendig ist: weil es nicht das zerstört hat, was ich sagen wollte, sondern mir erlaubte, es hineingleiten zu lassen, ohne zu komprimieren oder zu verändern.[1]

Freitag 28. März 1930

Ja, aber dieses Buch ist eine sehr kuriose Angelegenheit. Einen Tag war ich wie im Rausch, als ich sagte, Kinder sind nichts verglichen mit dem hier: als ich dasaß & das ganze fertige Buch überblickte, & mich mit L. stritt (über Ethel Smyth)[2] & beim Spazierengehen wieder zu mir kam, den Druck der Form erlebte – das Glänzende & Großartige – wie ich sie – vielleicht,

4 Arnold Bennett schrieb jede Woche einen Artikel im *Evening Standard.*

1 Rhoda ist eine der sechs Personen, deren sinnliche und intellektuelle Erfahrungen in *The Waves,* VWs sechstem Roman, dargestellt werden.

2 Dame Ethel Smyth (1858–1944), Komponistin, Autorin und Feministin. Sie studierte im Kreis der Brahmsianer in Leipzig Musik, komponierte eine Reihe von Opern, war eine militante (und zeitweise inhaftierte) Suffragette und veröffentlichte mehrere Erinnerungsbücher. Dame Ethel hatte anerkennend über *A Room of One's Own* geschrieben und ein Treffen vorgeschlagen, das am 20. Februar stattgefunden hatte.

noch nie erlebt habe. Aber ich werde es nicht im Rausch durchpeitschen. Ich bossele weiter daran; & empfinde es als das komplexeste & schwierigste aller meiner Bücher. Wie soll man es beenden, außer durch eine ungeheure Diskussion, in der jedes Leben seine Stimme haben soll – ein Mosaik – ein – – –. Ich weiß es nicht. Die Schwierigkeit ist, daß alles unter Hochdruck steht. Ich beherrsche die Sprechstimme noch nicht. Dennoch denke ich, da ist etwas; & ich beabsichtige, weiter daran zu bosseln, hingebungsvoll, & es dann umzuschreiben, viel davon laut lesend, wie ein Gedicht. Es kann Erweiterung vertragen. Es ist komprimiert, finde ich. Es ist – einerlei was ich daraus mache – ein großes & vielversprechendes Thema – was Orlando nicht war, möglicherweise. Jedenfalls habe ich meine Hürde genommen.

Zu Hause nach dem Tee mit Nessa & Angelica. Ein schöner Frühlingstag. Ich ging die Oxford St. entlang. Die Omnibusse sind auf einer Kette aufgereiht. Die Menschen zanken & kämpfen sich durch. Stoßen sich gegenseitig vom Trottoir. Alte barhäuptige Männer; ein Autounfall, &c. Allein durch London zu gehen ist die größte Erholung.

Dienstag 1. April 1930

Und wir sind gezwungen, jetzt zum Dinner zu Raymond zu gehen, an diesem so vielversprechenden, erstaunlich aufregenden warmen Abend. Ich sitze bei offenem Fenster & höre das Summen, sehe ein geöffnetes gelbes Fenster im Hotel: ich bin von Leicester Square zu Fuß zurückgekommen. Welch sonderbare Erinnerungen haben sich mit diesem Abend verquickt, fragte ich mich. Etwas von einem sehr weichen, eher mystischen Abend; nicht fiebrig & nervös; nein; am Meer; blau; sanft. Und ich ging bei der Schneiderin vorbei. Sie hat keine Zähne. Sie nähte. Sie sagte wie eine Freundin Mrs Woolf, wir ziehen um. Und ich dachte, es würde Ihnen nichts ausmachen, wenn ich die Stiche wegließe, denn meine Augen tun mir weh. Alles was jemand heute abend sagt ist sanft & glücklich & scheint in eine weiche Flut zu stoßen. Ich kann es nicht richtig sagen, natürlich.

Nessa ist in Charleston. Sie werden die Fenster offenstehen haben; vielleicht sitzen sie sogar am Teich. Sie wird denken, Das ist es was ich durch Jahre unbemerkter Arbeit geschaffen habe – meine Söhne, meine Tochter. Sie wird völlig zufrieden sein (vermute ich), während Quentin Flaschen herbeischafft; Clive in ungemein guter Laune. Sie werden mit Abscheu an London denken. Doch es ist sehr aufregend; ich werde meinen Wein bei Raymond nippen; & versuchen, etwas aus Lytton herauszulocken. Und muß mich also umziehen.

Sonntag 13. April 1930

Ich lese Shakespeare *unmittelbar* nachdem ich mit dem Schreiben aufgehört habe, wenn mein Geist weit offen ist & rot & heiß. Dann ist es erstaunlich. Mir war überhaupt noch nicht bewußt, wie unglaublich seine Spannweite & sein Tempo & seine wortschöpferische Kraft ist, bis ich merkte, wie er mich völlig überrundet & überrennt, bei scheinbar gleichen Startbedingungen, & dann sehe ich ihn vorbeiziehen & Dinge machen, die ich mir im wildesten Aufruhr & bei stärkster Geistesanspannung nicht vorstellen könnte. Selbst die wenigen bekannten & schlechteren Stücke sind in einem Tempo geschrieben, das schneller ist als das Schnellste von sonstjemandem; & die Worte fallen so schnell, daß man sie nicht aufsammeln kann. Sieh dir das an, Upon a gather'd lily almost wither'd (das ist der reine Zufall: ich bin einfach so darauf gestoßen). Offenbar war sein Geist von einer derart vollkommenen Geschmeidigkeit, daß er jeden Gedankengang auf Hochglanz polieren konnte; & beim Entspannen dann einen Schauer solch unbeachteter Blüten fallen läßt. Warum sollte irgend jemand anderes dann noch zu schreiben versuchen. Das ist gar kein ›Schreiben‹. Ich könnte wirklich sagen, daß Shre die Literatur insgesamt übertrifft, wenn ich wüßte, was ich damit meine.

Ich wollte diese Notiz über die Waddesdon-Gewächshäuser machen. Da gab es reihenweise Hortensien, meistens in einem dunklen Blau. Ja, sagte Mr Johnson, Lord Kitchener kam & fragte, wie wir sie blau machen … Ich sagte, man tut etwas in die Erde. Er sagte, das täte er auch. Aber manchmal bekämen sie, bei aller Sorgfalt, einen kleinen rosa Stich. Miss Alice duldete so was nicht. Wenn es da nur eine Spur Rosa gab, wurde es nicht gebilligt. Und er zeigte uns eine Hortensie mit metallischen Blütenblättern. Nein, das würde Miss Alice nicht billigen. Welch ein Wahnsinn, kam mir in den Sinn, & wie leicht wäre es, seinen Geist auf das Blau von Hortensien zu fixieren, & Mr Johnson zu hypnotisieren, nur noch an das Blau von Hortensien zu denken. Er besuchte sie jeden Abend, denn sie empfing fast niemanden; & sie unterhielten sich dann zwei Stunden lang über die Pflanzen & die Politik. Wie leicht könnte man verrückt werden wegen des Blaus von Hortensien & an nichts anderes mehr denken.

Mittwoch 23. April 1930

Dies ist ein sehr wichtiger Morgen in der Geschichte von The Waves, weil ich glaube, daß ich die Ecke genommen habe & die letzte Strecke geradeaus vor mir sehe. Ich glaube, ich habe Bernard zum letzten Spurt gestartet. Er wird jetzt geradeaus weiterlaufen, & dann vor der Tür stehen; & dann gibt es ein letztes Bild von den Wellen. Wir sind in Rodmell, & ich glaube fast, daß ich ein oder zwei Tage länger bleiben werde (falls ich mich traue), um den Strom nicht zu unterbrechen & es zu beenden. Mein Gott, & dann eine Ruhepause; & dann ein Artikel; & dann wieder zurück zu diesem fürchterlichen Formen & Umgestalten. Es könnte aber trotzdem einige Freude bereiten.

Samstag 26. April 1930

Nachdem ich seit 3 Tagen keine Briefe bekommen habe, merke ich, wie mein Ballon schrumpft. Diese ganze halbtransparente Hülle, die mein Ruhm mir gibt, wird angepiekst; & ich bin nur noch ein Stecken. Das ist sehr heilsam; & grau; & nicht gänzlich unangenehm, wiewohl platt.

Dienstag 29. April 1930

Und ich habe gerade, mit ebendieser Federspitze voll Tinte, den letzten Satz von The Waves beendet. Ich denke ich sollte das zu meiner eigenen Information festhalten. Ja, es war die größte geistige Anspannung, die ich je erlebt habe; mit Sicherheit die letzten Seiten; ich glaube, sie sacken nicht so ab wie sonst. Und ich glaube, ich habe mich starr & asketisch an den Plan gehalten. So weit möchte ich mir selbst gratulieren. Aber ich habe noch kein Buch geschrieben, das so voller Löcher & Flickwerk ist; es wird umgebaut werden müssen, nicht nur umgestaltet. Ich vermute, die Struktur stimmt nicht. Einerlei. Ich hätte etwas Leichtes & Fließendes machen können; & dies ist ein Griff nach der Vision, die ich hatte, in dem unglücklichen Sommer – oder den drei Wochen – in Rodmell, nachdem ich The Lighthouse beendet hatte. (Und dabei fällt mir ein – ich muß meinen Geist schnell mit etwas anderem versorgen, sonst wird er wieder nörglerisch & elend werden, – etwas Phantasievolles, falls möglich, & Leichtes; denn ich werde Hazlitt & Kritikenschreiben leid werden nach der ersten göttlichen Erleichterung – –. & ich bin mir verschiedener vager Vorahnungen in meinem Hinterkopf angenehm bewußt; eine Biographie von Duncan: nein, etwas über leuchtende Leinwände in einem Atelier: aber das kann warten.)

Ich muß hinauflaufen & hineinschauen & es Leonard sagen & wegen Lottie fragen, die eine Stelle sucht; & im übrigen die gestrige Runde mit ihren Wechselfällen beeinträchtigte, fürchte ich.

Nachmittags. Und, denke ich, während ich Southampton Row entlanggehe »Und ich habe euch ein neues Buch geschenkt.«

Donnerstag 4. Dezember 1930

Ein einziges etwas herablassendes Wort im Lit. Sup. heute bringt mich zum Entschluß, erstens, The Waves vollständig zu ändern; zweitens, mehr Rückgrat gegenüber der Öffentlichkeit zu entwickeln – ein einziges etwas herablassendes Wort.[3]

Freitag 12. Dezember 1930

Dies ist, denke ich, der letzte Tag einer Atempause, die ich mir gestatte, bevor ich die letzte Strecke von The Waves anpacke. Ich habe eine Woche Urlaub gehabt – das heißt, ich habe drei kleine Skizzen geschrieben; & herumgetrödelt, & einen Vormittag mit Einkaufen verbracht, & einen Vormittag, diesen Vormittag, meinen neuen Tisch einzurichten & dies & jenes zu tun – aber ich denke, ich habe meinen Atem wieder & muß loslegen, noch weitere 3 oder 4 Wochen. Dann, stelle ich mir vor, werde ich eine durchgehende Niederschrift von den Wellen &c – den Zwischenpartien – machen, um es zu einem Ganzen zu verbinden – & dann – o je, wird manches noch einmal geschrieben werden müssen; & dann, Korrekturen; & dann es an Mabel schicken; & dann das Tippen korrigieren; & dann es Leonard geben. Leonard wird es vielleicht irgendwann spät im März bekommen. Dann es beiseite legen; dann drucken, vielleicht im Juni.

Währenddessen gehen wir am Sonntag zum Dinner bei Mary, um Mr Hart Davis kennenzulernen, der vielleicht zur Press

3 Eine halbspaltenlange Besprechung der limitierten Ausgabe von *On Being Ill* erschien im *TLS* vom 4. Dezember 1930. Der Rezensent billigte das Thema, meinte aber, daß der Leser davon weggeführt werde: »Das Thema hat einen Augenblick ein neues, überstürztes Gesicht gezeigt, und ist dann wieder im Nebel verschwunden. Der Essay mit seinem Velinpapier und grünem Umschlag, schönen Vorsatzblättern und feinem Druckspiegel, bleibt unberührt auf dem Tisch liegen.«

kommen könnte – aber in welcher Funktion? Und vor zwei Tagen haben wir uns T[avistock]. S[quare]. 25 angesehen, wo wir hinziehen könnten, wenn wir beschließen würden, hier wegzuziehen, & es vermieten könnten. Aber es gibt auch da Hindernisse; ein Hotelgebäude nebenan; & weniger Räume, & mehr Ausgaben.

Dienstag 16. Dezember 1930

Ich werde nie wieder auswärts zum Dinner gehen. Ich werde mein Abendkleid verbrennen. Ich habe diese Tür durchschritten. Davor gibt es nichts. Ich habe diese Hürde genommen: & brauche mich jetzt nie wieder aufzupeitschen zu einem Dinner mit Colefax, Ethel, Mary.

Diese Überlegungen wurden mir gestern abend in Argyll House unauslöschlich eingehämmert. Dieselbe Gesellschaft: dieselben Kleider; dasselbe Essen. Mit Sir Arthur über Q. V.s Briefe reden, & die Farbstoffverordnung, & ich weiß nicht was noch – ich opferte einen Abend allein mit Vita, einen Abend allein mit mir – einen Abend voller Annehmlichkeiten. Und so geht es ununterbrochen weiter. Lord & Lady Esher, Arnold Bennett – der alte Birrell. Gezwungene, trockene, sterile, infantile Konversation. Und ich freue mich nicht mal darauf, hinzugehen. Also ist die Hürde nicht nur übersprungen, sondern gefallen. Warum dann springen?

1931

[Freitag 2. Januar 1931]

Nun wechseln die Gezeiten. Die Tage werden länger. Heute war von Anfang bis Ende ein schöner Tag – der erste, glaube ich, den wir gehabt haben, seitdem wir hier sind. Und zum ersten Mal habe ich meinen Northease-Spaziergang gemacht & um 3 den Mond in Fahrt gesehen, blaß, sehr dünn, in einem makellos blauen Himmel über weiten diesigen flachen Feldern, als wäre es ein früher Junimorgen.

Hier sind meine Vorsätze für die nächsten 3 Monate; den nächsten Jahresabschnitt.

Erstens, keine zu haben. Nicht gebunden zu sein.

Zweitens, frei & freundlich mit mir selbst umzugehen, mich nicht zu Gesellschaften anzutreiben: lieber zurückgezogen in meinem Studio zu sitzen & zu lesen.

Etwas Ordentliches aus The Waves zu machen.

Mir das Geldverdienen egal sein zu lassen.

Was Nelly betrifft, der Irritation ein Ende zu setzen mit Hilfe der Gewißheit, daß nichts die Irritation wert sei: sollte diese sich wieder einstellen, muß sie gehen. Dann diesmal nicht dem einfacheren Weg nachzugeben, sie dazubehalten.[1]

Dann – nun, der Hauptvorsatz ist der wichtigste – keine Vorsätze zu fassen. Mal lesen, mal nicht lesen. Ausgehen, ja – doch auch zuhause bleiben, obwohl man eingeladen worden ist. In puncto Kleidung beabsichtige ich, hochwertige zu kaufen.

Heute vormittag hat Sandles Miranda gebracht; & sie wird jetzt in ihrer Nische aufgestellt.[2] Wir sind gestern nach Charleston hinübergefahren, & ich habe mich recht erfolgreich gegen die übliche Depression gewehrt. Ist es ihre Leichtfertigkeit? – eine höhnische Bemerkung? Aber keineswegs so schlimm wie sonst. Duncan war da. Wir traten ein, & wie üblich wirkte die Szene wie eine rote Höhle – eine rote Höhle tief in der winterlichen Senke.

1 Nelly Boxall, die seit 1916 bei den Woolfs als Köchin und Haushälterin lebte, hatte im Mai 1930 eine ernste Operation; VW hatte beschlossen, Nelly nicht wieder einzustellen, aber nach einem langen Gespräch zugestimmt, daß sie ab 1. Januar 1931 für eine dreimonatige Probezeit zurückkäme.

2 Sandles war ein Transportunternehmen, das »Miranda«, eine lebensgroße Statue einer halbverhüllten Frau, anlieferte, die zunächst vor Monks House und später im Obstgarten aufgestellt wurde.

Samstag 7. Februar 1931

Hier muß ich, in den wenigen Minuten, die bleiben, das Ende von The Waves festhalten, dem Himmel sei Dank. Ich habe die Worte O Tod vor fünfzehn Minuten niedergeschrieben, nachdem ich durch die letzten zehn Seiten mit Momenten solcher Intensität & Berauschtheit getrudelt bin, daß mir schien, ich stolperte nur noch meiner eigenen Stimme hinterher, oder fast einer Art von Sprecher (wie als ich verrückt war). Ich bekam beinahe Angst, weil ich mich an die Stimmen erinnerte, die mir früher manchmal vorausflogen. Jedenfalls ist es geschafft; & ich sitze hier die letzten 15 Minuten in einem Zustand der Glorie, & Ruhe, & ein paar Tränen, der Gedanke an Thoby & ob ich Julian Thoby Stephen 1881–1906 auf die erste Seite setzen könnte.[3] Vermutlich nicht. Wie körperlich dieses Gefühl von Triumph & Erleichterung ist! Ob nun gut oder schlecht, es ist geschafft; & jedenfalls am Schluß fühlte ich, es ist nicht nur beendet, sondern abgerundet, vervollständigt, die Sache ist zum Ausdruck gebracht – wenn auch hastig, wenn auch fragmentarisch, ich weiß; aber ich meine, daß ich diese Flosse in der Wasserwüste ins Netz bekommen habe, die mir erschienen war, über den Marschwiesen aus meinem Fenster in Rodmell, als ich To the Lighthouse beendete.[4]

Was mich im letzten Stadium interessiert, war die Freiheit & Kühnheit, mit der meine Phantasie all die Bilder & Symbole, die ich vorbereitet hatte, ergriff, benutzte & verwarf. Ich bin überzeugt, daß das die richtige Art & Weise ist, sie zu benutzen – nicht in festen Fügungen, wie ich es zunächst versucht hatte, zusammenhängend, sondern einfach als Bilder; ohne je eindeutig sein zu müssen; nur andeutend. So hoffe ich, daß ich das Ge-

3 Thoby war der geliebte begabte Bruder, der mit Virginia und Vanessa nach Bloomsbury gezogen war und nach einer Griechenlandreise mit den Schwestern an Typhus starb. Der Bruder steht hinter dem jung verstorbenen Percival im Roman.

4 Siehe den in dieser Auswahl enthaltenen Eintrag vom 30. September 1926.

räusch von Meer & Vögeln, Morgendämmerung, & Garten unterschwellig beibehalten habe, so daß sie ihre Arbeit unterirdisch tun.

Freitag 14. Februar 1931

Und ich habe mir vor zwei Tagen die Haare locken lassen. Mit einiger Mühe beherrschte ich meine abgrundtiefe Verzweiflung über Nessas Mißbilligung. Ich werde der Welt gelockt entgegentreten, sagte ich mir um 6 Uhr morgens: sehr tapfer; ich mag meine experimentierfreudige Seite.

Janet Case gestern, verhutzelt, schmaler geworden, gedämpft, gealtert, & sehr von Armut geschlagen. Ich bemerkte ihre billigen Schuhe & den schmutzigen alten Samthut. Ich vermute über 70 jetzt; & doch ist sie in meiner Vorstellung immer 45. Sie klammert sich an die Jugend. »Aber wir sehen nie irgendwelche jungen Menschen«, & liest also Tom Eliot &c: hat ihren Grips beisammen: aber wie rührend, wenn die, die unsere Lehrer waren, von uns Lernende werden. Sie hat wohl ein sehr viel schwereres Leben gehabt, als ich wußte – Krankheit, Armut, & all die Einschränkungen der Lebensweise; allein mit Emphie; ohne den geringsten Luxus, & die Vorstellung – da bin ich mir nicht sicher – E. zu verlassen oder verlassen zu werden. Sie wohnte bei einem alten Mann von 91. Ein so hohes Alter löst ein sonderbares klammerndes banges Gefühl aus: ihr Gesicht ist spitz geworden, bleich; eingesunken; ihre Augen dieselben. Wie wartete ich doch immer auf ihre Unterrichtsstunde: & dann die Diskussionen, die Aufregungen. Ich war 17, sagte sie, als sie kam. Sie empfand sich als erfolglos.[5]

5 Die Altphilologin Janet Case und ihre Schwester Euphemia (»Emphie«) lebten jetzt im Ruhestand in Minstead in New Forest.

Montag 29. Juni 1931

Ich hatte eine Idee für ein Buch gestern abend – eine Reise um die Welt, eine ausgedachte, Jagen, Klettern, abenteuerlustige Leute, die Tiger erlegen, Unterseeboote, Fliegen & so weiter. Phantastisch. Ein bestimmter Charakter: teilweise das Resultat von L.s Feststellung, wenn wir nach Amerika führen, sollten wir nicht halbe Sache machen sondern um die Welt reisen. Dann sagte W[illiam]. A[rnold]. Forster, Und schreib einen Orlando über deine Tour.

Montag 17. August 1931

Also eben, es ist gerade kurz nach 12.30, habe ich die letzten Korrekturen in The Waves gemacht; meine Fahnen sind fertig; & morgen werden sie abgehen – um nie, nie wieder von mir angesehen zu werden, vermute ich.[6]

Donnerstag 3. September 1931

Ich verbringe eine Woche Ferien – dies ist der letzte Tag – mit sehr gutem Erfolg. Mein Gehirn ist wieder weich & warm & fruchtbar, ich fühle mich frisch & habe Energie frei zum Reden. Ja, ich kann mir sogar vorstellen, Leute zu ›sehen‹, ohne daß es mich würgt oder schaudert. Merkwürdig, wie ich Ruhe trinken kann – wie ich austrockne & verdorre wie ein welker Grashalm – wie ich dann grün & saftig werde. Übrigens, elisabethanische Prosa ist großartig: & das, was ich im Augenblick am meisten liebe. Ich habe gestern abend in Dekker gebadet wie in meinem

6 *The Waves* erschien im Oktober bei der Hogarth Press und im selben Monat bei Harcourt Brace, VWs amerikanischem Verlag. (*Die Wellen*, deutsch von Maria Bosse-Sporleder, Frankfurt: S. Fischer, 1991.)

natürlichen Element.[7] Zweifellos ist das ein nobleres Instrument als Scott oder das 18. Jahrhundert. Wir hörten ein Bach-Konzert, während die Wolken sich violett über dem Caburn zusammenzogen, die Lichter aufleuchteten & es im Kalkbruch leichenfahl glühte. In einem bestimmten Augenblick stürmten die braunen Pferde los – ihre starken Beine wild ausgreifend. Das Schlimmste ist, daß mein Gehirn sich zu schnell füllt – überläuft. Als ich heute morgen aufs Frühstück wartete, las ich Montaigne & entdeckte einen Abschnitt über die Leidenschaften der Frauen – ihre Unersättlichkeit –, den ich sofort Squires Bemerkungen gegenüberstellte, & entwarf so ein ganzes Kapitel von meinem Tap at the Door, oder wie auch immer, gerade als ich hoffte, meinen Geist weggleiten zu lassen zu einem zweiten Common Reader, & den Elisabethanern. Kein Brief von Vita, der ich vom Bett aus geschrieben habe; & keiner von Nessa, der ich £ 50 geschickt habe. Ein paar Briefe von amerikanischen Verrückten, die ich beantworten muß, muß ich das? – & mit dem Schreiben aufhören. Ob ich eine Erklärung abgeben würde, Was ich glaube, für die amerikanische Nation? Nein. Aber was glaube ich eigentlich? Andere Leute lassen sich auf so was ein. Warum nicht ich?

Und was wollte ich gerade sagen? Oh, daß ich mich über Desmonds übliche höhnische Bemerkung zu Mrs Dalloway geärgert habe – Träumereien.[8] Das hat mich angeregt, mehrere Sätze über Desmonds eigene Prozesse zu formulieren – von denen keiner vermutlich je im Druck abgefeuert werden wird. Seine Gewandtheit, Urbanität, Geziertheit als Schriftsteller; seine weiche, elastische Art. Seine Zuhörerschaft: die Damen & Herren von Teegesellschaften. Seine Schüchternheit. Wie er alles in Fla-

7 Thomas Dekker (1570?-1632), vor allem Theaterautor; seine Prosabücher sind berühmt für ihre lebendige Schilderung des Londoner Alltags-(und Gefängnis-)lebens.

8 Desmond MacCarthy hatte in seinem Essay ›The Bubble Reputation‹ in *Life & Letters*, September 1931, geschrieben: »In der neuesten Art von Roman – Virginia Woolfs, zum Beispiel – sind Ereignisse nichts weiter als Unterbrechungen in einem langen Prozeß der Träumerei geworden.«

nell wickelt. (Browning sagte das von einem kalten Morgen in Paris.) Und es steckt Wahrheit in dem, was ich über Desmond sage, nicht nur Bosheit. Dann sein lächerliches Gezöger & seine Ängstlichkeit als Schriftsteller in puncto Veröffentlichen. Das ständige Sichherablassen. Sein jetzt permanent gebeugter Rücken. Seine Reserviertheit – im schlechten Sinn. Ich meine, er packt eine Nessel nie an den Blättern: trägt immer Handschuhe. Seine Geschwätzigkeit. Nun, ich will hoffen, daß alle seine 8 Bände ein Mißerfolg sind, daß er seine Einkommensteuer nicht bezahlen kann & daß Michael von Leoparden gefressen wird. Dann werde ich ihm begegnen & meine Augen werden sich mit Tränen füllen. Aber es ist wahr – eine Brüskierung – selbst ein Lob – von Desmond deprimiert mich mehr als der unverblümte Zorn eines Arnold Bennett – es zehrt an meiner Lebenskraft.

Ich schlage dieses Buch noch einmal auf, um die Tatsache festzuhalten, daß es der 3. September ist. Die Schlacht von Dunbar: die Schlacht von Worcester, & der Tod von Cromwell. Ein schwerer lähmender windiger wolkiger Tag mit Sonnendurchbrüchen: nicht eigentlich Regen. Es ist sonderbar, daß ich mich immer erinnere, wie Vater das in St Ives sagte, an diesem Tag, & daß ich immer etwas in ein Tagebuch schreibe an diesem Tag & meistens ist es frisch & klar.

Dienstag 15. September 1931

Ich bin hier heraufgekommen, zitternd in dem Gefühl vollständigen Versagens – ich meine The Waves – ich meine, Hugh Walpole gefällt es nicht – ich meine, John L[ehmann].[9] will gerade schreiben, um mir zu sagen, daß er es schlecht findet – ich meine, daß L. mir eine Sensibilität vorwirft, die an Wahnsinn grenze – ich meine, daß ich akut depressiv bin & schon spüre ich das Auf-

9 John Lehmann (1907–1987), Lyriker, war im Januar 1931 als neuer Assistent in die Hogarth Press eingetreten, bei der 1930 sein Gedichtband *A Garden Revisited and Other Poems* erschienen war.

bäumen des harten & hornigen Rückens meines alten Freundes Kampf Kampf. Egal. Hier brauche ich den Tumult meiner Gefühle nicht zu verbergen. Mein Gott, wie abscheulich, daß Hugh durch London rennt und erklärt, die neue VW. sei eine Enttäuschung – das Ganze über nichts – ausgezeichnet geschrieben natürlich. Sollte ich da nicht sagen, daß Brace findet – O je, könnte ich doch endlich aufhören mit dem Abwägen gegensätzlicher Eindrücke.[10] Jedenfalls ist mein Geist mit Büchern verstopft, & weiß Gott, ich habe versucht, die Wahrheit zu sagen, mag diese Bemerkung auch noch so bombastisch klingen, habe sie mir Tropfen um Tropfen aus dem Gehirn gewrungen. Also bin ich im Tiefsten nicht entsetzt. Aber The Waves, das sage ich voraus, markiert den Niedergang meines Renommees.

Das stimmte: Hugh schrieb er finde es »unwirklich«. Es übersteige ihn.

[Mittwoch 16. September 1931]

Oh, aber heute morgen bin ich wie die Biene in der Efeublüte – kann vor Freude nicht schreiben. John schreibt »Aber es hat mir so sehr gefallen, wirklich gefallen, & ich war tief beeindruckt & überrascht von dem, was es mit einer völlig neuen Methode leistet … Mir scheint, nur eine hauchdünne Wand liegt zwischen einem solchen Roman & Poesie. Irgendwie gelingt es Dir, das Tempo von Prosa & die Intensität von Poesie zu behaupten …« Und es ist sehr schwierig, fügt er hinzu; & so weiter. Aber mein Gehirn ist erhitzt & strömt über & sofort fühle ich mich angeregt, einen Letter to a Young Poet zu schreiben.[11]

Mein Gott, was für eine Wetterfahne – nein, eine Welle von Gefühl ist in mir.

10 Hugh Walpole (1884–1941), britischer Schriftsteller. Donald Clifford Brace (1881–1955), VWs amerikanischer Verleger.

11 VWs *A Letter to a Young Poet* wurde im Juli 1932 als Nr. 8 der Serie »Hogarth Letters« veröffentlicht. (›Ein Brief an einen jungen Dichter‹, deutsch von Joachim A. Frank, in: *Der Tod des Falters*, Frankfurt: S. Fischer, 1997, S. 199–217.)

Freitag 9. Oktober 1931

Tatsächlich, dieses unverständliche Buch wird besser aufgenommen als irgendeins davor. Eine Notiz in der Times selbst – das erste Mal, daß man mir das zugebilligt hat. Und es verkauft sich – wie unerwartet, wie merkwürdig, daß die Leute dieses schwierige, knirschende Zeug lesen können!

Freitag Weihnachtsmorgen [1931]

Lytton ist noch am Leben heute morgen. Wir dachten, er könnte die Nacht nicht überleben. Es war eine mondhelle Nacht. Nessa rief um 10 an und sagte, daß er Milch & Tee zu sich genommen habe, nach einer Spritze. Als sie gestern nach Hungerford kam, saßen sie in großer Verzweiflung herum. Er hatte seit 24 Stunden nichts zu sich genommen & war nur halb bei Bewußtsein. Dies könnte die Wende sein, oder gar nichts bedeuten. Wir sind zum Lunch bei den Keynes'. Jetzt steigt das ganze Empfinden für seine Person wieder auf & weitet sich & ich beginne an Dinge zu denken, die ich ihm sagen werde, so stark ist der Wunsch nach Leben – der Triumph des Lebens.

Ein milder diesiger Morgen.

Nachdem ich die letzte Seite geschrieben hatte, am 16. Nov., konnte ich nicht weiterschreiben ohne ununterbrochene Kopfschmerzen; & habe also einen Monat gelegen; habe keine Zeile geschrieben; habe Faust gelesen, Coningsby &c. & Clive gesehen, Christabel, Nessa, Miss Bowen, Alice Ritchie: bis vor 14 Tagen, als ich von Lytton erfuhr. Er ist seit einem Monat krank. Ich habe wieder alle Nuancen des Gefühls durchlebt: dann das Telefon; dann kam Angelica; dann besuchten wir James;[12] dann kamen wir letzten Dienstag hierher, eine dunkle Fahrt, ein Baum, der mich an Lytton erinnerte. Gestern Brighton. Alles

12 James Beaumont Strachey (1887–1967), Psychoanalytiker, Lyttons jüngster Bruder. Er wurde der englische Übersetzer und Herausgeber des Freudschen Werks, das bei der Hogarth Press verlegt wurde.

sehr still, diesig; blauer Himmel & weiße Wolken gestern abend. Sprach gestern abend mit L. über den Tod: dessen Unsinnigkeit; was er empfände, wenn ich stürbe. Er würde vielleicht die Press aufgeben; aber daß man sich natürlich verhalten müßte. Und das Gefühl des Alterns, das uns überkommt: & die Härte des Verlusts von Freunden; & meine Abneigung gegenüber der jüngeren Generation; & dann argumentiere ich, daß es um Verstehen geht. Und wir sind glücklicher jetzt.

Sonntag 27. Dezember 1931

Gestern abend – ich gehe zu Miss Dixey um zu telefonieren – »die Besserung hält an«. Ich behaupte, das bedeutet, daß die kräftige Natur der Stracheys triumphiert hat. Seit 48 Stunden geht es L. besser, & er begreife jetzt, sagt Nessa, daß es ihm besser geht, & ißt; was er essen darf. Ich phantasiere mir also großzügig eine Zukunft zurecht, in der ich mit meiner alten Schlange rede, lache, ihn schlecht behandle: ich werde sein Buch über Sh[akespea]re lesen; ich werde in Ham Spray Besuche machen; ich werde ihm erzählen, wie L. & ich an Heiligabend geweint haben.

Aber diese Seite ist eine der Proben, mit denen ich meinen Kopf teste. Falls erfolgreich, werde ich morgen ins Gartenhaus hinausgehen, meine elektrische Heizung einschalten, & herumwerkeln. Ich nehme es Desmond übel, daß er von träumerischer Subjektivität & The Waves gesprochen hat; ich ersinne Sätze über seine verdammte Lauheit – er, der weder liebt noch haßt – kurzum, ich bin in einer gesunden Verfassung.[13] Und es ist, bemerkenswerterweise, der erste April. L. kann nicht hereinkommen. Ich bin auf der Terrasse auf und ab gegangen. Die Sonne überflutet die Downs. Die Blätter der Pflanze im Fenster schim-

13 In seiner Kolumne »The World of Books« in der *Sunday Times* hatte Desmond MacCarthy am 27. Dezember 1931 von VWs »Methode der träumerischen Subjektivität« geschrieben, die sie in *The Waves* »bis an die äußerste Grenze getrieben« habe.

mern durchsichtig im Licht. Mein Kopf wird sich füllen. Wir werden morgen nach Lewes fahren. Alles ist wieder entkrampft, obwohl mir gewisse Befürchtungen wegen des Telefons bleiben. Beim Lunch mit den Keynes nahmen sie Lytton philosophisch. »Lebt er?« fragte Lydia. Sie nahm 3 Mal vom Truthahn. Maynard sagte, daß Lyttons letzte Beziehungen sehr dünn gewesen waren. Er wußte nicht genau, wann er ihn das letzte Mal gesehen hatte. Er hat sich nicht wirklich verändert; nichts Wichtiges war geschehen. Sie sind nicht in Ham Spray gewesen, weil Lydia das Unmoralische bei Carrington mißbilligt. Sie ist ein mißgünstiger Mensch. Die Beziehungen sind heuchlerisch.[14]

Und was hältst Du von der Unsterblichkeit, Maynard? fragte ich. »Ich bin Idealist«, sagte Maynard, »& also nehme ich im großen und ganzen wohl an, daß etwas weiterleben könnte. Das Gehirn ist eindeutig das einzig Aufregende – Materie existiert nicht. Daraus folgt ... aber es hat etwas sehr Vages.« Das war es, mehr oder weniger, was er sagte. Und L. sagte, der Tod sei etwas Unsinniges, wie ein Autounfall. Und M. sagte, daß Mrs Courtauld im Sterben läge, tot sein könnte in diesem Augenblick. Und er würde sich wünschen, man könnte augenblicklich sterben: der Tod sollte für Paare simultan eingerichtet werden, also er & Lydia, ich & Leonard. Aber er vermute immer, er würde vor Lydia sterben, & ich, sagte ich, vor Leonard. Dann werden Lydia & Leonard heiraten. Sie werden alle diese Hunde zusammenführen – (Hunde streunten herum). Und dann nach Hause. Und ich küßte Maynard. Und sie kommen zum Tee.

Soweit kann ich schreiben, wenn man es [schreiben] nennen kann, nicht einen Erguß dieser alten Feder, ohne Tempo oder Schmerz. Aber wenn es um das Anziehen der Schraube geht – der Schraube, die ich anziehe, & Desmond nicht –

14 Carrington hatte 1921 Ralph Partridge geheiratet, und obwohl er seit 1926 mit Frances Marshall zusammenlebte, kehrte er an den Wochenenden nach Ham Spray zurück und unterhielt weiterhin eine enge und herzliche Bindung zu ihr und Lytton Strachey.

Dienstag 29. Dezember 1931

Lytton geht es wohl besser. Ich brauche Nessa heute nicht anzurufen, was eine wunderbare Erleichterung ist. Es scheint als würde er jetzt eine längere Zeit ernstlich krank sein, mit vielen Aufs & Abs. Sie sagen, es sei mit Sicherheit kein Typhus, sondern ein Dickdarmgeschwür. Nun, wir haben jede Nuance von Gefühl durchlebt – von großer Stärke, großer Tiefe – mehr als ich vermutet hatte, obwohl diese Höhle des Entsetzens mir gut vertraut ist. Nach kurzer Zeit kann man nicht mehr mit allen Fasern leiden: ich kann nichts fühlen, sage ich mir, während ich den Hörer abnehme, auf Miss Dixeys Bett sitzend & intensiv den polierten Tisch & die beiden blaßblauen Weingläser fixierend; die Teebüchse & das goldgerahmte Bild einer viktorianischen Dame. Es gab auch einen kleinen Stapel Bücher, ein paar Briefe, & The Dog World. In diesen akuten Zuständen sind die Empfindungen sehr vereinfacht – nichts von der Komplexität, die ich heute morgen gegenüber Lytton empfinde, wo ich voraussetze, daß er sich erholen wird. Ich empfinde Ärger, Komik & den Wunsch, mit ihm zu lachen.

Es ist ein bitterkalter, windiger Morgen, & der Caburn war weiß von Schnee als ich hereinkam. Jetzt ist er schwarz. Werde ich je wieder ›schreiben‹? Und was heißt schreiben? Das ununterbrochene Gespräch, das ich aufrechterhalte. Ich habe es jetzt 5 oder 6 Wochen angehalten. Die Erregung, die zu einer Gewohnheit wird, ist vorbei. Warum es wieder aufnehmen? Ich bin gelassen. Bücher werden sanft um mich herum angeschwemmt, wie Eisberge. Ich könnte ein Buch mit Karikaturen schreiben. Christabels Geschichte von den Hall Caines erinnerte an eine Karikatur des Landhauslebens, mit den rotbraunen Fasanen. Dann ist da Flush: da ist Knock on the door; da ist der entsetzliche Roman; da ist der Common Reader … da ist mein kleiner Letter to a Poet.[15]

15 Die erste Erwähnung von VWs Buch über den Hund der Dichterin Elizabeth Barrett Browning (1806–1861), *Flush,* findet sich im Tagebuch am 7. August 1931: sie schreibe das neue Buch »halb ernsthaft, um mein Hirn zu entspan-

Aber es mangelt mir an Erregung; habe nicht das Gefühl, wie nach vielen solchen Krankheiten, daß ich, wenn ich nicht schriebe, ins Erlöschen stürzen würde, wie eine elektrische Birne, die durchbrennt.

Das läßt mich vermuten, daß unsere 3 schwarzen Schwäne gestern abend gekommen sind. Ich werde diese Kladde abschließen & eine neue für 1932 anfangen. Und nun habe ich eine riesige Auswahl an Lesestoff, & fühle keinerlei Neigung, das schmeichelhafte Ansinnen von Chatto zu beantworten, daß sie meine Bücher neu auflegen wollen. Faber möchte das auch. Und L. hat von seinem 450 verkauft; & ich 9400 – was für Zahlen!

1932

Donnerstag 21. Januar 1932

Und gestern abend lag Lytton im Sterben, »viel schlechter«. Oliver rief an; & heute morgen »wieder viel besser«. Also gehen wir zu Angelicas Fest in Kostümen. Es ist, als würde einem der Ballon der Zukunft ständig zerschmettert – ohne Lytton – & dann, siehe da, füllt er sich wieder.

Freitag 22. Januar 1932

Viel besser war viel schwächer. Lytton ist gestern morgen gestorben.

Ich sehe ihn die Straße entlangkommen, eingemummt, sein Bart ruht auf seinem Schlips: wie wir stehenbleiben würden: seine Augen glänzen. Jetzt bin ich zu stumpf nach all den Emotionen gestern, um etwas anderes zu tun als solche Gedanken zu denken. Nun, wie ich weiß, wird der Schmerz bald einsetzen.

nen, das von diesem letzten Anziehen der Schraube Waves verknotet war«. »A Knock on the door« war einer der zahlreichen Arbeitstitel für »die Fortsetzung von *A Room of One's Own*«, die schließlich unter dem Titel *Three Guineas* erschien.

Man tändelt herum mit diesem & jenem. Wie sonderbar es gestern abend beim Fest war, die Anspannung bei allen um die Lippen – bei uns, meine ich. Duncan, Nessa & ich, wie wir zusammen im Atelier schluchzen – der Mann, der aus dem Fenster des Sträßchens schaute – das Gefühl, etwas ist versiegt, vergangen: das ist für mich so unerträglich: die Verarmung: dann die plötzlichen Bilder. Duncan sagte, »Man vermißt die Menschen mehr & mehr. Plötzlich überfällt es einen, daß man ihnen etwas sagen will. Dann kommt der Stich, nach Jahren.« Nessa sagte, Was wünschte man sich, wenn man selbst stürbe? daß das Fest weiterginge. Er ist der erste von allen Menschen, die wir kennen, seit wir erwachsen sind, der stirbt, sagte sie. Es war völlig hoffnungslos. Man weiß jetzt, wie unwiederbringlich – ach nein: mir fallen keine Worte ein für das, was ich meine, & doch schreibe ich weiter, stumpf, starr wie ich bin. Wir fahren heute nachmittag nach Rodmell, denke ich. Pippa & James kommen heute. Carrington & Ralph morgen. Was soll jetzt aus Carrington werden? Ja, 20 Jahre Lytton, die uns verlorengegangen sind, törichterweise: das, was wir nie wieder haben werden.

Samstag 12. März 1932

Also fuhren wir nach Ham Spray – ein schöner sonniger Tag, & kamen dort um 1.30 an. »Ich dachte, ihr würdet nicht kommen«, sagte C[arrington]. Sie kam an die Tür, in ihrer kleinen Jacke & Socken mit einer verschlungenen Halskette. Ihre Augen waren sehr blaß. »Ich habe ein Telegramm geschickt; aber ich mache alles falsch. Ich dachte, ihr hättet es nicht bekommen.« Sie war blaß, klein, wortlos leidend, sehr ruhig. Sie hatte eine heiße Suppe für uns. Ich betrachtete die Bäume. Wir saßen im kalten Speisezimmer. Ich habe das Feuer nicht angemacht, sagte sie. Sie hatte uns einen schönen warmen Lunch zubereitet, einen gehaltvollen, mit ihren eigenen Händen. Wir sprachen über Mary & Lytton.[1]

1 Mary war eine enge Vertraute von Lytton Strachey.

Sie hatte entdeckt, wen Mary liebt, aufgrund einer Indiskretion. Aber Lytton ließ sie schwören, es nicht weiterzuerzählen. Also erzählte sie es nicht. Wir sprachen unter Anstrengung; wollte sie uns dahaben? Nahm sie uns übel, weil wir sie vielleicht ausspionieren kamen? Sie war bitter, lachte über Barbara [Bagenal]. »Sie fragte mich, wie sie helfen könnte. Ich sagte ihr, sie könnte Sandwiches aufschneiden. Aber sie brauchte eine Stunde, während sie sich mit Tommy unterhielt.« Dann saßen wir auf der Veranda. Wir baten sie, uns Holzschnitte für Briefpapier zu machen. Und Entwürfe für Julias Buch. Wir versuchten es mit Klatsch – über Mrs Keppel: über Saxon; sie lachte ein, zwei Mal: & ihre Augen schienen blauer zu werden. Dann wurde es kalt & wir gingen & setzten uns in Lyttons Arbeitszimmer – alles wunderbar ordentlich, sein Briefpapier lag aus – ein großes Kaminfeuer; alle seine Bücher passen genau in die Regale, mit den Buchstaben darüber. Wir saßen auf dem Fußboden um das Feuer. Dann schlug L. einen Spaziergang vor. Sie führte uns zu ihrem Wäldchen. Sie sagte, die Bäume hätten Blüten, die im Sommer sehr süß dufteten. Sie sagte, sie müßte ein paar Briefe schreiben & ob wir allein weitergehen würden. Wir gingen nur bis zum Fuß des langen, flachen Hügels. Dann ging L. zum Auto, & ich wanderte durch den Garten, & dann zurück ins Wohnzimmer. Ich nahm gerade ein Buch heraus, als C. eintrat & fragte, ob wir Tee wollten, bevor wir führen. Sie hatte ihn schon gemacht. Sie & ich gingen hinauf, Arm in Arm; & ich sagte, Darf ich sehen, wie der Blick aus dem Fenster ist. Wir standen und schauten hinaus – sie sagte, Findest Du nicht, man sollte ein Zimmer genau so erhalten, wie es war? Wir waren in Dorothy Wordsworths Haus: ihr Zimmer ist genau so erhalten worden, wie sie es zurückgelassen hat. Auf dem Tisch sind sogar dieselben Drucke & kleinen Gegenstände. Ich möchte Lyttons Zimmer so erhalten, wie sie bei ihm waren. Aber die Stracheys sagen, das sei morbid. Ist das romantisch von mir, was denkst Du? Oh nein, ich bin auch romantisch, sagte ich. Und wir kehrten zurück in L.s Wohnzimmer. Sie brach in Tränen aus & ich nahm sie in die Arme. Sie schluchzte & sagte, sie sei immer ein Versager gewesen. »Es gibt nichts mehr zu tun für mich. Ich habe alles für Lytton getan. Aber ich habe in allem anderen versagt. Die Leute sagen, er sei mir gegenüber sehr egoistisch gewesen. Aber er hat mir alles gegeben. Ich hing sehr an meinem Vater. Ich haßte meine Mutter. Lytton war wie ein Vater zu mir. Er hat mich alles gelehrt, was ich weiß. Er hat mir Gedichte & französisch vorgelesen.« Ich wollte sie nicht belügen – ich konnte nicht so tun, als wäre nicht eine gewisse Wahrheit in dem, was sie sagte. Ich sagte, das Leben schiene mir manchmal hoffnungslos, sinnlos, wenn ich nachts aufwachte & an Lyttons Tod dachte. Ich hielt ihre Hände. Ihre Handgelenke schienen sehr schmal. Sie wirkte hilflos, verlassen, wie ein kleines zurückgelassenes Tier. Sie war sehr sanft; manchmal lachte sie; küßte mich; sagte, Lytton hätte seine alten Freunde am meisten geliebt. Sie sagte, er sei töricht gewesen mit den jungen Männern. Aber nur an der Oberfläche. Sie sei wütend gewesen, daß sie nicht verstanden hätten, was für ein großer Mann er sei. Ich sagte, ich hätte das immer gewußt. Und sie sagte, ich würde seine jungen Freunde zu ernst nehmen. Sie sagte, Roger sei »wie Lytton sagte, intellektuell ziemlich trübe«. Er konnte nie wirkliche persönliche Nähe zulassen – nicht, daß man nicht alles teilte – nur daß Roger sehr lebhaft war & gerne nach Rom reiste, & es mochte, wenn Lytton ihm vorlas – aber sie konnten nicht miteinander reden. Und in diesem letzten Jahr hätte Lytton beschlossen, ein Mann im mittleren Alter zu sein. Er war ein Realist. Er sah der Tatsache ins Auge, daß Roger nicht seine Liebe sein konnte. Und wir wollten nach Malaga fahren, & dann würde er über Shakespeare schreiben. Und er wollte seine Memoiren schreiben, wofür er zehn Jahre brauchen würde. Es war pure Ironie, sein Sterben, nicht wahr. Er meinte, es ginge ihm besser. Er sagte Sachen wie Lear, als er krank war. Ich wollte euch zu ihm bringen, an dem Tag, als ihr hier wart, aber ich hatte Angst – James & Pippa sagten, man dürfe kein Risiko eingehen, & es hätte eine Aufregung für ihn sein können. »Nein, natürlich nicht«, sagte ich. »Roger wird die Bücher natürlich nehmen – er wird es müssen.« Und was haben wir sonst noch gesagt? Es war nicht viel Zeit. Wir hatten Tee & Gebäck. Sie stand am Kamin. Dann sagten wir, wir müßten gehen. Sie war sehr still & machte kein Anzeichen, daß sie wünschte, wir würden bleiben.

Dann, als wir das Zimmer verließen, um zu fahren, griff sie plötzlich nach einem kleinen französischen Kästchen mit einem Bild des Arc de Triomphe darauf & sagte, »Ich habe das Lytton geschenkt. Nehmt es. James sagt, ich dürfe Lyttons Sachen nicht verschenken. Aber dies ist in Ordnung. Ich habe es ihm geschenkt.« Also nahm ich es. Es liegt eine Münze darin. Wie ängstlich sie schien, etwas falsch zu machen – wie ein Kind, das gescholten worden ist.

Sie kam herunter bis vor das Haus. Sie küßte mich mehrmals. Ich sagte, »Dann kommst Du & besuchst uns nächste Woche – oder nicht – wie Du möchtest?« »Ja, ich komme, oder ich komme nicht«, sagte sie. Und küßte mich wieder, & sagte Adieu. Dann ging sie hinein; & drehte sich um & ich winkte & sie winkte zurück & sie ging ins Haus. Am nächsten Morgen um 8.30 hörte der Gärtner ein Geräusch in ihrem Schlafzimmer. Er ging hinein & entdeckte, daß sie sich durch den Schenkel geschossen hatte. Sie starb innerhalb von 3 Stunden. Sie war bei Bewußtsein, als Ralph & Alix & Bunny kamen.

(Sie führte mich auch in Lyttons Schlafzimmer. Ich sah sein großes Bett; & das Anrep-Mosaik; seinen Schrank & seine Sachen.)

Donnerstag 17. März 1932

Carrington hat sich also umgebracht; & wieder beginnen »diese Mausoleums-Gespräche«, wie L. sie nennt. Wir waren die letzten, mit denen sie gesprochen hat, & hätten also zur gerichtlichen Untersuchung vorgeladen werden können; aber sie erklärten es zu einem Unfall. Sie hatte daran festgehalten, sogar Ralph gegenüber. Ihr Fuß sei ausgerutscht, als sie auf ein Kaninchen schoß.

Und wir diskutieren über Selbstmord; & ich fühle, wie immer, daß die Geister ⟨schwinden⟩ sich verändern. Diese Tat hat eine Auswirkung auf Lytton. Manchmal grolle ich ihm deshalb. Er hat sie vollständig absorbiert, sie dazu gebracht, sich umzubringen. Dann die romantische Vollendung, die Mary bewegt, »eine schöne Geste – ihr Leben & ihr Tod«. Nonsens, sagt Leonard: es war theatralisch: Tatsache ist, daß wir Lytton nie wieder sehen werden. Dies ist unwirklich. So diskutieren wir über Selbstmord. Und die Geister verändern sich, wie gesagt, so sonderbar in meiner Vorstellung; wie lebende Menschen, & werden verändert durch das, was man über sie hört. Jetzt müssen wir Pippa sehen, & James & Alix. Dann nach Rodmell: dann – vielleicht – nach Griechenland mit Roger & Ha.[2] Das wäre ein Abenteuer: & ich denke wir sind beide in der Stimmung für Abenteuer nach diesen morbiden Zeiten; so viele Gespräche über den Tod; & da gibt es den Tod selbstverständlich.

Wir fuhren am Samstag von Cambridge nach Kings Lynn; längs der schönen, einsamen Küste, die zwischen dort & Cromer liegt, wo ich wieder hinzufahren beabsichtige: grüne Wiesen gegen das Meer; & Bäume, & vollständige Einsamkeit, & dann & wann eine Reihe kleiner alter Häuser: & Stiffkey mit seinem Herrenhaus; & ein Dorf, hingebreitet, wie auf einem mittelalterlichen Bild, auf der Schulter einer Düne; & zauberhafte eigensinnige unbekannte Ortsnamen; & wilde Straßen; & Blickling, Holt, & Coke of Norfolk & Houghton; & die Pastons – dieses ganze Durcheinander irgendwie überschattet von Carringtons Tod: der Name Partridge taucht natürlich auf Gräbern & an Lebensmittelläden auf.

2 »Ha« war (Sara) Margery Fry, eine von Roger Frys sechs unverheirateten Schwestern.

Dienstag 17. Mai 1932

Was ⟨wäre⟩ ist die richtige Einstellung gegenüber Kritik? Was sollte ich empfinden & sagen & tun, wenn Miss B. im Scrutiny einen Artikel darauf verwendet, mich anzugreifen? Sie ist jung, Cambridge-Studentin, engagiert. Und sie sagt, ich sei eine sehr schlechte Schriftstellerin. Meine Meinung ist nun, daß man den Kern der Aussage – daß ich nicht denken könne – festhalten sollte, und dann den kleinen Schubs Energie, der durch Widerstand freigesetzt wird, nutzen, um vehementer man selbst zu sein. Vielleicht stimmt es, daß mein Ruf jetzt verblassen wird. Man wird mich auslachen & mit dem Finger auf mich zeigen. Welche Haltung sollte ich einnehmen – offensichtlich reagierten Arnold Bennett & Wells falsch auf die Kritik ihrer jungen Nachfolger. Das Richtige wäre, es ihnen nicht übel zu nehmen; nicht ... leidend & christlich & ergeben zu sein, das auch nicht. Natürlich gelingt es mir, bei meiner merkwürdigen Mischung aus extremer Heftigkeit & Bescheidenheit (in groben Zügen) sehr schnell, mich von Lob & Tadel zu erholen. Aber es geht mir um eine bestimmte Haltung. Das Wichtigste ist, nicht so viel über sich selbst nachzudenken. Die Attacke säuberlich zu untersuchen; aber nicht kleinlich, nicht übergenau. Auf gar keinen Fall zurückzuschlagen, indem man in das andere Extrem verfällt – zu viel nachzudenken. Und jetzt ist dieser Dorn gezogen – vielleicht zu leicht, aber dann wurde ich ja auch von John [Lehmann] unterbrochen.

[Donnerstag 19. Mai 1932]

John hat mich in einer bestimmten Absicht unterbrochen. Nessa hat gestern den ganzen Abend Argumente für ihn ins Feld geführt gegen den reizbaren Leonard & die schwere Arbeit & die Unterbezahlung. Und heute müssen wir mit ihm seine »Gefühle« bereden – ich kann dem nicht viel abgewinnen, in Anbetracht all der Zeit, die wir schon damit verbracht haben. Und

Hilda M[atheson]. kommt morgen zum Lunch wegen – O je, die Press, die Press – wieviel Zeit die uns schon gekostet hat.

[Montag 23. Mai 1932]

Hier eine kleine Szene, die ich schreiben will, gelangweilt wie ich bin mit der Überarbeitung von Dickens.[3]

Gestern waren wir auf der Heimfahrt [*von Richmond*]. Als wir zur Mortlake Bridge kamen, sah ich mehrere Köpfe im Fluß auf und ab schaukeln. Ich dachte es wären Jungen beim Baden; ich fand es merkwürdig; warum am Sonntag unter einer Brücke baden! Und dann sah ich ein Boot, das auf der Seite lag; & dann eine Menschenmenge; & dann zählte ich zwei & zwei zusammen & begriff, daß dieses stumme Auf-und-Ab-Schaukeln bedeutete, daß es hier einen Unfall gab. Wir hielten an & stiegen aus & beobachteten drei oder vier Menschen, die sehr langsam voll bekleidet die wenigen Meter bis ans Ufer schwammen. Dann hörte man ein Schnarchen, Schluchzen. Niemand rührte sich. Niemand war aufgeregt, geschäftig oder amüsiert. Eine Frau lag aufgelöst mit rotem Gesicht auf dem Rücken. Ein Mann zog & schob an ihr. Schließlich erreichten sie das Ufer; & ein älterer Mann mit glänzenden Augen krabbelte die steile Böschung hinauf, lief tropfend in schwarzen, an den Beinen klebenden Hosen zum Brückengeländer, wo er einen Hut & Überzieher zurückgelassen hatte. Es war ein elendes, stummes Schauspiel – diese heldenhafte Rettungsaktion. Kleinbürger in vollem Sonntagsstaat ins kalte Wasser getunkt. Ich mußte an das Bild eines Wunders denken; voll bekleidete Menschen auf dem Wasser treibend: es hatte etwas Groteskes; nichts Gewaltsames oder Erhabenes. Das Boot lag wie ein Einbaum auf der Seite.

3 VW nahm letztlich ihren überarbeiteten Essay ›David Copperfield‹, der 1925 in *N&A* erschienen war, nicht in den zweiten *Common Reader* auf. Er erschien erst in *The Moment* (1947). (*Der Augenblick*, deutsch von Hannelore Faden und Helmut Viebrock, Frankfurt: S. Fischer, 1996.)

Dann nach Hause: & Hilda ist gewillt; & daraufhin kommt John gestern spät abends & erneuert seine Bewerbung. Diese Mischung von Emotionalität & Raffgier ist so merkwürdig: hart wie Eisen, & dann Gebibber.

Mittwoch 25. Mai 1932

Jetzt habe ich David Copperfield »fertig gemacht«, & ich frage mich, ob ich nicht in eine angenehmere Atmosphäre entweichen könnte? Ist es mir denn nicht möglich, mich zu entfalten & mir das zu erhalten & eine fühlende lebendige Kreatur zu werden! Mein Gott, wie ich leide! Wo es mir doch gegeben ist, so ungeheuer intensiv zu fühlen – und jetzt, seit wir zurück sind, bin ich zu einem Knäuel zusammengeschnurrt; kann nicht Tritt fassen; kann nichts zum Tanzen bringen; fühle mich entsetzlich fern von allem; sehe die Jugend; fühle mich alt; nein, das ist es nicht ganz; frage mich, wie man ein Jahr oder auch 20 durchstehen kann. Denke, und dennoch leben die Menschen; kann mir nicht vorstellen, was hinter den Gesichtern vor sich geht. Alles ist Oberfläche, hart; ich selbst nur ein Organ, das Schläge empfängt, einen nach dem anderen; der Horror dieser harten, rougebedeckten Gesichter bei der [Chelsea-]Blumenausstellung gestern; die leere Sinnlosigkeit dieser Existenz; Haß auf meine eigene Hirnlosigkeit & Unentschiedenheit: das alte Tretmühlengefühl, weiter & weiter & weiterzumachen; ohne jeden Grund: Lyttons Tod; Carringtons; Sehnsucht, mit ihm zu sprechen; all das abgeschnitten, vorbei. Eddys idiotischer Brief; die Verdrossenheit & der Egoismus von Eddy; von John; die Härte & der Konkurrenzkampf des Lebens; kein Raum, in dem man sich entfalten könnte & sagen, Zeit, steh still hier;[4] L.'s Güte & Festigkeit; & die ungeheuere Verantwortung, die auf ihm liegt. Was aus der Press werden soll, aus Hilda, aus John; Frauen; mein Buch über

4 VW hatte Edward Sackville-West am 19. Mai bei einer Gesellschaft getroffen; er hatte ihr eine humorvoll gemeinte Bemerkung übelgenommen.

Berufe; soll ich noch einen Roman schreiben; Schmach, weil es mir an intellektueller Kraft fehlt; Wells lesen ohne was zu verstehen; Nessas Kinder; das Gesellschaftsleben, Kleider kaufen; Rodmell verschandelt; ganz England verschandelt; Alpträume nachts wegen all dem, was in der Welt im argen liegt; Kleider kaufen; wie ich Bond Street hasse & das Geldausgeben für Kleider; am allerschlimmsten diese sporadische Ausgetrocknetheit. Und meine Augen schmerzen; & meine Hand zittert.

Ein Ausspruch Leonards kommt mir in den Sinn in dieser Zeit absoluter Geistlosigkeit & Langeweile: »Die Dinge sind irgendwie falsch gelaufen.« Es war die Nacht, in der Carrington sich umbrachte. Wir gingen diese stille blaue Straße mit den Gerüsten entlang. Ich sah, wie all die Gewalttätigkeit & Unvernunft in der Luft aufeinandertrafen: wir selber klein; draußen ein Tumult: etwas Schreckenerregendes: Unvernunft. Soll ich daraus ein Buch machen? Es wäre ein Weg, um wieder Ordnung & Tempo in meine Welt zu bringen.

Donnerstag 26. Mai 1932

Und heute nun lüftete sich plötzlich das Gewicht auf meinem Kopf. Ich kann denken, argumentieren, bei der Sache bleiben, & mich konzentrieren. Vielleicht ist das der Anfang eines neuen Spurts. Vielleicht verdanke ich das meiner Unterhaltung mit L. gestern abend. Ich versuchte, meine Depression zu analysieren: wie mein Hirn ausgelaugt wird, wenn zwei Arten von Gedanken darin aufeinanderprallen, die kritischen, die kreativen; wie ich aufgerieben werde von äußerem Hader & Aufruhr & Unsicherheit. Heute morgen fühlt sich das Innere meines Kopfes kühl & glatt an, statt angespannt & aufgewühlt.

Donnerstag 14. Juli 1932

›Immunität‹, sagte ich mir vor einer halben Stunde und lehnte mich im Stuhl zurück. Das ist der Zustand, in dem ich bin (oder war). Und es ist ein heiliges, stilles, befriedigendes, reines Gefühl – Immun sein heißt jenseits von Reibungen, Schocks, Leiden zu existieren; außerhalb der Reichweite der Pfeile; genug zum Leben zu haben, ohne um Schmeicheleien und Erfolge zu buhlen; keine Einladungen annehmen zu müssen; nicht darunter zu leiden, daß andere gelobt werden; Solches zu empfinden – hinter meinem Schirm sitzen & atmen, allein, ist genug; stark sein; zufrieden; Nessa & D. neidlos nach Paris fahren lassen; das Gefühl haben, daß niemand an mich denkt; das Gefühl haben, ich habe gewisse Dinge getan & kann jetzt ruhig sein; Herrin meiner Stunden zu sein; Abstand zu haben zu allem, was über mich gesagt wird; & was von mir erwartet wird; froh zu sein, mit Leonard allein Lunch einzunehmen; heute nachmittag freie Zeit zu haben; Coleridges Briefe zu lesen. Immunität ist ein erhabener, ruhiger, wünschenswerter Zustand; & einer, in dem ich viel öfter sein könnte als ich es bin.

Donnerstag 21. Juli 1932

Oh, was bin ich müde – ich denke manchmal, die Leute wissen nicht, was sie mir antun, wenn sie mich bitten, sie »zu sehen«: daß sie mich ins sengende Licht halten: daß ich austrockne & zusammenschrumpfe: daß ich nachts wachliege & mich nach Ruhe sehne – das ist wahr. Wohl wissend, daß ich am nächsten Tag wieder in das Licht & das Gleißen hinaufkatapultiert werden soll. Gestern Mary [Hutchinson]; heute Ethel; morgen Adrian: & Ju[lia Strachey]. Seit Montag Nessa, Angelica: Tom & Eth Bowen; Katharine & Follett; dann Adrians Selbstmördergesicht abends, das mir einen Alptraum bescherte. Und mein Kopf schmerzt; & mein Rücken; & ich bin ausgedörrt; verwelkt. Macht nichts. Ich werde in Monks House in der Kühle ruhen.

Alice Ritchie rief mich wegen eines Dinners an & sagte, »Was ich dir sagen möchte. Bitte geh in deinem nächsten Buch nicht so weit weg.« Sie hatte gerade The Waves wieder gelesen: großartig: aber die Einsamkeit fast unerträglich. Mrs Hardy schreibt, daß sie sich, seit meinem wunderbaren Artikel über Hardy, oft gewünscht habe, sie hätte mich gebeten, seine Biographie zu schreiben. Hätte ich zugestimmt, hätte sie mir das ganze Material übergeben. Und wie stolz ich war, daß man mich bat, den T. L. S.-Artikel zu schreiben![5]

Andrerseits bleibt mein Dichterbrief unbemerkt.

Mittwoch 17. August 1932

Jetzt habe ich wohl so lange den C[ommon] R[eader] korrigiert, bis ich nicht mehr korrigieren kann. Und ich habe ein paar Minuten Urlaub, bis ich L. die Druckfahnen hineinbringen muß. Soll ich nun beschreiben, wie ich wieder in Ohnmacht gefallen bin? – Das heißt, die galoppierenden Pferde wurden wild in meinem Kopf letzten Donnerstag abend, als ich mit L. auf der Terrasse saß. Wie kühl es ist nach der Hitze! sagte ich. Wir sahen zu, wie die Downs sich in eine feine Dunkelheit zurückzogen, nachdem sie den ganzen Tag wie ein kompakter Smaragd geglüht hatten. Jetzt wurde das weich & fein verschleiert. Und die weiße Eule strich vorbei, um Mäuse aus der Marschwiese zu holen. Dann sprang mein Herz; & stand still; & sprang wieder; & ich schmeckte diese merkwürdige Bitterkeit hinten im Halse; & der Puls sprang in meinen Kopf & klopfte & klopfte, noch wilder, noch schneller. Ich fall gleich in Ohnmacht, sagte ich & rutschte vom Stuhl & lag auf dem Gras. O nein, ich war nicht bewußtlos. Ich war am Leben; aber besessen von diesem kämpfenden Gespann in meinem Kopf: galoppierend, stampfend. Ich dachte, etwas in meinem Kopf wird platzen, wenn das so weitergeht. Langsam wurde es dumpfer. Ich zog mich hoch, & schwankte, unendlich mühsam & voller Panik, jetzt wirklich der Ohnmacht nah & sah den Garten, wie er sich schmerzhaft in die Länge zog

5 VWs Auftragsartikel über Thomas Hardy war am 19. Januar 1928, eine Woche nach seinem Tod, im *TLS* erschienen. Florence Hardy veröffentlichte die Biographie ihres Mannes, die Hardy praktisch selbst vorbereitet hatte, in zwei Bänden.

& verzerrte, zurück, zurück, zurück – wie lang mir das vorkam – konnte ich mich weiterschleppen? – zum Haus; & erreichte mein Zimmer & fiel aufs Bett. Dann Schmerzen, wie bei einer Geburt; & dann schwand auch das langsam; & ich lag da & präsidierte, wie ein flackerndes Licht, wie eine äußerst besorgte Mutter, über die zerborstenen, zersplitterten Bruchstücke meines Körpers. Eine sehr heftige & unangenehme Erfahrung.

Samstag 20. August 1932

Ein merkwürdiger Tag gestern in London. Ich sagte mir, während ich an L.s Fenster stand, ›Nimm diesen Augenblick jetzt wahr, denn es ist seit 21 Jahren nicht so heiß gewesen‹. Auf dem Weg vom Studio zur Press gab es einen heißen Windzug, als würde man über eine Küche gehen. Draußen lagen Mädchen & junge Männer in Weiß auf dem Rasen des Square. So heiß, daß wir nicht im Speisezimmer sitzen konnten. L. holte herbei & trug weg & ließ mich kaum meinen eigenen Körper die Treppe hinauftragen. Auf der Rückfahrt hatten wir das Auto geschlossen & die Windschutzscheibe offen – saßen also in einem heißen scharfen Windsturm, der, als wir zu den Landwegen & Wäldern kamen, köstlich kühl & grün wurde. Der kühlste Platz ist der Vordersitz eines Autos, das bei offener Windschutzscheibe mit 40 oder 50 Meilen pro Stunde fährt. Heute erhob sich um 12.30 ein Wind: Wolken bildeten sich; jetzt um 3.45 ist es beinahe ein normaler warmer Sommertag. 10 Tage hat diese Hitze angehalten. Seit meiner Ohnmacht pocht es immer wieder in meinem Kopf: jedenfalls scheint es mir so. Ich denke, ein wenig, an ein plötzliches Sterben. & denke na dann fahre fort mit Essen & Trinken & Lachen & Fischefüttern. Merkwürdig – wie man dem Tod etwas Dummes andichtet – dieser Wunsch, den man hat, ihn klein zu machen, & abgeholt zu werden, wie Montaigne sagt, beim Scherzen mit Mädchen & artigen Burschen. Und L. steckt das Taubecken ab; & ich gehe hinein, um photographiert zu werden.

Drei weitere Bücher über Mrs Woolf erscheinen; das erinnert mich daran, einmal etwas über meine Arbeit aufzuschreiben, irgendwann.[6]

Freitag 16. September 1932

Ich bin derartig aufgewühlt, daß ich das letzte – das vorletzte Kapitel von Flush – vermasselt habe – lohnt es sich, dieses Buch zu schreiben – & kaum still sitzen kann, & deshalb hier hineinkritzeln muß, mich zwingen, meine Buchstaben zu formen, weil – oh, dieses lächerliche verknitterte Blumenblatt – Wishart L.s Schnappschuß von mir veröffentlicht statt der Lenare-Photographie & ich das Gefühl habe, es wird in mein Privatleben eingebrochen; meine Beine sind zu sehen; & ich werde vor der Welt (vor höchstens 1000) als eine häßliche schlampige alte Frau enthüllt.[7] Wie sonderbar! Ich habe keinen Gedanken an die Angelegenheit verschwendet, bis heute morgen. Ich schickte die Photographien ab, mit gewissen Bedenken, daß es zu spät sei. Jetzt bin ich in hellem Aufruhr – kann weder lesen noch schreiben; & kann, mit Recht, wenig Mitgefühl von L. erwarten. Was bin ich doch für ein brüchiges Nervengewebe – freundlich gesagt! Eine Berührung bringt das Ganze zum Zittern. Was macht es schon? Der Komplex ist: Einbruch ins Privatleben, Offenlegung von Häßlichkeit – oh, & daß Wishart mir diese Falle gestellt hat. Mein Gott! Eine der zusätzlichen Ursachen ist der Versteigerungskatalog des Rodmell-Verkaufs. Mein efeuumrankter Spazierweg soll zum Bauen verkauft werden (die Bienen auf den Efeublüten – wie Tom eines Nachmittags zitierte). Eine

6 Zwei dieser Bücher sind nie erschienen: Der Amerikaner Harmon H. Goldstone hatte VW den Entwurf eines von ihm geplanten Buches über ihr Werk geschickt, und in ihrem Antwortbrief an ihn vom 16. August 1932 erwähnt sie, daß die Romanautorin Dorothy Richardson »sich mit einer Studie meiner Werke befaßt«. Das dritte Buch, von Winifred Holtby, wurde im Oktober 1932 veröffentlicht.

7 LWs Schnappschuß diente (ohne Beine) als Titelbild für die von Winifred Holtby verfasste, bei Wishart veröffentlichte Studie über VW.

Straße soll von Deans bis zum Weg über die Downs gebaut werden. Dazwischen soll alles Häuser werden. Sollen wir zu kaufen versuchen? Lohnt es sich, einen Krümel zu retten, wenn alles bedroht ist? Doch während meines Spazierganges – zu lang – ich war müde – & sprang in mein Bett & träumte, daß Angelica tot sei – was für ein Traum – wie lebendig – während meines Spazierganges spürte ich meinen Kopf fast wie heißes Eisen glühen – wie war doch die altgewohnte Schönheit von England so vollständig & heilig: die silbernen Schafe in Trauben; & die Downs, aufstrebend, wie Vogelflügel, die hinauf- und hinanschwingen – ich sagte mir, daß Schönheit etwas fast völlig Befriedigendes geworden war (o meine Beine auf dem Photo). Ich meine, ich kann mich an einem schönen Tag festhalten, wie eine Biene sich an eine Sonnenblume hängt. Er nährt mich, beruhigt mich, befriedigt mich, wie sonst nichts – (nun, das stimmt nicht ganz: wenn Nessa, Duncan & die Kinder kommen, fließe ich ebenso über; aber mit einer feineren, aufregenderen Inbrunst – einer besseren Hitze [?] & Hingabe, meine ich – aber nicht mit dieser). Diese hat etwas Heiliges. Das wird weitergehen nachdem ich tot bin.

Ein sehr guter Sommer, der diesjährige, trotz meines Scheuens & Bockens, meines Aufruhrs heute morgen. Wunderbar ruhig, luftig, kraftvoll. Ich glaube, ich wünsche mir eine solche humanere Existenz als meine nächste – sich sorglos zwischen den Freunden bewegen – die Weite & das Vergnügen des *menschlichen* Lebens spüren: sich nicht bemühen, gleich jetzt ein Muster zu bilden: flexibel zu werden, & den Saft der gewöhnlichen Dinge, Gespräche, Charaktere, durch mich hindurchsickern lassen, leise, unabsichtlich, ehe ich sage – Halt, & meine Feder hervorhole. Ja, meine Schenkel beginnen jetzt, sich zu beruhigen: die Nervenenden stehen nicht mehr einzeln aufrecht.

Gestern brachten wir der alten Mrs Grey Pflaumen. Sie ist geschrumpft & sitzt auf einem harten Stuhl in der Ecke, bei offener Tür. Sie zuckt & zittert. Hat den scheuen, ausdruckslos starren Blick der Alten. L. gefiel ihre Hoffnungslosigkeit: Ich kriech 'ns Bett und hoff auf'n Tag; & ich kriech 'raus und hoff auf die

Nacht. »Ich bin eine unwissende alte Frau – kann nicht schreiben oder lesen. Aber bet zu Gott jeden Abend, mich zu nehmen – ach, zur Ruhe gehen. Niemand weiß, was für Schmerzen ich leide. Fühlen Sie meine Schulter« & sie fing an, an einer Sicherheitsnadel zu nesteln. Ich betastete sie. »Hart wie Eisen – voll Wasser – & die Beine auch« – Sie zog ihren Strumpf herunter. Wassersucht. »Ich bin zweiundneunzig; & alle meine Brüder & Schwestern sind tot; meine Tochter ist tot; mein Mann ist tot …« Sie repetierte ihr Elend, ihre Leidensliste, wieder & wieder; konnte nichts anderes wahrnehmen; konnte nur wieder von vorne anfangen; & küßte mir die Hand, dankte für unser Pfund. Das ist es, was wir aus unseren Leben machen – kein Lesen oder schreiben – halten sie am Leben mit den Gemeindeärzten, wenn sie sterben möchte – Die menschliche Erfindungsgabe in puncto Folter ist sehr groß.

Samstag 17. Dezember 1932

Mir bleiben genau 4 Minuten vor dem Lunch, in denen ich über Rebecca West beim Dinner berichten kann – o ja, eine sehr gescheite Frau, mit leicht abgewetztem Mittelleib: mit einem großen Vorrat irdischen Unterhaltungsstoffes: & einer Menge Energie & Humor; eine seidige, auf- und abschwankende Gesellschaftsstimme; hinterher Blumen, als Entschuldigung dafür, daß sie bis 1.30 blieb.[8]

Und Logan – mein Gott, was für ein Langweiler: ein dogmatischer kultivierter amerikanischer Langweiler; keine Unze Wahrheit in ihm; bloß ein unruhiger Wurm, der sich nach Komplimenten windet.[9] Das konnte ich durch sein seichtes Gewässer sehen; & war ›sehr streng‹ sagt L. (L. beanstandet immer meine Strenge: & ich die seine) aber ich kann nicht an mich halten, wenn Leute zustechen. Das sind nicht die Spielregeln. Und

8 Rebecca West (1892–1983), Romanschriftstellerin, politische Journalistin und Literaturkritikerin, war am 13. Dezember bei den Woolfs zum Dinner.

9 Logan Pearsall Smith (1865–1946), Essayist und Kritiker.

dann – o je, Massen von Menschen; & zuletzt L.s Familie & dann die Frys zum Dinner; & man hat uns darum gebracht, das Auto zu Weihnachten zu haben, sie sollen verflucht sein: es ist ein einziges Durcheinander: & Dinner mit Hope gestern abend: ihre gestopfte schwarze Dachshundwurst preßt sich an mein Knie; & dann nach Rodmell am Donnerstag. Ich habe meinen ersten furiosen Ansturm fast herausgeschrieben – 234 maschinengeschriebene Seiten seit dem 10. Okt. – & werde in Monks House meinem Kopf ein paar Tage lang Ruhe gönnen. Aber der Spaß an diesem Buch kommt erst noch mit Magdalena & Elvira.[10]

1933

Samstag 25. März 1933

Es ist eine absolut verrottete Gesellschaft, habe ich gerade festgestellt, durch die Figur von Elvira Pargiter sprechend, & ich werde nichts von dem annehmen, was diese Gesellschaft mir geben kann &c &c: jetzt, als Virginia Woolf, muß ich – o je, wie mich das langweilt – an den Vice Chancellor der Manchester University schreiben & sagen, daß ich mich weigere, einen Ehrendoktortitel anzunehmen. Und an Lady Simon, die sich in dieser Sache engagiert hat & uns einlädt, bei ihr zu wohnen. Weiß der Himmel wie ich Elviras Sprache in höflichen Zeitungsstil umwandeln soll. Was für ein merkwürdiger Zufall! daß das wirkliche Leben genau die Situation liefert, über die ich schreibe! Ich weiß kaum, welche ich bin, oder wo: Virginia oder Elvira; in den Pargiters oder außerhalb. Wir hatten vorgestern Dinner mit Susan Lawrence. Eine Mrs Stocks von der Man[cheste]r U[niversit]y war da. Wie wird mein Mann entzückt sein, Ihnen im Juli die Doktorwürde zu verleihen! begann sie. Und

10 VW arbeitete an ihrem Roman *The Years*, als dessen Titel sie zu diesem Zeitpunkt noch *The Pargiters* im Kopf hatte. In der veröffentlichten Fassung wurde aus Magdalena (Maggie) Pargiters Schwester Sara (Sally) statt Elvira.

hatte ziemlich viel über Manchesters Entzücken über meine Ehrung heruntergerasselt, ehe ich mir ein Herz fassen mußte & sagen, Aber ich werde sie nicht annehmen. Danach gab es eine allgemeine Diskussion, mit den Nevinsons (Evelyn Sharp), Susan Lawrence &c. Sie sagten alle, sie würden einen Doktorgrad von einer Universität annehmen, jedoch keine Ehrung vom Staat. Sie gaben mir das Gefühl, ein bißchen dumm zu sein, zickig & möglicherweise extrem: aber nur an der Oberfläche. Nichts könnte mich dazu verleiten, diesem ganzen Humbug Vorschub zu leisten. Auch würde es mir, selbst verbotenerweise, nicht das geringste Vergnügen bereiten. Ich glaube wirklich, daß Nessa & mir – sie war auf meiner Seite & gebrauchte meine Argumente über den Blödsinn von Ehrungen für Frauen – jeglicher Sinn für Publizität abgeht. Jetzt zu den höflichen Briefen. Sehr geehrter Vice Chancellor –

Montag 15. Mai 1933

Dies sollte nichts als Beschreibung sein – ich meine von den kleinen grünen Hügelkuppen; & den weißen Ochsen, & den Pappeln, & den Zypressen, & der gemeißelten geformten, unendlich musikalischen, glühenden grünen Landschaft von hier bis zur Abbazia – dahin sind wir heute gefahren;[1] & konnten sie nicht finden, & haben einen nach dem anderen der freundlichen müden Bauersleute gefragt, aber keiner war weiter als 4 Meilen im Umkreis gewesen, bis wir zum Steinklopfer kamen, & der wußte es. Er konnte aber seine Arbeit nicht unterbrechen, um mit uns zu gehen, weil der Inspektor morgen kommen würde. Und er war allein, allein, den ganzen Tag mit niemandem zum

1 Die Woolfs waren am 5. Mai mit ihrem neuen Auto in London aufgebrochen und setzten am selben Abend von Newhaven nach Dieppe über. Sie fuhren durch Frankreich und über die Grande Corniche nach Siena, das sie am 13. Mai erreichten und wo sie vier Nächte verbrachten. An diesem Nachmittag waren sie zur Abbazia di S. Antimo gefahren, einer Travertin-Basilika aus dem 12. Jahrhundert in einem einsamen Tal südlich von Montalcino.

Sprechen. Genauso wie die alte Maria bei der Abazzia. Und sie murmelte & verhaspelte sich, als sie uns in das riesige nackte Steingebäude führte; murmelte & murmelte, über die Engländer – wie schön sie seien. Sind Sie eine Contessa? fragte sie mich. Aber sie mochte die italienische Landschaft auch nicht. Sie wirken verhutzelt, ausgetrocknet; wie Heuschrecken, & mit dem Gebaren verarmter feiner Leute; traurig, weise, tolerant, humorvoll. Da war der Mann mit dem Maultier. Er ließ das Maultier die Straße entlang davonlaufen. Wir sind willkommen, weil wir reden könnten; sie umringen uns & reden über uns, wenn wir gegangen sind. Scharen freundlicher kleiner Jungen & Mädchen kommen immer in unsere Nähe, & winken & fassen an ihre Hüte. Und niemand beachtet die Ausblicke – außer uns – die Euganeen, knochenweiß, heute abend: dann ein geröteltes Bauernhaus oder zwei; & Lichtinseln, die hier & da im Schattenmeer schwimmen – denn es war regnerisch – dann die schwarzen Streifen der Zypressen um die Gehöfte; wie Pelzgrate; & die Pappeln, & das Singen der Bäche & Nachtigallen & plötzliche Schauer von Orangenblüten; & weiße Alabasterochsen, mit hin und her schwingendem Kinn – große Falten weißen Leders, die ihnen unter der Schnauze hängen – unendliche Leere, Einsamkeit, Stille: nie ein neues Haus, oder ein Dorf; sondern nur die Weinberge & die Olivenbäume, wo sie immer gewesen sind. Die Hügel werden blaßblau, sehr scharf & weiß vor dem Himmel laviert; Hügel um Hügel;

Dienstag 30. Mai 1933

Tavistock Square 52

Ja, es gibt nichts Scheußlicheres als das Nachhausekommen aus dem Urlaub. Noch nie habe ich eine solche Ziellosigkeit, eine solche Depression erlebt. Kann nicht lesen, schreiben oder denken. Es gibt hier keinen Höhepunkt. Bequemlichkeit, ja: aber der Kaffee ist nicht so gut wie erwartet. Und mein Hirn ist erloschen – hat buchstäblich nicht die Kraft, einen Federhalter aufzunehmen. Was geschehen muß ist, daß man sie – ich will sagen meine Maschine – auf die Geleise stellt & ihr einen Schubs gibt. Mein Gott – was habe ich gestern geschoben, um sie wieder längs Goldsmith in Gang zu bringen. Da ist dieser halbfertige Artikel. Lord Salisbury sagte etwas über wiederaufgetischte Reden, die wie die kalten Reste des gestrigen Supper wären. Ich sehe weiße Fettränder an den Seiten meines Artikels. Heute ist er ein wenig wärmer – lauwarmes Fleisch: ein Brocken kaltes Hammelfleisch. Es ist kühl, dumpf hier. Ja, aber ich höre die Uhr ticken & vermute, obwohl ich nicht hinschauen sollte, daß die Ränder sich gerade auf den Geleisen zu drehen beginnen. Wir fahren über Pfingsten, das heißt Montag, nach Monks House – dem verminderten, dem Vorort-Monks-House. Nein, ich kann The Pargiters nicht anschauen. Es ist ein leeres Schneckenhaus. Und ich bin leer mit einem kalten Brocken von Hirn. Macht nichts. Ich werde mich kopfüber in The Pargiters stürzen. Und jetzt werde ich mein Hirn laufen lassen am italienischen – wie heißt er nochmal – Goldoni. Ein paar Verben, denke ich.

Mir kommt in den Sinn, daß dieser Zustand, mein deprimierter Zustand, der Zustand ist, in dem die meisten Menschen sich gewöhnlich befinden.

Mittwoch 31. Mai 1933

Ich glaube, ich bin jetzt an dem Punkt angelangt, wo ich 4 Monate hintereinander an The Pargiters schreiben könnte. Oh, welche Erleichterung – die körperliche Erleichterung! Mir ist als könnte ich es kaum noch zurückhalten – als würde mein Hirn gefoltert bei diesem ständigen Anrennen gegen eine Wand – ich meine Flush, Goldsmith, durch Italien fahren: jetzt, morgen, will ich loslegen. Und angenommen, es kommt nur Nonsens heraus? Es geht darum, risikofreudig, mutig zu sein, jede mögliche Hürde zu nehmen.

Und sofort werde ich herausgerufen, um Lose in unserem Derby Sweepstake zu ziehen. Kein Favorit dieses Jahr, heißt es.

Man könnte Theaterstücke einfügen, Gedichte, Briefe, Dialoge: muß das Runde schaffen, nicht nur das Flache. Nicht nur die Theorie. Und Unterhaltungen; Diskussionen. Wie man das macht wird eines der Probleme sein. Ich meine intellektuelle Diskussionen als Kunstform: ich meine, wie dem gewöhnlichen banalen Leben etwa eines Arnold Bennett eine Kunstform geben? Das sind ergiebige, knallharte Probleme für die 4 Monate, die vor mir liegen. Und ich bin im Augenblick mit meinen eigenen Talenten nicht vertraut. Ich bin völlig desorientiert nach 4 Wochen Ferien – nein 3 – aber morgen werden wir wieder nach Rodmell fahren. Und ich muß die Ritzen mit Lesen stopfen – & möchte mich nicht mit Büchern zufriedengeben –

Also, jetzt muß ich zu Murray wegen meines Kleides: & Ethel lauert hinter der Ecke; aber keine Briefe; durch Pfingsten wieder die Unregelmäßigkeit. Gestern abend, als ich durch Richmond fuhr, dachte ich etwas sehr Profundes über die Synthese meines Wesens: daß es nur durch das Schreiben zusammengefügt wird: daß nichts zu einem Ganzen wird, außer wenn ich schreibe; jetzt ist mir entfallen, was so profund erschien. Die Rhododendren wie farbige Glashügel in Kew. Ah, das Aufregende, ah, das Unangenehme dieser Stimmung.

Freitag 21. Juli 1933

Gestern abend Dinner bei den Hutchinsons; im Garten, obwohl es hätte regnen können. Stark bewölkt, schwül & vollkommen still. Die weiße Katze kam heraus & spielte herum. Mary in Weiß, wie eine Mumie; mit einem gelben Turban, der herabhing: kreideweißes Gesicht, wie ein Pierrot. Ich sagte, ich würde sie in The Pargiters unterbringen. Sie könnte in der letzten Szene vorkommen, oder wie sie zu einer Abendgesellschaft geht. Wie ein kleines Pferd. Wir waren sehr viel natürlicher & lockerer als sonst. Lobster & Koteletts in Aspik. Wir sprachen ein wenig über die Eliots; dann über B[arbara]. & Victor: daß sowohl Desmond wie auch ich erklär-

auch halb Jockey

ten, er sei eifersüchtig. Dann begannen die Lichter über die Fassaden der Häuser zu spielen & über die Bäume. Mary wurde ein wenig unruhig & fragte, ob wir in den Zoo gehen wollten. Wir könnten dort Leute treffen, sagte sie. Sie wollte gehen. Jack nicht so sehr, ich auch nicht sehr. Aber wir gingen. Und wir trafen Simon [Bussy] & zwei Franzosen, Masson, den Ballettmacher, im Reptilienhaus. Mary wickelte die schweren, schuppigen Pythons um sich: sie sind mit einem leuchtend elektrischblauen Schimmer überzogen. Sie fühlen sich an, als bewegten sich Muskeln unter glänzend plattierter Haut; L. nahm eine & sie wand sich um seinen Kopf wie eine Toque, streckte dabei ihren Kopf heraus & züngelte seitwärts. Dann zu den weißen Bären, den ⟨Eisbären⟩ Seelöwen; & betrachteten die leuchtend grünen schauernden Bäume. Mit schläfrigen Vögeln, die im Gras herumpickten.

Vivi. E[liot]. erzählte von ihrer Szene mit Tom beim Anwalt: er saß neben mir & ich hielt seine Hand, aber er hat mich keinmal angesehen.

Sonntag 12. November 1933

Ich hätte es kurz aufschreiben sollen: Nessa & das Flugzeug – letzten Freitag – nein Freitag vor einer Woche – in Croydon. Wir fuhren sie um 7 hin.[2] Mußten bei Mondschein um 6.30 aufstehen. Fuhren durch ein leeres, zart getöntes London; alle Linien stark gezeichnet; Croydon eine große Fläche wie eine grüne Rennbahn. Wir standen oben auf dem Dach; sahen das Flugzeug wirbeln, bis die Propeller nicht mehr zu sehen waren – einfach verdunstet: dann rollt das Flugzeug langsam vorwärts, beschreibt einen Kreis & steigt auf. Das ist der Tod, sagte ich, im Gefühl, der menschliche Kontakt würde völlig durchgetrennt.

2 Quentin Bell, Vanessas Sohn, war seit dem Sommer krank. Es wurde eine Behandlung in einer Schweizer Klinik empfohlen, und Vanessa flog am 3. November mit ihm vom Flughafen Croydon nach Genf. Sie war am 7. November zurückgekommen.

Auf stiegen sie in erhabenem Stil & entschwanden wie ein Mensch, der stirbt, und seine Seele entflieht. Und wir blieben. Ich sah, wie das Flugzeug zu einem kleinen Punkt am Himmel wurde. Eine gute Beerdigung würde sich arrangieren lassen. Und ich genoß es nicht im geringsten, das Warten, daß Nessa über die Alpen zurückkehrt: saß & machte Konversation mit Lady Simon. Das ist also vorbei. [...]

Mittwoch 29. November 1933

Derart schwachsinnig nach zu viel Gerede – habe für Nessa gesessen, Tom zum Tee, die Frys [zum] Dinner. Ich komme nicht voran, nicht mal durch Sickerts seichtes Gewässer. Ich mache auf gut Glück eine Skizze von ihm. Und dann dachte ich, ich würde eine Anmerkung über die Seele machen. Ich glaube ich bin die Eitelkeit los: Virginia los. Oh, was für eine Erlösung. Ich habe einen Artikel über mich von einem Mann namens Peel im Criterion nicht gelesen. Ich empfinde das als eine große Befreiung. Dann brauche ich dieses Selbst nicht zu sein. Dann kann ich vollkommen privat sein. Ich habe die Schnur durchgeschnitten, die mich an dieses schlotternde Nervenbündel bindet – all dessen Genugtuungen & tiefste Verzweiflung. Es war Zeit, daß ich es tat. Da ist eine weitere große Entdeckung. Man sieht wie die Leute sich auf etwas wie ein Strohpferd stürzen & darauf einschlagen & das bin überhaupt nicht ich. Ich lehne mich bequem zurück & schaue in die Runde. Und frage mich, ob Nessa wohl immer so gewesen ist? Es ist beruhigend. Es ist würdevoll. Man stöbert nicht rastlos nach Meinungen über sich. Wie bin ich dahin gekommen? Wird es anhalten? Wie wird es funktionieren? Manchmal liege ich nachts wach, erstaunlich glücklich. Was für ein Gedicht, ganze 10 Minuten. Der Vorteil ist, daß es mir eine Menge gibt, was ich auf L. verwenden kann; aufs Lesen; auf das, worauf man Lust hat. Ich frage mich, ob da eine Beziehung besteht zu irgendeinem der berühmten menschlichen Gefühle. Bloß eine rasche Notiz, die ich schon vor einiger Zeit machen wollte.

Sonntag 18. Februar 1934

Und ich habe mit Here & Now heute morgen, Sonntag, wieder angefangen, an der Stelle, wo ich vor fast 3 Wochen wegen meiner Kopfschmerzen unterbrach.[1] Ich halte hier fest, daß zwischen 2 und 3 Wochen der richtige Abstand ist. Es ist nicht erkaltet, wie nach 6 Wochen; ich habe es noch im Kopf & sehe, wie es überarbeitet werden kann. Es hat sich – das Gespräch während des Luftangriffs – in alle Richtungen zerfranst, weil ich müde war; jetzt muß ich es komprimieren; in die Stimmung kommen & wieder anfangen. Ich möchte die Zauberwelt um mich herum hochziehen & dort 6 Wochen lang kraftvoll & ruhig leben. Die Schwierigkeit ist die altbekannte – wie die beiden Welten vereinbaren. Es hat keinen Sinn, sich wie wild aufzuregen: man muß Verbindungen herstellen. Und das Nelly-Problem lastet auf mir, zusätzlich zur üblichen Plage, die Ethel Gesellschaft nennt. Eine gewisse Planung tut deshalb not. Ich muß Ottoline »sehen«, Ethel, K. Furse, Lady Cholmondeley (vielleicht), E. Bowen: Lyn kommt heute abend zum Dinner, um über ihren ziemlich bissigen & dünnblütigen Bastard zu reden. Und ich habe mich entschieden, was ich antworten werde. Ich werde schreiben, wenn sie mich die Wahrheit sagen läßt.

Der neue elektrische Boiler ist drin & hat unser Badewasser heute morgen erhitzt. Der König von Belgien beim Bergsteigen umgekommen. Die ganze letzte Woche Kämpfe in Wien: das berührt unser sicheres Londoner Leben irgendwie mehr als sonst: die Menschen niedergeschossen. warum? John kam L. besuchen: so schmuck wie immer; & hat seine Gedichte dagelassen. Wir fuhren gestern zu Angelica & aßen Eier in Mrs C.s großem Adams-Zimmer.[2] A. soll ein Referat über Mrs Pankhurst halten. Wir sahen beim Lacrosse zu. A. haßt alle Spiele.

1 *Here and Now* war wie *The Pargiters* ein Arbeitstitel für den Roman, der schließlich als *The Years* veröffentlicht wurde.

2 Mrs Curtis war die Direktorin von Angelicas Internat in Essex.

Montag 19. März 1934

Ich kann gar nicht beschreiben, wie die Geschichte mit Nelly auf mir lastet. Auch bin ich entschlossen, nicht mit L. darüber zu reden. Heute morgen hat sie mich unter Druck gesetzt. Sie haben kein Vertrauen zu mir; Sie behandeln mich nicht wie eine Angestellte. O je, wie ich mich da versucht fühlte zu sagen, Dann gehen Sie; aber ich biß mir auf die Zunge. Und dann hier unten versuchen, wieder ins Lot zu kommen. Ich konnte mir nicht vorstellen, daß es so schwer sein würde, & das Schlimmste kommt erst noch. Dazu noch dieses Hämmern, Malen, Bücherbestellen. Und deshalb kann ich nicht in Fluß kommen mit H. & N., obwohl ich heute morgen einen ziemlich brillanten Einfall hatte, glaube ich, wie man der ziemlich zerfließenden Eleanor Festigkeit geben könnte. Ich werde es trotzdem versuchen. Aber Nelly verdirbt alles. Und wenn ich bedenke, daß all dies nicht hätte passieren müssen, wenn ich vor 3 Jahren nicht nachgegeben hätte! Jetzt muß & will ich.

Wir sind am Samstag nach Cambridge gefahren, Lunch mit Dadie, Rosamond & Wogan; ich sollte ihn nicht so nennen. Er ist eifersüchtig auf R.s Ruhm; sie nicht. Dann weiter zu An. & Co, & da war Shephard [J. T. Sheppard] mit all den kleinen Eton-Buben, wie die weißen Kinnbacken eines Weihnachtsferkels. Eine schleppende schwache Aufführung. Schöne Fahrt nach Hause in der Dämmerung durch das weite diffuse Land. Gestern abend zum Dinner bei Nessa. Clive da. N. völlig beflügelt & glühend vom Erfolg ihrer Ausstellung, & dem Geld, das sie verdient hat. Dann trat Lydia ein, ebenfalls völlig &c, wegen ihres Erfolges; & ich kam mir so alt so kalt so schwerfällig vor, nichts Blumiges oder Feuriges glühte in mir, wegen Nelly, aber nicht eifersüchtig: das glaube ich nicht. Mynd [Maynard] auch sehr beschwingt, & Duncan ebenfalls, & Clive ruhig, & jetzt habe ich vor, bei Ott vorbeizusehen, um Lady Oxford zu treffen & falls ich meine Stimmung ändern kann – eine ziemlich brutale Kur. Eine Art klarer, regnerischer Frühlingstag: Wir sind zu

Drews gegangen & haben Cashins Geschenk gekauft, dann zu L.s Herrenausstatter; & nach Hause. Gestern habe ich den ganzen Tag die Eßzimmerbücher abgestaubt. Heute wird er das Arbeitszimmer fertig machen & sie streichen die Treppe. O, wie wünsche ich mir das Ende dieses Kapitels herbei, Rodmell, & Frieden & Freiheit, um meinen Geist wieder zu nutzen.

Dienstag 27. März 1934

Die große Szene mit Nelly ist jetzt vorbei; & natürlich viel weniger heftig als ich vermutete. Sie stand in der Wohnzimmertür im vollen Licht, weiß & rosa, ihr komisches, eher dümmliches, störrisches Gesicht gerunzelt. Und ich hielt meine Rede korrekt, & es gelang mir sogar zu sagen, »Und ich vermute, Sie werden auch eine andere Stelle wollen –«, in einem Tonfall der Ermunterung. Nur einmal begehrte sie auf – »Ich kann nichts sagen – es ist alles, weil es mein freier Abend war, & ich hatte Sie gefragt ...« was ich kurz abschnitt & sagte, wir hätten ausgemacht, uns gütlich zu trennen, gab ihr einen Scheck über £ 25 & einen £ 1-Schein für meine Flickarbeit, »aber Sie schulden mir nichts« sagte sie, & dann ging sie hinauf & ich kam hier herunter. Ich vermute, noch einiges Wehklagen & Argumentieren, mit L. vielleicht, ist unvermeidlich. Aber was für eine Erleichterung jetzt, mein Gott!

Mittwoch 11. April 1934

Ich bin ein wenig stolz auf mich selbst; denn ich habe gerade die letzten Seiten durchgelesen & klopfe mir auf die Schulter & sage mir, ich habe an meinem Entschluß festgehalten, durch dick & dünn, & jetzt bin ich wieder hier & Nelly ist weg, Annie oben, & Mabel, die Ha. eine Perle nennt, kommt sich morgen vorstellen. Also ist das jetzt wirklich geschafft, nach all diesen Jahren. Ein Gefühl von Freiheit & Ruhe – kein Herumbrüten mehr; keine Besitzansprüche mehr; nicht mehr das Gefühl, Teil von Nellys Welt zu sein; & worin sie wurzelt. Selbst wenn das Essen weniger üppig ist, um so besser. Wir hatten einen entsetzlichen Tag letzten Mittwoch – vor zwei Wochen; sie schleppte sich herum, irgendwie rührend, um mich her, nach mir schnappend, & winselnd & zeigte dabei ihre ganze Hohlheit. »Aber sie werden mir die Schuld geben –« Doch ließ sie ihr abscheuliches kleines Geseire auf L. los als der Abschied kam, wie gewöhnlich nur an sich selbst denkend; & so ließen wir sie in der Küche stehen, ein nasses Handtuch in der Hand; »Nein, das kann ich wirklich nicht, Sir« sagte sie, als L. ihr die Hand hinstreckte. Wie benommen & frei & ruhig ich mich fühlte auf der Fahrt nach Lewes! Sie hat alle Kochbücher mitgenommen, bis auf die zu simplen Handbücher; & den Stuhlbezug – eine letzte Zuckung habgieriger Bosheit.

Mittwoch 18. April 1934

Eine merkwürdige kleine Tatsache.

Anstatt 6 oder 7 Zigaretten zu rauchen, wenn ich einen Vormittag lang schreibe, erlaube ich mir jetzt, seit 3 Vormittagen, nur eine zu rauchen. Und genieße es geradezu, ohne auszukommen.

Heute abend Tom & Maynard zum Dinner, um über Toms [T. S. Eliot] Buch zu sprechen; After Strange Gods. Julian [Bell] & E[lizabeth]. Bowen kommen später dazu. Ich möchte sehen, daß ich morgen das Gespräch aufschreibe, da ich das Romanschreiben aufschiebe.

Dienstag 24. Juli 1934

Unendlich gelangweilt vom Korrigieren, genauer: Schnipseleinfügen in meinen alten Sickert für diese pingeligen Amerikaner, die darauf bestehen, Max hineinzuquetschen.[3]

3 Im April hatte VW ihren Artikel über Walter Sickert der *Yale Review* angeboten, und die Herausgeberin bat sie, ihn für die amerikanischen Leser etwas zu verändern.

Gestern abend Dinner bei den Hutchinsons. Laß mal sehen. Lob meines Kleides – sehr philosophisch aufgenommen. Desmond da & Tom – das Essen: nicht sehr gut: um ein Element von Vergnügen gebracht. Gespräche zunächst frivol. Jacks Scherze mit Mary, daß sie in Arlen verliebt sei. Er schickt ihr Bücher. Mir gefallen Jacks Scherze mit Mary nicht eigentlich: ihre Liebhaber &c. Dann Mary, die eine Gesellschaft beschreibt: ein Champagner-Cocktail. Tom ernsthaft aufmerksam. Das Gespräch dreht sich darum, ob wir erschrecken oder erschreckt werden. Tom sagte, ich gäbe ihm das Gefühl, alle seine Schwächen zu durchschauen; was vielleicht stimmt. Reden über Patmore. Desmond breitete sich aus, pries ihn, stellte ihn neben Crashaw: beschrieb seine Vorliebe für große Feuer, seinen Sohn Epiphany, alles in der gefälligen Weise der Sunday Times, nicht sehr dicht am Gegenstand: eine Vorliebe für kleine Bilder. Jack robust, ziemlich derb; wie die alten Victorianer immer den Gewinn im Auge hatten. Tom blieb am Rande; gelb, knochig; aber es tat mir leid, daß ich den ›Rock‹ heruntergemacht hatte – so viel Melancholisches in seinem Gesicht.[4] Ja, & dann irgendwie zu Hitler. Desmond wieder mit einer Beschreibung von Bottomley & Pemberton Billing.[5] Ich habe immer den Eindruck, er flattert & schweift herum, wo Tom ins Zentrum taucht. Und dann Leonard, adlerartig & hager; & Desmond steuerte also die Politik an, & die trotteligen Wespen, die er in ihrem Stock beobachtete: d.h. die Faschisten: wie Hitler ihnen einen Schlag versetzt hätte. Zur Politik also & dann, was Wunder bei Jacks Kreuzverhören, & Toms Intensität, & Desmonds blubbernder umfassender Gutwilligkeit & Menschenliebe, & Leonards ausgetüftelten Überzeugungen, flammte die Diskussion auf: daß die Labour Party an die Macht kommen würde: was sie tun würde. Aber

4 T. S. Eliots *The Rock, A Pageant Play* war vom 28. Mai bis 9. Juni am Sadler's Wells Theatre aufgeführt worden und wurde zum gleichen Zeitpunkt veröffentlicht.

5 Horatio Bottomley und N. Pemberton Billing waren populistische Journalisten und Parlamentsabgeordnete, deren Kampagnen sie vor Gericht brachten.

wie könnt ihr eine so lächerliche Behauptung aufstellen, donnerte Jack. Was wird sie gegen die Arbeitslosigkeit, für die Landwirtschaft tun können? All diese Fragen wurden unter dem Gesichtspunkt des Hier & Jetzt gestellt, gute Geschäftsleute; L. idealistisch im Vergleich. Daß 10 vernünftige Männer »um einen Tisch herum«, einer seiner Sätze, die Lieferung von Lokomotiven & Weizen so beeinflussen könnten, daß die Länder sich gegenseitig ergänzten. Oh, wenn wir doch alle Menschen guten Willens wären, wenn wir alle bereit wären, uns nett zu verhalten – Dann pries Desmond, wie gewöhnlich, Maßhalten & Takt, die Tugenden der gestorbenen Liberal Party: daß die Entwicklung der Menschheit langsam in einem großen weiten Strom verläuft, & man langsam dessen Lauf günstig beeinflussen muß, aber auf keinen Fall Strudel verursachen, Abgründe aufreißen darf & so weiter. Der verstorbene Oxfordianer [H. H. Asquith] vermutlich, sein Ideal: aber das deprimiert & verwirrt mich so bei ihm als Kritiker. Sie trieben L. zwischen sich in die Enge, & als die Diskussion sich in den Schwanz biß, fragte Mary, ob ich mich zurückziehen möchte. Wir gingen nach oben, & sie saß auf dem Kamingitter & erzählte, wie sie, als sie übers Wochenende allein war, versucht hätte, eine anspruchsvolle Biographie zu schreiben. Es sollte eine Rahmengeschichte geben, & eine zweite Bedeutung; soweit ich mitbekommen konnte. Aber nachdem sie eine Figur George Buchanan & eine andere Lettice Ponsonby genannt hatte, starben sie ihr unter den Händen. Ob man denn wohl versuchen könnte, unzusammenhängende Szenen zu schreiben? Müssen sie sich zu einer Geschichte zusammenfügen? Das brauchen sie keinesfalls, sagte ich. Und sie klatschte in die Hände, als hätte ich ihr die Erlaubnis erteilt; & erklärte, sie würde Szenen schreiben, & sie mir schicken. Zum Beispiel war da Syrie Maughams Abendgesellschaft. Als Person hatte sie sich nicht wohl gefühlt. Ich reimte mir zusammen, sie hätte keine intime Situation erlebt. Dann überlegte sie, daß sie jeden Tanz mit einer anderen Person getanzt habe: Freyberg, Arlen & ich weiß nicht, mit wem noch; Lord Hambledon; sie hätte jedem dasselbe gesagt; & jeder sei ganz anders gewesen. Für sie als Künstlerin aber, als emotionslose Beobachterin, sei die Gesellschaft sehr gelungen gewesen. Nicht für sie als Mary. Man müsse aufhören, Mary zu sein.

Dann kamen die anderen; & Tom las Mr Barkers Gedichte vor, einen Singsang intonierend. Barker habe eine sonderbare Art von Begabung, meint er & schattenhaft tauchen durch ein Wirrwarr von Wörtern Ideen auf. Er meint, da wäre eine gewisse Melodie, ein Rhythmus, ein Gefühl, das den Audens & Spenders fehle. Möchte 5/– pro Woche für diesen jungen Mann, der Frau & Kind hat. Dann endlich nach Hause. Die ganze Zeit dröhnten die Flugzeuge am Himmel.

Freitag 17. August 1934

Jawohl. Ich glaube dank dem plötzlichen Durchbruch in den 2 wachen Nächten, die eigentlich frühe Morgen wurden, sehe ich, glaube ich, das Ende von Here & Now (oder Music, oder Dawn, oder wie ich es auch nennen werde). Es soll damit enden, daß Elvira aus dem Hause geht & sagt Wozu habe ich diesen Knoten in mein Taschentuch gemacht? & die ganzen Kupfermünzen rollen umher —

Es soll alles gesprächsweise stattfinden – kein Theaterstück – – Ich habe jetzt einen Entwurf gemacht, was jeder sagen soll; & es endet mit einer Supper-Gesellschaft im Zimmer unten. Ich glaube, ich bin über das Gröbste hinaus.

Es wird so was wie 850 von meinen Seiten im Unreinen werden, stelle ich mir vor: was bei 200:850

$$\frac{200}{170000}$$ ergibt.

& ich werde es auf 130000 einkochen.

Das Boot kam gestern & Julian & ich droschen auf dem Fluß herum. Ein teures Segel – £ 7.7.6 um genau zu sein.[6] Das kommt

6 Die Woolfs hatten ein Gummi-Dinghy gekauft.

davon, wenn man leichthin sagt, ich hätte gerne ein Boot. Aber egal. Ich habe Georges Erbe, & selbst wenn H. & N. nicht vor Oktober nächsten Jahres veröffentlicht werden kann, habe ich immer noch £ 1000 oder so an Ersparnissen.

Mabel, die jetzt Die Kuh genannt wird, ist steif vor Neuritis & sehr »schlaff«, wie sie es nennt. Ein durchaus geselliger Sommer, kann man sagen. Ich bin noch nicht in High Salvington gewesen: wo der Hügel in Putney verwandelt wird & ein Preßluftbohrer am Werk ist; & das parfümierte Zimmer; & Ada wie ein doppeltes Meerschweinchen, blasses Haar hochgebürstet; über die Windmühle – eine solche Fahrt & ein solcher Besuch, daß er sich in mein Hirn eingebrannt hat wie ein neues billiges Reihenhaus.[7]

Aber ich denke an H. & N. & es ist Zeit für Lunch.

Donnerstag 30. August 1934

Wenn ich einmal hier hineinschreiben kann, weil ich die letzten Szenen entwerfe, wie soll ich dann Dante lesen können? Unmöglich. Nach 3 Tagen mühseligem Geracker, um hereinzukommen, bin ich wohl wieder flott geworden.

Robson kommt heute zum Tee; & morgen die Woolves; & … wieder eine Unterbrechung bei der Arbeit an El's Rede. »Weißt du, was ich den ganzen Abend in meiner Hand gehalten habe? Kupfermünzen.«[8]

Nun, jedenfalls habe ich genug auf Vorrat für dieses Kapitel; ich würde sagen, noch 2 oder 3 Wochen.

Gestern habe ich einen neuen Spazierweg entdeckt, & einen neuen Bauernhof, in der Senke zwischen Asheham & Tarring Neville. Sehr hübsch, ganz einsam, mit dem Hügel, der sich da-

7 Am 14. August besuchten die Woolfs LWs Mutter und Ada de Jongh, eine ihrer holländischen Verwandten, zum Tee in High Salvington, nördlich von Worthing, wo LWs Mutter in einem Hotel wohnte.

8 Im Kapitel ›Present Day‹ am Ende von *The Years* sitzt Eleanor Pargiter während des ganzen Festes ihrer Schwester Delia mit »zwei oder drei Kupfermünzen« in ihrer Faust da.

hinter erhebt. Dann kam ich zurück neben einem wilden breiten über die Ufer getretenen grauen Fluß. Der Tümmler tauchte auf & schnappte nach Luft. Es regnete. Die ganze Häßlichkeit löste sich auf. Eine unglaubliche 18.-Jahrhundert-Landschaft, die mich glücklicherweise weniger an Wilmington denken ließ.

Ein ungeheurer Hagelsturm nach dem Tee. Wie weißes Eis; zersplittert: wie Lanzetten, geschleuderte, als würde die Erde gepeitscht. Das passierte mehrmals. Schwarze Wolken, während wir Brahms spielten.

Überhaupt keine Briefe diesen Sommer. Aber im nächsten Jahr wird es viele geben, sage ich voraus. Und es macht mir nichts aus; wo doch der Tag, gestern genaugenommen, ein solcher Triumph war: schreiben: der Spaziergang; lesen, Leeson, ein Detektiv, Saint Simon, Henry James' Vorwort zu P[ortrait]. of a Lady – sehr klug, [*unleserliches Wort*] aber das eine oder andere erkenne ich wieder: dann Gides Tagebuch, wiederum voll überraschender Erinnerungen – Dinge, die ich selbst hätte sagen können.

Sonntag 2. September 1934

Ich glaube, noch nie hat mich ein Buch mehr aufgeregt als das, von dem ich das Ende schreibe – ob es Dawn sein wird? Oder ist das zu emphatisch, sentimental. Ich schrieb gestern wie ein – hab' das Wort vergessen; meine Wangen brennen; meine Hände zittern. Ich arbeite an der Szene, wo Peggy zuhört, wie sie reden & es dann aus ihr herausbricht. Es war dieser Gefühlsausbruch, der mich so aufgeregt hat. Zu sehr vielleicht. Der Übergang zu E[lvir]as Rede gelingt mir heute morgen nicht. Wieder eine Flaute; aber eine sehr leichte, teilweise auf die großartige Unterhaltung gestern beim Tee zurückzuführen – 9 zum Tee; Ks. B's. Ky Martin & Kahan, der ökonomische Jude, ich habe seinen Namen vergessen. Wir hatten viele kleine Kuchen auf zwei Tischen serviert. Und einige kamen früh, andere spät. Und sie redeten (wie an dem Morgen in meinem Buch) über die Zivilisation, wegen L.s Artikel über Shaw, der, wie gewöhnlich, Kingsley aufgebracht hatte, so sehr sogar, daß er erwägt, den N[ew] S[tatesman]. aufzugeben & eine Professur anzunehmen. »Denn was nützt einem der NS., wenn es keine Zukunft für unsere Zivilisation gibt?« Was nützen einem Professoren in diesem Fall? Clive versuchte unpassenderweise mit dieser dürren Frau, dieser Olga zu flirten. Eine Frau, ausgewrungen wie Waschfrauenhände. Und K[ingsley] – derartig theatralisch, überschwenglich. Lydia niedergedrückt, möglicherweise durch den Tod von Cecchetti.[9] Und Maynard wegen seiner Wochenendgesellschaft. Die Männer spielten Bowls. Die Mädchen, inklusive M[aynard] – saßen im oberen Zimmer. Aber Olga machte uns befangen.

Ich bin jedoch sehr ruhig & weltlich gewandt zur Zeit. Mir gefallen diese komponierten Wörter. Einzelne Wörter zu präzise. Verdrossen wegen des Erschreckens über Duncan – hat Temperatur: muß Tuberkulose sein & so weiter. Jetzt sagt der Spezialist, nichts dergleichen, was ich ihnen gleich hätte sagen können. Sonderbar, dadurch irritiert zu sein: aber ich bin es.

Mittwoch 12. September 1934

Roger ist am Sonntag gestorben.[10] Ich ging mit Clive auf der Terrasse auf und ab als Nessa herauskam. Wir blieben dort eine Weile auf der Bank sitzen. Am Montag sind wir mit Nessa hingefahren. Ha kam. Nessa hat Helen [Anrep] gesehen. Morgen fahren wir, irgendeinem Instinkt folgend, zur Beerdigung. Ich fühle mich wie betäubt: sehr hölzern. Frauen weinen, sagt L.: aber ich weiß nicht, warum ich weine – meistens mit Nessa. Und ich bin zu dumm, um irgendwas zu schreiben. Mein Kopf ist völlig steif. Ich glaube es ist die Armseligkeit des Lebens, die mir

9 Der berühmte Lehrer des russischen Balletts, Maestro Enrico Cecchetti, war 1928 gestorben; möglicherweise irrte VW sich in dem Namen, den sie von Lydia hörte.

10 Roger Fry starb am Sonntag, dem 9. September, im Royal Free Hospital, nachdem er zwei Tage zuvor in seiner Wohnung gestürzt war.

jetzt in den Sinn kommt. Ein dünner schwärzlicher Schleier über allem. Warmes Wetter. Ein Wind weht. Alles hat seine Substanz verloren. Ich glaube nicht, daß das übertrieben ist. Sie wird vermutlich wiederkehren. Tatsächlich spüre ich einen starken Wunsch, hin & wieder, umfassender zu leben, Menschen zu sehen, etwas zu schaffen, nur kann man sich zur Zeit die Mühe nicht machen. Und ich kann Helen nicht schreiben, aber ich muß dies jetzt zuklappen & es versuchen.

Maupassant, über Schriftsteller – (richtig, finde ich).

»En lui aucun sentiment simple n'existe plus. Tout ce qu'il voit, ses joies, ses plaisirs, ses souffrances, ses desespoirs, deviennent instantanément des sujets d'observation. Il analyse malgré tout, malgré lui, sans fin, les coeurs, les visages, les gestes, les intonations.«

Ich erinnere mich, wie ich mich abwandte am Bett von Mutter, als sie gestorben war, & Stella uns hereinholte, so daß wir, heimlich, über die Krankenschwester lachten, die weinte. Sie tut nur so, sagte ich: mit 13. & hatte die Befürchtung, daß ich nicht genug fühlte. Wie jetzt.

Sur l'eau 116

Das Temperament des Schriftstellers.

»ne jamais souffrir, penser, aimer, sentir comme tout le monde, bonnement, franchement, simplement, sans s'analyser soi-même après chaque joie et après chaque sanglot«

Samstag 15. September 1934

Ich bin froh, daß wir am Donnerstag zur Beerdigung gegangen sind. Es war ein sehr heißer Sommertag. Und alles sehr einfach & würdig. Musik. Kein Wort wurde gesprochen. Wir saßen da, vor den offenen Türen, die in den Park führten. Blumen & Spaziergänger, was Roger gefallen hätte. Er lag unter einem alten roten Brokat mit zwei Sträußen sehr leuchtender vielfarbiger Blumen. Es ist ein starker Instinkt, mit seinen Freunden zusammenzusein. Ich dachte auch an ihn, mit Unterbrechungen. Würdig & ehrlich & großmütig – »große süße Seele« – etwas von Reife & Musik umgab ihn – & dann der Spaß & die Tatsache, daß er mit so einer Vielfalt & Großzügigkeit & Neugier gelebt hatte. Daran dachte ich. Karin verdroß mich mit ihrem Zu-spät-Kommen, Stolpern. Das ging vorüber. Sie spielten Bach. Dann bewegte sich der Sarg langsam durch die Türen. Sie schlossen sich. Sie spielten wieder – Unbekanntes, glaube ich: alte Musik. Ja, mir gefiel die Wortlosigkeit: Helen sah sehr jung aus & mit blauen Augen & ruhig & glücklich. Das ist viel, um sich ihrer zu erinnern. Ich küßte sie auf die Lippen, im Hof. Dann kam Desmond: sagte, wäre es nicht schön, im Park spazieren zu gehen? »Oh, wir stehen auf einer kleinen Insel« sagte er. Aber es ist wunderschön gewesen, sagte ich. Zum ersten Mal legte ich meine Hand auf seine Schulter, & sagte, stirb noch nicht. Du auch nicht, sagte er. Wir haben wunderbare Freunde gehabt, sagte er. Wir gingen ein Stückchen, aber Molly war draußen, mit ihrer Taubheit. So nahmen wir sie mit zum Wellington Sqre & hatten Tee. Ein fröhliches natürliches Gespräch, über Roger & Bücher & Leute, alles wie gewöhnlich: Molly fiel ein, über ihren Philographen, & ihre Bücher.[11] Merkwürdige Isolation der Taubheit – die diese etwas grämliche aber rührende Egozentrik hervorbringt. Und es war glühend heiß. Erinnerst Du Dich an unser Dinner für den Memoir Club, sagte Desmond auf der Straße – mit einem Blick auf seinen Speisetisch. Nie wieder, sagte Molly. O ja, sagte ich; & wir fuhren ab.

Sehr erschöpft; kann nicht schreiben; alle meine Bücher scheinen mir ein komplettes, ausgemachtes Versagen. Ich muß ein paar Tage frei nehmen. Ann & Judith stehen an: dann Dadie.

Dienstag 18. September 1934

Dadie ist seit einer halben Stunde fort, & ich verfalle in Schweigen, nachdem ich ununterbrochen seit Samstag 1 Uhr geredet

11 Philograph: »Ein Apparat mit einer transparenten Fläche, auf der das Faksimile einer Ansicht oder eines Gegenstandes nachgezeichnet werden kann, die man durch ein einstellbares Okular in den Blick genommen hat.« (*Webster's Dictionary*)

habe, wie mir scheint, & was tatsächlich beinahe stimmt. A. & J. kamen, spazierten herein ohne ihren Koffer. Große braune nacktbeinige Fohlen. Dann war da Mrs Jones & Hugh: Bowls: ich saß da & hörte mir die Klagen der armen Frau an; steif gewordene Knie, verdient nicht genug; ob ich Arbeit für sie hätte; in einem Häuschen in Seaford. Dann Dinner: am nächsten Tag Angelicas Fest (wie das Lytton-Fest) in Charleston.[12] Sie führten etwas auf; ich gab meine arme alte verzweifelte Eule; beim Abschied sagte Clive, der nach Spanien reist bis November, Aber Du wirst darüber wegkommen – ein Pfeil, der saß, weil ich da das Gefühl hatte, ich hätte übertrieben. Egal. Nessa unendlich trauervoll & getroffen, wie eine Statue, hat etwas Eingefrorenes. Janie. Die Kinder auch traurig (nicht A. & J.). Sie spielten sehr schön in chinesischen Gewändern beim Teich. Nun, dachte ich, ich kann dies durch Rogers Augen sehen: es ist richtig, jeden Farbton zu genießen. Und doch, wie kann man das? Das ist dem Tag verlorengegangen – dieses Lachen; diese Energie; & wir waren alle ausgedünnt & gebremst. Dann nach Hause. Und dann, nachdem A. & J. gegangen waren – & ich angefangen hatte, nervös zu werden, weil sie sich nicht den Mund abwischen & so viel essen – kamen die Keynes' & Dadie. Wir haben das Gespräch nach der Beerdigung nicht exakt wiederholt: aber es schwebte über uns. Lydia schien mir ziemlich schrill. Es war ihr einerlei. So ziemlich nichts schwebte über ihr. Der liebe gute Dadie sehr charmant & herzlich. Wir redeten über Cambridge; über den Englischunterricht; ich riskierte eine Lippe – ich meine, äußerte meine Ansichten unverblümt; er war akademisch, ernsthaft, sehr gemessen; glaubt an Erziehung; daß man den Geist erproben sollte, & die Jugend mit einem ›verbesserten Verständnis von Muße‹ nach Afrika schicken & so weiter. Aber das brach ziemlich zusammen & er gab zu, daß er beabsichtige, sobald er es sich leisten könne aufzuhören. Peter [Lucas] eine

12 Angelicas Winterfest war 1932 durch den Tod von Lytton Strachey getrübt worden, so wie ihr Sommerfest jetzt durch den Tod von Roger Fry.

tödliche Warnung. Unterrichten ohne Begeisterung ein Verbrechen. Shepherd ein absoluter Hanswurst; aber gut, wegen seiner Vollständigkeit. Dadie möchte heiraten, weißhaarige Kinder haben & ein romantisches Leben führen mit einer dunkelhaarigen femininen Frau. Wie es steht muß er seine völlig trostlose Mutter aufmuntern.

Ich schreibe gerne heute morgen, denn es nimmt die Spannung von den Lippen. Ein kalter trüber Tag nach all dieser Hitze. Jetzt haben wir [John] Graham – & Mrs W[oolf]. aber dann, vielleicht, Frieden, & ein Ende des Buches? Oh, wenn das möglich wäre! Aber ich fühle mich 10 Meilen entfernt – weit weg – abgetrennt – sehr erschöpft jetzt.

[Mittwoch 19. September 1934]

Ich hatte die Vorstellung, daß ich das ungeheure Gefühl bei R.s Beerdigung beschreiben könnte: aber natürlich kann ich es nicht. Ich meine das allumfassende Gefühl: wie wir alle mit unserem Verstand, unserer Liebe & so weiter kämpften; & besiegt werden *mußten*. Dann wurde der Sieger, diese äußere Macht, so klar; das Indifferente. & wir so klein fein zart. Eine Furcht überkam mich dann, vor dem Tod. Natürlich werde auch ich dort vor diesem Tor liegen, & hineingleiten; & ich bekam Angst. Aber warum? Ich meine, ich fühlte die Sinnlosigkeit dieses ständigen Kampfes, mit unserem Verstand & der Liebe füreinander gegen dieses andere: wenn Roger sterben konnte.

[Donnerstag 20. September 1934]

Aber dann, am nächsten Tag, heute, am Donnerstag, eine Woche später, beginnt das andere zu wirken – das erhebende Gefühl, über der Zeit & dem Tod zu stehen, was daher kommt, wieder in Schreibstimmung zu sein. Und das ist keine Illusion, soweit ich sagen kann. Mit Sicherheit habe ich den starken Eindruck, daß Roger ganz auf dieser Seite wäre in dieser Erregung, & daß ungeachtet dessen, was die unsichtbare Kraft unternimmt, wir auf diese Weise da herauskommen. Ein netter Brief von Helen. Und heute fahren wir nach Worthing – meine Güte, diese arme alte sehr-oberflächliche-mit-der-Außenseite-&-dem-Anschein-der-Dinge-zufriedene Frau. Die nie etwas begreift, sondern wie ein Schmetterling lebt, unfähig, etwas zu behalten oder zu bedenken; aber reich & echt in ihrem freundlichen unreflektierten Gefühl. Ich werde all ihre Kümmernisse anhören müssen, & sie ›aufmuntern‹: was ganz leicht geschieht. Ein Kuchen, ein [*unleserliches Wort*], ein Kompliment – Plaudern.

[*Später*] Tatsächlich war sie unerwartet vernünftig & ziemlich einfühlsam wegen Roger. Sie erzählte, wie eingeschüchtert sie war, als sie mich das erste Mal in B[runswic]k Sqre besuchen kam – wie meine Tapisserien sie beeindruckt hätten – hatte noch nie so etwas gesehen.

Sonntag 30. September 1934

Die letzten Worte des namenlosen Buchs wurden vor 10 Minuten geschrieben; & sogar ganz gelassen. 900 Seiten: L. sagt 200 000 Worte. Herr Gott, was für eine Menge Umschreiben das bedeutet! Aber auch, wie himmlisch, die Feder bei der letzten Zeile zu einem Stop gebracht zu haben, selbst wenn die meisten Zeilen jetzt gestrichen werden müssen. Jedenfalls ist der Plan da. Und es hat etwas weniger als 2 Jahre gebraucht: sogar einige Monate weniger, da Flush dazwischenkam; also ist es in einem größeren Galopp geschrieben worden als irgendeines meiner anderen Bücher. Der Anteil an Schilderung erklärt diesen Fluß des Schreibens. Und ich sollte sagen – aber sage ich das nicht immer? – mit größerer Erregung; nicht allerdings, ganz derselben Art, glaube ich. Denn ich bin allgemeiner gewesen, weniger persönlich. Kein ›schönes Schreiben‹, viel leichterer Dialog; aber eine große Anstrengung, weil so viel mehr Geisteskräfte gleichzeitig auf Trab gehalten werden mußten, obwohl keine unter besonderem Druck. Keine Tränen & Freudensprünge am Ende: aber

Frieden & Weite, hoffe ich. Jedenfalls, sollte ich morgen sterben, die Zeile ist da. Und ich bin frisch; & werde das Ende morgen umschreiben. Ich glaube aber nicht, daß ich frisch genug bin, um weiter zu ›erfinden‹. Das war die Anstrengung – das Erfinden; & ich vermute, daß die letzten 20 Seiten etwas abfallen. Zu viele Fitzchen, die aufgesammelt werden müssen. Aber ich habe keine Vorstellung vom Ganzen –

Ein schöner, windiger Tag. Badende Sperlinge. Muß jetzt an Helen schreiben.

Dienstag 2. Oktober 1934

Ja, aber mein Kopf läßt mich nie rundum glücklich sein: immer ein Absturz. Gestern morgen begannen die alten Lichtstrahlen; & dann der stechende, der sehr stechende Schmerz über meinen Augen; so daß ich herumsaß & -lag bis zum Tee; kein Spaziergang, kein Fünkchen von Triumph oder Erleichterung. L. hat mir ein kleines Reisetintenfaß gekauft, als Gratulation. Ich wünschte, mir würde ein Name einfallen. Sons & Daughters? Wahrscheinlich schon benutzt worden. Es muß eine Menge gemacht werden mit dem letzten Kapitel, womit ich hoffentlich, so Gott will, wie es in bestimmten Kreisen wohl immer noch heißt, morgen anfangen werde: während der Kitt noch weich ist. [...]

Donnerstag 11. Oktober 1934

Eine kurze Notiz. Im heutigen Lit. Sup. wird Wyndham Lewis' Men without Art angezeigt. Kapitel über Eliot, Faulkner, Hemingway, Virginia Woolf ...[13] Nun weiß ich kraft Vernunft &

13 Percy Wyndham Lewis (1882–1957), Autor und bildender Künstler, Begründer der futuristischen Kunstrichtung des »Vorticismus«. Seine bereits legendäre Feindseligkeit gegenüber der »Bloomsbury Group« datierte mindestens bis zu seinem kurzen Engagement in den Omega Workshops 1913 zurück. – Die »Bloomsbury Group« war eine Gruppe befreundeter Künstler, Intellektueller und Wissenschaftler, die zwischen 1905 und dem Zweiten Weltkrieg im Londoner Stadtteil Bloomsbury lebten und arbeiteten. Be-

Instinkt, daß das ein Angriff ist; daß ich öffentlich niedergemacht werde: nichts bleibt von mir in Oxford & Cambridge & an den Orten, wo die Jungen Wyndham Lewis lesen. Mein Instinkt ist, es nicht zu lesen. Und aus diesem Grunde: also, ich
167 schlage Keats auf: & finde: »Lob oder Tadel hat nur eine momentane Wirkung auf den, dessen Liebe zur Schönheit im Abstrakten ihn zu einem strengen Kritiker seiner eigenen Werke macht. Meine hauseigene Kritik hat mir mehr an Schmerz verursacht als was Blackwood oder die Quarterly mir antun könnten … Das ist nur die Sache eines Augenblicks – ich glaube, ich werde nach meinem Tode zu den englischen Dichtern zählen. Und es könnte sogar von Interesse für die gegenwärtige Situation sein, daß der Versuch mich im Quarterly fertigzumachen mehr Aufmerksamkeit auf mich gezogen hat.«

Nun: glaube ich denn, daß ich nach meinem Tode zu den englischen Romanautoren zählen werde? Ich mache mir fast nie Gedanken darüber. Warum zucke ich dann davor zurück, W. L. zu lesen? Warum bin ich empfindlich? Ich vermute Eitelkeit. Mir mißfällt die Vorstellung, ausgelacht zu werden. Daß A B & C vor Befriedigung strahlen, wenn sie hören, V. W. sei fertiggemacht worden: auch wird das künftige Angriffe stärken. Vielleicht fühle ich mich unsicher, was meine eigenen Talente betrifft: aber schließlich weiß ich mehr über sie als W. L.: & in jedem Fall beabsichtige ich, weiterhin zu schreiben. Was ich vorhabe ist, gewitzt den Tenor der Anklage aus Gesprächen & Rezensionen zu erfassen: & in einem Jahr vielleicht, wenn mein Buch herausgekommen ist, werde ich das lesen. Und schon spüre ich die Ruhe, die mir immer bei Verunglimpfungen zufließt: mit dem Rücken an der Wand: ich schreibe um des Schrei-

kannte Mitglieder waren neben Virginia Woolf und Vanessa Bell u. a. John Maynard Keynes, E. M. Forster, Roger Fry und Lytton Strachey. Obwohl es keine formale Grundlage oder progammatische Erklärungen gab, hatten die Arbeiten und Ansichten der Bloomsbury Group großen Einfluß auf Englands kulturelle Modernisierung, sowohl in den Bereichen Literatur, bildende Künste und Ökonomie als auch mit Blick auf Themen wie Feminismus, Sexualität und Pazifismus.

bens willen: &c & dann liegt ein merkwürdiges zweifelhaftes Vergnügen darin, verunglimpft zu werden – eine Figur abzugeben, ein Märtyrer zu sein. & so weiter.

[Mittwoch 17. Oktober 1934]

Ich bin so schläfrig. Ist das das Alter? Ich kann es nicht abschütteln. Und so trübsinnig. Das ist das Ende des Buches. Ich habe in früheren Tagebüchern nachgesehen – ein Grund, sie zu schreiben – & fand dasselbe Elend nach den Waves. Nach Lighthouse war ich, erinnere ich mich, näher am Selbstmord, ernstlich, als irgendwann seit 1913.[14] Das ist schließlich natürlich. Seit 3 Monaten bin ich in einem ständigen Galopp – so aufgeputscht, daß ich mich auf meinen Aufsatz gestürzt habe – nun, das kann man vergessen – nach der ersten himmlischen Erleichterung muß sich natürlich eine schreckliche Leere ausbreiten. Es ist nichts übrig von den Menschen, den Ideen, der Anspannung, kurzum von dem ganzen Leben, das in meinem Kopf herumgerast ist: nicht nur in meinem Kopf; es hat von meiner Muße Besitz ergriffen: wenn ich denke, wie ich still auf denselben Eisenbahnschienen gesessen habe: mein Buch vorantreibend. Nun, nichts zu machen die nächsten 2 oder 3 oder sogar 4 Wochen als sich zu hätscheln: sich weigern, es anzusehen: sich weigern, darüber nachzudenken. Diesmal macht Roger es schwerer als gewöhnlich. Wir hatten gestern Tee mit Nessa. Ja, sein Tod ist schlimmer als Lyttons. Warum, frage ich mich? Solch eine leere Wand. Solch ein Schweigen. Solch eine Armut. Wie er strahlte! Und ich fühle es durch Nessa. […]

14 Nachdem VW 1913 ihren ersten Roman *The Voyage Out* abgeschlossen hatte und er vom Verlag angenommen worden war, geriet sie in eine lang andauernde Depression, während der sie, am 9. September 1913, einen Selbstmordversuch unternahm.

[Samstag 17. November 1934?]

Eine Anmerkung: Verzweiflung über die Mißratenheit des Buches: kann nicht verstehen, wie ich je solch ein Zeug geschrieben habe – & mit derartiger Begeisterung: das war gestern: heute finde ich es wieder gut. Eine Anmerkung, als Nachricht an andere Virginias mit anderen Büchern, daß die Sache so läuft: auf ab, auf ab – & weiß der Himmel die Wahrheit.

1935

Montag 15. April 1935

Kein sehr schönes letztes Treffen bei Nessa gestern abend, weil L. plötzlich versteinerte in der Art, die ich kenne: & war völlig gekränkt, als wir zurückkamen, angeblich weil ich vorschlug, nicht 7 Tage sondern 10 in Rom zu bleiben. Ich vermute es war der alte Familiengroll, der die Schnauze herausstreckte; plötzlich Maulwurfshügel hochschaufelte. Aber das ist alles blöder Quatsch, sagte ich, als ich wartete, daß er käme & er nicht kam; also ging ich hinein & lachte. Die Wahrheit ist, daß er den ganzen Vormittag damit verbracht hatte, Formulare für unsere Reise auszufüllen – was ich, finde ich, hätte tun können; & dann brachte ich seine Pläne durcheinander, meiner Familie zuliebe, & blieb und redete. Und er hatte 2 Stunden Willy hinter sich: & ist müde. Und wenn ich es recht bedenke, sind wir beide sehr glücklich. Ich werde froh sein, wenn wir uns in Monks House ein wenig strecken können, & keine Bells sehen müssen & so mit Maulwurfshügeln anfangen. Als Belohnung für meine gute Laune – aber wie sieht L. meine Launen? ging es heute sehr gut mit meinem Buch; ich halte es für möglicherweise ziemlich gut.

Gestern wieder eine Verteidigung von Bloomsbury von Ellis Roberts in der S. Times: insbesondere von mir (dank meines »Charmes« bei Ottoline, glaube ich); ich wäre der originellste Kopf, der in den letzten 20 Jahren Romane geschrieben hat, & so weiter. Nessa besucht heute morgen Cochran wegen eines neuen Vorhangs für eine seiner Aufführungen, & ich bin nicht eifersüchtig. Aber wie schön, all dies für sechs Wochen hinter sich zu lassen! Jetzt ein wenig Italienisch aus Danaro abschreiben. Nächstes Jahr werde ich Deutsch lernen.

Samstag 20. April 1935

Die Szene hat sich nach Rodmell verlagert & ich schreibe an dem Tisch, den L. gemacht hat (von einem Kissen unterstützt) & es regnet. Karfreitag war ein kompletter Schwindel – Regen & noch mehr Regen. Ich versuchte, am Ufer spazierenzugehen & sah einen Maulwurf über die Wiese laufen – er gleitet eher – wie ein langgestrecktes Meerschweinchen. Pinka lief & stupste ihn mit der Schnauze, & dann gelang es ihm, in ein Loch zu schlüpfen. Gleichzeitig hörte ich durch den Regen den Kuckucksruf. Dann kam ich nach Hause & las & las – Stephen Spender [*The Destructive Element*]; zu schnell, um zum Nachdenken innezuhalten; soll ich innehalten zum Nachdenken; es noch einmal lesen? Es hat beachtlichen Schwung & ist flüssig geschrieben; & manche allgemeine Ideen; verliert sich aber im üblichen Durcheinander auf dem Tisch eines Studienanfängers. Möchte alles unterbringen & das ganze Geschwätz berichten & beantworten. Aber ich möchte bestimmte Fragen untersuchen: warum scheue ich immer vor meinen Zeitgenossen zurück? Was ist in Wirklichkeit die Frauenperspektive? Warum scheint so vieles davon in der Luft zu liegen? Aber ich erkenne meine eigenen Grenzen: nicht gut im logischen Denken, pflegte Lytton zu sagen. Versuche ich instinktiv meinen Geist am Analysieren zu hindern, was seine Kreativität einschränken würde? Ich glaube, da ist was Richtiges dran. Kein kreativer Schriftsteller kann einen anderen Zeitgenossen verkraften. Das Aufnehmen aktueller Werke wird zu grob & voreingenommen, wenn man selbst dasselbe macht. Aber ich bewundere Stephen, weil er diese Probleme in den Griff zu bekommen versteht. Nur muß er sie natürlich justieren – sein eigenes Dilemma als Magnet benutzen, & so wird das Muster zu willkürlich; wenn man nicht in seinem Dilemma steckt. Aber wie gesagt, ich habe es in einem Zug gelesen, ohne meinen Geist eng auf den Gedankengang einzustellen. Das ist eine Methode, die ich sehr ertragreich finde: dann zurückgehen & sich einstellen.

In der öffentlichen Welt gibt es nachdrückliche Schreckensmeldungen. L. bringt nach jeder Versammlung des Komitees einen Stapel mit. Merkwürdig, wie selten ich davon berichte. Eines Tages könnten sie wahr werden. Zum Beispiel sagt Toller, wir seien am Rande eines Krieges. Möchte, daß die Alliierten Hitler den Krieg erklären.[1] Belgien hält seine Flugzeuge einsatzbereit, sie können jederzeit in die Luft aufsteigen. Aber da Deutschland über ihnen sein könnte, ehe sie gestartet sind, scheint das sinnlos. Es gibt einen pflichtgemäßen, oberflächlichen Wirbel um das Jubiläum. Wir haben £ 3 für Kuchen & einen Busunterstand in Rodmell gestiftet. Es ist eine gute Entschuldigung dafür, zu kaufen was man will. Piccadilly ist mit venezianischen Masten bestückt. Sitzgelegenheiten längs allen Hauptstraßen. Der König soll nahezu schlafsüchtig sein. Ob er mit seinen Verbeugungen zurecht kommt? C. Morgan sagte, er kann sich nicht mehr bücken. Und – da sind diese unaufhörlichen Gespräche – Mussolini, Hitler, MacDonald. Alle diese Leute die ununterbrochen in Croydon ankommen, in Berlin, Moskau, Rom ankommen; & wieder abfliegen – während Stephen & ich überlegen, wie man die Welt verbessern könnte.

Donnerstag 25. April 1935

Ob es an Kingsley lag oder nicht, die üblichen Kopfschmerzen umflügeln mich, wie ein Vogel, der kreist & sich niederläßt & mich in den Rücken pickt: meinen Geist umwölkend. Ich glaube

1 Ernst Toller (1893–1939), Schriftsteller, Sozialist und ehemaliger Pazifist, wurde seine Staatsangehörigkeit aberkannt; er ging ins Exil, als Hitler an die Macht kam. 1933–36 lebte er in London.

ich habe Kopfschmerzen & Urlaub verdient. Aber es bleibt kalt. Und ich werde nicht ein Wort am Roman schreiben vor dem 1. Juni. Schwacher Kaffee, heute morgen, ein schlecht gereinigter Fisch; wofür L. der Kuh die Schuld gibt, die uns dennoch gestern abend ein wunderbares Dinner zubereitet hat. Muß sie gehen? Eine tief verwurzelte, instinktive Abneigung auf L.s Seite, physisch, nicht rational. Kann also nicht überwunden werden. Ich kann Pirandello fast fließend lesen; kann aber nicht schreiben. Der Kopf beginnt zu protestieren. Ich werde meine Tage ruhig einteilen & Kleider kaufen: nein, nur Schuhe, glaube ich.

Samstag 27. April 1935

Jeglicher Wunsch, die Kunst des Schriftstellers auszuüben, hat mich völlig verlassen. Ich kann mir nicht vorstellen, wie das wäre: das heißt, genauer gesagt, ich kann meinen Geist nicht der Linie eines Buches anpassen: nein, auch nicht der eines Aufsatzes. Es ist nicht das Schreiben sondern der architektonische Aufbau, der anstrengt. Wenn ich diesen Absatz schreibe, dann ist da der nächste & dann der nächste. Aber nach einem Monat Ferien werde ich so zäh & federnd sein wie – sagen wir, Heidekrautwurzel; & die Bögen & Kuppeln werden sich fest wie Stahl & leicht wie Wolken in die Luft erheben – aber all diese Worte verfehlen das Ziel. [...]

Samstag 15. Juni 1935

Wir hatten Dinner mit Clive, & ich fühlte mich ihm sehr nah. Er hat viel Einfühlungsvermögen – als er, zum Beispiel, über Adrian sprach & sagte, »Er hat nun viel Freude an seinen Kindern. Als ich Anns Aussehen lobte, wehrte er irritiert ab.« Ja, ich mag meinen guten alten Clive sehr. Und L. war charmant, herzlich, leutselig, liebenswürdig. Clive sagte, ich behaupte immer, du seist halb übergeschnappt (zu mir). Wir erörterten, wie viele Rogers & Lyttons es gäbe. Er sagte, Segonzac fände, daß Nessa die beste Malerin in England sei, viel besser als Duncan. Ich werde nicht eifersüchtig sein, aber ist es nicht merkwürdig – sich Gedanken zu machen über ihre Talente? Ich meine, wo sie doch alles andere hat. Und mein Kopf ist wieder verstopft, & ich werde nicht nach Paris fahren, weil es mir eine Woche Elend bescheren würde; & obwohl es schweißtreibend ist, komme ich mit den P.s voran. Kein Name bietet sich an. Rebecca lädt mich zum Dinner ein. Die Cecils laden uns zum Dinner ein.

Und der Regen trommelt, & wir brechen auf zu Philip [Woolf]. Das amüsiert mich – L.s Komplex. »Er ist verärgert, deshalb hat er nicht geschrieben.« Zu guter Letzt hat er mich dazu gebracht, zu telefonieren, gestern abend, weil er fürchtete, es könnte unangenehm werden, einem verärgerten Philip entgegenzutreten. »Virginia? Nein. Ich habe nichts davon gehört. Aber wir würden uns sehr freuen, euch zu sehen«, sagte Philip herzlich. Also fahren wir los, in diesem Sturm.

Und Nessa schreibt nie; aber warum sollte man Geschichten über seine Verwandtschaft erfinden? Ein merkwürdiger Familienkomplex.

[Donnerstag 20. Juni 1935]

Ich bin derartig niedergeschlagen bei dem Gedanken an all die Bücher, die ich schreiben muß, daß mein Kopf sich wie ein berstender Boiler anfühlt. Vor einer halben Stunde hat Margery Fry angerufen, um mich zu bitten, eine Ausstellung von Rogers Bildern in Bristol zu eröffnen; 15 Minuten zu reden. Oh, wir würden uns alle so freuen! sagte sie. Dann schien es, als würden sie damit rechnen, daß ich seine Biographie schreibe. Sie sammelt Unterlagen. Heute morgen gibt es ein Buch (im Lit. Sup.), das darüber klagt, daß die Frauen ihre heiligen Pflichten haben fallen lassen. Das läßt mein Professions-Buch in mir aufsteigen. Helen sagt, die Stracheys seien verletzt, weil ich nie angeboten hätte, über Lytton zu schreiben. »Aber ich wollte es & sie haben mich nie darum gebeten!« sagte ich. Oh, aber sie wollten es nicht vorschlagen – James sagt, sie wünschten es sich. Und dabei bin ich eingekeilt – nein, auf und ab geschleudert – in einem schwappenden Szenensturm am Ende meines Buches, das gerafft & ausgezogen & umgewellt werden muß (das kommt von meiner Dauerwelle gestern – von 2 bis 4.45 & recht erfolgreich). Und wir werden ständig zum Dinner & Lunch & zum Besuch bei Leuten eingeladen. [...]

Dienstag 25. Juni 1935

Eine sonderbare & ziemlich unerfreuliche Szene mit Mabel.[2] Sie war in Tränen, weil Mr Woolf ihr nie ein Wort glaube. Und ich denke das stimmt. L. ist unerbittlich mit den Menschen; besonders mit Dienstboten. Keine Sympathie für sie; streng; despotisch. Das sagte ich ihm gestern, als er sich über den Kaffee beschwerte. »Wenn ich nicht mal was sagen kann, wenn der Kaffee schlecht ist &c.« Seine extreme Starrsinnigkeit überrascht mich; ich meine, im Hinblick auf andere: seine Strenge: nicht mir gegenüber, aber dann stelle ich mich auch auf die Hinterbeine & verfluche ihn. Woher kommt das? Weil er kein Gentleman ist, teilweise: Unsicherheit in der Gegenwart der niederen Klassen: er verdächtigt sie immer, ist nie herzlich ihnen gegenüber. Philip & Edgar [Woolf] sind genauso. Sein Bedürfnis zu dominieren, vermute ich. Machtgelüste. Und dann schreibt er dagegen. Das alles werde ich ihm wieder sagen, denn es spielt für mich keine Rolle; in unserer Beziehung; & doch hasse ich es, wenn andere es bemerken: Nessa; Dadie; sogar Kingsley Martin – die ihn alle bewundern & respektieren. Eine interessante Beobachtung. Es geht zusammen mit großer Gerechtigkeit, in mancher Hinsicht; & auch mit Schlichtheit; & guten Taten: aber privat ist es eine sehr schwierige Charaktereigenschaft. Ich muß jetzt Mabel loswerden & jemand anderes finden. Dieser Streit hat es beschleunigt & mir eine gute Entschuldigung dafür gegeben, sie an die

2 Mabel hatte Nelly als Hausmädchen abgelöst.

Luft zu setzen: aber ich habe das Gefühl, daß es nicht fair ist ihr gegenüber.

Freitag 28. Juni 1935

Aber Dinner mit den [David] Cecils gestern abend war sehr gut: frei & spontan; sie waren alle für eine Gesellschaft bei den Herberts gekleidet: Origo war da, die ich mag. Sie ist jung, vibrierend, nervös – sehr – stottert ein wenig – aber mit ehrlichen Augen; sehr blauen Augen. Habe ich sie schon beschrieben? Wie sie zum Tee kam.[3] Jedenfalls, sie ist sauber & setzt ihre Füße entschieden. Das Gespräch sprudelte. (Ich hoffe, ich habe nicht versucht, brillant zu sein?) Rachel sehr durchsichtig, einfach, unstet, sieht Molly ähnlich, hat etwas von Desmonds Humor. David wird kuppelförmig & kahl; sein Haar zerwühlt. Wir redeten über: Angst vor Menschen; Gesellschaften; sie hatten alle Angst; Sitwells Lunch; Osbert solch ein nervöser Gastgeber; der vergoldete Delphin: Rang; oben im Salon setzte sich Origo (sie heißt Iris) absichtlich neben mich, glaube ich, & war das der Grund, o je, daß ich so frei & locker wurde? – sie hat meine Bücher gelesen, & war natürlich voll stolpernder Begeisterung; also stürzte ich mich in die Bresche & redete über das Schreiben, sprudelte Ideen heraus, gewissermaßen. Sie lebt in der Nähe von Siena, in einer perfekten Landschaft; sie reden über die Jahreszeiten; die Ernte; die Weinlese; Teilhabe mit den Bauern, haben ein großes Weinlese-Fest mit Gans. Und wir redeten über Biographie & Erzählkunst; wobei aber David quer durch den Raum die Ohren spitzte. So mußte er hineingezogen werden; & ich meine, wir haben dasselbe schon früher gesagt – über die wesentlichen Fakten; Biographie als eine Kunst. Dann ging die Tür auf & herein kam Leo Myers, wie eine Zeichnung von du Maurier; eine derart vollkommene weiße Weste (ich hatte mich nicht um-

3 Iris Origo, geb. Cutting (1902–1988), kam am 25. Juni zum Tee zu den Woolfs am Tavistock Square, um über ihr Buch *Allegra* zu sprechen, das sie im Oktober 1935 veröffentlichten.

gezogen – o je, wo ich doch jetzt so hübsche Kleider habe) & sein graumelierter vornehmer Kopf. Aber er sieht immer noch wie eine schläfrige Viper aus.[4] Nun, dann redeten wir über Romane; & könnte man wohl einen ganzen Tag lang Gedanken niederschreiben? Er hatte das getan & es dann zerrissen. Er führt kein Notizbuch. Was sollen wir wegen unserer Biographien unternehmen? Kann man Gespräche wiedergeben? Angst. Er hat ständig Angst. Und Origo war eine halbe Stunde lang still, wegen der Gesellschaft, die ihr bevorstand. Aber sie verlöre ihre Angst, wenn das Entrée vorbei wäre. Leo ist immer am nächsten Morgen unglücklich. Warum macht man diese Dinge? Weil das doch das Leben ist, schließlich. Man muß. Auf der Straße sagte David, daß LM in Iris verliebt sei. Deshalb wäre er gekommen. Die schläfrige Viper in ihrer weißen Weste.

L.s Buch verkauft sich jetzt; & er ist vergnügt, & sehr reumütig, in seiner Art, wegen Mabel. Jetzt kommt er gerade wegen der Frage, ob Ethel eine Einleitung zu Brewsters Buch schreiben soll. Und Vita schreibt, daß Gwen sich einer schrecklichen Operation unterziehen muß. Und Nessa schreibt nicht. Und nach Gewitter & Hitze & Kälte ist es wieder warm; und in einem Anfall von Großzügigkeit haben wir Monks House Stephen Tennant überlassen, & Gott sei Dank sind wir dieses Wochenende allein.

Sonntag 30. Juni 1935

Wir sind gestern zu Swakeleys Farm [*Ickenham*] gefahren & haben einen Hund gekauft – Sally. Sie hat einen feinen gewölbten Kopf; ist wie eine schwarze Karo Drei, sehr kugelförmige Augen; die Schnauze eines Bluthundes; sehr anhänglich, schmiegsam, 13 Monate alt, stellt die Pfoten auf L.s Brust, klettert auf seinen Stuhl & hat Angst vor der Kellertreppe. Sie hat £ 18 geko-

4 Leopold Hamilton Myers (1881–1944), ein Consemester von LW am Trinity College, Cambridge, war ein Mann mit beachtlichem Vermögen und Romanautor.

stet – liebe Güte. Doch wir sagen uns, es ist schön, einen guten Hund zu haben. Und wir werden mit ihr züchten. Sie sieht sehr distinguiert aus. Die einzige Frage ist, ist sie intelligent? Sie hat bereits ihre eigene ziemlich sanfte wunderliche Art – tappt herum, tatzelt; ist leichter, nervöser, möglicherweise ein weniger stabiler Charakter als Pinka. Aber bis jetzt hat sie keinen ausgesprochenen Fehler, außer vielleicht, daß sie eigen ist mit ihrem Futter. Wäre ihre Nase ein 18tel Inch länger gewesen, wäre sie ein Champion, wie ihre Schwester, die £ 2 oder £ 300 gebracht hat.

Mr Lloyd ist ein großer Experte. Er lebt in einem schmucken Wohnkomplex, der in Wirklichkeit eine alte Farm ist; hat 1701 auf dem Kamin. Aber der Raum, in dem wir warteten, war vollständig modernisiert: mit all den Bechern & Pokalen, Zigarrenetuis, mit eingravierten Tributformeln, in sogenannten Chiffonnièren. Er hat sich einen sehr behaglichen Wohnsitz geschaffen aus seiner Leidenschaft für Cockerspaniel. »Eine sehr nette kleine Person«, sagte er. Und auch der Mann vom Zwinger. Sie haben ihre eigene Sprache. Es war brütend heiß & der Garten gepflastert mit verrücktem simuliertem Mosaikpflaster: das schiere Bild von einem Garten.

[Donnerstag 4. Juli 1935?]

Nun, natürlich ist es außerordentlich interessant, mit so vielen verschiedenen Selbst umgehen zu müssen. Da ist dasjenige, das das äußere Leben genießt. Wird es jetzt darauf bestehen, daß ich das äußere Leben genieße – das milde, fließende Geplauder der Buchans? Ja, ich habe es genossen. Mir gefiel die Einfachheit, die Schnelligkeit, die Lockerheit, die Großzügigkeit. Und L. sagt »Sie geben ihr Geld dafür aus, voranzukommen – das ist der Grund, weshalb sie Generalgouverneure sind«, & ich finde, daß das nicht stimmt. Aber wie merkwürdig, so viele Selbst zu haben – wie verwirrend!

Freitag 30. August 1935

Wunder über Wunder, mein Kopf ist klar & meine Hand zittert nicht; aber dann habe ich auch die Law Court-Passagen bearbeitet, die leicht gingen: eine höhere Luft-Passage. Jetzt scheint mir das Buch sehr gut.

Gestern abend spielten sie die belgische Nationalhymne beim Promenadenkonzert: aus Ehrerbietung für die Königin: & danach gab der Nachrichtensprecher, in seiner stark von respektvoller Trauer getränkten Stimme, den Tod der Königin bei einem Autounfall bekannt. Das Auto kam von der Straße ab & prallte gegen einen Baum, & sie wurde hinausgeschleudert; brach sich den Schädel. Der König küßte sie, als sie starb, »& da ich nichts tun konnte, ging ich weiter«, sagte der vertrauenswürdigste Beobachter, ein Passant, heute morgen. Das ist auf seine Art eine Tragödie. Mr Baird [*Einwohner von Rodmell*] hatte einen Anfall nach dem Tee in Southease. Ich habe mit Temperafarben gemalt – die Farbe ist zu blau, aber besser als das Grün; dann spazierten wir zum Fluß, spielten Bowls & erwarten jetzt, leider, da ich gut vorankäme, eine Teegesellschaft der grausamsten Zusammensetzung, & es ist ein windiger regnerischer kalter Tag dazu; die Wolves, Hugh Jones, Angelica & Eve. Nicht viel Vergnügen zu erwarten; & morgen ein müder Kopf; aber wie ich oft sage – was sage ich oft? Etwas von der Art, daß man alles mit links nehmen muß, geradezu als eine Frage der Kunst. Könnte ich allein sein, & schreiben & spazierengehen & lesen, vielleicht – aber nein, ich gestehe, daß dieser Gedanke im Augenblick schier himmlische Freuden birgt. Wie es nun mal ist, auf nach Lewes, Kuchen einkaufen; das Zimmer richten; das Teewasser aufsetzen, & zu Mrs W. sagen, Vorsicht die Stufen.

Mittwoch 4. September 1935

Der kritischste Tag seit dem 14. August 1914. Heißt es in den Zeitungen. Gestern in London. Kreideschrift überall an den Mauern. »Kämpft nicht für Fremde. Britannien sollte sich um seine eigenen Angelegenheiten kümmern.« Dann ein Kreis mit einem Symbol darin. Faschistische Propaganda, sagte L. Mosley wieder aktiv. Die Beerdigung der Königin von B. Flaggen auf Halbmast. Habe einen Regenschirm für 25/– gekauft. Der erste gute Regenschirm, den ich seit Jahren besitze. Der Mann im Bus sah, daß er neu war, mit einer Troddel.

Und ich denke ich werde das Buch »The Years« nennen

L. hat Miss Swinstead Smith gesprochen, eine angespannte, nette, merkwürdige, schäbig gekleidete Frau, eher jung; ihr erstes Buch; Constables hat es beinahe veröffentlicht, ist aber aus wirtschaftlichen Gründen zurückgetreten. Wir werden es jedoch machen. Sie lebt in Sennen in einem Cottage, Miete £12 im Jahr. Ich bin zum L[eiceste]r Sqre gegangen & habe Seide für ein Nachthemd gekauft. Mabel in der Wohnung, sehr kompetent. Heiß, windig. Früh nach Hause zu Waldhuhn. Jetzt gießt es. Brief von Denny, ein dummer überschäumender Brief. Hat einen Sohn. Die Natur. Sie schreibt schlimmer als sie redet. Vielleicht wenn sie mir schreibt. Und Queenie Leavis schreibt ebenfalls, einen eingebildeten Brief, verweist auf Life as we have known it in Scrutiny, dem Handbuch dieser Eingebildeten. Das einzige was sie können ist einen schulmeistern.

Oh, wie es gießt! Ich habe meinen Regenschirm zum ersten Mal benutzt, um den Garten zu durchqueren. Kann heute nicht schreiben. Ich vermute nach gestern. Nessa in London. Wir sahen, wie eine Schlange eine Kröte fraß: sie hatte die halbe Kröte drin, die halbe draußen; machte immer wieder mal eine Saugbewegung. Die Kröte verschwand langsam. L. stocherte an ihrem Schwanz; die Schlange hatte die zerquetschte Kröte satt, & ich träumte von Männern, die Selbstmord begingen & konnte den Körper durch das Wasser schießen sehen.

Donnerstag 5. September 1935

Ich mußte es aufgeben, heute morgen an The Years – so soll es heißen – zu schreiben. Völlig erschöpft. Sally im Bett. Kann kein Wort heraufpumpen. Dennoch kann ich gerade ausmachen, daß da etwas ist; also werde ich einen Tag oder zwei warten, & den Brunnen sich füllen lassen. Er muß dieses Mal verdammt tief sein – 740 Seiten hat es. Ich glaube psychologisch ist dies das merkwürdigste meiner Abenteuer. Die Hälfte meines Hirns trocknet vollkommen aus; aber ich muß nur eine Wendung vollziehen & da ist die andere Hälfte, bereit, scheint mir, ganz zufrieden einen kleinen Artikel zu verfassen. Oh, wenn nur jemand etwas über das Gehirn wüßte. Und selbst heute, wo ich verzweifelt bin, fast in Tränen, wenn ich das Kapitel anschaue, unfähig, etwas hinzuzufügen, fühle ich, daß ich nur herumtasten muß um das Ende des Schnurknäuels zu finden – eine Stelle um dort anzufangen, jemand, der Sara anschaut, vielleicht – nein, ich weiß nicht – & mein Kopf würde sich füllen & die Müdigkeit verschwinden. Aber ich habe wach gelegen & mir den Kopf zerbrochen. Beunruhigt wegen L.s Magenverstimmung & Gewichtsverlust, wo die Apfelernte & der Herbst mit Komitee-Sitzungen anstehen.

Eine sehr sensationelle Stimme im Lautsprecher gestern abend. M[ussolini]. schlägt die Tür zu. Tiefe Enttäuschung. Was als nächstes? &c. Aber die Zeitungen heute früh sind weniger melodramatisch & neigen zur Meinung, daß die Sache sich eine Weile unentschieden hinziehen wird. Ich war auch in heller Aufregung wegen Krieg & Patriotismus gestern abend. Und wenn ich erst anfange, über mein Land nachzudenken! Gott sei Dank ist John Baileys Biographie erschienen, & ich werde darin Trost suchen. Und über Mrs Lindbergh schreiben?

Mittwoch 16. Oktober 1935

Was ich beim Schreiben von The Years entdeckt habe, ist, daß man Komik nur erzielen kann, indem man auf der Oberfläche ansetzt – zum Beispiel, die Szene auf der Terrasse. Die Frage ist, kann ich an andere Schichten herankommen, indem ich Musik hereinbringe & Malerei gemeinsam mit bestimmten Gruppierungen von Menschen. Das ist es, worauf ich hinsteuere in der Luftangriff-Szene: weiterführen & sich wechselseitig beeinflussen: das Bild; die Musik, & die andere Richtung – die Handlung – ich meine, Figuren, die eine andere Figur charakterisieren – während die Bewegung (das ist der Gefühlsumschwung im Verlauf des Angriffs) weitergeht.

Jedenfalls, in diesem Buch habe ich entdeckt, daß es Kontraste geben muß: eine Schicht, oder Lage, kann nicht intensiv entwikkelt werden, wie ich wohl in The Waves getan habe, ohne Schaden für die anderen. So drängt sich eine Art Form auf, hoffe ich, die den Dimensionen des Menschen entspricht: man sollte eine Wand aus all den Einflüssen spüren können; & die sollte sich im letzten Kapitel bei der Abendgesellschaft um sie schließen, so daß der Eindruck entsteht, während sie individuell weitermachen, sie hätte sich geschlossen. Aber so weit bin ich noch nicht. Ich arbeite heute vormittag an Crosby – eine Außenszene. Das Erholsame beim Wechseln vom einen zum anderen scheint mir ein Beweis, daß dies jedenfalls der richtige Ablauf für mich ist. Ich genieße die Abfolge ohne die Anstrengung, die ich mit The Waves hatte.

Sonntag 29. Dezember 1935

Ich habe tatsächlich gerade die letzten Worte von The Years niedergeschrieben – es rollte, es rollt, obwohl es erst Sonntag ist, & ich mir bis Mittwoch Zeit gegeben habe. Und ich bin nicht in einer solchen Aufregung wie sonst. Aber dann wollte ich es auch ruhig enden lassen – eine Prosaarbeit. Und ist es gut? Das kann ich unmöglich sagen. Hängt es zusammen? stützt ein Teil den anderen? Kann ich mir etwas darauf einbilden, daß es komponiert ist; & ein Ganzes ist? Nun, es bleibt noch eine Menge zu tun. Ich muß immer noch komprimieren, & zuspitzen; Pausen ihre Wirkung geben, & Wiederholungen, & dem Verlauf. In dieser Fassung kommt es auf 797 Seiten: sagen wir 200 pro Seite (aber das ist großzügig), dann kommt es auf ungefähr 157000 – sagen wir 140000. Ja, es muß abgeschliffen werden, braucht einige mutige Schnitte, & Gewichtungen. Dafür werde ich noch einmal – ich weiß nicht wie lange brauchen. Und ich muß unterbewußt meinen Geist schließlich davon entwöhnen & eine andere schöpferische Stimmung vorbereiten, oder ich werde in akute Verzweiflung versinken. Wie sonderbar – daß dies alles entschwinden wird & etwas anderes seinen Platz einnehmen. Und nächstes Jahr um diese Zeit werde ich hier sitzen mit einem riesigen Stapel von Zeitungsausschnitten – nein: nicht in Wirklichkeit, hoffentlich; aber in meinem Kopf wird es den üblichen Chor der Kommentare geben, die die Menschen über diese Ansammlung bekritzelter getippter Seiten gemacht haben, & ich werde sagen, Das war ein Versuch damit; & jetzt muß ich etwas anderes machen. Und all die alten, oder neuen, Probleme werden vor mir liegen. Jedenfalls ist das hauptsächliche Gefühl diesem Buch gegenüber Vitalität, Fruchtbarkeit, Energie. Nie habe ich es mehr genossen, ein Buch zu schreiben, glaube ich: nur mit dem ganzen Geist in Aktion, nicht so intensiv wie The Waves.

Montag 30. Dezember 1935

Und heute, nein, es geht nicht. Ich kann kein einziges Wort schreiben; zu große Kopfschmerzen. Kann nur zurückblicken auf The Years wie auf eine unerreichbare Felseninsel, die ich nicht erforschen kann, nicht einmal daran denken. Gestern in Charleston. Der große gelbe Tisch mit sehr wenigen Gedecken. Indem ich Roger lese, werde ich von ihm heimgesucht. Was für eine sonderbare postume Freundschaft – in mancher Hinsicht intimer als alle, die ich im Leben gehabt habe.[5] Die Dinge, die ich vermutet habe, werden jetzt enthüllt; & die wirkliche Stimme ist dahin. Clive Quentin, Nessa Duncan. Ein wenig Angeberei. Etwas Gelächter über Mrs Easdale. Politik – aber sorgfältig gezügelt.

Ich hatte eine Idee – ich wünschte, sie würden schlafen – während ich mich anzog – wie ich mein Kriegsbuch machen könnte – vorgeben, es wären alles Artikel, um die mich Redakteure in den letzten paar Jahren gebeten haben – über alle möglichen Themen. Sollten Frauen rauchen. Kurze Röcke. Krieg – &c. Das würde mir das Recht geben, zu mäandern: würde mich auch in die Position derjenigen versetzen, die man um etwas gebeten hat. Und die Methode rechtfertigen: während zugleich Kontinuität entstünde. Und es könnte ein Vorwort geben, das das erklärt; um den richtigen Ton anzugeben. Ich denke, das ist es.

Ein wilder nasser Abend – Überflutungen: Regen, während ich zu Bett gehe: Hunde bellen, der Wind peitscht. Jetzt werde ich hineinschleichen, denke ich, & irgendein abgelegenes Buch lesen.

1936

Freitag 3. Januar 1936

Das Jahr hat für mich mit drei Tagen völligen Untertauchens begonnen, Kopfschmerzen, Kopf zum Platzen, voll rasender Ideen; & es schüttete; draußen Überflutungen; als wir gestern hinausstolperten, ging der Schlamm bis über meine hohen Gummistiefel; das Wasser gluckste in meinen Sohlen; dieses Weihnachten ist also in bezug auf das Landleben ein Reinfall, & obwohl London vielleicht aufreibend ist & für Ärger sorgt, gehe ich gerne zurück, & habe etwas schuldbewußt darum gebeten,

5 Margery Fry hatte VW gebeten, Rogers Biographie zu schreiben, und ihr deshalb »stapelweise Papiere von Roger« geschickt, wie VW am 29. August notiert hatte.

daß wir nicht noch eine Woche bleiben. Heute ist ein gelbgrauer nebliger Tag; so daß ich nur den Buckel sehen kann, einen feuchten Schimmer, aber nicht den Caburn.[1] Trotzdem bin ich zufrieden, weil ich glaube, daß mein Kopf jetzt wieder so weit im Gleichgewicht ist, daß ich am Montag mit The Years anfangen kann, ich meine, mit der endgültigen Überarbeitung. Das eilt plötzlich ein bißchen, weil L. sagt, ich hätte dieses Jahr zum ersten Mal zu wenig verdient, um meinen Anteil am Haus zu bezahlen & muß £ 70 aus meinen Rücklagen nehmen. Die sind jetzt auf £ 700 geschrumpft & ich muß sie aufstocken. Witzig, in gewisser Weise, wieder ans Sparen zu denken. Aber ernsthaft zu denken wäre sehr anstrengend; & noch schlimmer – eine brutale Unterbrechung – wenn ich mit Journalismus Geld verdienen müßte. Das nächste Buch nenne ich, glaube ich, Answers to Correspondents ... Aber ich darf jetzt nicht sofort unterbrechen & es mir ausdenken. Nein. Ich muß geduldig & ruhig vorgehen, damit dieser reizbare Nerv einschlummert bis The Years auf dem Tisch liegt – fertig; Im Februar? Was für eine Erleichterung – als würde ein riesiger – wie soll ich sagen – knöcherner Auswuchs – ein Muskelbündel – aus meinem Hirn herausgeschnitten. Es zu schreiben ist trotzdem besser als das andere. Läßt meine Psyche in einem seltsamen Licht erscheinen. Ich kann nicht mehr für Zeitungen schreiben. Ich muß an meinem eigenen Buch schreiben. Ich meine, ich ändere meine Worte sofort ab, wenn ich an eine Zeitung denke.

Dienstag 7. Januar 1936

Ich habe die letzten Seiten noch einmal abgeschrieben, & habe glaube ich die Abstände besser hingekriegt. Viele Details & ein paar wesentliche Passagen sind noch nicht fertig. Die Schneeszene zum Beispiel. & wohl auch noch so einige andere, denen

1 Wenn man von Rodmell über das Ouse-Tal nach Norden schaut, blickt man vor allem auf den kahlen Mount Caburn; weiter im Vordergrund, auf der linken Flußseite, ragen zwei »Buckel« aus den flachen Feuchtwiesen.

ich mich noch nicht gestellt habe. Aber ich bleibe bei meinem Gefühl, daß es jetzt steht; & daß ich nur meine handwerklichen Fähigkeiten einsetzen muß, nicht die schöpferischen. Den ganzen Tag gießt es in Strömen – so sehr, daß L. im Regenmantel kommen mußte, & um ihn zu schonen, trank ich meinen Kaffee bei Kerzenlicht im Eßzimmer. Nichts Neues von Morgan? Wieso? Joe ist unzuverlässig.[2] Auf allen Zweigen sind in den Ekken weiße Tropfen. Übrigens ist das Hardys Begabung. winzige hartnäckige Einzelbeobachtungen. Aber wie er je eine solche Reputation erlangte, wenn man bedenkt, wie platt, langweilig & bar jeglicher Begabung der T[rumpet]. Major ist, weiß ich nicht: & würde es gern herausfinden.[3] Ich glaube, er war genial aber untalentiert. Und die Engländer lieben das Geniale. Auch ich bin englisch genug, um zu fühlen, wie meine eigene bäuerliche Vergangenheit seine Bemerkungen erweitert. Tom [T. S. Eliot] als Amerikaner kann das nicht; fühlt vermutlich nichts. Vielleicht nehme ich Sätze von großen Schriftstellern & erweitere sie. Aber dann zappele ich immer herum, um meine kritischen Gedanken zu befreien, die nicht mehr in die Zwangsjacke des normalen Times-Leitartikels passen. Jedenfalls löst dieser Regen meine Schuld in den Wunsch auf, zurückzufahren. Und ich habe hier ein, zwei überaus ruhige Abende gehabt – Abende der Immunität, und ich gebrauche dieses Wort in seinem höchsten Sinn.

Freitag 10. Januar 1936

London.

Wieder zu Hause. Gestern den ganzen Tag starker Sturm & alles im Dämmerlicht & Regen, so daß es nicht so behaglich war,

2 Joe Randolph Ackerley, ein enger Freund von E. M. Forster. Forster hatte sich einer Gewebeentnahme der Prostata unterzogen, und Joe hatte wahrscheinlich versprochen, über dessen Zustand Bericht zu erstatten.

3 Am 5. Januar hatte VW in ihr Tagebuch geschrieben: »Und mein Kopf ist heute ruhig, besänftigt durch die Lektüre von The Trumpet Major gestern abend.« Der Roman von Thomas Hardy war 1882 erschienen.

wie ich erwartet hatte. Origo zum Tee; & nächste Woche will sie mit uns zu Abend essen. Trotzdem werde ich die Zügel in der Hand behalten. Denn ehrlich gesagt sind diese sechs Wochen ein höchst gefährliches Unternehmen. Wie um alles in der Welt soll ich bis Ende Feb. fertig werden, mit Tippen und Redigieren? Als Indiz für meine Verfassung habe ich heute morgen die 11 auf meiner Armbanduhr mit einer 12 verwechselt; mein Buch alsdann zugeklappt & mit solcher Erleichterung aufgehört zu arbeiten, daß ich, als ich merkte, ich hatte mich geirrt, es nicht über mich brachte, noch eine Stunde zu arbeiten & mich statt dessen mit Roger befaßte. Wie soll ich nur fertig werden? Ich habe keinerlei geistige Spannkraft. Geplant habe ich, den langen letzten Abschnitt bis sagen wir spätestens Montag oder Dienstag *tipp*-fertig zu machen: ihn dann Mabel [*der Typistin*] zu schicken, & dann mit dem Kapitel anzufangen, an dem ich aufgehört habe, & es noch einmal durchzugehen & so das Ganze weiterzulesen, bis alles neu getippt ist. Aber bekomme ich das in der kurzen Zeit hin? Ich will mir die Zeit möglichst sorgfältig einteilen, nach dem Lunch ruhen, & nur mit dem äußeren Auge lesen. Aber die Crux (was für ein Wort) sind die Leute, ein chronisches Problem. Dadie hat uns gerade nach Cambridge eingeladen; & die alte Ethel ist auf dem Quivive; & die üblichen Briefe. Die C[ambridge]. U[niversity]. Lit. Soc. lädt mich zu einem Vortrag ein, sagt Dadie. Meinetwegen. Ein Text für meinen Brief. Origo ziemlich verdreht: sagt, Italien sei blind glühend heiß ergeben patriotisch: hat ihren Ehering auch in den Kessel geworfen. Rechnet mit einem langen Krieg, & dann mit dem Frieden, den sie vor einem Monat hätten haben können.[4] Sie sind besser vorbereitet als im ersten Weltkrieg. 2 fleischlose Tage die Woche.

4 Nach Mussolinis Einmarsch in Abessinien im Oktober 1935 verhängte der Völkerbund Sanktionen gegen Italien. Um den Krieg zu finanzieren, appellierten die Faschisten an den Patriotismus der Italienerinnen und forderten sie auf, ihre goldenen Eheringe zu opfern. Am 18. Dezember wurden an den Kriegsdenkmälern in ganz Italien Zeremonien veranstaltet, bei denen die Frauen, allen voran die Königin, ihre Ringe in Kessel warfen und dafür Ringe aus Stahl erhielten.

Donnerstag 16. Januar 1936

Selten ging es mir so total miserabel wie gestern abend gegen 18.30, als ich den letzten Teil von The Years durchlas. Derartig dümmlich und geschwätzig – zwielichtig und klatschsüchtig kam es mir vor; eine derartige Bloßstellung meiner eigenen Altersschwäche, & noch dazu in solcher Ausführlichkeit. Ich konnte es nur auf den Tisch knallen & mit glühenden Wangen zu L. hochrennen. Er sagte So ist es immer. Aber ich hatte das Gefühl, so schlecht wie diesmal war es noch nie. Ich notiere das hier, falls ich mich nach dem nächsten Buch wieder im selben Zustand befinde. Heute morgen habe ich kurz hineingesehen und es kommt mir jetzt, ganz im Gegenteil, reich und äußerst lebendig vor. Ich sah mir die ersten Seiten an. Sie sind nicht ganz ohne, glaube ich. Aber jetzt muß ich mich allmählich zwingen, Mabel regelmäßig etwas zu schicken. Heute abend gehen 100 Seiten raus, das schwöre ich.

Iris Origo kam allein zum Dinner. Zuerst dachte ich, auch das würde eine Schlappe. Doch hauptsächlich dank L.'s Charme & weil ich mir einen Schwips angetrunken hatte, plauderten wir alle vertraulicher miteinander, als wenn John dabei gewesen wäre oder William oder Harold, & wir beide mochten sie. Und sie soll wiederkommen. Eine echte Frau, finde ich, ehrlich, intelligent &, zu meiner Freude, gut gekleidet: da ich ja ein Snob bin, gefällt mir auch ihr Paradiesvogelflug durch die vergnügungssüchtige Welt. Inspiriert ist das Bild von einer langen grünen Feder an ihrem Hut.

Sonntag 19. Januar 1936

Ein Gefühl für das, was die Öffentlichkeit erwartet, zwingt mich, damit zu beginnen, daß Kipling gestern gestorben ist; & daß der König (George V.) wahrscheinlich heute stirbt. Der Tod von Kipling hat all die alten Presseschlachtrosse in ihren Boxen aufgestört; & die Zeitungen müssen mühsam 5 oder 6 Spalten an das nackte Bulletin anstückeln – Zustand besorgniserregend – das sie mit Biographien von Ärzten und Krankenschwestern ergänzen, mit Bildern von Sandringham, Bemerkungen alter Dorfbewohner, Klatsch über die kleinen Prinzessinnen in ihren kirschroten Mänteln, einem Schneemann, &c. Aber Tatsache ist, daß sich alle Prinzen versammelt haben, & der Butler jeden Augenblick eintreten kann, wenn sie gerade mit dem Dinner fertig sind, & sagen wird King Edward VIII., woraufhin – aber ich muß mir diese Szene kaum ausdenken, bei den vielen, die ich zur Verfügung habe. […]

Dienstag 28. Januar 1936

Der König wird in diesem Augenblick beerdigt, & wenn ich hinaufgehe, höre ich den Gottesdienst. Ein schöner milder Morgen. Die Sonne ist heraus, die Straßen sind fast leer. Gelegentlich ein Hupen. Keine Einschreiben heute morgen. Und heute nachmittag eine Teegesellschaft.

Das Erstaunlichste am Schreiben ist, daß die Müdigkeit verschwindet, wenn man die richtige Ader trifft. Es muß anstrengend sein, falsch zu denken. Um 5 vor eins, nach einem fruchtlosen bitteren Vormittag, fließt die Ader in Strömen. Ich glaube ich sehe jetzt den Schluß.

Dienstag 24. März 1936

Ein sehr gutes Wochenende [*in Rodmell*]. Die Bäume schlugen aus, Hyazinthen, Krokusse. Warm. Das erste Frühlingswochenende. Ich schlief. L. hatte eine große [Labour Party] Versammlung. Kluge Leute aus Lewes. Doch ich schlief. Dann sind wir zur Rat Farm hochgelaufen & haben Veilchen gesucht. Immer noch Frühling hier. Bastele herum – in schläfrigem Zustand. Ostern rückt näher, sprengt alles. Duncan geht nach Spanien. Angelica kommt zurück. Wir könnten irgendwas machen – vielleicht mit Morgan wegfahren, dessen Buch erschienen ist. Dick

& blau. Noch keine Zeit gehabt, es zu lesen.[5] Und ich bin derart vertieft in Two Guineas – so werde ich es nennen.[6] Ich glaube, ich stehe fast am Rande des Wahnsinns. Ich gerate so tief in dieses Buch hinein, daß ich nicht weiß was ich tue. Gehe die Strand entlang und rede plötzlich laut. Die alte Mrs W[oolf]. gestern in bester Laune. Will unbedingt festgestellt wissen, daß Lady Oxford nicht alt ist: daß ein zurückgezogenes Leben genauso gut sein kann wie ein geselliges; & daß Gesellschaften ein natürlicher Zeitvertreib für alte Frauen seien. So viel Gerede ist immer Selbstrechtfertigung. Aber meine fünf Minuten sind vorbei, & ich muß hinaufgehen. Miss Bernice Marks hat Leonard besucht.

Mittwoch 1. April 1936

Ich habe tatsächlich vergessen, L. in den April zu schicken, & er hat es auch vergessen. Die Manuskripte sind lavendelfarben & silbern. Gestern waren wir bei Gerald zum Tee, was wie ein Besuch bei einem Alligator in einem Becken war, einem fettleibigen & verbrauchten Alligator, der wie unsere Wasserschildkröten halb im Wasser & halb außerhalb lag. Ich wünschte, ich wäre in die Downing St. zu Baldwins Vortrag über Newnham gegangen, während ich in dem äußerst häßlichen de Vere Gardens-Zimmer saß, mit den langweiligen Bezügen & dem Tee auf Servierwagen mit Rollen, & dem alten Bild über dem Kamin, das Gerald vor 40 Jahren in St. Ives gekauft hat. Ich bezweifle, daß er besondere Freude an unserem Besuch hatte oder daß er überhaupt noch Freude an irgend etwas hat. Wir redeten über die Verlagsarbeit, & sie – ihren Namen weiß ich nicht – hatte die künstliche Munterkeit einer Frau, deren Leben leer ist & die ihren Mann ununterbrochen mit Leben erfüllen muß. Sie ist

5 Gemeint ist E. M. Forsters *Abinger Harvest*.

6 Ideen für dieses Buch – das dann 1938 unter dem Titel *Three Guineas* erschien – hatte VW seit ein paar Jahren; sie hatte ihre Schreiblust jedoch unterdrückt, während sie an *The Years* arbeitete.

»zurechtgemacht« aber ältlich; verschrumpelt; vermutlich eine ganz nette Frau, aber unzufrieden.[7] Und G. erzählte mir von seinen Krankheiten, & machte alle Projekte madig, vernünftig, stark schwindender gesunder Menschenverstand eines Geschäftsmannes – denn als Geschäftsmann hat er versagt. Es lohnt sich nicht – lohnt sich einfach nicht, sagte er immer wieder. Und auch, nichts zu machen; rein gar nichts zu machen. Hatte vielleicht das Gefühl, daß wir besser mithalten konnten als er. Auch glaube ich kaum, daß er irgendwelche Gefühle der Vergangenheit gegenüber hat: mag vielleicht Georges Söhne – ich weiß es nicht. Und hat noch Verbindung zu Sophie & Emma Vaughan.[8] Dann gingen wir & machten einen Spaziergang im Park. Wenn ich 25 Seiten pro Tag redigiere, bin ich nächsten Dienstag fertig. Und dann die Fahnen. Wie es im Mai erscheinen soll, weiß Gott allein. Aber ich mache mir keine großen Sorgen mehr: arbeite am schwierigen North & an Sara; aber philosophisch.

Donnerstag 11. Juni 1936

Nach 2 Monaten kann ich nur diese paar Zeilen notieren, und sagen, daß ich nach 2 Monaten mehr als trostloser, fast katastrophaler Krankheit – seit 1913 war ich für mein Gefühl nie mehr so nahe am Abgrund – endlich wieder auf der Höhe bin.[9] Ich muß

7 Gerald de L'Etang Duckworth (1870–1937), VWs Halbbruder und der Gründer des gleichnamigen Verlages, bei dem ihre ersten beiden Romane erschienen waren; er war seit 1921 mit Cecil Scott-Chad verheiratet.

8 Sir George Duckworth (1868–1934), Geralds älterer Bruder, hatte drei Söhne. Emma Vaughan war sowohl Geralds und Georges als auch VWs Cousine ersten Grades; ihre ehemals enge Freundschaft mit VW war vor langer Zeit eingeschlafen.

9 Nach dem konzentrierten Redigieren von *The Years* gestattete VW sich vier richtige Ferienwochen, die sie im Monks House meist ruhend verbrachte. Anschließend reisten sie und LW durch den Westen des Landes. LW erinnerte sich später an diese zwei Monate – und an die darauf folgenden – als »eine ganz schreckliche Zeit«: VWs mit *The Years* verknüpfte tiefe Angst und Depression führten zu einer geistigen und körperlichen Verfassung, die sie an den Rand des Selbstmords brachte.

The Years umschreiben, ich meine, Einschübe in den Fahnen machen & das meiste streichen. Aber ich kann mich damit nicht befassen. Kann es nur für etwa eine Stunde. Doch welch göttliche Freude, daß ich wieder Herrin meines Geistes bin! Gestern von M[onks] H[ouse] zurückgekommen. Nun werde ich leben wie eine Katze, die auf Eiern geht, bis meine 600 Seiten [*Fahnenkorrektur*] fertig sind. Ich glaube ich kann es – ich glaube ich kann es – brauche jedoch enormen Mut & ungeheure Energie dafür. Ich schreibe hier, wie gesagt, zum ersten Mal aus freien Stücken seit dem 9. April, als ich ins Bett fiel: dann nach Cornwall – nichts dazu notiert; dann zurück; bei Elly; dann ins M[onks] H[ouse]. Gestern vierzehn Tage probeweise nach Hause. Und das Blut steigt mir zu Kopf. Heute morgen 1880 geschrieben.[10]

Sonntag 21. Juni 1936

Nach einer Woche intensiven Leidens – nämlich Vormittage der Folter – & ich übertreibe nicht – Schmerzen im Kopf – ein Gefühl vollkommener Verzweiflung & des Versagens – der Kopf innen wie die Nasenlöcher nach Heuschnupfen – habe ich heute wieder einen kühlen ruhigen Vormittag, ein Gefühl der Erleichterung; der Ruhe: Hoffnung. Gerade die Robsons fertig geschrieben: glaube, es ist gut.

Ich lebe so eingeschränkt; so unterdrückt: ich kann zum Leben nichts anmerken. Alles ist geplant, abgedichtet. Ich mache ½ Stunde hier unten; gehe hoch, oft verzweifelt. lege mich hin; laufe um den Square: komme zurück korrigiere weitere 10 Zeilen. Gestern dann zum Lord's [*Londoner Kricketplatz; Marylebone Cricket Club gegen Oxford University*]. Immer mit dem Gefühl, etwas unterdrücken, kontrollieren zu müssen. Ich sehe Leute zwischen Tee & Dinner, auf dem Sofa liegend.

10 Den Teil ›1880‹ von *The Years*.

Rose M[acaulay]. E[lizabe]th Bowen. Nessa. Saß gestern abend am Square. Sah die tropfenden grünen Blätter. Donner & Blitz. Lila Himmel. N. & A[ngelica]. sprachen über den 4/8-Takt. Katzen schlichen herum. L. hatte Dinner mit Tom & Bella. Ein sehr seltsamer, äußerst bemerkenswerter Sommer. Neue Gefühle: Demut: selbstlose Freude: literarische Verzweiflung. Ich lerne mein Handwerk in den wildesten Zuständen. Wenn ich Flauberts Briefe richtig lese, höre ich meine eigene Stimme rufen Ach die Kunst! Geduld. Finde ihn tröstlich, ermahnend. Ich muß diesem Buch auf ruhige, starke, kühne Weise Form geben. Aber vor nächstem Jahr wird es nicht erscheinen. Ich glaube jedoch, es hat Möglichkeiten, wenn ich sie nur zu fassen bekomme. Ich versuche gerade, die Figuren in einer Formulierung herauszuschnitzen: Szenen zurückzuschneiden & dichter zu machen; das ganze in ein Fluidum zu hüllen.

Dienstag 23. Juni 1936

Ein guter Tag – ein schlechter Tag – so geht es weiter. Kaum jemand wird das Schreiben so sehr als Folter empfinden wie ich. Höchstens Flaubert. Doch sehe ich es jetzt, als ein Ganzes: ich glaube ich kann es zustande kriegen, wenn ich nur Mut & Geduld habe: mir jede Szene ruhig vornehme: komponiere: dann wird es vielleicht ein gutes Buch. Und dann – oh wenn es erst fertig ist!

Nicht so klar heute, weil ich beim Zahnarzt war & dann einkaufen. Mein Hirn ist wie eine Waage: ein Gran zieht es hinunter. Gestern war es ausbalanciert: heute senkt es sich.

Freitag 30. Oktober 1936

Vorläufig habe ich kein Bedürfnis, ausführlich über die Monate seit meinem letzten Eintrag zu berichten. Ich will, aus Gründen, die ich jetzt nicht darlegen kann, diesen außergewöhnlichen

Sommer nicht analysieren.[11] Hilfreicher & bekömmlicher ist es, wenn ich Szenen schreibe; zur Feder greife & konkrete Ereignisse beschreibe: ist auch eine gute Übung für meine stockende & zweifelnde Feder. Kann ich noch »schreiben«? Das ist nämlich genau die Frage. Und jetzt will ich unter Beweis zu stellen versuchen, ob das Talent tot ist oder schlummert.

Dienstag der 27. Am Dienstag war ich bei Sibyl zum Tee.[12] Es war ein sehr windiger, nasser Abend; Blätter wirbelten das Trottoir entlang, die Leute hielten ihre Hüte & Röcke fest. Ein ältlicher schäbiger Mann in abgerissener Alltagskleidung öffnete die Tür. Er hätte Gerichtsvollzieher sein können, war aber wohl der Assistent eines Auktionators. »Lady Colefax?« sagte ich. Er schüttelte den Kopf. Er dachte ich sei gekommen, um die Möbel anzusehen. Gehen Sie hier entlang, sagte er & ging voran, beziehungsweise entschwand vor mir in den Dienstbotentrakt – jene unbekannte Gegend, wo so viele Mahlzeiten zubereitet worden sind, als plötzlich Fielding [*Dienstmädchen*] herauskam, so diskret, respektabel & herzlich. Dort standen nun Tische mit Tafelservices, Haufen von Messern & Gabeln, alles mit Zettelchen & Etiketten versehen. Fielding kam aus den verborgenen Räumlichkeiten, immer noch in grauem Kleid & Schürze, wirkte jedoch verstört & als sähe sie verschwommen. »Ich weiß nicht, wo ich mit Ihnen hin soll«, sagte sie, aufgebracht, & murmelte etwas über die gnädige Frau, die sie erst finden müsse, von den Leuten, die noch da waren, führte mich schließlich mit Entschuldigungen ins Speisezimmer. Dieser braune festliche & irgendwie üp-

11 Zwischen dem 23. Juni und dem 30. Oktober 1936 finden sich keine Einträge in VWs Tagebuch. Ihr Gesundheitszustand war weiterhin prekär, und die Belastungen, die das Leben in London mit sich brachte, nötigten die Woolfs, früher als sonst nach Rodmell zu fahren. VW ruhte sich aus und arbeitete nach Möglichkeit eine Stunde lang an den Fahnen von *The Years*. Als sie wieder in London war, ging es ihr gesundheitlich wesentlich besser, die unfertigen Fahnenkorrekturen saßen ihr jedoch immer noch wie ein Alb auf der Brust.

12 Die verwitwete Lady Colefax zog aus Argyll House in Chelsea fort, dem Schauplatz ihrer zahlreichen Gesellschaften, und ihre überzähligen Möbel und Haushaltsgegenstände sollten auf dem Anwesen versteigert werden.

pig-ausladende Raum stand ebenfalls zum Verkauf. Der Walnußtisch hatte sein Schildchen & die Glasbäumchen auf dem Kamin & der Kronleuchter. Es ist ein schöner warmer Raum, dachte ich, als ich mich auf einen der braunen Stühle setzte, & daran dachte, wie überaus schüchtern ich dort gewesen war; wie froh ich jedoch hinterher war, daß ich die panische Angst vor Haar & Kleidern überwunden hatte, & wie beweglich meine Zunge wurde, & wie wenig erschreckend es war, mit Sir Arthur zu meiner Rechten zu reden, oder mit George Moore oder Noel Coward zu meiner Linken. Ja, ich hatte mich dort auf gemischte Weise amüsiert – das Gefühl bestand aus der Erleichterung, daß mir kaum etwas Angst machte & aus dem Vergnügen, so viel zu sagen zu haben – als ein offensichtlich fremder Herr hereinsah, mit dem vorsichtigen Kalkül eines Fremden, der Dinge betrachtet, die er vielleicht kaufen will: der Typus Mann im braunen Mantel, den man bei Auktionen sieht, nicht jedoch auf Gesellschaften im Argyll House. Und kaum hatte er angefangen, die Möbel zu taxieren, als auch schon zwei modische, kaum erkennbare Damen hereinsahen; von denen die eine, kleinere, irgendwie hübsche & vertraute, mich soweit erkannte, daß sie lächelte & mir fast die Hand reichte; doch mein Name war ihr eindeutig entfallen. Und sie schien mir versuchsweise Ava Wigram zu heißen. Wie traurig – wie überaus traurig – sagte sie (Worte, die ich vor der zitternden & aufgeregten Fielding benutzt hatte, die mir beipflichtete und dabei fast in Tränen ausbrach). »Ja, es ist traurig, sehr traurig …«, hallte mein Echo. Und dann fragte sie, ob ich gekommen sei, mir die Sachen anzusehen? weil ich in meinem Sessel säße als würde ich warten. Nein, ich besuche Sibyl, sagte ich … & sie strichen umher: Ava wohl überrascht, vielleicht verstimmt über diese Anmaßung höherer Vertrautheit. Sie liefen zögernd umher, faßten dies & das an und gingen ins nächste Zimmer, als Sibyl selbst hereinschaute: in Eile, verstohlen; rief mich herbei, als höbe sie mich heimlich zu einem privaten Rendezvous empor, aus einer Welt, die jetzt nur noch förmlich war, nicht mehr freundlich. Und so gingen wir in den Salon hinüber, wo sie mit einem Seufzer & ein paar Erklärungen die Tür zumachte & aufs Sofa sank.

Meine bloße Hand ruhte einen Augenblick auf ihrer bloßen Hand. Das ist Mitgefühl, dachte ich: aber man darf es nicht betonen oder in die Länge ziehen. Sie sah aus wie ein vertrockneter Vogel; auf beiden Seiten der Nase hatte sie Einkerbungen. Unter ihren Augen verliefen tiefe Spalten. Doch sie blieb natürlich bei den Tatsachen. Wer war das im Speisezimmer? Ava Wigram. O je – dann hat sie mich gesehen? Nein, ich glaube nicht.

Aber mußt du dich nicht ausruhen, Sibyl?

Meine Liebe, wie kann ich mich ausruhen? Der Dr. & Chirurg hat zu mir gesagt Sie müssen jetzt 6 Monate Ferien nehmen. Aber ich bin nicht Greta Garbo ... Wo bleibt der Tee?

Tee, Brot & Butter & Lebkuchen wurden hereingetragen.

Nein, alle sagen, Fielding sei eine Hilfe. Ich kann dir die Wahrheit sagen. Ich habe 35 Jahre mit der Irin gelebt. Sie lacht. Dann weint sie.

Aber Sibyl, sagte ich und versuchte ein paar Worte der Zuneigung oder des Bedauerns zu finden, du hast doch gegeben ... ja, wenn ich an diesem Haus vorbeiging, dachte ich das oft – beim Anblick der Lichter.

Oh, damals war ich Millionärin. Was hätte ich tun können, außer zu geben?

Dann Komplimente für mich, die ich abwehrte. Du hast lebendigen Menschen etwas gegeben ... Ich habe Arnold Bennett, George Moore, Noel Coward gesehen ...

Die Tür geht auf ...

Lady Mary Cholmondeley, gnädige Frau.

Wer? Der Name sagt mir gar nichts ... Entschuldige, ich muß selber nachsehen ...

Und sie setzt keine Brille auf, wegen ihres Aussehens. Ich sage, es macht mir nichts aus, sie den ganzen Tag zu tragen ... (aber sie tut es nicht). Was haben wir gesagt? Ja, die Leute, die du genannt hast, an die denke ich gerne ... Freue mich, daß du zum Tee gekommen bist – es ist miserabel. Nein, ich kann mit niemand sprechen. Ich mache weiter. Ich kann mir nicht erlauben zu sprechen, sonst versinke ich in solchen Abgründen … und erhole mich nie wieder. Meine alten Tanten sind da, die Wedgewoods. Sie kannten uns schon, als wir jung waren – als wir verlobt waren. Ja. Ich mache weiter, mache eins nach dem anderen.

Ava & die andere Frau treten ein. Gesellschafts-Smalltalk. Bis bald …

Gott, diese Frau. Ich mag sie nicht.

Ich auch nicht, weil sie es fertigbringt, daß ich sie nicht mag: Ich mag keine Leute, die andere nicht mögen.

Das ist wahr. Geschichten über Avas Gemeinheiten gegenüber den Lyttons & dem Haus in der North Street. Eine Geschichte über das Haus in der North Street, wie sie es für 700 weniger bekommen hat. Und als ich aus der Narkose aufwachte, sagte Michael zu mir, das Haus ist weg. Ich sagte, Nun, es ist nicht unser Glücksjahr, das ist alles. Es ist nicht unser Glücksjahr. Danach bekam ich das Haus für 700 weniger als ich geboten hatte – wegen der Lyttons, & weil ein Verrückter dort gewohnt hatte, und weil es schmutzig war. Nein, ich wollte schon immer sagen können, wenn es jemanden gibt, den du kennenlernen möchtest, kann ich das arrangieren. Ich wollte Menschen zusammenbringen … Jetzt werde ich zweierlei tun. Eine Anthologie mit Liebesgedichten zusammenstellen. Ist das nicht seltsam? Als 18jähriges Mädchen las ich ein Gedicht & dachte, ich verstünde es. Mit 18 – als ich nichts vom Leben wußte. Ich werde eine Anthologie für Liebende zusammenstellen. Und in der Klinik sah ich Briefe durch – kleine Billetts von A[rnold]. B[ennett]. von W[alter]. Raleigh.

Wechsel vom Dialog zur Erzählung.

Sie redete zerstreut & nervös, wie eine Henne, die über den Rand eines Abgrunds flattert. Eine tapfere Henne. Ihre Augen glänzten. Und jetzt heißt es, daß sie Brustkrebs hat. Auch konnte ich nicht immer zwischen Pose – Virginia gegenüber gebe ich mich poetisch & weltfremd – & echter Galanterie unterscheiden. Sie war zu lange künstlichem Licht ausgesetzt, um ohne es auszukommen. Im Dunkeln ist sie wie eine Fledermaus in einem hell erleuchteten Zimmer. Die Dunkelheit blendet sie; ich meine, wenn sie allein ist, ohne die stimulierenden und Richtung gebenden Ansichten anderer Leute, dann ist sie unsicher. Schwimmt. Bei uns ist es genau umgekehrt. Aber egal ob ich es mir nur vorgestellt habe oder nicht, ich habe doch gespürt, daß aus ihrem tiefsten Inneren wirklich etwas hochgekommen ist: ein Verlangen, ihre Not zu bekämpfen, eine kurze Sehnsucht, zusammenzubrechen; doch dann war sie wieder bei sich & auf und davon. Als die Tür aufging & Fielding krächzte »Der Wagen, m'lady«, war sie froh, zur Tat schreiten zu können & wir fegten durch den Wind fegten durch Straßen mit tänzelnden Lichtern, & saßen dabei zusammen im Rolls Royce, während sie auf angemessene ja brillante Weise Geschichten von George Moore, & Wells, von Henry James & Carrie Balestier [*Frau von Rudyard Kipling*] zum Besten gab. Der Motor war wieder angesprungen, nach einem kurzen Stillstand, & sie sprang an der Mount Street hinaus, um einen Geschäftsbesuch zu machen. Danach wollte sie zu einem Konzert & dann zu einer Suppergesellschaft.

Aber in diesem hastigen Bericht habe ich zu beschreiben vergessen, wie ich mich von Argyll House verabschiedete, indem ich mit ihr durch die Doppeltür hinausging, den kleinen Pfad hinunter, & einen Augenblick lang am schmiedeeisernen Tor stand.

Dienstag 3. November 1936

Wunder gibt es immer wieder – L. gefallen The Years tatsächlich! Soweit er es gelesen hat – bis zum Windkapitel [›1908‹] – findet er es genauso gut wie meine anderen Bücher. Ich schreibe jetzt, wie es genau gewesen ist. Am Sonntag fing ich an, die Fahnen zu lesen. Als ich bis zum Ende der ersten Sektion gelesen hatte, war ich verzweifelt: steinerne aber überzeugte Verzweiflung. Gestern zwang ich mich dazu, bis Present Time weiterzulesen. Als ich bei diesem Meilenstein ankam, sagte ich Es ist glücklicherweise so schlecht, daß sich jede Diskussion erübrigt. Ich muß L. die Fahnen bringen, wie eine tote Katze, & ihm sagen, er soll sie ungelesen verbrennen. Das habe ich auch getan. Und eine Last fiel von meinen Schultern. Das ist wahr. Ich fühlte mich von einem großen Packen befreit. Es war kalt & trocken & ganz grau & ich ging raus & lief über den Friedhof mit dem Grab von Cromwells Tochter, hinunter durch Grays Inn, Holborn entlang, & dann zurück. Nun war ich nicht mehr Virginia, das Genie, sondern nur noch ein völlig unbedeutender aber zufriedener – soll ich sagen Geist? Körper? Und sehr müde. Sehr alt. Doch gleichzeitig willens, die nächsten 100 Jahre mit Leonard weiterzuleben. Also aßen wir zu Mittag, befangen: es trübe hinnehmend; & ich sagte zu L. ich schreibe an Richmond & bitte um Bücher zum Rezensieren. Die Fahnen werden wohl zwischen 2 & 300 Pfund kosten, die ich aus meinen Rücklagen bezahlen werde. Da ich 700 habe, bleiben mir noch 400. Ich war nicht unglücklich. Und L. hat gesagt, daß ich vielleicht unrecht hätte, was das Buch anbelange. Dann kamen furchtbar viele fremde Männer: Mr Mumford, mahagonifarben & hager, mit sehr harter Melone & Stock; ihn setzte ich mit einer Zigarette ins Wohnzimmer; Mr – – – sehr korpulent & groß, der Entschuldigen Sie sagte & an die Tür klopfte. Und Lord & Lady Cecil riefen an und luden uns zum Lunch, um den spanischen Botschafter kennenzulernen. (Ich denke mir 3 Guineas aus) Nach dem Tee gingen wir dann zur Buchausstellung der Sunday Times. Wie stickig es dort war! Wie tot ich mich fühlte – Oh wie unendlich müde! Und Miss White kam auf uns zu, ein hartes Frauchen, mit einem lustigen Holzgesicht, & sprach über ihr Buch & Kritiken. Und dann kam Ursula Strachey von Duckworths herüber & sagte Sie kennen mich nicht? Und ich entsann mich an den Fluß im Mondschein. Und dann klopfte mir Roger Senhouse auf die Schulter. Wir gingen nach Hause, & L. las & las & sagte nichts: ich wurde allmählich deprimiert und machte keinen Hehl daraus; könnte mir jedoch The Years neu ausdenken – ich habe an ein neues Buchprojekt gedacht – es soll in der ersten

Person geschrieben werden. – Wäre das die richtige Form für Roger? – & mir wurde wieder einmal furchtbar heiß & ich fiel in tiefen Schlaf, als sei das Blut in meinem Kopf abgestellt worden. Plötzlich legte L. die Fahnen nieder & sagte, er finde es außerordentlich gut – ebenso gut wie die anderen. Und jetzt liest er weiter, & erschöpft vom Schreiben dieser paar anstrengenden Seiten gehe ich hinauf, um das italienische Buch zu lesen.

Mittwoch 4. November 1936

L., der jetzt bis zum Schluß von 1914 gelesen hat, hält es immer noch für außerordentlich gut: sehr seltsam; sehr interessant; sehr traurig. Wir sprachen über meine Traurigkeit … Aber ich habe folgende Schwierigkeiten: ich bringe es nicht fertig zu glauben, daß er recht hat. Vielleicht ist es einfach so, daß ich es übertrieben schlecht gefunden habe, & daß er es nicht so schlecht findet und es jetzt deshalb übertrieben gut findet. Wenn es veröffentlicht werden soll, muß ich mich sofort hinsetzen & es korrigieren: wie kann ich das? Jeder zweite Satz erschien mir schlecht. Aber ich schiebe die Frage auf bis er fertig ist, das heißt wohl bis heute abend. Jetzt muß ich meinen Daily Worker-Artikel abschreiben; dann kommt E. Watson: dann Ka zum Lunch. Es ist eine der verwirrendsten Situationen, in denen ich je gewesen bin. Natürlich könnten wir uns an Morgan wenden.

Donnerstag 5. November 1936

Das Wunder ist vollbracht. L. hat das letzte Blatt gestern nacht um 12 weggelegt; & konnte nicht sprechen. Er war in Tränen. Er sagte, es sei »ein höchst bemerkenswertes Buch – es *gefällt ihm besser* als The Waves.« & hat nicht den kleinsten Zweifel, daß es veröffentlicht werden muß. Ich, als Zeugin, nicht nur seiner Gefühle, sondern auch seines Gefangenseins, denn er las weiter & weiter, kann keinen Zweifel an seiner Meinung hegen: was ist mit meiner? Jedenfalls war es ein göttlicher Augenblick der Erleichterung. Ich weiß immer noch nicht genau, wo mir der Kopf steht – so erstaunlich ist diese Wendung seit Dienstagmorgen. Ich habe so etwas noch nie erlebt. Jetzt schüttet es & wir gehen zum Feuerwerk nach Lewes. Eth Watson & Ka gestern & die Buchausstellung & Spaziergang auf der V[ictoria?] Street & so weiter.

Mittwoch 25. November 1936

L.s Geburtstag. Lunch bei Clive. Die Prinzessin. eine wächserne, solide, gutaussehende Dame mit freundlichen Augen. Nicht furchterregend. Ros. Eddy Ld Berners. Gespräche sehr brillant. Wie üblich das Gefühl, genug davon zu haben, als es erst halb vorbei war. Und das sich immer wieder verändernde Licht. Die enge Vertrautheit. Dann die Oberflächlichkeit. Sehr kalt. Ein augenloser grauer Tag. Wiederholt dieselben Themen. Sybil. Ld. B's Witze, dieselben. Ros. gedämpft & vorsichtig. Ich eher zu sprunghaft. Die P[rinzessin]. außen vor. Und ich muß morgen mit ihr & Ethel lunchen.

Montag 30. November 1936

Meines Erachtens brauche ich wirklich überhaupt nicht unzufrieden zu sein mit The Years. Mir scheint, es kommt am Ende alles gut zusammen. Jedenfalls ein straffes wirkliches anstrengendes Buch: in dem auch einige Schönheit & Poesie ist. Ein vollgepacktes Buch. Bin gerade fertig geworden; & bin leicht gehobener Stimmung. Es ist natürlich anders als die anderen: enthält glaube ich mehr »echtes« Leben; mehr Blut & Knochen. Aber jedenfalls brauche ich glaube ich nachts nicht zitternd dazuliegen, auch wenn es entsetzlich wäßrige Stellen hat, & am Anfang mühsam ist. Ich glaube, ich kann ganz beruhigt sein. Das sage ich aufrichtig zu mir selber; an mir festhalten in den Wochen dumpfer Erwartung. Auch braucht mich nicht sehr zu kümmern, was die Leute sagen. Mein Kompliment geht nämlich an diese schrecklich deprimierte Frau, mich, die so oft Kopfschmerzen hatte: die so vollständig überzeugt war, versagt zu haben; denn trotz allem hat sie es glaube ich geschafft, & man muß ihr gratulieren. Wie sie das gemacht hat, wo ihr Kopf doch wie ein alter Lumpen war, weiß ich nicht. Doch jetzt Ausruhen: & Gibbon.[13]

Montag 7. Dezember 1936

Jetzt sind wir – ohne einen König? Mit einer Königin? Oder was? Die Simpson-Affäre ist jetzt publik.[14] Am Mittwoch dem 2. Dez. äußerte sich der Bischof darüber, daß es dem König an Religion fehle. Am Donnerstag haben alle Zeitungen, die Times & der D[aily] T[elegraph]. dezenterweise von familiären Schwierigkeiten gesprochen; andere von Mrs Simpson. Ganz London war ausgelassen & redselig – nicht direkt ausgelassen, aber aufgeregt. Wir können keine Frau Simpson als Königin haben – das war der Tenor. Sie ist nicht königlicher als Sie oder ich, sagte die junge Lebensmittelhändlerin. Doch heute, vor der Ansprache des Premierministers vor dem Parlament, haben wir starkes menschliches Mitgefühl entwickelt; wir sagen Zum Teufel damit – das Zeitalter Victorias ist vorbei. Soll er doch heiraten, wen er will. Im Beefsteak Club vertreten jedoch nur Lord Onslow & Clive eine demokratische Ansicht. Harold [Nicolson] ist bedrückt wie ein Leichenbestatter, & die anderen Blaublütler ebenfalls. Sie sagen das Königshaus sei in Gefahr. Das Empire sei

13 VW sollte zum zweihundertsten Geburtstag von Edward Gibbon (geb. 8. Mai 1737) einen Artikel schreiben; er erschien unter dem Titel ›The Historian and »The Gibbon«‹ am 24. April 1937 im *TLS*. (»Der Historiker und ›Der Gibbon‹«, deutsch von Joachim A. Frank, in: *Der Tod des Falters*, Frankfurt: S. Fischer, 1997, S. 80–90.)

14 Weil die Presse freiwillig über das Thema geschwiegen hatte, war der britischen Öffentlichkeit nichts über das Privatleben des neuen Königs bekannt gewesen, und so hatte man auch nichts über die drohende Verfassungskrise gewußt, die sein Entschluß, die zweifach geschiedene Amerikanerin Wallis Simpson zu heiraten, auslösen konnte. »Die große Sensation« wurde am 3. Dezember zum ersten Mal in den Londoner Zeitungen erwähnt.

gespalten. Solch eine Krise habe es tatsächlich noch nie gegeben. Das ist wohl wahr. Spanien, Deutschland, Rußland – alles wird verdrängt. Die Heirat erstreckt sich von einem Ende der Zeitung bis ans andere. Bilder vom Herzog von York & den Prinzessinnen füllen die Spalten. Mrs Simpson wird mit Blitzlicht um Mitternacht geknipst, wie sie aus ihrem Wagen steigt. Ihr Gepäck wurde ebenfalls photographiert. Es bilden sich Parteien. Die unterschiedlichen Interessen stehen hinter Baldwin Schlange oder hinter Churchill. Mosley nutzt die Krise für seine eigenen Zwecke aus. Tatsächlich reden wir alle ununterbrochen; & es sieht so aus, als hätte dieser eine kleine unbedeutende Mann ein Steinchen bewegt, das eine Lawine auslöst. Nichts – Weltreiche, Hierarchien – Moral – wird je wieder sein wie vorher. Doch heute hatte man irgendwie das Gefühl, daß der Knopf zu fest gedrückt worden ist: die Gefühle kommen nicht mehr so reichlich. Und der König läßt uns vielleicht alle weiter warten, während er wie ein ungezogener Bub im Kinderzimmer sitzt und versucht zu wissen, was er will.

Als wir gestern abend am Palast vorbeifuhren, warteten Menschenmengen in der Kälte – es ist sehr kalt – kann nicht schreiben – die Augen auf die Fenster starrend. Zwei oder 3 Lichter brannten in den oberen Fenstern.

Sonntag 13. Dezember 1936

Dann kam die Radioübertragung.[15] »Prince Edward spricht von Windsor Castle aus« – lautete die Ansage des gerührten Butlers. Woraufhin der König (doch das verliert sich bereits & verbindet sich mit York) zuerst leicht stotterte und dann mit stählerner angespannter Stimme, so als stünde er mit dem Rücken zur Wand, anfing: »Schließlich und endlich … kann ich zu Ihnen sprechen … Die Frau, die ich liebe … Ich der ich über keine dieser

15 His Royal Highness Prince Edwards (wie der Titel jetzt lautete) Radioansprache an die Nation vom Augusta Tower des Windsor Castle am 11. Dezember um 9 Uhr abends.

Segnungen verfüge ...« Nun, man kam wohl in Berührung mit menschlichem Fleisch. Auch mit einem starren sturen stahlharten Denken ... ein ganz gewöhnlicher junger Mann; aber noch nie hat so was solche Dimensionen angenommen. Ein Mann läßt sich im Augusta Tower in Windsor nieder und spricht vor der Welt über sich & Mrs Simpson. Der Square draußen war vollkommen leer. Alles Leben hatte sich zurückgezogen, um zu lauschen und zu urteilen. Miss Strachan [*Büroangestellte*] wollte um keinen Preis zuhören, aus Angst vor zuviel Mitgefühl. Und dann fuhr Edward fort und sagte auf seine stahlharte Art absolut Korrektes, über die Verfassung, den Premierminister, Ihre Majestät meine Mutter. Schließlich endete er mit einem lauten God save the King; wonach ich ihn aufseufzen hörte, eine Art Pfeifton. Dann Stille. Absolute Stille. Dann sprach Mr Hibbert. Wir beschließen nun die Sendung. Ihnen allen eine gute Nacht. Gute Nacht; & wir wurden ins Bett gesteckt.

Alle Omnibusse waren leer.

Donnerstag 30. Dezember 1936

Hier liegen die Fahnen vor mir – die Bürstenabzüge –, die heute raus sollen ... eine Art Brennessel, die ich überdecke. Nicht einmal darüber schreiben will ich hier.

Eine göttliche Erleichterung hat in den letzten Tagen Besitz von mir ergriffen – weil ich es los bin – gut oder schlecht. Und zum ersten Mal seit Februar, würde ich sagen, sprühe ich vor Ideen, wie ein Baum, der eine Last abschüttelt. Und ich bin in Gibbon eingetaucht & lese & lese, zum ersten Mal seit Feb., glaube ich. Jetzt wieder Taten & Vergnügen & Dinge in Angriff nehmen. Ich könnte ein paar interessante vielleicht wertvolle Bemerkungen niederschreiben, warum Arbeit für mich absolut notwendig ist. Immer hinter etwas her sein. Ich bin mir nicht sicher, ob die Intensität & Ausschließlichkeit beim Schreiben eines langen Buches eine Möglichkeit ist: Ich meine, wenn ich je wieder so etwas mache – & ich bezweifle es – werde ich mich zwingen, mir mit kleinen Artikeln etwas Abwechslung zu verschaffen. Jedenfalls denke ich jetzt nicht kann ich schreiben? Ich werde in Selbstvergessenheit sinken & arbeiten: erst an Gibbon: dann ein paar kleine Artikel für Amerika; dann { Roger / 3 Guineas }

Welches von den 2en zuerst kommt, wie ich sie koordinieren soll, weiß ich nicht. Auch wenn The Years ein Mißerfolg wird, habe ich jedenfalls gründlich nachgedacht; & einen kleinen Vorrat an Ideen gesammelt. Vielleicht befinde ich mich jetzt wieder auf einem jener Höhepunkte, wo ich schnell 2 oder 3 Büchlein schreibe: & dann wieder eine Ruhepause einlege. Zumindest glaube ich, über genügend Können zu verfügen, um weiterzumachen. Keine Leere.

& zum Beweis dessen werde ich reingehen, meine Gibbon-Notizen holen & den Artikel sorgsam skizzieren.

1937

Donnerstag 18. Februar 1937

Ich habe jetzt 3 Wochen lang an 3 Guineas gearbeitet, & 38 Seiten geschrieben. Jetzt ist diese Ader erst einmal aufgebraucht & ich will ein paar Tage Abwechslung. Womit? Kann momentan nicht denken. Und ein freundlicher Herr von der Motor Union hat mit der Saturday Review (USA) meinen Seelenfrieden gestört: man nennt mich dort eine Schleierweberin & Spitzenklöpplerin; eine Brüterin in abgedunkelten Wohnzimmern & so weiter. Ich nehme mir jetzt ein paar Minuten, um diesem Dämon beizukommen. Ich bin mir ziemlich sicher, daß die nächste Etappe in meinem Leben von Pfiffen & Buhrufen in dieser Tonart begleitet wird. Wenn ich noch 15 Jahre lebe & weiter schreibe, werden sie vielleicht anders tönen. Zu klären ist jetzt die Frage, welche »Haltung« ich einnehmen soll. Eine höhnische Bemerkung dieser Art wirkt im Augenblick als Hemmnis. Natürlich sagt

200
38
———
1600
600
———
7:600

mir mein Verstand, daß es sich um das Knurren des Proletariers handelt, das sich zu rationalisieren versucht. Aber selbst das Bedürfnis, mich zu verteidigen, muß ich loswerden. Ich will vorwärtskommen, auf die mir eigene Weise. Dazu muß ich immer ein Buch oder einen Artikel am Laufen haben: außer wenn wir in eine andere Umgebung entfliehen können, wie hoffentlich im Juni. Doch in London, wo ich den ganzen Tag & tagtäglich der Kritik ausgesetzt bin, muß ich mich unbedingt mit gewissen Vorsätzen panzern. Und ich glaube, ich habe sie am Schwanz gepackt – eine neue Art Indifferenz. Ich experimentiere mit Brüskierungen & spöttischen Bemerkungen. Wie unwichtig sie letztendlich sind! wie wenig sie für die anderen zählen – wie wenig die Welt davon tangiert wird, ob meine Bücher gut oder schlecht sind. Und die Welt ist da – in Form von Gemäldegalerien, dem Caledonian Market, Gibbon, Nessa, ins M[onks] H[ouse]. fahren, Spaziergängen, meinen Plänen, das Zimmer neu einzurichten, & in Gedanken immer 2, 3 Meilen voraus zu sein.

Stephen Spender war neulich [*16. Februar*] zum Tee & zum Dinner hier. Ein ziemlich schöner, wenn auch auf zu konventionelle Art poetischer junger Mann: eingefallene Wangen, große blaue Augen, Haut, die immer glüht; sehr enthusiastisch, jetzt aber gemäßigt, & ziemlich metallen, weil, da er geheiratet hat, sein Freund zur Fremdenlegion gegangen ist und jetzt in Spanien kämpft; Inez, die nur auf Oxford-Art politisch ist, sitzt in Brüssel und studiert spanische Manuskripte. Stephen findet das unerträglich. Warum hast du dann geheiratet, fragten wir, mehr oder weniger. Um sich zu stabilisieren; weil er große Angst hatte vor dem alten Tigerkaterleben des William [Plomer], wohligsicher neben dem Kamin. Ist jetzt hin- und hergerissen: deshalb sitzt Inez dort, damit sie, falls er in Spanien getötet wird – aber er arbeitet nur fürs Radio – auf ihre Stelle zurückgreifen kann. Eine seltsame Auffassung von der Ehe, von Gewehren diktiert. Ich mag ihn gerne: sagte ihm, er solle nicht kämpfen. Er sagte, das sei das einfachste. Ich sagte, hör auf mit den Vorträgen – er sagte Aber es hat Geld gebracht. Er vertrat den Standpunkt, man könne nicht zulassen, daß die Faschisten über Spanien herfallen: danach käme Frankreich; dann wir. Wir müssen kämpfen. L. sagte, seiner Meinung nach sei alles schon so weit fortgeschritten, daß es nicht mehr darauf ankomme. Kämpfen helfe nicht. S. sagte, die K. P., der er an diesem Tag beigetreten war, wolle, daß er getötet werde, damit es einen zweiten Byron gebe. Er hat die Eitelkeit eines Kindes. Momentan interessant für mich, da ich über die Psychologie der Eitelkeit arbeite. Dann ging er zum Friends House, um einen Vortrag über Spanien zu halten, & wir gingen zu Onkel Wanja. Eine sehr kalte Nacht. Das Lunch bei Christabel & verschiedene andere Zerstreuungen habe ich ausgelassen. Ach ja, ich bin ziemlich nervös wegen des 15. März, kann mich aber sehr gut distanzieren. Wir wären zum Dinner bei den MacCarthys gewesen, doch »die älteste Miss Cornish ist plötzlich letzte Nacht im St George's Hospital gestorben – also muß sie Euch wieder ausladen«.

Sonntag 21. Februar 1937

Isherwood & Sally [Chilver] gestern abend.[1] I[sherwoo]d eine echte Entdeckung: sehr klein rotbackig beweglich & lebhaft. Wir plauderten. Er lebt in einer Pension in Brüssel; hat ein elisabethanisches Haus in der Nähe von Manchester geerbt; & ihm gefallen meine Bücher. Davon bekam ich rote Backen. Er sagte, Morgan & ich seien die einzigen lebenden Romanautoren, die von den jüngeren – ihm, Auden, wahrscheinlich Spender – ernst genommen würden. Ich hatte das warme Gefühl, daß er uns tatsächlich bewunderte. Für M.s Bücher hat er eine Leidenschaft. »Ich werde also damit herausrücken Mrs Woolf – wissen Sie, ich halte Sie für eine Dichterin: er macht das, was ich machen will – eine perfekte verrückte Erfindung.« Aber ich war zufrieden mit meinem Anteil an dem Kompliment, das in diesen deprimieren-

1 Von Christopher Isherwood (1904–1986) hatte die Hogarth Press bereits zwei Bücher veröffentlicht, zwei weitere sollten folgen.

den Tagen sehr wohltuend ist. Auden & er schreiben weiterhin zusammen. Er macht die Prosa, A. die Lyrik. A. braucht unzählige Decken auf dem Bett; unzählige Tassen Tee; dann macht er die Läden zu & läßt die Rollos herunter & schreibt. Id. ist ein sehr dankbares fröhliches Vögelchen. Ein echter Romancier, glaube ich; kein Dichter; voller scharfer Beobachtungen zu Figuren & Szenen. Seltsam, wie wenig »Romanciers« ich kenne: es wäre interessant, mich mit ihm über Romane zu unterhalten. Sally ziemlich verwischt & blass: aber Id. & ich quasselten auch die ganze Zeit. Plötzlich sagte er, er sei mit John Andrews im Rules verabredet & müsse mit dem Wagen nach Croydon. muß heute für einen Tag nach Paris fliegen. So ist das Leben der Jugend, wenn sie keine Revolutionen vorbereiten. Einer der vitalsten & wachsten jungen Männer: & eine Erleichterung nach dem stummen Trübsinn der anderen. Sowohl er als auch Sally glauben tatsächlich, daß in England alles gut geht & daß Madrid nicht fällt. So ändern wir laufend unsere Meinung. Ich habe jetzt 8 Episoden »gemacht«. Julian Fry leider zum Tee.

Montag 1. März 1937

Ich wünschte ich könnte meine momentanen Gefühle ausführlich beschreiben. Sie sind so eigentümlich & so unangenehm. Zum Teil vielleicht T[ime] of L[ife] [*Menopause*]? Ein Körpergefühl als würde ich leise in den Adern trommeln: sehr kalt: schwach: & großes Entsetzen. Als würde ich mich auf einem hohen Sims in vollem Licht exponieren. Sehr einsam. L. außer Haus zum Lunch. Nessa hat Quentin & wollen mich nicht. Zu absolut nichts zu gebrauchen. Um mich herum keine Atmosphäre. Keine Worte. Sehr ängstlich. Als würde gleich etwas Kaltes & Schreckliches passieren – schallendes Gelächter auf meine Kosten. Und ich bin machtlos dagegen: ich habe keinen Schutz. Und diese Angst & das Nichts umgeben mich mit einem Vakuum. Es greift hauptsächlich die Oberschenkel an. Und ich will in Tränen ausbrechen, weiß aber nicht, worüber ich weinen soll. Dann packt mich große Unruhe. Ich glaube ich könnte laufen, um sie loszuwerden – laufen & laufen bis ich schlafe. Aber ich mag diesen plötzlichen Betäubungsschlaf immer weniger. Und ich kann meine Gedanken nicht losmachen & sie ruhig & unbewußt auf ein Buch richten. Und meine eigenen Bröckchen sehen vertrocknet aus & verlassen. Und ich weiß, daß ich diesen Tanz auf glühenden Kohlen aufführen muß bis ich sterbe. Das ist etwas oberflächlich, gebe ich zu. Denn ich kann mich vergraben & betrachten, wie ich auf diese lächerliche Weise zur Schau gestellt werde & unter Wasser absolute Stille empfinden: eine Stille, die noch dazu stark genug ist, die gesamte Last zu heben: für Augenblicke kann ich sie haben; doch die Augenblicke der Entblößung sind entsetzlich. Einmal habe ich meine Augen im Spiegel betrachtet & echtes Entsetzen in ihnen gesehen. Wohl weil der 15. März näher rückt – jener Scheinwerfer, der meinen armen kleinen Kaninchenkörper blendet, so daß er benommen mitten auf der Straße verharrt. (Dieser Satz gefällt mir. Er macht mich zuversichtlich.)

Freitag 12. März 1937

Oh, was für eine Erleichterung! L. hat mir das Lit Sup ans Bett gebracht & gesagt Es ist recht gut.[2] Und das stimmt; & die T[ime]. & Tide sagt, ich sei eine erstklassige Schriftstellerin & eine große Lyrikerin. Und ich kann die Rezensionen schon kaum mehr durchlesen: sondern bin ein bißchen benommen, wenn ich daran denke, daß es doch *kein* Unsinn ist; es hat eine Wirkung. Aber natürlich nicht im entferntesten die Wirkung, die ich im Sinn hatte. Doch jetzt, meine Liebe, nach dieser ganzen Agonie, bin ich frei, ganz; rund. Kann mit voller Kraft weitermachen. Und beende daher diesen Zufriedenheitsschrei; nüchterne Freude. Ab ins M[onks] H[ouse]. Julian heute zurück.

2 *The Years* war am 11. März erschienen. (*Die Jahre*, deutsch von Brigitte Walitzek, Frankfurt: S. Fischer, 2000.)

Ich nutze die letzten 5 Minuten vor dem Lunch, um zu notieren, daß ich mich heute zwar gänzlich von der Bitternis & Verärgerung & sogar Verzweiflung der letzten paar Wochen gelöst habe, & sie wohl auch nicht wieder auffrischen werde; ich habe mir aber mit 3 Gs., woran ich hart & angestrengt schreibe, eine neue Last aufgebürdet. So daß ich mich jetzt damit abmühe, diesen Karren über den holprigen Boden zu ziehen. Es sieht deshalb nicht so aus, als gäbe es eine Ruhepause; nicht das Gefühl Es ist fertig. Instinktiv läßt man sich immer wieder einspannen; & kann nicht ohne den Druck leben. The Years werden jetzt aus meinem Kopf völlig verschwinden.

Wagen repariert. Doch es schüttet.

Sonntag 14. März 1937

Wegen eines 2spaltigen Lobs für The Years im Observer bin ich so aufgeregt, daß ich nicht, wie vorhergesagt, mit 3 Guineas weitermachen kann. Weshalb ich mich soeben sogar zurückgelehnt habe & mir mit Vergnügen vorgestellt habe, wie Leute diese Rezension lesen. Und wenn ich an die Agonie denke, die ich in diesem Zimmer durchgemacht habe, vor ein bißchen mehr als einem Jahr ... als mir langsam klar wurde, daß die ganze Arbeit von 3 Jahren ein absoluter Fehlschlag war: & wenn ich dann an die Vormittage hier denke, an denen ich immer hinausstolperte & die Fahnen zerschnitt & 3 Zeilen schrieb, & dann zurückging & mich aufs Bett legte – der schlimmste Sommer meines Lebens, doch gleichzeitig der erhellendste – dann ist es kein Wunder, daß mir die Hände zittern. Aber am besten gefällt mir die naheliegende Möglichkeit, jetzt, da de Selincourt es so sieht, daß das, was ich in The Years intendiert habe, vielleicht doch nicht so völlig leise & undeutlich ist wie ich befürchtet hatte.[3] Das TLS klang, als handele es sich lediglich um den Schwanengesang der Mittelschicht: eine Reihe auserlesener Impressionen; er sieht

3 Basil de Selincourt rezensierte *The Years* am 14. März im *Observer*.

aber, daß es ein kreatives, ein konstruktives Buch ist. Nicht daß ich ihn bereits ganz gelesen hätte: doch er hat sich auf ein paar Schlüsselsätze gestürzt. Und das bedeutet, daß es debattiert werden wird; & das bedeutet, daß 3 Gs. sehr scharf & deutlich auf heißes Eisen schlägt: so daß meine äußerst sorgsame Planung nicht von t. of l. [*Menopause*] &c. vereitelt wird, was ich schon für gewiß hielt. Doch diese Gewißheit zu erlangen war dennoch eine Riesenentdeckung für mich. Wenn ich einen Triumph zu feiern habe – Verzeihung für die hochtönende Sprache – so ist es der Nachmittag, an dem Desmond kam, & Nan Hudson da war: & ich bin fast zersprungen, weil ich unbedingt mit ihm über The Years sprechen wollte, & Nan saß weiter da, wie ein lauwarmer Brotbreiumschlag; & ich nahm all meine Kraft zusammen & brachte sie dazu, mir von ihrem eigenen Leben zu erzählen & von Ethel (das brachte etwas zum Klingen) anstatt die qualvolle Stunde zum Ruin werden zu lassen.

Jetzt ist uns zumindest das Geld sicher: L. bekommt seinen neuen Wagen; wir sind bald wieder flott; & meine letzte Etappe – wenn ich nur noch 10 Jahre zu leben habe – wird sicher produktiv. Arbeit – Arbeit. Doch im Augenblick bin ich so erleichtert – keine unehrenhafte, ruhmgesättigte Erleichterung, glaube ich – daß ich auf- und abschaukele, wie ein Busch, auf dem ein großes Geflügel gesessen hat. Und dennoch muß ich daran denken, daß ich zwangsläufig ziemlich viele gewiefte Schläge bekommen werde. Und vieles an The Years ist sehr schwach – zum Beispiel werde ich immer noch rot bei der Szene im College.

Gestern abend Dinner in Charleston. Julian jetzt ein erwachsener Mann – ich meine kräftig, kontrolliert, wahrscheinlich verbittert, für mich liegt jetzt etwas Tragisches in der Traurigkeit, sein Mund & sein Gesicht viel angespannter; als hätte er in Einsamkeit nachgedacht. Nessa sagte, er hätte die Spanienidee noch nicht ganz aufgegeben: alles hängt davon ab, ob er hier Arbeit findet. Ich fand ihn verändert: steif, angespannt, in Abwehrposition; doch zugleich herzlich: aber nicht mehr spontan. Er kommt heute zum Tee. Und L. irritierte die starke »Ichbezogenheit« meiner Familie: Nessa kümmert sich nur um ihre Kinder: Julian kann ihr nicht einmal sagen, wie er sich entschieden hat, so unüberlegt; alles »in Betrieb«. Teilweise ist das seinem Familienkomplex zu verdanken; aber etwas Wahres ist dran.

Und jetzt kann ich meine Philosophie der freien Seele in Aktion treten lassen. Das glaube ich – muß nicht am 20ten zur Schriftstellerauktion gehen.[4] Alle Falschheiten können abfallen.

Freitag 9. April 1937

»Solch Glück wo immer man es kennt ist zu bedauern, denn sicher ist es blind.« Ja, aber mein Glück ist nicht blind. Das habe ich mit meinen 55 Jahren erreicht, dachte ich heute morgen zwischen 3 & 4. Ich lag wach und war so ruhig, so zufrieden, als sei ich aus dem Trubel der Welt in den tiefblauen stillen Weltraum hinausgetreten, & hätte dort staunend gelebt, unverletzbar; gewappnet gegen alles, was passieren kann. Ich hatte dieses Gefühl noch nie zuvor in meinem ganzen Leben; doch seit letztem Sommer hatte ich es schon mehrmals: wenn ich dort hinkam, während meiner schlimmsten Depression, als träte ich hinaus, würfe einen Umhang beiseite, während ich im Bett lag und die Sterne betrachtete, in jenen Nächten im Monks House. Natürlich verliert sich die Ruhe [?], tagsüber, aber das Gefühl ist da. Es war gestern da, als der gute alte Hugh kam & nichts über The Years sagte.[5] Er ist dicker geworden, derber. Ich fand ihn nicht mehr so anregend: ich glaube, Hollywood hat ihn ein bißchen vulgär gemacht. Isherwood kam. Wir schwatzten, über die königliche Familie: Hugh soll für die Daily Mail über die Krönungsfeier berichten, & bekommt für 2000 Wörter £ 200. Dann hat er uns die wahre Geschichte von Frank Vosper & Mr Willes erzählt – Sodomie – ein plötzlicher Drang – über der Schiffswand: wie

4 Eine Verkaufsausstellung signierter Bücher und Manuskripte in der Buchhandlung Foyle's, Charing Cross Road.

5 Hugh Walpole (1884–1941), der äußerst erfolgreiche und beliebte Romanautor, mit dem VW seit 1929 befreundet war.

sein Gesicht lang wurde; er hatte Angst, ein Monster zu sein. Wegen dieser Dinge melke ich Hugh. Aber seine Geschichten werden ein wenig angeknackst. Er hatte Mr Davidson, den Pastor in der Tonne ⟨zum Lunch⟩ zu Besuch.[6] Hugh ohne wirkliches Interesse an der Menschennatur. Dauernd ärgert ihn etwas. Trotzdem war die Gesellschaft sehr lebhaft, & als sie vorbei war lief ich um den Square, der erste Abendspaziergang diesen Sommer, & bewunderte unsere patriotischen Blumenbeete mit den roten, weißen & blauen Hyazinthen. Im Mai gehen wir nach Frankreich.

Sonntag 11. Juli 1937

Eine Lücke: nicht im Leben, sondern im Kommentar. Jeden Vormittag war ich mit 3 G[uinea]s in vollem Gange. Ob ich bis August fertig werde, ist die Frage. Aber ich bin mitten in meiner magischen Blase. Hätte ich Zeit, würde ich gerne das merkwürdige Aufleuchten der Welt beschreiben – der bleichen ernüchterten Welt – das mir ab & zu so heftig widerfährt, wenn die Wand dünner wird – aber entweder bin ich müde oder werde unterbrochen. Dann denke ich an Julian in der Nähe von Madrid. & so weiter. Margaret Ll. Davies schreibt, daß Janet [Case] im Sterben liegt, & ob ich in der Times über sie schreiben will – ein ziemlich merkwürdiger Gedanke: als ob es darauf ankäme, wer schreibt oder nicht. Doch wurde ich gestern von Gedanken an Janet überflutet. Ich glaube, das Schreiben, mein Schreiben, ist etwas Mediales. Ich werde zu der jeweiligen Person. Dann das Gesellschaftliche: Saxons Club-Dinner: Der alte Sir Wm. & Beresford. Und die Nefs, Sybil, [Tony] Butts, [May] Sarton – so

6 Der Reverend Harold Francis Davidson, Pfarrer von Stiffkey in Norfolk, war 1932 angeklagt und sittlicher Vergehen für schuldig befunden worden. Um Berufung einlegen zu können, versuchte er Geld aufzutreiben, indem er sich auf der Strandpromenade in Blackpool in einer Tonne zur Schau stellte.

viele Gesichter. Ich konnte mir die Bussys nicht antun, obwohl ich gerne Matisse, Pernel & alle übrigen kennengelernt hätte. Doch die Uhr schlägt eins.[7]

Freitag 6. August 1937

Monks House, Rodmell.

Man muß aber nun mal anfangen. Seltsamerweise kann ich mich trotz meines Wortreichtums – meiner angeborenen Ausdrucksmanie – fast nicht dazu durchringen, etwas zu Julians Tod zu sagen – ich meine, über die letzten 10 Tage in London.[8] Doch man muß wieder in Gang kommen. Es war eine vollkommene Zäsur; beinah eine Leerstelle; wie ein Schlag auf den Kopf: ein Zusammenschrumpfen. Der Gang zu Nummer 8 [*Fitzroy Street, Vanessa Bells Atelier*] an dem Abend; & dann all die anderen Male, & dort zu sitzen. Als Roger starb, nahm ich wahr: & machte mir Vorwürfe: doch war es glaube ich eine große Erleichterung. Diesmal gab es keine Erleichterung. Unglaubliches Leiden – es mitanzusehen – ein Unfall, & jemand, der blutet. Dann dachte ich, der Tod eines Kindes ist die Wiederholung der Geburt; saß da und hörte zu.

Nein nein, ich werde nicht zu diesen Tagen zurückkehren. Das einzige bißchen Trost war, bei Nessa, Duncan, Quentin & Angelica zu sein & daß die Isolation, die Zuschauerhaltung sich völlig verlor, weil man gebraucht wurde; & ganz von selbst. Letzten Donnerstag sind wir dann hierhergekommen; & mit schwindendem Druck lebte man wieder; doch fast ohne Zukunft. Das ist auch ein Charakteristikum dieses Todes – daß er die unermeßliche Leere & unseren kurzen kleinen Lauf in die

7 Nachdem »das Gesellschaftliche« seit dem 30. Juni sehr im Vordergrund gestanden hatte, sagten die Woolfs die Cocktailparty bei Simon Bussy, dem französischen Maler, der ein ehemaliger Kommilitone von Matisse war, ab.

8 Vanessas Sohn Julian Bell fuhr im Spanischen Bürgerkrieg einen Ambulanzwagen und wurde am 18. Juli an der Brunete-Front von einem Granatsplitter getroffen. Er starb am selben Abend im Alter von neunundzwanzig Jahren.

Geistlosigkeit dicht heranholt. Und genau das habe ich vor zu bekämpfen. Wie? wie soll ich einlösen, was ich fest versichere, daß ich nicht einen Inch oder auch nur den Bruchteil eines Inchs dem Nichts nachgebe, so lange noch etwas da ist? Arbeit natürlich. Am Montag habe ich mich in Congreve gestürzt, & habe ihn heute vormittag fast fertig bekommen. Und das setzt zweifellos die Räder in Gang. Sobald ich nicht arbeite oder sobald das Ende in Sicht ist, beginnt das Nichts. Jeden zweiten Tag muß ich jedoch rüber nach Charleston. Wir sitzen in der Tür des Ateliers. Es ist zum Glück sehr heiß. Ein heißer Feiertag – obenan ein getötetes Kind; Flugzeuge dröhnen. Die Gedanken an Julian verändern sich so sonderbar, nein ganz auf die übliche Weise: mal weit weg, mal nah; mal ist er leibhaftig da; dann körperlicher Kontakt – küsse ihn verstohlen: & so weiter. Und als Tom seine Essays ablehnte, war ich ein wenig erleichtert, denn das gab mir das Gefühl, daß ich nicht bloß gehässig, nicht bloß eifersüchtig war.[9] Doch wie beschnitten die Zukunft dadurch ist: wie das Sehvermögen auf das eigene Leben reduziert wird – außer für Q. & Angelica. Ein merkwürdiges Körpergefühl; als hätte man in einem anderen Körper gelebt, der entfernt wird, & als sei alles Leben zu Ende. Wie immer ist es, glaube ich, heilsam, sich in andere Leben zu begeben; & die alte Anspannung im Kopf; doch jetzt muß ich Resümee ziehen & versuchen, mir Rechenschaft abzulegen, das heißt meinen Arbeitsplan zu machen, und wieder zu sein.

Also, 3 Guineas müssen fertig werden: das letzte Kapitel, jetzt ist es vermutlich steif & kalt. Aber ich werde es morgen probieren: dann Congreve fertigmachen: dann mit einer Erzählung angeblich £ 200 verdienen: & dann im Herbst Roger.

9 Vor seiner Abreise nach Spanien hatte Julian Bell drei lange polemische Essays zusammengestellt – dazu gehörte der ›Letter to A.‹, den die Woolfs abgelehnt hatten. Er hatte seine Mutter gebeten, sie an T. S. Eliot zu schicken, der inzwischen beim Verlag Faber & Faber arbeitete. Nach seinem Tod schrieb Eliot an VW, und über sie an Vanessa, daß der Verlag sie nicht veröffentlichen könne, obwohl er sie sehr interessant finde. Sie erschienen schließlich 1938 in *Julian Bell: Essays, Poems and Letters* bei der Hogarth Press.

Ob je wieder ein Roman heraufschwimmt? Wenn ja, wie? Das einzige, was sich mir angedeutet hat, ist, daß es dialogisch sein soll: & Lyrik & Prosa; alles ganz deutlich. Keine langen, dicht geschriebenen Bücher mehr. Doch verspüre ich keinen Impuls; & werde warten; es macht mir nichts aus, wenn der Impuls niemals sprachliche Form annimmt; auch wenn ich vermutlich eines Tages wieder in die alte Verzückung gerate. Ich will keine Romane mehr schreiben. Ich will eine neue Form der Kritik erforschen: Eines ist glaube ich erwiesen; ich werde bestimmt nicht schreiben, um zu »gefallen« und zu bekehren; bin jetzt ganz und gar & auf immer meine eigene Herrin.

Rodker knabbert an der [Hogarth] Press. Als John zum erstenmal anbiß, scheuten wir beide so stark zurück, daß wir vermutlich am Ende die einzigen sind, die im Verlag übrig bleiben & ihn für immer so führen werden, verkleinert. Rodker ist Kommunist. Jede Verlagskraft ist sofort verdächtig.[10] Heute gehen wir nach Charleston: Clive ist mit Janis [Loeb] in Frankreich; Duncan war in London; Nessa ist heute allein. Ein sehr heißer Tag – füge ich hinzu, um nicht an sie denken zu müssen.

»Ich werde fröhlich sein, aber ich werde nie wieder glücklich sein«

»Als Roger starb, dachte ich, ich sei unglücklich –«

Mittwoch 11. August 1937

Ich habe eine halbe Stunde übrig & kann sie genauso hier zubringen. »Hier« schreibe ich immer über das Schreiben: Ich schäme mich ziemlich. Aber das soll die tägliche Mühe & Plackerei in diesem Sommer in Brand stecken. Wir befinden uns jetzt in der schlimmsten Phase – ich glaube ich kann das erkennen. Wir reden nicht mehr so offen über Julian. Wir wollen, daß es weitergeht. Angelica & Q. kommen zum Bowls-Spielen. Wir re-

10 John Rodker (1894–1955), Lyriker, Drucker und Verleger von zeitgenössischen Autoren in limitierter Auflage.

den auf Teufel komm raus. Es ist unecht. Wir sorgen für Unterhaltung, L. & ich: deshalb sind wir ziemlich streitsüchtig, wenn wir allein sind – die Belastung, nehme ich an. Das unschöne Stadium des Kummers. Und wir sind nie allein. Graham am Samstag: Mrs W. & Ada am Sonntag: die Kinder: am Montag fuhr ich mit dem Zug nach Charleston. So ließ ich L. allein: habe ich das Recht, L. allein zu lassen & mit Nessa zusammenzusitzen? Sie war wieder in Unterwasserstimmung. Eine Atmosphäre tiefer grauer Gewässer; & ich zappelnd wie ein lädierter Fisch an der Oberfläche. Sehr harte Arbeit. Dann hat A[ngelica] hier übernachtet & gestern war ein scheußlicher Tag in London. L. schweigsam; Haus verrußt; aufgewacht: Hitze; schwere heftige verbrannte Hitze. A. zu spät; Tee; Rückfahrt: schweres Gewitter, Essen in C[harleston]. Nessa geht es besser. Doch jetzt beginnt die Besucherkrise, diesen Sommer sehr störend. Kommen die Maurons? Dann Judith & Adrian. Ich hasse diese Entscheidungen, & L. schweigt. Also schreibe ich hier, nicht darüber, sondern über mein Schreiben, das einzige Feuer, das der Tag entfacht. Man hat mir £ 200 für 1500 Wörter im Cosmopolitan angeboten. Soll ich, soll ich nicht? Wozu Geld verdienen? Ein zweiter Wagen, glaube ich; noch ein Tisch; ein paar neue Schallplatten & ein Kleid. Das alte Lied: Nessas Kinder; beneide sie, was mich zum Arbeiten bringt. Aber Denken ist sinnlos – ich meine Analysieren. Heute nachmittag mache ich einen langen Spaziergang, nach Piddinghoe: laufe mich ruhig; spiele Bowls, lese; & denke nicht an die kleinen Verabredungen; ich habe einen 6d Jeans über The Mysterious Universe gekauft: ich lese in Ruhe George Sand; einen langen Roman, den L. gut findet, sorgfältig für die Press: sollte Congreve lesen und meine Studie abschließen, hatte aber keine Zeit – bin erst spät von Charleston zurückgekommen. Habe von der Times [*Book Club*] Auden McNeice in Island; dann auf französisch George Sand Memoiren. Ich kann also vor mich hinschmökern. Und eine Riesenkiste mit Rogers Artikeln. Endlose ungeschriebene Briefe – fühle mit Julian, der neben mir stolziert, in vielen verschiedenen Gestalten.

Dienstag 17. August 1937

Nicht viel zu sagen. Es stimmt, das einzige Leben diesen Sommer findet im Kopf statt. Ich gerate in Erregung, wenn ich schreibe. 3 Stunden vergehen wie 10 Minuten. Heute morgen hatte ich einen Augenblick der alten Verzückung – ausgerechnet als ich The Duchess & the Jeweller für Chambrun NY abschrieb. Ich mußte eine Zusammenfassung schicken. Ich glaube, er wird die Zusammenfassung nicht mögen. Doch da war die alte Aufregung, selbst in diesem kurzen extravaganten Augenblick – mehr als beim Kritikenschreiben, glaube ich.[11]

Gestern bei Regen in Charleston. Ich nehme den Zug nach Lewes; gehe einkaufen; 4.35 Bus; bin zum Tee in Charleston. Es stimmt, daß ich nicht über Nessa schreiben kann: muß mich davor hüten, über sie nachzudenken.

Zum Glück – falls das das richtige Wort ist – erhalte ich diese Elektroschocks – Kabel mit der Aufforderung zu schreiben. Cha[m]brun bietet £ 500 für eine Erzählung von 9000 Wörtern. Und ich fange sofort an, mir Abenteuer auszudenken – 10 Tage Abenteuer – ein Mann, der mit schwarzen Strickstrümpfen an den Armen rudert.

Schreibe ich eigentlich, selbst hier, jemals für die eigenen Augen? Wenn nicht, für wessen Augen dann? Eine ziemlich interessante Frage. Ich grüble über die Beschaffenheit von Audens Egoismus nach. Vermute, es hat etwas mit Unbehagen zu tun. Er will direkt aus dem Herzen schreiben: die Literatur ausrangieren; Egoismus ist vielleicht seine Art, sich zu orientieren. Was ich meine, weiß ich nicht genau. vielleicht daß das Ablegen literarischer Kleider für ihn anscheinend Ehrlichkeit, Einfachheit, Nacktheit bedeutet.

11 Der New Yorker Literaturagent Jacques Chambrun hatte VW $ 1000 für eine Erzählung angeboten; sie schickte ihm eine Zusammenfassung von ›The Duchess and the Jeweller‹. (›Die Herzogin und der Juwelier‹, deutsch von Brigitte Walitzek, in: *Das Mal an der Wand*, Frankfurt: S. Fischer, 1989, S. 302–309.)

Ein Brief von Tom; ebenfalls unangenehm egoistisch. Oder unterstelle ich das? Eddy Playfair & die Maurons stehen uns bevor. Das Wetter ist umgeschlagen. Gestern Nacht heftiger Sturm und Regen. Die [Southease] Bridge auf der Rückfahrt hochgezogen: ein Schiff kam. Die Flußleute rannten in großen Mänteln mit Stöcken herum wie Verschwörer aus dem 17. Jahrhundert. Wir haben in Charleston über Amerika gesprochen. Nessa ließ A[ngelica]. die Beschreibung einer Flut in Dr. Heynes [?] Buch vorlesen. Sie hat das interessiert vorgelesen. Sie hat eine beachtliche, unvoreingenommene Vorstellungskraft. Das hilft vielleicht. Dann A[ngelica]. & Q[uentin]. Doch ab & zu sieht sie wie eine alte Frau aus. Sie erinnert mich an Vater, wie er Thobys Arm nahm: so bittet sie Q., ihr zu helfen. Aber wie kann sie sich je wieder aufrichten? Julian hatte eine eigentümliche Macht über sie – sowohl Liebhaber als auch Sohn. Er hat ihr gesagt, er könne nie eine andere Frau so lieben wie sie. Er war wie sie; hatte jedoch eine Vitalität und Heftigkeit & wie stark ihre Zuneigung war, als er klein war. Ich meine, er brauchte mehr Trost & Mitgefühl als die anderen, war weniger gut darauf vorbereitet, in der Welt voranzukommen – hatte eine Art Schwerfälligkeit, eine Cambridge-Unbeholfenheit, neben seinem natürlichen Frohsinn. Und damit ist es jetzt vorbei, wegen 10 Minuten in einem Ambulanzwagen. Auf meinen Spaziergängen streite ich oft mit ihm; schimpfe darüber, daß er so selbstsüchtig war, zu gehen, doch meistens machen mich das völlige Durcheinander & die Vergeudung einfach sprachlos. Kann den heroischen Begeisterungstaumel der Medical Aid nicht teilen, die nächste Woche eine Versammlung abhalten, um der sechs zu gedenken, die getötet wurden. »Ihr Leben hingegeben haben«, wie sie das nennen.

Ich glaube ich meine mangelndes Urteilsvermögen: eigensinnig & emotional. Eddie Playfair fand das auch. Wir hätten ihn mehr respektiert wenn er in England geblieben wäre & sich der Tretmühle gestellt hätte.

Dienstag 12. Oktober 1937

London.

Ja, wir sind wieder am Tavistock Square; & seit dem 27. Sept. habe ich kein Wort mehr geschrieben. Das zeigt, wie die Vormittage bis zum Rand mit 3 Guineas vollgepackt waren. Heute ist der erste Vormittag, an dem ich schreibe, weil ich um 12, vor zehn Minuten, die wohl letzte Seite von 3 Gs geschrieben habe. Ach, wie ungestüm ich durch diese Vormittage galoppiert bin! Es ist aus mir herausgedrungen & -gespritzt, falls das ein Beweis dafür ist, daß es etwas taugt, wie ein veritabler Vulkan. Und mein Kopf ist nach der Austreibung kühl & ruhig. Er hat jetzt gezischt seit – also ich entsinne mich, daß ich schon in Delphi darüber nachdachte.[12] Und dann zwang ich mich zuerst dazu, es in einen Roman hineinzunehmen. Nein, der Roman war zuerst da. The Years. Und wie ich mich zurückhielt, während der ganzen fürchterlichen Depression, & mich bis auf ein paar rasende Notizen weigerte, es anzuzapfen, bevor The Years – diese schreckliche Bürde – von mir genommen war. So daß ich diesen Galopp verdient habe. Und mir außerdem Zeit genommen & nachgedacht habe. Aber wie kann ich sagen, ob es gut oder schlecht ist? Ich muß jetzt die Bibliographie hinzufügen & die Anmerkungen. Und eine Woche Pause machen. Die verschafft mir vielleicht Mr Davis von Harpers Bazaar, der heute zum Tee kommt, um eine Erzählung zu diskutieren, ein Vorschlag von jenem kastanienbraunen Gauner, wie wir argwöhnen, M. Chambrun – den ich nicht beschrieben habe – der Agent, der wegen The Duchess & the Jeweller telegraphierte, £ 200 anbot, & sich jetzt wohl irgendwie herauswinden wird.

Also wurde hier nichts über die letzten Wochen im Monks House gesagt. Das Wetter war sehr schön. Diese sachliche Erklärung klingt ein bißchen sonderbar.

12 Auf ihrer Griechenlandreise 1932 hatte VW am 2. Mai in ihr Tagebuch geschrieben: »[…] daß die männlichen Tugenden einem nie so zufallen […] (Ich denke wieder an das Buch).«

Nessa war in Paris. Gestern abend kam sie hierher, zum ersten Mal. Wir haben das Material zum Glück, sind aber nicht glücklich. Den ganzen Sommer schon spreche ich, stelle ich fest, diesen Vers, von Lowell, über die, auf deren künftige Schritte wir lauschen: der Vers über den im Krieg getöteten Neffen. Als Thoby starb, lief ich immer in London herum und sagte mir Stevensons Verse auf: You alone have crossed the melancholy stream. Beides wohl Knittelverse: doch sie sagen sich ganz von selbst. Aber bei Thoby spürte ich, daß wir gleichaltrig waren. Bei Julian spricht die alte Frau und sagt, daß sie die Jugend nicht mehr wiedersieht. Sein Tod ist kein natürlicher Tod. Er passt für mich nirgends hinein. Vielleicht weil er gewaltsam getötet wurde. Ich kann noch nichts mit der Erfahrung anfangen. Es scheint da immer noch die Leere: der Anblick der blutenden Nessa: wie wir zusehen: nichts tun können. Doch seltsam ist, daß ich nichts wahrnehmen oder beschreiben kann. Natürlich habe ich mich gezwungen, mit dem Buch voranzukommen. Doch die Zukunft ohne Julian ist abgeschnitten, gestutzt: deformiert.

Yours the
undiminished
gladness
undecaying
dream.

Wir haben, allmählich, endgültig, beschlossen, den Verlag nicht zu verkaufen; sondern ihn eingehen zu lassen, außer für unsere eigenen Bücher. Das ist glaube ich eine gute Entscheidung. Das Recht auf Abenteuer bleibt erhalten; weniger Geld kommt herein. Wir sehen uns außerstande, für Verlage zu schreiben. So realisiere ich jedenfalls meine eigenen Theorien. Und wir bekommen neuen Raum zum Experimentieren & Freiheit.

Mittwoch 13. Oktober 1937

George Davis kam & gab glaube ich eine Erzählung in Auftrag. Dann auch noch Philip Hart der Arzt, der bei Julian war, als er starb. Es war anscheinend folgendermaßen: Julian wurde mit einer sehr schlimmen Verletzung hereingebracht – sah totenbleich aus. Er fragte H. Wie sind meine Chancen? Hart sagte zu ihm, mit

80prozentiger Sicherheit Genesung. Eine Lüge. Nur ein Wunder hätte ihn retten können. Er war sehr tapfer. Nach der Operation sah H. ihn ohne Beschwerden im Bett. Kam 2 Stunden später wieder & sah, daß er döste und nur halb bei Bewußtsein war. Und er blieb in diesem Zustand bis er in derselben Nacht starb. Hart sagte, Julian & der andere Mann hätten unter dem Ambulanzwagen gelegen. Sie hätten vielleicht in einem Schützengraben in Deckung gehen können. Doch es ist unmöglich, immer Vorkehrungen zu treffen. Julian wurde von den Splittern einer Granate, die neben ihm einschlug, getroffen: der andere Mann unverletzt. So als sei er sofort getötet worden. Das Denken eines Menschen, der so schwer verletzt ist, konzentriert sich auf das Unmittelbare. Er sagte nichts über Nessa. Wollte nur weiter operiert werden.

Dies stimmt nicht ganz mit den anderen Berichten überein: P. H. & die anderen meinten, er sei allein gewesen, & so weiter. Doch jetzt gibt es nichts mehr herauszufinden. Hart wurde von Schuldgefühlen gepeinigt. Weil sie J. nicht von der Front ferngehalten hatten. Sie wollten es später tun. Er hatte keine Erfahrung. Alles ist jetzt viel gefährlicher. Das Feldlazarett ist fast so gefährlich wie die Armee. Und so ist er gestorben. Er sagte, die schwersten Kämpfe stünden noch bevor. Ein langes Gespräch. Wie Tisdall [*VWs Zahnarzt*], wie er aussieht. Ein netter, sensibler, dünner Mann, ein Enthusiast. Wenn wir Waffen durchließen, würden wir Tausenden das Leben retten.

& dann gehe ich hoch & treffe auf L., der wütend über die L. Party ist, die eine Deputation ins Außenministerium geschickt hat & von Vansittart hereingelegt wurde. Daher lassen wir keine Waffen durch: wir bleiben auf dem Zaun hocken: & die Kämpfe werden weitergehen – Aber ich bin keine Politikerin: offensichtlich. Kann Politik nur sehr langsam in meine eigene Sprache hinüberdenken.[13]

13 Während des Spanischen Bürgerkriegs wurde die Politik der Nichteinmischung, auf die sich alle Großmächte offiziell geeinigt hatten – obwohl Deutschland, Italien und Rußland diese Vereinbarung offen mißachteten – von Großbritannien strikt eingehalten.

Samstag 18. Dezember 1937

Ach dieses verfluchte Jahr 1937 – es läßt uns nicht aus seinen Klauen. Jetzt sind es L.s Nieren: Rau sagt, es sei vielleicht eine Erkältung, oder vielleicht hätte er etwas an den Nieren; möglicherweise die Prostata – dieser immerwährende Horror. Er sagt, es sei wahrscheinlich eher eine Erkältung; kann es aber erst in zwei Wochen genau sagen. Wir fahren also weg, während dies über uns schwebt – Und wieder einmal ist Arbeit meine einzige Zuflucht. Daher werde ich mich hier nicht näher auslassen. Die große Katze spielt wieder einmal mit uns.

Wieviel macht mir der Tod aus? Ich habe mich das letzte Nacht gefragt, als ich nicht zu Helens Malerfest ging, & kam zu dem Ergebnis, daß es ein Gefühl gibt, in dem man das Ende gelassen hinnehmen kann. Das ist seltsam, wenn man bedenkt, daß nur wenige Menschen sich so immens für das Leben interessieren: & glücklich sind. Julians Tod macht einen glaube ich dem Leben gegenüber mißtrauisch. Nicht daß ich ihn mir je als jemand vorstelle, der tot ist: was merkwürdig ist. Eher als sei er jäh fortgerissen worden und nicht mehr in Sichtweite, ohne Sinn und Zweck: so gewaltsam & absurd, daß sein Tod in kein Schema paßt. Doch hier sind wir, an einem schönen kalten Tag, und gehen nach Ickenham, um Sally decken zu lassen: was gesünder ist als hier zu analysieren. Genau genommen kreise ich immer noch um 3 Gs. Habe die zweite heute zum Abtippen vorbereitet.

Helens Fest, sagte Mabel, und sprach aus der Perspektive der Küche, in der sie bis halb drei morgens spülte, war überfüllt laut betrunken. Mehrere junge Leute fielen beschwipst um. Die Dämpfe des Punschs machten ihr Kopfschmerzen. Das ist ein kaum objektives Küchenurteil; doch ich würde sagen, ich wäre derselben Ansicht gewesen, wenn ich dort gewesen wäre. Und ich habe versprochen, ihnen 2 Jahre lang £ 25 zu garantieren. Warum? Helens ziemlich ärgerliche Parteilichkeit, als sie mit Joe hier zum Dinner war & die alte streitsüchtige Helen aus der Bernard St. war, brachte mich auf diese Frage.[14]

1938

Sonntag 9. Januar 1938

Ja, ich werde mich zwingen, dieses verfluchte Jahr zu beginnen. Erst einmal habe ich das letzte Kapitel von Three Guineas »fertiggeschrieben«, & habe zum ersten Mal seit ich weiß nicht wann mitten am Vormittag zu schreiben aufgehört.

Wie soll ich »Angst« beschreiben? Ich habe sie mit permanentem Schreiben niedergehalten, mit Nachdenken, über 3 Gs – genau wie im Sommer nach Julians Tod. Rau war gerade hier & sagt, da sei immer noch etwas Blut: wenn sich das nicht ändert, muß L. nächste Woche zur Untersuchung ins Krankenhaus. Wahrscheinlich ist es die Prostata. Das bedeutet möglicherweise eine Operation. Wir wissen es erst am Dienstag. Wozu soll es gut sein, die Gefühle der letzten 3 Wochen zu analysieren? In Rodmell ging es ihm plötzlich schlechter; am Mittwoch sind wir zurück nach London: – am 28. oder so [*29. Dezember*]; seither haben wir darauf gewartet, daß das Telefon klingelt, was eine ständige Belastung ist. Was zeigt die Analyse &c? Er war zum Röntgen im Krankenhaus; lag und liegt immer noch im Bett. In gewisser Weise können Gefühle abstumpfen, Gewohnheit werden; doch liegen sie nur unter einer sehr dünnen Decke. Ich gehe spazieren; arbeite & so weiter. Nessa & Angelica & Duncan alle in Cassis, bei ihnen Erleichterung zu finden ist also nicht möglich, aber warum sollte man sie von ihr erzwingen? Jedenfalls kommen sie wahrscheinlich in vierzehn Tagen zurück.

14 Das »Malerfest« am 17. Dezember in den nebeneinanderliegenden Ateliers von Duncan Grant und Vanesa Bell in der Fitzroy Street 8 hatte Helen Anrep (1885–1965) veranstaltet, die seit 1926 mit Roger Fry zusammengelebt hatte. Sie wollte für die kürzlich eröffnete »School of Drawing and Painting« Reklame machen und um finanzielle Unterstützung ersuchen. (Siehe Biographische Skizzen.)

Harry Stephen, Judith, glaube ich unsere einzigen Besucher. Eine tote Zeit. Niemand ruft an. Heute schönes Wetter. Und das Schreiben dieser Seite hat zum Resultat, daß ich zu sehen gezwungen bin, wie überaus wichtig es ist, mich in die Arbeit zu versenken; also wieder zurück an 3 Guineas. Dann vergeht die Zeit. Wenn ich hier schreibe, erlahmt sie.

Dienstag 11. Januar 1938

Gestern abend der Anruf: Probe völlig normal.

Die Klauen sind also momentan entspannt.

Ideen: Ode an Whitaker.

Probevortrag in den USA: beide in gereimter Prosa.

Montag 7. Februar 1938

(Mutters Geburtstag) an dem wir übrigens ein vollkommenes Wochenende hatten, ruhig, frischer Frühling: Krokusse im Garten; die Vögel jubilierend; Q. zum Dinner; Hubbard wollte L's Rat wegen Scheidung. Diese mürrische habgierige Dedmantochter hat ihm das Leben seit 14 Jahren zur Hölle gemacht; & jetzt hat er eine Romanze mit Doris Thompsett. Oh das Leben der Armen![1] Aber (bis auf einen Stich wegen der drohenden Probe & weil ich an Nessa dachte) war ich sehr glücklich: von meinem Buch befreit; & mit Ideen umherwerfend als ich über die Downs ging. Zum Beispiel: ein illustriertes Blatt mit dem Titel The Outsider: ein Drehorgellied Vom verschrumpelten dornigen Stechginsterbaum auf den Downs, durch den ich die Bungalows sehe: eine gereimte Burleske. Eine gute Idee. Aber zuerst muß ich die Anmerkungen zu 3 Gs schreiben.

Nessa, D. & A. zum Dinner.

1 Jack Hubbard war ein Landarbeiter in Rodmell.

Samstag 12. März 1938

Überfall Hitlers auf Österreich: das heißt, seine Armee hat gestern abend um 10 ohne Widerstand die Grenze überschritten. Man hat zum letzten Mal die österreichische Nationalhymne im Radio gehört. Wir bekamen ein paar Fetzen Tanzmusik aus Wien mit. Diese Tatsache verbindet sich mit den russischen Prozessen, wie schmutzige Wassertropfen, die sich mischen, und bohrt einen Dorn in meinen Vormittag: den ich pingelig mit den Anmerkungen zubrachte. Die Intensität des aus Wien gesendeten Strahls kann man sich daher vorstellen. Wie immer, wenn ich bei den Korrekturfahnen bin, langweilt mich das Buch, das mir den ganzen letzten Sommer über wie ein Rückgrat war; mich während des grauenvollen letzten Augusts aufrecht gehalten hat; & mich wie einen Kreisel meilenweit über die Downs gewirbelt hat. Wie kann es sich ganz und gar in dünnes Gefasel aufgelöst haben? Doch es bleibt, moralisch, ein Rückgrat: das, was ich sagen wollte, wenn auch vergeblich. Drei USA-Zeitungen haben es abgelehnt; doch das Atlantic bezahlt £ 120 für 12 000 Wörter. Ihre Depesche kam, als Morgan hier war – hereingeweht wie Distelwolle – eine sehr runde & bauschige Wolle ist er jetzt: jedoch mit einer Brise im Rücken: ihm gefällt, glaube ich, & das ist ganz natürlich, das Lob, das die Jugend ihm jetzt spendet. Und mißgönne ich ihm, daß *er* der beste lebende Romancier ist? Er überreichte mir einen Zeitungsausschnitt, über Roses Buch, in dem er auf diese Weise gewürdigt wird. Und so, eifersüchtig wie ich bin und immer ganz schön gemein zu meinen Zeitgenossen, bekam ich meine Depression, die in den schmutzigen Tropfen eingeflossen ist –. Er hatte Charles Trevelyan besucht & sein Romanschreibersack war voller Krimskrams, den er dort aufgelesen hat: Charles ein guter Kerl; mag die Haustiere seiner Töchter nicht; sie kotzen auf den Teppich; Lady T.s Gobelin; Gesicht & Schild des angestammten Ritters hohl; Macaulays Bücher: alle mit Anmerkungen im Hinblick auf das Ganze versehen, fast wie meine. Dann hat wie üblich Rose angerufen. Gefällt dir mein Buch? Habe es noch nicht gelesen. Nun, ich frage mich, was die Leute davon halten werden &c. Insgeheim weiß ich, daß sie es kaum wahrnehmen werden. Doch das erinnert mich daran, daß unsere letzte Leonard-&-Virginia-Saison vielleicht unsere brillanteste ist: alle Wochenzeitungen haben glaube ich Isherwood, Upward & sogar Libby Benedict für die obersten Plätze ausgesucht.[2] Ja: wenn es auf dieser Welt Erfolg gibt, dann war die Hogarth Press wohl so erfolgreich wie nur irgend möglich. Und dieses Jahr werden wir geradezu von Geld eingeschneit. Etwa £ 4000 aus The Years: dann Pepita &c &c. Wir haben tatsächlich Mr Wicks [*Bauunternehmer in Lewes*] um einen Kostenvoranschlag für eine Bibliothek im M[onks] H[ouse] gebeten – trotz Hitler. Doch all das – meine Einnahmen – hängt etwas in der Luft. Um sie zu konkretisieren, habe ich gestern 2 Paar amerikanische Schuhe mit Gummisohlen gekauft: ferner: einen Papierbehälter, in dem jetzt meine großartigen Notizbücher untergebracht sind: ferner: einen Stuhl. & über den Umtausch meines bestickten Tisches verhandelt. – Die Freude am Geld; unbefangen einzukaufen. Doch puritanischerweise gebe ich fast nichts für Kleider aus. Mabels kummervolle Schwester fertigt preiswert Kopien an. Die Freude am Geldausgeben besteht darin, zu sagen, ich will das & es dann sofort zu kaufen, besonders kleine Einrichtungsgegenstände & Schreibwaren. Vielleicht fange ich in vierzehn Tagen mit Roger an.

Dienstag 24. Mai 1938

Heute vormittag bin ich zufrieden, weil Lady Rhondda schreibt, sie sei »von 3 Gs völlig begeistert & tief bewegt«. Theo Bonsanquet, die ein Rezensionsexemplar besitzt, hat ihr Auszüge daraus vorgelesen. Und sie glaubt, daß es großen Einfluß haben

2 Die von den Wochenzeitungen empfohlenen Hogarth-Press-Bücher waren Christopher Isherwoods *Lions and Shadows*, Edward Upwards *Journey to the Border* und *The Refugees* von Libby Benedict.

wird, & unterschreibt als meine dankbare Außenseiterin.[3] Ein gutes Omen; weil es zeigt, daß bestimmte Leute aufgestört sein werden; nachdenken werden; diskutieren: es wird nicht ganz vergeudet sein. Natürlich ist L[ad]y R. bereits zum Teil auf meiner Seite; doch wiederum hätte sie Einwände haben können, da sie sehr patriotisch & bürgerlich ist. Es ist durchaus möglich, daß es bei den Tintenfässern mehr aufrührt als ich dachte – Gefühl trüb & kalt in den letzten Wochen & auch gleichgültig: & vergessen ist die große Erregung & Intensität, mit der ich (zweifellos) schrieb.

Aber da ganz Europa vielleicht bald in Flammen steht – es ist durchaus möglich. Noch ein Schuß auf einen Polizisten & die Deutschen, Tschechen, Franzosen fangen wieder die alten Greuel an. Der 4. August [1914] kommt vielleicht nächste Woche. Im Augenblick ist es still. L. sagt K. Martin sagt wir sagen (der Premierminister), daß wir diesmal kämpfen werden. Hitler kaut deshalb auf seinem kleinen Borstenschnauzbart. Doch die ganze Sache bebt: & mein Buch tanzt vielleicht wie ein Nachtfalter über dem Feuer – und ist in Nullkommanichts ein Raub der Flammen. Morgan hat gestern angerufen wegen Rosamonds großem Schriftstellertreffen, auf dem gegen Spanien protestiert werden soll, sie hat dafür die Queens Hall gemietet. Hat uns jedoch nicht eingeladen. Was solle er tun? Findet es albern. Also habe ich ein paar vorsichtige Hinweise auf meine eigene Einstellung herausgelassen. Wir müssen Hitler in England angreifen. »Genau das sage ich immer« sagte er »Nur wie?« »Oh, ich bin in Kontakt mit Pippa & Newnham …« Er schien dem wohlwollend gegenüberzustehen. Jedenfalls wird er nicht in der Q[ueen's] H[all] sprechen oder eine Botschaft schicken. Jetzt

3 Margaret Haig Thomas, Viscountess Rhondda (1883–1958), Gründerin und Herausgeberin der Wochenzeitung *Time and Tide*, Feministin. Ihre enge Freundin und Gefährtin Theodora Bosanquet besprach *Three Guineas* in *Time and Tide* am 4. Juni 1938. (*Ein eigenes Zimmer, Drei Guineen. Zwei Essays*, deutsch von Heidi Zerning und Brigitte Walitzek, Frankfurt: S. Fischer, 2001.)

zur [Chelsea] Blumenschau; Dinner bei den Hutch[insons]. Was soll ich anziehen?

Flugzeuge brummen oben im bewölkten blauen Himmel. Durch unser gewelltes Fenster sehen sie aus wie Haie. Kein Regen. Kein Obst. Gemüse vertrocknet.

Dienstag 26. Juli 1938

Es stimmt wirklich, daß ich keine Zeit habe. Die letzten vierzehn Tage habe ich bloß Leuten gewidmet – Leute getroffen – kein Tag frei davon. Immer eine Verabredung. Wenn es einem die Segel bläht, spricht etwas dafür. Aber ich tue es mit Bedacht & daher … also: hier ist eine Liste: Samstag Elizabeth Bowen; Sonntag Lehmann; Nessa & Duncan; Montag nach dem Tee will ich mir freihalten: da kommt Angelica herein: doch wir sprachen über Julian, & ich fand ihre Besonnenheit & Tiefe wunderbar; bezweifle, daß sie bei der Schauspielerei bleiben wird; heute unser Dinner mit den Bussys & danach die anderen; dann Vita (oh, sie hat telegraphiert Entsetzt über Deinen Brief), zum Lunch: Noel & Virginia abgesagt; D. lädt mich zum Tee ein, damit ich mein Spiegelglas abhole; dann gehen wir in die Lysistrata im Regents Park: bis Donnerstag gehen wir also durch diese beleuchtete Galerie vieler Gesichter.[4] Und Telefonate – & Bücher. Buchan & Susie stellen ihre vor: Hughes seines. Und es ist jetzt eins. Ich wanke durch die Beaufort St.

Donnerstag 4. August 1938

Monks House

Ich habe etwas wirklich Dummes getan – nicht daß es meine Schuld war. Ich dachte, ich würde die Stimme kennen, die Mrs Woolf verlangte: & befand mich plötzlich im Gespräch mit

4 VWs »Spiegelglas«: ein Spiegel mit einem Rahmen, der von Duncan Grant entworfen und von seiner Mutter in *Gros-Point*-Stickerei gearbeitet wurde; er befindet sich heute im Monks House.

einer Frau namens Coralie Anderson, vom Rundfunk in Dublin, die aus Neuseeland stammt und aus Newhaven anrief: & wie es sich gehört sagte ich blödsinnigerweise zu ihr, sie könne heute zu einem langweiligen Familientee kommen: das heißt, heute werden nicht nur Mrs Woolf Edgar & Sylvia kommen, sondern vielleicht, nein mit Sicherheit, auch noch eine Fremde ohne jegliches Taktgefühl.[5] Und L. wird verdrossen sein; & Mrs W. wird die Störung übelnehmen. Es war nämlich so, daß Vita gerade da war: deshalb ging ich ans Telefon. Und so flüchten wir uns in die Ruhe des Landlebens. Kamen am Donnerstag herunter; fast stumm vor lauter Belästigungen: am Sonntag 6 aus Charleston; Angus [Davidson] & Eddie [Playfair]; dann am Dienstag Vita über Nacht & gestern; & jetzt diese unpassende Versammlung. Doch wir sind sehr glücklich. Ich sollte noch sagen, daß jetzt ein neuer Dachgiebel angebaut wird, die Arbeiter hämmern, Mr Wicks hat unangekündigt mit der Arbeit begonnen & sagt, er braucht 3 Wochen, was 5 bedeutet. Vor zwei Tagen hatte L. die glänzende Idee, die Hälfte der Bibliothek in eine Freiluftveranda mit Glastüren umzuwandeln, auf der wir in warmen Nächten sitzen & die Sterne betrachten können. Die Arbeit ist jetzt im Gange. Wir haben bald einen Balkon & Geländer.

Nein: sie war so taktvoll, nicht zu kommen.

Es ist sehr heiß gewesen mit starkem heißem Wind. Und ich galoppiere frei erfindend, nachdem ich Rogers Heirat hinter mir habe. Meine Arbeit im Augenblick ziemlich ruckhaft & mühsam. Wechsle zwischen gewissenhafter Wahrheit & wilden Ideen. Es gefiel mir jedoch, Vita zu sehen, wieder so frei & ungezwungen. Wir saßen hier draußen & sprachen über ihre Liebschaften; über den Tod; Vater Darcy zum Thema Tod. Bens Tränen, als Vita ihn schimpfte; Willy Maugham; Clive, der heimlich ein Buch über den Krieg schreibt; Julian; Nessa; die so krank aussieht; über die vielen Frauen, die Söhne & Liebhaber verloren

5 Edgar Woolf war LWs dritter Bruder, Sylvia seine Frau.

haben; ich habe vergessen, was wir sagten. Auch brachte sie einen Korb Pfirsiche mit & eine halbe Flasche Chateau Yquem aus dem Keller ihrer Mutter. Nigel bekam nur ein Third. Ihm & Harold macht das etwas aus. Ihr nicht. Und fort war sie, in ihrem großen schwarzen Wagen, von dem Mrs Bartholomew so beeindruckt ist, um Mrs Rubens & ihren endgültigen Ehemann, der gerne angelt, zu bewirten. Sie bekommt jeden Tag Besuch – jedoch niemand über Nacht. Sie war ganz wie in alten Zeiten.

Ich kann mich geistig nicht entspannen, nachdem ich versucht habe, etwas über ein Seerosenbecken zu schreiben. P[ointz]. H[all]. soll eine Reihe von Kontrasten werden. Ob es glücken wird? Ist es mir Ernst damit? Am Schluß soll ein Theaterstück stehen.[6] L. schreibt seines im Garagenzimmer. Ich merke, daß er nicht gerne danach gefragt wird, wann es fertig ist. Er hat witzigerweise ganz die Sensibilität eines Künstlers. Und jetzt? – Tja, es gibt immer einen Stapel Unterlagen zu Roger – alte Zeitungsausschnitte – die durchgesehen werden müssen. Und ich könnte natürlich das letzte Kapitel redigieren: Beaufort Street; warte jedoch auf Bobs Notizen. Was für ein Unterfangen! R.s 2 Leben reichen für 6 Bücher: Gefühl & Kunst.

Sonntag 28. August 1938

Charakteristisch für diesen Sommer ist die extreme Trockenheit. Bäche ausgetrocknet. Noch keine Pilze. Übrigens hat Maynard kein einziges Wort gesagt. Manches blieb ungesagt. Wie zum Beispiel Lydia: wir finden uns alle mit dir ab Virginia, sagte sie bedeutsam, als sie mich zum Abschied küßte. M. müde, ausgestreckt, ziemlich grimmig. Aber die Gefühle mußten unter-

6 Am 12. April hatte VW in ihr Tagebuch notiert: »[…] ich bin frei für neue Abenteuer – mit 56 Jahren. Gestern nacht habe ich mir wieder etwas ausgedacht: Sommernacht: ein vollständiges Ganzes: das ist meine Idee.« Es wurde daraus ihr letzter Roman, an dem sie mit vielen Unterbrechungen bis November 1940 schrieb und der zunächst den Titel – mit variierender Schreibweise – »Pointz Hall« trug und später als *Between the Acts* erschien.

drückt werden. Die Sonntage im M[onks]. H[ouse]. sind des Teufels. Hunde, Kinder, Glocken ... da gehen sie zur Abendandacht. Ich kann mich nirgends niederlassen. Nach 3 harten Kämpfen im Bowls geschlagen. Bowls ist unsere Leidenschaft. Lesen etwas schludrig. Bin mit Roger zu einem Knäuel verschnürt – habe ihn, sehr steif, gerade eben bis Amerika gekriegt. Ich werde ein bißchen ins Fiktive tauchen; dann das Kapitel entwerfen, das zur Veränderung führt. Aber ob es lesbar ist – & großer Gott, wenn ich an das weitere Verdichten & Auflockern denke.

Bimbambum ... bimbam – warum haben wir uns in einem Dorf niedergelassen? Und wie bewußt wir uns verschanzen! Und jeden Augenblick können die Geschütze losgehen & uns in die Luft sprengen. L. ist sehr düster. Hitler hält seine Jagdhunde nur sehr locker fest. Ein einziger Schritt – in der Tschechoslowakei – wie 1914 der österreichische Erzherzog & und wir haben wieder 1914. Bimbam bimbam. Die Leute schlendern alle an den Feldern auf und ab. Ein grauer dumpfer Abend. Dr. Chavasse ist am Freitag gestorben, als Nessa & Q. hier waren – sie, um die Aussicht zu malen – er meinen Tisch. Oh Gott sei Dank, Bimbam – nein, es hat schon wieder angefangen.

Ich sollte diesen Sommer als sehr frei bezeichnen, glücklich verglichen mit dem letztes Jahr. Ich kann jedoch nicht näher darauf eingehen. Julians Geist, meine ich. Wie konnte er nur ein Geist werden – Meine liebe Tante – dann schallendes Gelächter; & wie er den Stuhl an den Seiten packte. Angelica erklärt, sie wolle die Schauspielerei aufgeben. Das läßt Nessa, glaube ich, aufblühen. Jedenfalls sind sie frei – vereinter – & fahren nach Cassis. Ich überlege – wie üblich – ob ich zu den Maurons flüchten soll. Doch ob ich dort hinkomme?[7] Unterdessen drängt sich Sybil [Colefax] zum Dinner auf; wir haben die Jones' in Seaford: müssen zwischendurch nach London; Bella auf Wiedersehen sa-

7 Roger Frys Freunde Charles und Marie Mauron wohnten noch in St Rémy-de Provence in dem Bauernhaus, das er 1931 gekauft und mit ihnen geteilt hatte.

gen. Die Herbstnebel bilden sich. Und ich bin gereizt wegen der Arbeit & des Lärms. Wir haben Dinner in Charleston. Jetzt herrscht Grabesstille ... alles grau; die Kastanienblätter hängen schwer herab; Vögel auf den Telegraphenmasten.

Briefe ärgern mich. Nie einer, der uneigennützig wäre. Immer Anliegen, zu sprechen, zu schreiben, Vorträge zu halten, Leute zu treffen. Das ist der Ruhm – schon wieder Hunde. Wahrscheinlich weil Miss Emery bei den Toten wohnt. Kläff, kläff.[8] Vielleicht wäre das Haus besser & Madame de Sevigne – die mich vielleicht wie alles, was gut geschrieben ist, dazu inspiriert, Ethel zu schreiben – also genug.

Montag 5. September 1938

Es ist merkwürdig, hier zu sitzen und kleine Fakten über Roger & das New Yorker M[etropolitan] M[useum] nachzusehen, während ein Spatz an mein Dach klopft und dieser schöne Septembermorgen der 3. August 1914 sein könnte ... Was würde Krieg bedeuten? Dunkelheit, Belastung: höchstwahrscheinlich Tod. Und das ganze Grauen der Freunde: & Quentin ... All das liegt im Hirn dieses lächerlichen kleinen Mannes auf der anderen Seite des Wassers. Wieso lächerlich? Weil nichts zusammenpaßt. Jeglicher Wirklichkeit entbehrt. Tod & Krieg & Dunkelheit sind nichts, woran irgend jemandem, vom Schweineschlachter bis zum Premierminister, auch nur im geringsten gelegen ist. Keine Freiheit, kein Leben ... bloß ein Dienstmädchentraum. Und wir erwachen aus diesem Traum & haben das Kenotaph zur Erinnerung an die Früchte. Nun, ich kann mich geistig nicht weit genug ausbreiten, um es verständlich darzulegen. Wenn es real wäre, könnte man etwas daraus machen. Aber unter diesen Umständen knurrt es bloß unformulierbar hinter der Wirklichkeit. Vielleicht hören wir heute abend seine wahnsinnige Stimme

8 Miss Kathleen Emery, die Nachbarin der Woolfs, die auf der anderen Seite des zum Kirchhof führenden Wegs wohnte, züchtete Hunde.

brüllen. Die Nürnberger Versammlung hat begonnen: sie dauert aber noch eine Woche. Und was wird um diese Zeit in 10 Tagen sein? Angenommen wir gleiten darüber hinweg, so kann doch jeden Moment irgendein Zwischenfall plötzlich das Tosen losbrechen lassen. Aber diesmal sind alle gespannt. Das ist der Unterschied. Und weil wir alle gleichermaßen im dunkeln tappen, können wir uns nicht zusammentun & tratschen; wir spüren langsam den Herdentrieb: Jeder fragt jeden, Gibt es etwas Neues? Was glauben Sie? Die einzige Antwort heißt abwarten. [...]

Dienstag 13. September 1938

Jedenfalls noch kein Krieg. Hitler hat geprahlt & gedonnert, aber noch keinen echten Bolzen geschossen. Nur gewaltige Tiraden & brach dann ab. Wir haben es uns bis zum Schluß angehört. Ein wildes Gebrüll wie jemand, der gefoltert wird; dann Brüllen aus dem Publikum; dann ein gemessenerer & maßvollerer Satz. Dann wieder ein Bellen. Jubel, den ein Stock regiert. Beängstigend, wenn man sich die Gesichter vorstellt. & die Stimme war beängstigend. Doch als es so weiterging, sagten wir (und stützten uns auf ein Wort oder zwei) Anti-Klimax. So lautet anscheinend das allgemeine Urteil. Er wagt sich nicht über die Linie. Kommt dicht heran & brüllt Beleidigungen. Die Times sehr vernichtend & sarkastisch. Wie können Menschen diesen Unsinn ertragen? Die Verhandlungen gehen weiter, unter der Drohung, daß er Gewalt anwendet wenn &c.

Im Monks House gestern abend große Erleichterung, nach einem trübsinnigen Dinner. Sehr heiß. Erschöpft von Brighton. Lunch mit Wm & Morgan, in einem Restaurant, wo er die Kellnerin kannte. Ich deprimiert über das Lob, das Morgans Credo erntet: zu meinem schweigen alle meine Freunde. Aber die unpersönliche Haltung funktionierte gut. Wie ein Sack aus einem Ballon ließ ich mich sinken: & fühlte mich zwar abgelehnt, aber leicht & frei. Gute Arbeit ist das, weil sie mir die Freiheit läßt, schweigend meinen Weg zu gehen. Obwohl die Journalisten und

Schulmeister bleiben. Ein großer Stapel Rezensionen aus den USA. Wieder der ganze Sommer an einem Tag. Ach, wir genießen das Alleinsein, nur bin ich zu erschöpft für Roger. Wicks hier wegen der Fliesen. Morgen John. Am Donnerstag London & Abschied von Charleston. Friedlich, wenn auch deprimiert: auf alle Fälle eine Woche oder 2 ohne Krieg.

Seltsam diese neue, öffentliche Angst: wie sie sich mit der privaten vergleichen läßt: wie sie blind macht: doch zu benommen, um zu schreiben. Und das Lunch wartet an diesem glühend heißen Morgen.

Freitag 16. September 1938

Chamberlain ist abgeflogen, um sich mit Hitler zu treffen. Allgemeine Erleichterung & Beifall. Noch keine Neuigkeiten. Man sagt, das bedeute Frieden. Frieden stand gestern in London groß auf dem Evening-Standard-Plakat. Es gibt keinen Krieg, sagte der Ladenbesitzer in Long Acre, als ich gestern Karton für Eddies Buch kaufte. Rosinsky sagt, sie werden nachgeben. Hitler wird sein Prestige wahren: die Tschechoslowaken werden geopfert. Krieg um ein Jahr aufgeschoben. Doch bis der Rundfunk heute abend bekanntgibt, was bei dem Besuch herausgekommen ist – & ein weiterer Besuch soll folgen – treten wir wieder einmal auf der Stelle. Nessa Duncan Angelica & Q[uentin]. fahren heute nacht mit dem Wagen nach Cassis, durch Frankreich. Wir richten uns auf 10 Tage Alleinsein ein – das heißt, Clive & Janice kommen am Sonntag; aber ich will diese 3 Wochen darauf verwenden, die letzten Kapitel fertigzumachen, beziehungsweise zu skizzieren.

In Charleston zum Dinner. Anscheinend sind sich alle einig, daß das Landleben am besten ist. Clive kündigt den Gordon Square. Wir beziehungsweise das Garden Committee hat erfahren, daß T[avistock]. Sq[ua]re[9] in 3 Jahren abgerissen wird. Sol-

9 Tavistock Square 52 war die Londoner Wohnung der Woolfs, die sie seit 1924 bewohnten.

len wir uns nicht alle Einzelzimmer in London nehmen & dann hier wohnen? Das Leben niemals fest planen – das ist mein Motto. Nein wirklich, in den 10 Jahren, die uns bleiben, die Welt los sein. Doch nach Roger heute morgen spiele ich mit P[ointz]. H[all]. herum, & die Erleichterung, nach all der Tatsachentreue frei zu erfinden, verringert die Last beider Welten unvorstellbar. Und ich fühle mich frei von jeglicher Kritik; besitze keine Autorität.

HAL Fisher hat mich gebeten, ihn zu besuchen. Nach meinen Bemerkungen zum Order of Merit ist das versöhnlich. Ich soll ihm ein signiertes Exemplar schicken. Und die Zeit wird ihm lang: tritt demnächst zurück. Das Wetter ist sehr schön und klar. Ich habe einen Eisvogel gesehen. Das Lunch [*mit Mrs Woolf und Bella*] war sehr schwer, lag im Magen, voller Fleisch & Wein. Lief nachmittags die Strand hinunter, Gefühl schwirrenden Hochbetriebs.

[Samstag 1. Oktober 1938]

Ein heftiger Sturm – lila Tintenwolken – die sich auflösen wie Tintenkleckse in Wasser – so stark, daß wir mitten im Spiel ins Haus getrieben wurden. L. lagert Äpfel ein – vielleicht seit Jahren die beste Ernte. Aber das tangiert uns nicht mehr. Wir hätten uns von Äpfeln Honig & Kohl ernährt. Der Briefträger hielt eine Rede – »ganz meine eigenen Gedanken« über Krieg & Diktatoren. Daß jetzt alle C[hamberlai]n vergöttern werden: doch in 5 Jahren sagen wir vielleicht, wir hätten ihn, Hitler, jetzt niederwerfen müssen. Diese Diktatoren & ihre Machtlust – sie können nicht aufhören. Er wird immer stärker werden. Dann … Doch jetzt müßten wir uns einfach über den Frieden freuen. Das sei nur menschlich. Wir wären so beschaffen. Ein gediegener sich zwar wiederholender aber klar artikulierender Privatdenker, der uns auf unsere Post 10 Minuten warten ließ. Nur der N[ew] Statesman &c. Schnell durchgesehen & beiseite geworfen. Als sie in den Druck gingen, hing der Frieden an einem

Strohhalm. Der jetzt (vermutlich) ein Seil geworden ist – falls dieser Sturm kein Sinnbild ist; es ist seltsam, wie empfänglich der Geist für Wettersymbole – alles eingrenzen – in Zeiten der Krise wird oder wurde. Natürlich wird es zwangsläufig eine Wende gegen jede Erleichterung geben – doch ich beobachte den Sturm – wie bei einer heftigen Krankheit. Man wird mürrisch & hat ein Gefühl der Leere. Ich sollte die jetzt füllen, indem ich entweder Briefe schreibe oder R. skizziere, was ich letztlich tue, weil es weniger mühsam ist.

1939

Dienstag 24. Januar 1939

Auf den Plakaten heute nachmittag: Franco vor den Toren Barcelonas: Verteidigungsmaßnahmen. Das bezieht sich auf unseren neuen Freiwilligendienst. Eins bedingt das andere. Gestern hat man auf der anderen Seite des Tavistock Square 300 ins Gebüsch geworfene Gewehrkugeln gefunden. Ein Reporter wollte wissen, ob Mr Woolf irgendwelche Auskünfte geben könne. Einer von den irischen Rebellen wohne am Tavistock Place oder Court zur Untermiete.[1] Diese Zeilen schreibe ich ganz hastig, während L. (den wieder der Juckreiz plagt) zum Cocktail der BBC geht. Ich nehme mir Helens Briefe vor, an einem schönen Frühlingstag, dem Tag vor meinem 57. Geburtstag.[2] Und als wir von der Blumenausstellung mit dem Bus zurückfuhren, beschrieb ich meinen neuen »Roman«: & wir entwarfen die Bücher, die wir schreiben würden, wenn wir noch 30 Jahre zu leben hätten.

1 In der Woche zuvor hatte es in London und anderswo eine Reihe von Detonationen gegeben, die zeitlich aufeinander abgestimmt waren und den IRA-Extremisten zugeschrieben wurden; als die Polizei am 24. Januar 340 Schuß Munition in den Gartenanlagen des Tavistock Square fand, wurde dies als weiterer Beweis dafür erachtet, daß irische Terroristen in England aktiv waren.

2 Helen Anrep hatte von 1926 an mit Roger Fry zusammengelebt, an dessen Biographie VW arbeitete.

Sonntag 29. Januar 1939

Ja, Barcelona ist gefallen. Hitler spricht morgen; die nächste Generalprobe beginnt: in den vergangenen 3 Tagen habe ich Marie Stopes, Princesse de Polignac, Philip & Pippin & Dr. Freud getroffen, außerdem hatten wir Tom zum Dinner & waren auf der Gesellschaft bei den Stephens.

Dr. Freud schenkte mir eine Narzisse. Saß in einer großartigen Bibliothek mit kleinen Statuen an einem großen gewissenhaft aufgeräumten glänzenden Tisch. Wir wie Patienten auf Stühlen. Ein zusammengezogener, eingeschrumpfter sehr alter Mann: helle Affenaugen, gelähmte, krampfhafte Bewegungen, Artikulationsschwierigkeiten: aber ganz wach. Über Hitler. Eine Generation, bevor das Gift wieder draußen ist. Über seine Bücher. Ruhm? Ich war eher berüchtigt als berühmt, verdiente mit seinem ersten Buch keine £50. Schwierige Unterhaltung. Ein Interview. Tochter & Martin halfen.[3] Ungeheures Potential, ich meine ein altes Feuer, das jetzt flackert. Als wir gingen, bezog er Stellung Was werden *Sie* jetzt tun? Die Engländer – Krieg.

Montag 30. Januar 1939

Freud sagte Es wäre schlimmer gewesen, wenn Sie den Krieg *nicht* gewonnen hätten. Ich sagte wir hätten oft Schuldgefühle – wenn wir gescheitert wären, hätte es Hitler vielleicht nicht gegeben. Nein, sagte er, mit großem Nachdruck; er wäre unendlich viel schlimmer gewesen. Sie überlegten 3 Monate lang, ob sie gehen sollten; entschieden sich dann in 24 Stunden. Hellwach, als L. den Prozeß erwähnte, bei dem der Richter verfügte, der Verbrecher solle 20 Bücher von Freud lesen. Adrian sagt, die Prinzessin Bonaparte habe ihm dieses großartige, ruhige, solide Hampsteader Herrenhaus gegeben. »Aber es gefällt uns nicht so

3 Sigmund Freuds Tochter Anna Freud (1895–1982) und sein Sohn Martin (1889–1967).

gut wie unsere Wiener Wohnung« sagte Anna. Eine gewisse Anspannung: alle Flüchtlinge sind wie Möwen, deren Schnäbel auf eventuelle Krumen aus sind. Martin & sein Roman; sie über ihr Buch. Auch wir mit unserer Rolle als Wohltäter unter Druck.

A[drian]s Fest bunt & rundum gelungen. Die jungen Leute tanzten bis 3. Bobo in karmesinrotem Samt, Tom mit Lyttons Bart und braunem Glotzauge: Janice mit einer riesigen Nase; Clive ausgelassen, tanzte mit Bobo; flickte den alten Riß. Duncan als blonder französischer Prinz: Ann fast nackt, sehr distinguiert, entzückend; reserviert; wild; Richard weltmännisch & undurchschaubar: immer gleich, sagte Angelica; Molly ältlich; Rachel in einem roten Schal, dabei, einen Cecil zur Welt zu bringen; David [Cecil] zwitscherte über sein Buch [*The Young Melbourne*], das am Donnerstag herauskommt; attackiert, geliebt, gehaßt; von den USA & von der Book Society abgelehnt &c. Dann die üblichen auf den Wellen hüpfenden Korken – Dummköpfe, die hoffen, mit jemandem oder etwas in Berührung zu kommen & sich nähern & verjagt werden & sich dann dranhängen: Portia Holman, die Enfields. Die Maskierung, die Beschwipstheit & die hingebungsvolle Bereitschaft, nicht das alte Ich zu sein, bewirkten eine Art Befreiung. Die Lichter & die Erregung lassen Tom aufblühen, genau wie mich.

Gestern abend wurde bekanntgegeben, daß Yeats gestorben ist. Der große Dichter mit dem ausgeprägten langen Unterkiefer, den ich zuletzt bei Ottoline gesehen habe. Dotty wird ihren hohen Rang einbüßen; doch ich versuche Mitgefühl zu entwickeln und nicht Spott. Und wir warten alle gespannt auf Hitlers Rede heute abend.

Freitag 31. März 1939

Ja, ich habe gestern abend einen Satz geschrieben: daß man die volle Rüstung des Lebens trägt & froh ist, wenn man sie ablegt. Ich frage mich, ob das stimmt. Nach einem Sorgentag im Haus; dann hatte L. Fieber & legte sich ins Bett; der Memoir Club stand kurz bevor. Ich hatte das Gefühl, daß ich die volle Rüstung des Lebens standhaft trüge & froh sein würde, sie abzulegen. Ich sagte mir, Denk dran, das ist die Beschreibung des nahenden Alters. Ich bin auf dem Quivive, wenn ich das Alter beschreiben soll: Kenntnis davon nehmen soll. Solche Dinge denke ich oft, vergesse sie aber wieder. Und da L. wieder gesund ist & nicht mehr im Bett & da es ein schöner Vormittag ist, bin ich mir nicht mehr bewußt, daß ich die Rüstung trage, nur etwas zerstreut & kann nicht richtig in Gang kommen, muß aber R.s Cambridger Briefe machen. [...]

Freitag 28. April 1939

Von dem Versuch, dem Kapitel über Rogers Ehe eine Form zu geben, ist mein Kopf völlig verschraubt; & aber auch erwärmt, weil L. gestern abend gesagt hat, er liebe mich mehr als ich ihn. Diskussion darüber, wem es mehr ausmacht, wenn der andere stirbt. Er sagte, er hänge mehr an unserem gemeinsamen Leben als ich. Als Beispiel nannte er den Garten. Er sagte, ich würde mehr in meiner eigenen Welt leben. Ich mache lange Spaziergänge allein. So diskutierten wir. Ich war sehr glücklich bei dem Gedanken, so sehr gebraucht zu werden. Es ist komisch, wie selten man das empfindet: und doch ist »Das gemeinsame Leben« eine enorme Wirklichkeit. Beispielsweise kann ich heute abend nicht mit Ethel Smyth zu The Wreckers gehen, denn: 1. habe ich leichtes Fieber: 2. (& das wiegt schwerer) bleibe ich lieber mit L. zu Hause. Es ist sinnlos, dagegen anzukämpfen. Es ist eine Tatsache.[4]

Ach, wie trostlos es gestern war, als wir bei Mrs W. zum Tee waren. Sie ist ohne jedes Leben – wie altes Unkraut auf einem Felsen. Und immer wieder kommt sie auf ihre Beschwerden zurück. So kamen wir übrigens darauf, über unseren Tod zu spre-

4 Ethel Smyth' Oper *The Wreckers* wurde an diesem Abend zum letzten Mal in dieser Spielzeit am Sadler's Wells Theatre aufgeführt.

chen. L. sagte, er hoffe, er sterbe vor mir. Ihre Einsamkeit im Alter ist unerträglich. Doch sie sei einsam, sagte er, weil ihre Einstellung unrealistisch sei. Sie mache sich gefühlsmäßig etwas vor. Sieht sich als innig geliebte Matriarchin & zwingt die Kinder, ihre Einstellung zu übernehmen. Daher die Unwirklichkeit aller Beziehungen. Durch diese Zwangsvorstellung hat sie sich von allen anderen Interessen isoliert: macht sich nichts aus Unpersönlichem – Kunst, Musik, Literatur. Möchte keine Gesellschafterin oder jemanden, der ihr vorliest; will sich völlig auf ihre Söhne stützen. Macht daher dauernd Andeutungen über die Güte von Herbert & Harold; logischer Schluß, daß L. sie vernachlässigt; deutet an, ich hätte ihn seiner Familie weggenommen; ihn meiner eigenen einverleibt. So saßen wir 2 Stunden lang in diesem vollgestopften rosafarbenen heißen Zimmer und versuchten, Gesprächsthemen aufzustöbern. Und zwischendurch schreckliches Schweigen & unsere Gedanken ganz kraus; & alles war verstaubt, trist, alt & ohne Hoffnung. Sie folgte uns jedoch zur Treppe & L. mußte schwören, daß sie besser aussähe – »Bist du sicher, Len? Sehe ich auch wirklich besser aus?« als klammere sie sich immer noch fest ans Leben & ließe sich daraus nicht entfernen. Dann Spaziergang bei Hagel in Ken. Gardens; & sehe die Kirschbäume fahl & gespenstisch im gelben Sturmnebel. Sehr kalter Winterfrühling.

Montag 28. August 1939

Nach dem Bowlsspiel bleibe ich hier draußen, um – was? über die möglicherweise letzte Nacht des Friedens zu schreiben. Wird die 9 Uhr-Meldung allem ein Ende setzen? – unserem Leben, oh ja, & allem für die nächsten 50 Jahre? Alle schreiben, glaube ich, über diesen letzten Tag. Ich ging auf den Downs spazieren; lag unter einem Korngarbenbündel & betrachtete das leere Land & die blaßrosa Wolken an einem perfekten blauen Sommernachmittagshimmel. Kein Laut. Auf der Straße sprachen Arbeiter über den Krieg – einer dafür, einer dagegen. Und dann Bowls. Wenn ich Bowls spiele, bin ich glücklich: und außerhalb des Gartens was? Betäubt, glaube ich. Vita sagt, sie empfinde schnell Entsetzen & Grauen – erholt sich und versinkt dann wieder. Für uns ist es, als seien wir auf einer kleinen Insel. Wir fürchten uns beide nicht physisch. Warum auch? Aber da ist eine ungeheure ruhige kalte Düsterkeit. Und die Anspannung. Als würde man auf das Urteil eines Arztes warten. Und die Jugend – junge Männer, die zerschmettert werden. Doch ist der springende Punkt, daß wir zu betäubt sind, um zu denken. London wirkte heiter. Die meisten Leute sind betäubt & ihr Optimismus ist nur oberflächlich. Hugh Slater gestern, weiß instinktiv, daß es keinen Krieg gibt. Der gute alte Clive saß auf der Terrasse und sagte »Ich möchte das nicht miterleben.« Erklärt, sein Leben entschwinde. Hat das Beste hinter sich. Privat sind wir sehr zufrieden. Tag für Tag Glückseligkeit. So glücklich, wenn wir das Dinner vorbereiten, lesen, Bowls spielen. Keine patriotischen Gefühle. Wie sollen wir weitermachen, im Krieg? – das ist die Frage. Natürlich habe ich meine alten Sporen & meine alten Flanken. Nein, ich bekomme es nicht heraus – wozu also draußen bleiben? Man schlendert ins Haus; ißt zu Abend; hört dann Radio. Mein Gefühl sagt mir, daß wir vor morgen nichts Neues erfahren werden. Ja, es ist ein schöner, stiller Sommerabend; kein Laut. Eine Schwalbe kam ins Wohnzimmer. Ich sprach mit dem Mädchen, das Elchhunde auf dem Hügel hält, neben dem Efeublütenbaum. Eintagsfliegen summen. In der Hitze trage ich ein ärmelloses Kleid. Kein Wort von Vita, die kommen sollte. Wie schwierig, hier unverhofft zu schreiben.

Freitag 1. September 1939

Heute morgen haben wir Krieg. Hitler hat Dantzig [*sic*] eingenommen: hat Polen angegriffen – oder greift es gerade an. Unser P[arlamen]t tritt heute abend um 6 zusammen. Dies nach einem Tag in London, unterdrückten Zweifeln & Hoffnungen. Gestern abend wurden die Bedingungen an Polen verlesen. Da hatten wir noch etwas Hoffnung. Jetzt um 1 gehe ich ins Haus und höre wahrscheinlich die Kriegserklärung.

Ein trüber heißer Tag. Ich weiß nicht, warum ich das schreibe. oder was ich empfinde. oder empfinden werde. Um 2 kommen vielleicht die Kinder – habe Mabel hergebeten. Alles ist sehr nah dran. Und haben ein Moorhuhn für John gekauft, zum Lunch in Wimbledon & L. hängt Säckchen in die Obstbäume & der Mann stellt unsere Säulen auf; & überall vollkommene Stille. 5 vor 1.[5]

Samstag 7. Oktober 1939

Es ist merkwürdig, daß diese ersten Tage nach Kriegsausbruch, Tage des völligen Nichts – einem derartigen Andrang von Ideen & Arbeit gewichen sind, daß mir der Kopf wieder pocht & schwirrt & ich mich mehr denn je überbeansprucht fühle. Teils die Folge davon, daß ich journalistisch arbeite. Ein guter Schachzug, meine ich; weil alles kompakt wird; & ich mich notgedrungen organisieren muß. Meisterhaft kürze ich die langatmigen R.-Kapitel, weil ich weiß, daß ich aufhören & einen Artikel schreiben muß. Ideen für Artikel verfolgen mich. Warum eigentlich nicht den für die Times versuchen? Kaum habe ich das gesagt, verheeren mich die Ideen. Muß die Rogerstellung halten – zwangsweise – denn das Buch soll bis spätestens Weihnachten abgetippt & in Nessas Händen sein. Cha[m]brun will jetzt eine Hundegeschichte: die andere zu anspruchsvoll. Das schwirrt also auch noch umher. Kurzum, ich bin mehr auf Achse als zu der Zeit, als ich nur über Bücher nachdachte. Und das sorgt dafür, daß ich mich fieberhaft über das dünne Eis bewege.

Es heißt, uns bleiben zwei Wochen, um über Hitlers Bedingungen nachzudenken. Falls sie nicht akzeptiert werden, donnern die Geschütze. Wir haben also möglicherweise nur noch eine ungefährliche Woche in London. Und ich gehe nur ungern

5 Mütter mit Kindern wurden aus Südlondon evakuiert und nach Rodmell gebracht, bei den Woolfs wurde jedoch niemand einquartiert.

dorthin. Wenn man sich einmal hier eingerichtet hat, ist das Hierbleiben offenbar angenehm. Durch den Krieg ist zumindest die Frage nach dem Landleben gelöst. Tom hat mir heute seine Katzengedichte geschickt. Ein sehr regnerischer Tag.

Gestern Ch[arlesto]n. Hörten die Gages klopfen. Nessa mußte das Haus zeigen. A. & Q. haben sich versteckt. A. sagt, wenn ich sie riefe, werde sie weinen, ein Schmetterling im Vergleich zu Judith mit ihrem Gemeinsinn. Eine Rezension von Ls. Buch: gut; aber lediglich referierend.

Clive sagt, alle wollen Frieden.

1940

Montag 19. Februar 1940

Ich sage mir, eigentlich könnte ich ein paar Dinge notieren; und denke manchmal, wer soll bloß das ganze Geschreibsel lesen? Eines Tages werde ich vielleicht einen kleinen Barren daraus brauen, denke ich – in meinen Memoiren. Es gibt übrigens Anzeichen, daß Lytton meine nächste Aufgabe ist. Und 3 G[uinea]s in den USA ein völliger Reinfall: doch genug. Ich wollte über Sally [Chilver] schreiben.

Am Samstag fiel Schnee: im Garten überall dicker weißer Puderzucker, der nachts in mein Zimmer wehte: die Türangel vereist. Als sie ankam, war sie sehr mitgenommen, trug ihren Koffer von Southease hinauf, ganz anders als John; ging heute morgen. Und ach, allein zu sein – nach 5 Nächten Gespräch – Eine sehr nette junge Frau, mit Grips; Elster nannte ich sie: hat sich viele Fakten angeeignet: & fügt objektive Tatsachen hinzu: über Autos, Pumpen, Politik. Das ist ihr Gebiet. Nicht Kunst: obwohl sie mich damit beeindruckte, daß sie die Neokoms so wenig schätzt; & daß sie Künstler respektiert – die Sitwells beispielsweise. Lunch & Tee in Charleston. »Putz dir die Nase« sagte Clive. Es schneite. Gespräche – Tratsch: Robert Graves hat Laura verlassen; Anreps; An[astasi]a hat Schulden hinterlassen, die Sally bezahlen muß; Nessa fütterte die Hühner; gab uns 6 frische Eier. Duncan hat uns gebeten Zigaretten zu kaufen, was ich im Schnee stehend tat. Politische Auseinandersetzung über die USA & Irland zwischen Q., Clive & Sally. Sie heißt eigentlich Elizabeth. Angelica schweigsam, nicht ablehnend. Sally (Hund) küßte Leonard. L. lächelte mir zu. Über Hugh W. geredet über Eddy Devonshire – über – wohl hauptsächlich Tratsch und ein paar Extravaganzen über die Frys & mein Beitrag war die Autopsie der armen Helen – ein Knochen hatte aufs Hirn gedrückt. London-Abenteuer. Saxon hat sich übrigens schriftlich bei mir bedankt. Zurück nach Hause, Truthahn braten – zäh.

Jetzt fängt es an zu tauen: L. hat sein Barometer: erklärt es mir. Spaziergang über Mount Misery. Es liegt noch dichter Schnee, doch in den Karrenspuren haben sich Rinnsale gebildet. Auf der halben Strecke nach Knotts Bushes ist Schnee geräumt. Ein trüber nasser normaler Frühlingswintertag. Schneeglöckchen auf den Gräbern. L. hat Connolly [*Frederick Conolly, ein Landarbeiter*] ein Pfund geliehen. Botten hat ihn zur Armee geschickt.

Sally ist also gegangen & hat mich geküsst, da sie eine warmherzige Frau ist, mutig & freiheitsbegeistert. Was wird aus ihr werden? Oh & mein neuer Mantel ist gekommen, der mit den blauen Streifen & er ist nicht zu grell: er gefällt mir. So fängt eine neue Woche an; & ich muß Roger – ach, ich kann es nicht aufschieben – an M[argery Fry] schicken.

Samstag 13. April 1940

»Das erste Knirschen des Krieges« – so drückt Winston es aus. Die Deutschen sind in Norwegen einmarschiert. Die Kämpfe gehen weiter. Nachrichten sickern durch. Manche sagen, das sei Hitlers Untergang. Ich muß das festhalten, denn es spannt tatsächlich den hinteren Vorhang des Geistes ganz merkwürdig. Vor mir ein schöner Frühlingstag; gelbe Narzissen leuchtende Gruppen längs der Terrasse. Oben Flugzeuge. Minenfelder angelegt, anscheinend damit unsere Armee aufmarschieren kann.

Ich schreibe, weil es ein Knirschen ist; nach der Pause; außerdem frißt der Vortrag an mir. Muß mich geistig entspannen. Das sind meine Motive. Und Nessa ruft wegen der Roger-Gemälde an. Herbert Fisher ist vor 2 Tagen von einem Lastwagen angefahren worden, war bewußtlos, hat Arm & Rippen gebrochen & einen Schädelbruch. Am Dienstag London: vielleicht Sybil Tom & Desmond. Keine Briefe. Mrs Chavasse zum Tee, wegen des Stücks am Montag. Heute nachmittag das violette Ufer entlanggegangen. Sydney Smith gelesen. Verfluchtes Rennen der Gedanken, das vom Vortragschreiben kommt – weiß auch nicht, warum ich mir Gedanken mache: warum ich zulasse, daß ich weiterlaufe – aus unterdrückter Eifersucht? zum Teil. Außerdem interessiert es mich. Es ist aber sicher übertrieben, daß ich mir noch mehr ausdenke, wo es sich nur um 20 alte Damen in schwarzen Häubchen handelt, für die ich mir das ausdenke. Dinner im Backofen. Fleisch schlecht & spärlich. Zum Dinner Eier. Für L. Fisch. Makkaroni. Es ist Zeit.

Mittwoch 15. Mai 1940

Gestern abend ein Appell an die Verteidigung zu Hause – gegen Fallschirmspringer. L. sagt, er mache mit.[1] Eine bissige Unterhaltung. Unsere Nerven sind strapaziert – meine zumindest: L. ganz offensichtlich erleichtert, weil er Gelegenheit hat, etwas zu tun. Gewehr & Uniform in meinen Augen ein bißchen lächerlich. Dahinter die Belastung: heute morgen haben wir über Selbstmord gesprochen, falls Hitler hier landet. Juden werden verprügelt. Wozu warten? Besser wir machen die Garagentüren zu. Dies ist ein vernünftiges, nüchternes Gespräch. Dann schrieb er Briefe & ich ebenfalls: bedankte mich bei Bernard Shaw für den Liebesbrief. Schrieb zufrieden meinen Vortrag ab. Ein gewitterschwüler heißer Tag. Gestern abend haben die Hol-

1 Die Local Defence Volunteers (Örtliche Freiwilligenverteidigung), die bald in »Home Guard« (Bürgerwehr) umbenannt wurde. LW trat ihr nicht bei, übernahm aber Aufgaben bei der Brandwache und beim Luftschutz im Dorf.

länder die Waffen niedergelegt. Jetzt tobt die große Schlacht. Wir sagen, in zehn Tagen ist alles erledigt. Ich glaube, wir halten stand: verschanzen uns dann; ungefähr im November kommen die USA als Schiedsrichter hinzu. Andererseits –

Gerade kommt Mabel.[2] Sie sagt, an der Themse würden neben den Brücken weitere Brücken aus Holz gebaut. Während wir Bowls spielen plop-plop-plop. Wahrscheinlich ein Angreifer auf dem Weg nach Eastbourne. Jetzt setzt Gewitterregen ein. L. & P[ercy] diskutieren über Miss Emerys Obst. John wünscht, daß wir nach London kommen. Mr Pritchard (der alte) endlich tot. Nein, ich will nicht, daß die Garage mein Ende erlebt. Ich wünsche mir noch 10 weitere Jahre & will mein Buch schreiben, das mir wie üblich ins Hirn schießt. L. ist gestern mit seinem fertig geworden.[3] Wir haben also unsere Bücherkonten aufgeräumt – auch wenn es zweifelhaft ist, ob wir diesen Juni veröffentlichen. Warum bin ich optimistisch? Beziehungsweise nicht optimistisch, so oder so? weil dieser Krieg völlig bombastisch ist. Eine einzige alte Dame, die sich ihre Haube aufsteckt, ist weitaus wirklicher. Wenn man also stirbt, dann wird es ein vernünftiges, langweiliges Ende – nicht zu vergleichen mit dem täglichen Spaziergang & dem anschließenden Leseabend am Kamin. Lazarettzüge fahren vorbei. Ein heißer Tag für die Verwundeten. Jedenfalls kann es nicht so bleiben, diese Intensität kann nicht – das glauben wir – länger als 10 Tage anhalten. Ein schicksalhaftes Buch ist das hier. Immer noch ein paar leere Seiten – & was soll ich auf die nächsten 10 schreiben?

Folgende Idee kam mir: die Armee ist der Körper: ich bin das Gehirn. Denken ist mein Kämpfen.

2 Die Haushälterin der Woolfs.

3 W. B. Pritchard war Hauptteilhaber der Anwaltskanzlei, die 1924 Mieterin der Woolfs am Tavistock Square wurde und auch mit ihnen an den Mecklenburgh Square umzog; sein Sohn George wurde sein Nachfolger. – LWs Buch war *The War for Peace*, ein schmales Bändchen, das im September 1940 bei Routledge erschien.

Montag 19. August 1940

Gestern, am Sonntag, dem 18., ein Donnern. Sie flogen direkt über uns. Ich sah das Flugzeug an, wie eine Elritze einen entsetzlichen Hai. Sie rasten über uns hinweg – 3, glaubte ich. Olivgrün. Dann plop plop plop – Deutsche? Und wieder plop plop plop über Kingston. Es sollen 5 Bomber gewesen sein, die dicht über dem Boden nach London flogen. So knapp entkommen sind wir noch nie. 144 abgeschossen – nein, das war letztes Mal. Und heute (bis jetzt) kein Luftangriff. Theaterprobe. Ich kann Remorse nicht lesen. Warum sage ich es nicht?[4]

Samstag 31. August 1940

Jetzt ist Krieg. England wird angegriffen. Gestern habe ich das zum ersten Mal intensiv empfunden. Das Gefühl von Druck, Gefahr Grauen. Vita rief um 6 an und sagte, sie könne nicht kommen. Sie saß in S[issinghurs]t. und rings ums Haus fielen Bomben. Sie kämpften schon den ganzen Tag. Ich bin zu erschöpft, um das Gefühl zu beschreiben – mit jemandem zu sprechen, der jeden Augenblick tot sein kann. Kannst du das hören? fragte sie. Nein, ich konnte es nicht. Das ist wieder eine. Und das. Sie sagte immer wieder dasselbe – daß sie bleiben und einen Ambulanzwagen fahren wollte – wieder und wieder, wie jemand, der nicht mehr denken kann. Sie hatte gehört, daß Christopher Hobhouse von einer Bombe getötet worden war: daß Cynthia North – so reizend wie ein junges Fohlen sie wurde getötet, als sie auf eine Bombe trat. Das Gespräch war sehr schwierig. Sie sagte, das Reden tröste sie. Sie brach ab – Ach, wie mich das stört, & legte auf. Ich ging Bowls spielen. Ein absolut ruhiger warmer Abend. Später wieder Flugzeuge im Steilflug. Explosionen. Wir redeten mit Leslie & Judith & Pat Trench [*nicht iden-*

4 Theaterprobe: eines Stücks, das das Rodmeller Women's Institute aufführen wollte. *Remorse*: eine Tragödie in Blankversen von Coleridge.

tifiziert]. Ins Bett. Flugzeuge ganz nah: Explosionen. Heute sagt Nessa, in Ripe sei ein großes Feuer gewesen. Ein Klingen auf dem Feld. Heute Bombenhülsen gefunden. Gestern nacht großer Angriff auf London. Hier heute ruhig. Als ich nach dem Dinner St. anrief, schaltete sich jemand mit einem Anruf nach Maldon ein. »Eingeschränktes Amt. Es sieht dort momentan sehr schlecht aus.« Man hat das Gefühl, daß eine Schlacht im Gange ist – eine heftige Schlacht. Dauert vielleicht 4 Wochen. Habe ich Angst? Zeitweise. Das Schlimmste daran ist, daß man am nächsten Morgen keinen geistigen Schwung hat. Natürlich ist das möglicherweise der Beginn der Invasion. Ein Gefühl von Druck. Endlose Geschichten aus dem Ort. Nein – es hat keinen Sinn, das Gefühl einfangen zu wollen, daß England sich in einer Schlacht befindet. L. hat Judith & Leslie gerade zum Bahnhof gefahren. Endlich sind wir allein. Molly kommt nicht. Ich würde sagen, wenn ich den Roman schreibe & Col[eridge] & nicht den höllischen Bombenartikel für die USA, dann werde ich in ruhigerem Gewässer schwimmen. L. schläft jede Nacht tief und fest.

Sonntag 29. September 1940

Eine Bombe fiel so nah, daß ich über L. schimpfte, weil ich dachte, er hätte das Fenster zugeknallt. Ich schrieb gerade an Hugh & mir fiel der Stift aus der Hand. Immer noch Luftangriff. Als würde ein Schäferhund einen Fuchs aus dem Pferch jagen – man sieht beide kläffen & beißen & dann läßt der Räuber einen Knochen fallen, eine Bombe in Richtung Newhaven, und flieht. Entwarnung. Bowls. Die Dörfler vor ihren Haustüren. Kalt. Alles jetzt vertraut. Ich dachte: (unter anderem) daß es ein faules Leben ist. Im Bett gefrühstückt. Im Bett gelesen. Bad. Dinner bestellt. Hinaus ins Lodge. Nach dem Umräumen meines Zimmers (den Tisch umgedreht, so daß die Sonne darauffällt: Kirche rechts; Fenster links; ein neuer wunderschöner Blick) Einstimmung, mit Zigarette: bis 12 geschrieben; aufgehört; L. besucht: die Zeitungen angesehen; zurückgegangen; bis 1 getippt. Radio gehört. Lunch. Entzündung im Mund. Kann nicht beißen. Lese Zeitungen. Spaziergang nach Southease. Um 3 zurück. Pflücke & sortiere Äpfel. Tee. Schreibe einen Brief. Bowls. Tippe weiter. Lese Michelet & schreibe hier. Koche Dinner. Musik. Sticken. 9.30 lese (oder schlafe) bis 11.30. Bett. Vergleich mit dem Tagesablauf früher in London. An 3 Nachmittagen jemand zu Besuch. An einem Abend Dinnergesellschaft. Samstags ein Spaziergang. Donnerstags Einkäufe. Dienstags bei Nessa zum Tee. Ein Spaziergang durch die City. Telephonklingeln. L. zu Versammlungen. KM. oder Robson störten einen – das war eine durchschnittliche Woche; und von Freitag bis Montag hier.

Ich glaube jetzt, wo wir von der Außenwelt abgeschnitten sind, sollte ich ein bisschen mehr Lektüre hineinzwängen. Doch warum? Ein glückliches, sehr freies & losgelöstes Leben – das eine schlichte Melodie nach der anderen spielt. Ja; warum sollte man das nicht genießen, nach all den Jahren, in denen es anders war? Ich vergleiche es jedoch mit Miss Perkins' Tag. Mit 58 lebt Miss P. vielleicht so wie ich jetzt.

Gestern die Anreps. Ungezwungen & vertraut & freundlich. Die Blagen [*Auslassung*] erstaunlich unverschämt zu Helen, weswegen ich ihr gegenüber weicher wurde. Beide behandeln sie wie eine Dienerin, eine Dienstmagd, eine Idiotin. Beide sehr unreif, gefühllos, lebhaft & überemphatisch – ungehemmt; Embryos, grüne Bälger. Ba geht abends ins Pub. Ba attackierte Phoebe Poole [*eine Oxforder Kommilitonin*]. Sie will zurück nach London. Ein undisziplinierter, ungebildeter & nicht sehr anziehender oder verführerischer Geist. Grob & roh. Beide natürlich jung – & besitzen also Vitalität. Helen ihr Sklave.

Nessa hat angerufen. Nur eine Statue & einen Eisschrank gerettet.

Mittwoch 2. Oktober 1940

Sollte ich mir nicht lieber den Sonnenuntergang ansehen statt hier zu schreiben? Im Blau ein Anflug von Röte; der Heuhaufen auf der Marsch fängt das Glühen ein; hinter mir hängen die Äpfel rot in den Bäumen. L. pflückt sie gerade. Jetzt steigt eine Rauchfahne aus dem Zug am Fuß des Caburn. Und in der Luft allüberall bleibt feierliche Stille. bis 8.30, wenn am Himmel wieder das Todesschwirren beginnt; die Flugzeuge, die nach London fliegen. Also, bis dahin ist es noch eine Stunde. Kühe weiden. Die Ulme verstreut ihre Blättchen am Himmel. Unser Birnbaum hängt voller Birnen; & darüber, über dem dreieckigen Kirchturm, der Wetterhahn. Warum nochmals der Versuch, den vertrauten Katalog aufzustellen, der nicht vollständig wird. Sollte ich an den Tod denken? Gestern nacht fiel unter dem Fenster eine große schwere Bombe. So dicht, daß wir beide aufschreckten. Ein vorbeifliegendes Flugzeug hatte diese Frucht abgeworfen. Wir gingen auf die Terrasse hinaus. Plundersterne glitzerten & funkelten. Alles ruhig. Die Bomben fielen auf Itford Hill. Am Fluß liegen zwei, die mit weißen Kreuzen markiert und noch nicht detoniert sind. Ich sagte zu L.: Ich will noch nicht sterben. Die Umstände sprechen dagegen. Doch sie zielen auf die Eisenbahn & auf die Kraftwerke. Jedesmal kommen sie näher. Caburn war mit etwas gekrönt, das wie ein Nachtfalter aussah, der sich gesetzt und die Flügel ausgebreitet hatte – es war eine Messerschmitt, die am Sonntag abgeschossen worden war.

Heute morgen bin ich mit Coleridge einen schönen Galopp geritten – Sara. Mit 2 Artikeln soll ich £ 20 verdienen. Die Bücher immer noch nicht angekommen. Und Spira ist frei, & Margot schreibt »Ich habe es geschafft« & fügt hinzu »ein langer Brief über Dich & woran Du glaubst.«[5] Woran eigentlich? Kann

5 Lady Oxford, geb. Margot Tennant (1864–1945), war die Witwe des (liberalen) Premierministers H. H. Asquith. Sie schrieb am 26. September 1940:

mich im Moment nicht entsinnen. Ach, ich versuche mir vorzustellen, wie man durch eine Bombe stirbt. Es ist recht deutlich – das Gefühl: kann aber für danach nur erstickendes Nichtsein sehen. Ich werde denken – ach ich wollte noch 10 Jahre leben – nicht das – & werde für diesmal nicht fähig sein, es zu beschreiben. Es – ich meine den Tod; nein, das Knirschen & Durcheinandergeraten, das Zerbrechen meiner Knochen, das auf meinen höchst aktiven Blick & mein Gehirn übergeht: der Vorgang des Lichtauslöschens, – schmerzhaft? Ja. Entsetzlich. Ich glaube schon – Dann ein Ohnmachtsanfall; ein Trommeln; zwei drei würgende Versuche, zu Bewußtsein zu kommen – & dann, Pünktchen Pünktchen Pünktchen.

Sonntag 20. Oktober 1940

Der – was? – eindrucksvollste, nein, das trifft es nicht – Anblick am Freitag in London war die Schlange, vor allem Kinder mit Koffern, vor der Warren St U-Bahn. Das war etwa um 11.30. Wir dachten, sie seien evakuiert worden und warteten auf den Bus. Aber um 3 waren sie immer noch da, in einer viel längeren Schlange, Männer & Frauen, noch mehr Taschen & Decken. Sie standen Schlange vor dem Luftschutzbunker, um während des nächtlichen Angriffs geschützt zu sein – der natürlich kam. Wenn sie also die U-Bahn um 6 verließen (am Donnerstag ein schlimmer Angriff) waren sie um 11 wieder da. So zum Tavistock Sq. Mit einem Seufzer der Erleichterung sah ich einen Haufen Trümmer. Drei Häuser verschwunden, würde ich sagen. Keller nur noch Schutt. Die einzigen Überreste ein alter Korbstuhl (aus der Zeit am Fitzroy Sqre) & Penmans Schild Zu vermieten. Sonst nur Backsteine & Holzsplitter. Eine Glastür im Nachbarhaus hing herunter. Ich konnte

»Liebste, schöne Virginia, ich habe den Mann Robert Spira endlich frei bekommen! Ich *verabscheue* unsere gemeine Behandlung der Ausländer«, und bittet sie dann um einen langen Brief und ein Buch.

sehen, daß von meinem Studio gerade noch ein Stück Mauer stand: ansonsten Schutt, wo ich so viele Bücher geschrieben habe. Wo wir so viele Nächte saßen, so viele Gesellschaften gaben, war jetzt freier Himmel. Das Hotel unversehrt. Dann zum Meck[lenburgh Square].[6] Wieder nur Müll, Glas, schwarzer feiner Staub, abgebröckelter Putz. Miss Talbot & Miss Edwards in Hosen, Kitteln & Turbanen fegten.[7] Ich merkte, daß Miss T.s Hände zitterten: ebenso die von Miss Perkins. Natürlich überaus nett & gastfreundlich. Munteres, unzusammenhängendes Gespräch. Wiederholungen. Bedauerlicherweise hatten wir Ihre Visitenkarte nicht ... um Ihnen den Schock zu ersparen. Es ist schrecklich ... Im oberen Stock stützte sie ein kippendes Bücherregal für uns ab. Überall auf dem Esszimmerboden Bücher. In meinem Wohnzimmer auf Mrs Hunters Schränkchen überall Glas – & so weiter. Nur der Salon hat fast keine kaputten Fensterscheiben. Der Wind wehte herein. Ich fing an, Tagebücher herauszusuchen. Was konnten wir in dem kleinen Auto retten? Darwin & das Silber & ein bißchen Glas & Porzellan. Als ich dann auf meinem Stuhl Dinge heraussuchte, kam Mabel. Verschwiegen & matronenhaft wie immer. Etwas feiner & trauriger. Ich vereinbarte mit ihr, daß sie für vierzehn Tage zu uns kommt. Auch sie beinah überwältigt, dabei ganz die gut geschulte Hausangestellte. Unser Haus, sagte sie, wie ein Affenstall. Hatte sich, seit sie von uns weg ist, nicht mehr ausgezogen. Und als sie ins Krankenhaus ging – hier hielt sie inne. »Man hört sie um einen herumpfeifen und da fragt man sich, sind wir als nächstes dran?« Die Wohnungen waren auf ihren Luftschutzkeller gestürzt. Gab sich natürlich alle Mühe zu kehren und meinen Pelzmantel zu bergen. Ich half ihr

6 Die Lärmbelästigung, die der Abriß der Nachbarhäuser von Tavistock Square 52 mit sich brachte, hatte die Woolfs gezwungen auszuziehen. Sie hatten das Haus Mecklenburgh Square 37 für 9 ½ Jahre gemietet und waren Mitte August eingezogen.

7 Miss Talbot und Miss Edwards waren Bürokräfte in der Anwaltskanzlei Dollman & Pritchard, die sich ein Stockwerk tiefer befand, unter der Wohnung der Woolfs.

in der Küche mit dem Verpacken von Duncans Gläsern, Nessas Tellern. Sehr freundlich, ergeben, ihre Ausbildung zur Gehilfin obenan. Bot ihr Fahrgeld an. Sie wollte es nicht. (Und zu unserer großen Erleichterung ist sie nicht gekommen – Oh die Freude über das leere Haus – das Schiff, dessen Mannschaft wir sind ...) Dann Lunch, Zunge, im Salon. John kam. Ich habe The Voyage of the Beagle vergessen. Den ganzen Tag kein Luftangriff. So gegen 2.30 fuhren wir dann nach Hause. L. sagt, £ 10 würden unseren Schaden abdecken. Insgesamt war London aufmunternd. Die Schäden in Bloomsbury beträchtlich. Am Caroline Place 3 Häuser weg: doch Hyde Park, Oxford & Cambridge Terrace & Queens Gate meilenweit unzerstört. Jetzt sind wir London offenbar los.

Planen ein Haus in Lewes zu kaufen & unsere Möbel dort zu lagern. Vielleicht Zimmer für unsere Bücher in der Pfarrei zu mieten. Erheitert über den Verlust unseres Besitzes – nur daß ich manchmal gern meine Bücher & Sessel & Teppiche & Betten hätte – Wie habe ich gearbeitet, um sie kaufen zu können – nach und nach – Und die Bilder. Doch wäre es jetzt eine Erleichterung, den Meck. los zu sein. Er wird mit ziemlicher Sicherheit zerstört werden – & dann ist unser seltsamer Mietvertrag für diese sonnige Wohnung hinfällig ... Wenn wir unsere Sachen retten, kommen wir trotz des Umzugs & der Kosten zweifellos billig weg – ich meine, wenn wir in der 52 geblieben wären & unseren ganzen Besitz verloren hätten. Aber seltsam – die Erleichterung beim Verlust des Besitzes. Ich würde das Leben in Friedenszeiten gerne fast nackt & bloß beginnen – frei, überall hinzugehen. Aber können wir den Meck loswerden?

Nessa gestern zum Tee. Redeten über ein Bauernhaus in Chalverton? – für A. & B. Sehne mich sofort danach, es zu kaufen – Wurde von L. gebremst. Morgen fahren wir nach Lewes & zu Häusermaklern.

Ich muß dazusagen, daß es heute so heiß ist wie im August: Spaziergang auf den Downs; hörte Geschütze in Dover? –

Calais unter Beschuß; Sommerkleidung; L. macht die Betten sauber. Zu heiß für den Kamin. Nebel zieht auf, muß verdunkeln.

1941

Mittwoch 1. Januar 1941

London brannte Sonntagnacht, als ich gerade ein sehr exaktes und detailliertes Buch über das Große Feuer [1666] las. 8 meiner City-Kirchen zerstört & die Guildhall. Das gehört noch ins alte Jahr. Heute am Neujahrstag schneidender Wind – wie eine Kreissäge. Leslie H. kam zum Lunch; sagte so oft äh-äh, daß ich beinah die Augen verdreht hätte; er sprach über die Grundlagen des Kommunismus und war in erster Linie gekommen, um L. zu befragen. Zwischendurch Klatsch; dann kam die alte Octavia, mit ihrem Marktfrauenkorb. Große weiße Flaschen mit Milch & Sahne. L. betrachtete den Kometen. Der Mond ist ziemlich hell & daher kann man das Sternbild nicht identifizieren. Mrs Coleridge Taylor klopfte an die Tür; wegen eines Konzerts. Und jetzt wird es Zeit fürs Kochen. Dieses Buch wurde aus der 37 gerettet: ich habe es, zusammen mit ein paar Elisabethanern, aus dem Laden heruntergebracht, für mein Buch, das jetzt »Turning a Page« heißt. Ein Psychologe würde erkennen, daß ich das hier geschrieben habe, während jemand & ein Hund im Zimmer waren. Insgeheim füge ich hinzu: Ich glaube, ich werde jetzt vielleicht weniger weitschweifig sein – aber wenn ich zu viele Seiten schreibe, ist es auch egal. Muß nicht an den Drucker denken, nicht an die Öffentlichkeit.

Sonntag 16. Februar 1941

Nach dem Tumult der letzten Woche jetzt im grauen Wildwasser.[1] Das Dinner mit Dadie hat mir am besten gefallen. Alles strahlend & vertraulich. Mir gefiel die milde graue Nacht im Newnham. Pernel sahen wir in ihrem hochzeremoniellen Zimmer, formvollendet & für Zuschauer. Sie war in gedämpftem Rot & Schwarz. Wir saßen am hellen Kaminfeuer. Seltsam flatterndes Gespräch. Sie geht nächstes Jahr.

Dann Letchworth – die Sklaven an ihre Schreibmaschinen gekettet & ihre abgespannten starren Gesichter & die Maschinen – die unaufhörlich leistungsfähiger werdenden Maschinen, die falten, pressen, leimen & perfekte Bücher herausgeben. Sie können Tuch stampfen, das als Lederimitat dient. Unser Verlag ist oben in einem Glasgehäuse. Keine Landschaft fürs Auge. Sehr lange Zugfahrten. Spärliche Kost. Keine Butter, keine Marmelade. Alte Paare, die Orangenmarmelade & Grape-Nuts auf ihren Tischen horteten. Gespräche am Kamin in der Lounge beinah im Flüsterton. Eliz. Bowen kam zwei Stunden nach unserer Rückkehr & ging gestern; & morgen Vita; dann Enid; dann werde ich vielleicht wieder eines meiner höheren Leben betreten. Aber jetzt noch nicht.

Mittwoch 26. Februar 1941

Mein »höheres Leben« ist fast ausschließlich das Elisabethanische Drama. Habe Pointz Hall, the Pageant: the Play – und schließlich Between the Acts heute morgen beendet.[2] Flora & Molly sind eben gegangen; und mir bleibt an diesem bitterkalten

1 Die Woolfs waren Mitte Februar in Cambridge gewesen und hatten bei dieser Gelegenheit auch die Hogarth Press besucht, die den Krieg über bei der Garden City Press in Letchworth untergebracht war.

2 VW gab jetzt LW das Typoskript von *Between the Acts* zum Lesen. (*Zwischen den Akten*, deutsch von Adelheid Dormagen, Frankfurt: S. Fischer, 1992.)

strahlenden Frühlingstag nur zu fragen, warum sie gekommen sind.

In der Damentoilette im Sussex Grill in Brighton habe ich gestern gehört: Sie ist ein einfältiges kleines Ding. Ich mag sie nicht. Andererseits hat er sich nie etwas aus großen, kräftigen Frauen gemacht. (Dann zu Bert) Er hat so blaue Augen. Wie blaue Tümpel. Und Gert auch. Sie haben dieselben Augen, nur stehen ihre Zähne ein bißchen auseinander. Er hat wunderbare weiße Zähne. Schon immer gehabt. Es macht Spaß mit den Jungens … Wenn er nicht aufpaßt, wird er vor ein Kriegsgericht gestellt.

Sie puderten sich & malten sich an, diese gewöhnlichen kleinen Schlampen, während ich hinter einer dünnen Tür saß und so leise wie möglich P– machte.

Dann bei Fuller's. Eine dicke, flotte Frau mit roter Reiterkappe, Perlen und kariertem Rock verspeiste üppige Kuchen. Ihre schäbige Begleiterin stopfte sich ebenfalls voll. Gegenüber lud Hudsons Lieferwagen Kekse ab. Die dicke Frau hatte ein unanständiges großes weißes Hefebrötchengesicht. Das der anderen war leicht gegrillt. Sie aßen & aßen. Sprachen über Mary. Aber wenn sie so krank ist, mußt du zu ihr gehen. Du bist die einzige … Aber warum sollte sie krank sein? … Ich habe die Orangenmarmelade aufgemacht, aber John mag sie nicht – Und oben haben wir zwei Pfund Kekse in der Büchse … Sie hatten etwas Parfümiertes, Kitschiges, Schmarotzerhaftes. Dann rechneten sie die Kuchen zusammen. Und grüßten die Kellnerin. Woher kommt das Geld, um diese dicken weißen lahmen Schnecken zu füttern? Brighton ein Liebeswinkel für Nacktschnecken. Für die Gepuderten, Verwöhnten, leicht Halbseidenen. Ich umgab sie mit einem großen Haus am Sussex Sqre. Wir fuhren mit dem Fahrrad. Wie üblich verwirrt von der Blasphemie von Peaceheaven. Helen ist abgelehnt worden, ich meine die Wohnung, die ich von Enid Jones für sie hatte, als Enid mit Vita hier zum Lunch war; & ich fühlte mich so unordentlich, aber gelassen; & sie scharf & reizbar. Schon lange keine Spaziergänge mehr. Jeden Tag Leute. Und mein Kopf ziemlich aufgewühlt. Mit ein paar leeren Stellen. Essen wird zur Obsession. Gebe nur ungern ein Gewürzbrötchen her. Merkwürdig – das Alter, oder der Krieg? Egal. Abenteuer. Konsolidierung. Aber ob ich je wieder einen dieser Sätze schreiben werde, die mir so intensive Lust bereiten? In Rodmell gibt es kein Echo – nur öde Luft. Heute nachmittag war ich in der Schule und habe Papier marmoriert. Mrs D. unzufrieden. & sagte, Die Kinder sind unlebendig, verglichen mit denen in London, und wiederholte damit meinen eigenen Kommentar über das lange lustlose Treffen bei den Chavasses. Unlebendig: & deshalb kleben sie an uns. Das ist meine Schlußfolgerung. Höllische Langweile ist die Strafe, die wir für unseren gesellschaftlichen Status bezahlen.

Samstag 8. März 1941

Gerade von L.s Rede in Brighton zurück. Wie eine fremde Stadt: der erste Frühlingstag. Frauen, die auf Stühlen saßen. In einer Teestube ein hübscher Hut – wie Mode das Auge erfrischt! Und die muschelverkrusteten alten Frauen in der Teestube, mit Rouge und rotem Lippenstift, herausgeputzt, leichenhaft. Die Kellnerin in karierter Baumwolle.

Nein: ich will keine Introspektion. Ich vermerke Henry James' Satz: Beobachte fortwährend. Beobachte das nahende Alter. Beobachte die Gier. Beobachte meine eigene Mutlosigkeit. Dadurch wird sie brauchbar. Hoffe ich zumindest. Ich bestehe darauf, diese Zeit bestmöglich zu nutzen. Ich werde mit fliegenden Fahnen untergehen. Das grenzt, wie ich sehe, an Introspektion; paßt aber nicht richtig. Angenommen, ich kaufte eine Eintrittskarte fürs Museum; radelte jeden Tag dorthin & läse Geschichte. Angenommen ich wählte für jedes Zeitalter eine dominierende Persönlichkeit & schriebe ausführlich um sie herum. Beschäftigung ist wesentlich. Und jetzt stelle ich vergnügt fest, daß es sieben ist; & muß Dinner kochen. Schellfisch & Wurstfleisch. Es stimmt, glaube ich, daß man eine gewisse

Macht über Wurst & Schellfisch bekommt, indem man sie aufschreibt.

Gestern abend habe ich L. meinen London Library-Komplex erläutert. Der plötzliche Schrecken ist verschwunden; jetzt zerrt das H. Hamilton-Lunch an mir, das ich abgelehnt habe. Um das Gleichgewicht wiederzugewinnen habe ich an Stephen & Tom geschrieben: & werde Ethel schreiben & mich bei ihr einladen; & dann Miss Sharp, die mir einen Veilchenstrauß geschenkt hat. Dies als Entschädigung für den Anblick von Oxford Street & Piccadilly, der mich heimsucht. Meine Güte, ja, ich werde diese Stimmung überwinden. Es geht darum, schläfrig-offen zu sein, mit großen Augen im Jetzt – und die Dinge kommen zu lassen, eins nach dem anderen. Jetzt den Schellfisch kochen.

Montag 24. März 1941

Sie hatte ⟨ein Gesicht⟩ eine Nase wie der Herzog von Wellington & große Pferdezähne & kalte hervortretende Augen. Als wir hereinkamen, thronte sie auf einem 3eckigen Stuhl und hatte Strickzeug in der Hand. Ihr Kragen war mit einem Pfeil befestigt. Und schon in den ersten 5 Minuten erzählte sie uns, daß zwei ihrer Söhne im Krieg gefallen waren. Das mußte man ihr hoch anrechnen. Sie gab Unterricht im Schneidern. Alles im Zimmer war rotbraun & glänzend. Ich saß da und versuchte ein paar Komplimente zu formulieren. Doch sie gingen im Eismeer zwischen uns zugrunde. Und dann war nichts mehr.

Heute ein seltsames Meeresküstengefühl in der Luft. Es erinnert mich an Pensionen auf der Promenade an Ostern. Alle lehnen sich gegen den Wind, starr vor Kälte & zum Schweigen gebracht. Das Mark entfernt.

Diese windige Ecke. Und Nessa ist in Brighton, & ich stelle mir vor, wie es wäre, wenn wir Seelen einflößen könnten.

Octavias Geschichte. Könnte ich etwas Rundes, Ganzes daraus machen? Englische Jugend um 1900.

Zwei lange Briefe von Shena & O. Ich kann sie mir jetzt nicht vornehmen, sie bekommen zu haben, freut mich aber.

L. macht die Rhododendren ...[3]

3 Am 18. März hatte LW bemerkt, daß es VW nicht gut ging; am 20. März kam Vanessa Bell zum Tee und war offenbar so besorgt über ihren Zustand, daß sie ihr sofort von zu Hause schrieb, sie solle unbedingt vernünftig sein und auf ihren und Leonards Rat vertrauen. In ihrem Antwortbrief, der wahrscheinlich am 23. März verfaßt wurde, gibt VW zu, daß »dieses Grauen« in den letzten paar Wochen angefangen habe und daß sie sicher sei, daß sie wieder verrückt werde und diesmal nicht wieder genese. LW überredete sie, Octavia Wilberforce als Ärztin und Freundin aufzusuchen, und brachte sie am 27. März zu ihr nach Brighton.
Am nächsten Morgen ertränkte sich Virginia Woolf in der Ouse, einem Fluß, der den Gezeiten unterworfen ist; Leonard Woolf fand ihren Stock in der Nähe der Drehbrücke bei Southease auf der Uferböschung; ihr Leichnam wurde etwa drei Wochen später im selben Flußabschnitt auf der anderen Seite gefunden. Er wurde am 21. April eingeäschert, und Leonard Woolf begrub die Asche unter einer der großen Ulmen am Rand des Bowls-Rasens im Garten von Monks House.

Nachwort

Virginia Woolf begann schon als junges Mädchen, ein Tagebuch zu führen, das sie jedoch bereits 1898, also mit sechzehn Jahren, wieder aufgab. In den Jahren darauf machte sie sich sporadisch Notizen über das häusliche Leben und den Tagesablauf von sich und ihren Geschwistern, auch enthalten ihre Tagebücher aus dieser Zeit literarische Versuche über Personen und Ereignisse. Ab dem 1. Januar 1915 scheint Woolf dann beschlossen zu haben, regelmäßig Tagebuch zu führen. Es war das Jahr, in dem ihr erster Roman, *Die Fahrt hinaus*, erschien, sie war bereits mit Leonard Woolf verheiratet, mit dem sie außerhalb von London in Richmond lebte, die Jahre am Gordon Square in Bloomsbury lagen hinter ihr. Diese Tagebücher wurden immer wieder von längeren Krankheitsphasen unterbrochen, so auch gleich im März 1915, als sie unter einer ihrer längsten und schwersten Depressionen litt. Im August 1917 nahm sie das Tagebuch dann wieder auf, und 1917 beginnt auch diese Auswahl, *Schreiben für die eigenen Augen*.

Der Titel dieses Buches ist einem Tagebucheintrag Virginia Woolfs vom 17. August 1937 entlehnt:

> Schreibe ich eigentlich, selbst hier, jemals für die eigenen Augen? Wenn nicht, für wessen Augen dann? Eine ziemlich interessante Frage.

Es ist in der Tat eine interessante Frage, nicht zuletzt auch für die Leser eines Tagebuchs. Denn für diese läuft sie darauf hinaus, ob sie es mit einem privaten, geheimen, »echten« Tagebuch zu tun haben, dessen Autor offen und ehrlich mit sich und anderen war – im Gegensatz zu einem Tagebuch, das von vornherein für die Veröffentlichung bestimmt war. Es ist nicht die Tatsache, *dass* das Tagebuch veröffentlicht wurde, sondern eben die *Absicht* des Autors, es zu veröffentlichen, die eine andere Leseerwartung nach sich zieht. Bei einem Tagebuch, das ursprünglich privat war, nach dem Tod des Autors aber ohne dessen Wissen veröffentlicht wurde, scheint das Geheimnis gewahrt, die Erlaubnis, es zu brechen, durch die inzwischen vergangene Zeit und die Veröffentlichung aber gegeben. Ein Tagebuch, das von vornherein für die Augen eines Publikums geschrieben wurde, scheint dieses Geheimnis dagegen nie gehabt zu haben, und so ist man geneigt anzunehmen, dass hier nicht ganz so offen und ehrlich geschrieben wurde wie in einem echten *journal intime*. Die Antwort auf die von Woolf gestellte Frage entscheidet damit für die Leser nicht zuletzt die Frage nach der Authentizität des Tagebuchs.

Schon lange vor ihrem Tod hatte Virginia Woolf sich gefragt, was mit ihren Aufzeichnungen einmal geschehen solle:

> Aber was wird aus all diesen Tagebüchern werden, fragte ich mich gestern. Wenn ich stürbe, was würde Leo mit ihnen anfangen? Es würde ihm widerstreben, sie zu verbrennen; er könnte sie nicht veröffentlichen. Nun, er sollte ein Buch aus ihnen machen, finde ich, & das Corpus dann verbrennen. Ich glaube durchaus, daß ein kleines Buch in ihnen steckt: wenn man das Gefitzel & Gekritzel ein wenig glättet. Weiß der Himmel. (20. März 1926)

Wie aus diesem Zitat hervorgeht, hatte Virginia Woolf in keinem Fall die Absicht, ihre Tagebücher so zu veröffentlichen, wie sie sie geschrieben hatte, konnte sich jedoch durchaus vorstellen, Auszüge zu einem Buch zusammenzustellen. Auf die komplexere Frage, für wessen Augen sie schrieb, gibt ihr Tagebuch selbst unterschiedliche Hinweise. Viele Bemerkungen sprechen dafür, dass sie zunächst für sich selbst schrieb – für die »alte Virginia« nämlich, »die ihre Brille aufsetzt und den März 1920 liest« (9. März 1920).

Ich vermerke jedoch, daß dieses Tagebuchschreiben nicht als Schreiben zählt, da ich gerade das Tagebuch des letzten Jahres wieder gelesen habe & mir stark auffällt, mit was für einem schnellen gewagten Galopp es dahersaust, manchmal geradezu unerträglich über das Kopfsteinpflaster ruckelt. Dennoch, wenn es nicht nachgerade schneller als das schnellste Schreiben auf der Schreibmaschine vonstatten ginge, wenn ich pausieren & nachdenken würde, würde es überhaupt nie geschrieben werden, & der Vorteil dieser Methode ist, daß sie nebenher manch eine abwegige Angelegenheit aufrührt, die ich draußen ließe, wenn ich zögerte, die aber die Diamanten unter einem Berg von Staub sind. Sollte Virginia Woolf im Alter von 50 Jahren, wenn sie sich niedersetzt, um ihre Memoiren aus diesen Büchern zu konstruieren, nicht in der Lage sein, einen Satz zu bauen wie er gebaut werden sollte, dann kann ich ihr nur kondolieren & sie an die Existenz des Kamins erinnern, wo sie meinetwegen diese Seiten geradewegs zu schwarzen Filmen mit roten Augen darin verkohlen lassen kann. Aber wie beneide ich sie um diese Aufgabe, die ich für sie vorbereite! Keine könnte mir besser gefallen. Schon verliert mein 37. Geburtstag nächsten Samstag etwas von seinem Schrecken durch diesen Gedanken. (20. Januar 1919)

Zwar kam es nicht dazu, dass sie diese Memoiren tatsächlich schrieb, aber zahlreiche Ergänzungen und Kommentare bestätigen, dass sie frühere Einträge immer wieder las, schon um der Unterhaltung und des Amüsements willen, aber auch, um aus der Vergangenheit zu lernen – etwa, dass auch nach Beendigung des letzten Romans schon massive Selbstzweifel an ihr nagten, die sich nach den ersten positiven Kritiken und mit dem Schreiben des nächsten Romans langsam wieder legten. So wie die jüngere Virginia für die ältere schrieb, kommentierte die ältere beim Wiederlesen früherer Tagebücher die Einschätzungen ihres jüngeren Ichs, indem sie Bemerkungen an den Rand schrieb. Auf diese Weise wurde ihr Tagebuch zu einem regelrechten Selbstgespräch, einem Dialog verwandter als einem Monolog – einem Dialog zwischen Woolf als Schreiberin und späterer Leserin ihres eigenen Textes.

Gleichzeitig tat sich Virginia Woolf, die neben ihren Romanen auch regelmäßig Rezensionen und fast täglich Briefe verfasste, nach eigener Aussage schwer damit, ausschließlich für sich zu schreiben. Sie selbst vermutete, dass die Konvention des Schreibens zerstört werde, wenn man es nur für das eigene Vergnügen tue (7. November 1928), und da die Schrift zu keinem anderen Zweck als der Kommunikation erfunden wurde, scheint sie tatsächlich nicht das geeignete Mittel, um absolute Intimität herzustellen. Die oft persiflierte, meist mit Tagebüchern junger Mädchen in Verbindung gebrachte Anrede »Liebes Tagebuch« – die auch die junge Virginia Woolf in einem sehr frühen Tagebuch verwendete – erscheint in diesem Zusammenhang wie die Konstruktion eines zum Schreiben notwendigen Gegenübers.

Woolf war sich des Unterschiedes, den es machte, ob sie für sich oder für ein Publikum schrieb, sehr bewusst und thematisierte ihn im Tagebuch wiederholt, so auch am 12. August 1928: »Soll ich jetzt mit diesem Monolog weiterfahren, oder soll ich mir Zuhörer vorstellen, die mich zum Beschreiben anregen?« Ein imaginiertes Publikum hat Einfluss auf das Schreiben, denn fremde Augen benötigen Beschreibungen und die Erklärung von Zusammenhängen, die ein Text, der ausschließlich für die eigenen Augen gedacht ist, nicht beinhalten muss. Außerdem erhebt ein Publikum einen gewissen Anspruch auf Vollständigkeit, darauf, dass wichtige Ereignisse auch erwähnt werden – ein Anspruch, der Virginia Woolf bewusst war und den sie immer wieder berücksichtigte:

> Ein Gefühl für das, was die Öffentlichkeit erwartet, zwingt mich, damit zu beginnen, daß Kipling gestern gestorben ist; & daß der König (George V.) wahrscheinlich heute stirbt. (19. Januar 1936)

Vier Jahre später überlegt sie, für welchen ihrer Freunde sich die Nachwelt wohl am meisten interessieren wird. Sie kommt zu dem Schluss, dass es Maynard Keynes sein dürfte, und berichtet daraufhin detailliert von seinem Besuch im Haus der Woolfs und den geführten Gesprächen (6. Januar 1940).

Woolf dachte also durchaus hin und wieder an mögliche Leser ihres Tagebuches, auch wenn das keinesfalls bedeutet, dass es so, wie es in der Gesamtausgabe oder hier vorliegt, für die Veröffentlichung gedacht war. Das intime, private Tagebuch, das sich eben doch an einen Adressaten wendet, wie immer dieser im Einzelfall auch geartet sein mag, bleibt ein Widerspruch in sich, der sich auch mit Blick auf Virginia Woolfs Tagebuch nicht auflösen lässt. Die russische Malerin und berühmte Diaristin Marie Bashkirtseff brachte diesen Widerspruch auf den Punkt, als sie im Vorwort zu ihrem Tagebuch bemerkte, sie schreibe dort hinein, als ob niemand auf der Welt es jemals lesen würde, aber mit dem Ziel, gelesen zu werden. Vielleicht gehört das Bedürfnis, sich mitzuteilen, sich an jemanden zu wenden, schlicht im selben Maße zu einem Tagebuch wie das Geheimnis. Und vielleicht ist es gerade diese Ambivalenz, diese nicht aufzulösende Spannung, die das Faszinosum von Tagebüchern ausmacht und der Grund dafür ist, dass sie gelesen und überhaupt erst geschrieben werden.

Das »kleine Buch«, das laut Virginia Woolf in ihren umfangreichen Tagebüchern steckte, gab Leonard Woolf tatsächlich heraus. 1953 stellte er eine einbändige Auswahl zusammen – ohne den Rest zu verbrennen – und veröffentlichte sie unter dem Titel *A Writer's Diary*. Der von Leonard Woolf gewählte Titel deutet schon darauf hin, dass es ihm darum ging, mit seiner Auswahl vor allem die Schriftstellerin Virginia Woolf zu zeigen. In seinem Vorwort betont er auffallend oft, dass seine Frau eine professionelle, geniale und mithin ernstzunehmende Autorin war – eine Einschätzung, die in den Jahren nach ihrem Tod durchaus noch von einigen namhaften Kritikern bezweifelt wurde. Durch seine

Zusammenstellung und Kommentierung der Einträge erschien Virginia Woolf als ernsthafte, aber auch selbstquälerische, etwas weltfremde und ängstliche Frau, deren Selbstmord als Folge ihrer »Anfälle von Verrücktheit« unausweichlich war. Erst die Gesamtausgabe ihrer Tagebücher, die seit 2008 auch auf deutsch vollständig vorliegt, fügte diesem Bild andere Seiten von Virginia Woolfs Persönlichkeit hinzu, nicht zuletzt ihren Witz, ihre Selbstironie und ihre Scharfzüngigkeit.

Ziel der vorliegenden Auswahl war es, ein ähnlich vielstimmiges Bild von Virginia Woolfs Leben und Persönlichkeit abzugeben wie die vollständigen Tagebücher. Einträge, in denen sie sich über die Dienstboten aufregt und sich über Bekannte lustig macht, sollten genauso vorkommen wie welche, in denen es beispielsweise um Kleider und Frisuren geht, um Gartenarbeit oder Politik, da dies alles wiederkehrende Themen in ihren Tagebüchern sind. Es sollte ein Eindruck vermittelt werden von Woolfs Beziehungen zu den Menschen, die ihr am engsten verbunden waren, und die Entstehung ihres Werkes sollte gleichermaßen nachvollziehbar sein wie die Zeitläufte, ihr Alltag und ihre gesundheitliche Verfassung – ein Ziel, dem sich eine Auswahl, die nicht viel mehr als ein Zehntel der vorliegenden Tagebücher umfasst, wohl nur annähern kann.

Schreiben für die eigenen Augen speist sich aus der im S. Fischer Verlag erschienenen fünfbändigen Gesamtausgabe von Virginia Woolfs Tagebüchern, die ihrerseits den editorischen Entscheidungen der englischen Herausgeberin Anne Olivier Bell folgt. Der Herausgeber der deutschen Ausgabe, Klaus Reichert, schreibt zu den Editionsprinzipien: »Abkürzungen in Virginia Woolfs Text sind nicht, oder wo nötig in eckigen Klammern, aufgelöst; der fast durchgängige Gebrauch des &-Zeichens ist beibehalten; fehlerhafte oder unvollständige Syntax ist nicht berichtigt; Tempussprünge innerhalb eines Satzes und die manchmal wechselnden Schreibungen von Eigennamen sind nicht stillschweigend korrigiert worden; unklare Passagen und die oft bizarre Zeichensetzung sind belassen; zweifelhafte Lesarten sind durch Fragezeichen in [] markiert; für das Verständnis notwendige Zusätze sind als solche ausgewiesen. Dies alles belässt dem Text die Unruhe des eilig – in einer halben Stunde nach dem Tee und auf einem Schreibbrett auf den Knien – Geschriebenen und versucht nicht, ihn nachträglich in einen ›fertigen‹ Text zu verwandeln. Die einzige Vereinheitlichung betrifft die Datumsangaben: hier ist überall, entgegen den vielen Varianten der Handschrift, Wochentag und Datum gesetzt.«[1]

All das gilt folglich genauso für diesen Auswahlband. Veränderungen mussten bei den Fußnoten vorgenommen werden, die auf den reichhaltigen Fußnoten der Gesamtausgabe basieren, jedoch in Zahl, Umfang und Ort angepasst wurden. Um diesen Band nicht mit Fußnoten zu überfrachten, wurde beispielsweise nicht jede einzelne Person erklärt, die zu den Woolfs zum Tee kam, nicht jedes komplizierte Verwandtschaftsverhältnis detailliert erläutert, sondern es wurde versucht, sich auf die Namen und Ereignisse zu konzentrieren, die für den Zusammenhang und das Verständnis unmittelbar notwendig sind. Weitere Orientierung bieten biographische Skizzen der am häufigsten erwähnten Personen im Anhang dieses Bandes. Damit die ausgewählten Einträge als Ganzes bestehen bleiben, wurde möglichst wenig gekürzt (immer gekennzeichnet durch […]), das heißt, es wurde nur von wenigen Einträgen lediglich ein Teil aufgenommen, zumeist, weil dieser vorangegangene oder folgende ergänzt.

Nicole Seifert

1 Klaus Reichert, »Vorbemerkung zur deutschen Ausgabe der Tagebücher«, *Virginia Woolf, Tagebücher 1, 1915–1919*, Frankfurt: S. Fischer, 1990, S. 9.

Biographische Skizzen der am häufigsten erwähnten Personen

ANREP, Helen, geb. Maitland (1885–1965), gehörte dem Kreis um den Maler Augustus John an; 1917 heiratete sie den russischen Mosaik-Künstler Boris von Anrep, mit dem sie zwei Kinder hatte. VW lernte sie 1925 bei Ottoline Morrell kennen. Von 1926 an lebte sie mit Roger Fry zusammen. Nach seinem Tod 1934 unterstützte sie großzügig jüngere Künstler. Helen Anrep und Roger Frys Schwester und Nachlassverwalterin Margery Fry hatten Virginia Woolf gebeten, Roger Frys Biographie zu schreiben.

BELL, Clive (Arthur Clive Heward Bell, 1881–1964), Kunstkritiker, heiratete 1907 Vanessa Stephen und spielte als VWs Schwager eine wichtige Rolle in ihrem Leben. Am Trinity College in Cambridge war er mit VWs Bruder Thoby Stephen befreundet. Seit 1914 war seine Ehe nur noch eine Sache der Bequemlichkeit und Freundschaft; schon seit einigen Jahren galt seine besondere Zuneigung Mary Hutchinson.

BELL, Vanessa, »Nessa«, geb. Stephen (1879–1961), Malerin, VWs ältere Schwester und, neben LW, der wichtigste Mensch in ihrem Leben. 1907 heiratete sie Clive Bell, mit dem sie zwei Söhne hatte, Julian Heward (1908–1937) und Quentin Claudian (1910–1996). Nach einer Liebesaffäre mit Roger Fry (1911) lebte sie ab 1914 bis zu ihrem Tod mit Duncan Grant zusammen, mit dem sie eine Tochter hatte, Angelica Vanessa (geb. 1918). Sie und Duncan Grant hatten Ateliers in der Fitzroy Street 8, London W. C. 1, sie lebten aber zumeist in Charleston, Sussex, und hatten ein Domizil in Cassis in der Provence.

CARRINGTON, Dora de Houghton (1893–1932), Malerin; ausnahmslos als Carrington bekannt. Vor dem Krieg war sie an der Slade School of Art, zusammen mit Barbara Bagenal, Dorothy Brett und Mark Gertler, der sie leidenschaftlich liebte und von ihren Ausflüchten und der Entdeckung ihrer (ihm unerklärlichen) Hingabe an Lytton Strachey zur Verzweiflung getrieben wurde. Diese Hingabe hatte 1917 im Mill House in Tidmarsh häusliche Formen angenommen, wo sie als Lyttons Haushälterin und Gastgeberin auftrat, er als ihr Schutzgeist und mitfühlender Freund. Nach dem Krieg war dieser Haushalt um Ralph Partridge erweitert worden, den sie liebte und dessen männliche Stärke und Fähigkeiten Lytton anzogen.

ELIOT, Thomas Stearns (1888–1965), in Amerika geborener Dichter, studierte in Harvard und Oxford. Im Jahre 1915 heiratete er Vivienne Haigh-Wood und wurde, nachdem er als Lehrer gearbeitet hatte, 1917 Mitarbeiter bei der Londoner Lloyd's Bank, wo er bis 1925 bleiben sollte, als er in den Verlag Faber & Faber eintrat. Ebenfalls im Jahre 1917 wurde er Redakteur von *The Egoist* und veröffentlichte seinen ersten Lyrikband: *Prufrock and Other Observations*. Ab 1922 gab er die einflussreiche Zeitschrift *The Criterion* heraus. VW lernte ihn im November 1918 kennen, und sechs Monate später veröffentlichte die Hogarth Press seine *Poems*, und des Weiteren *The Waste Land* (1922) und seine Essays *Homage to John Dryden* (1924).

FORSTER, Edward Morgan, »Morgan« (1879–1970), Romancier, studierte 1897 bis 1902 am King's College in Cambridge, ein Apostle. Da er zumeist bei seiner Mutter in Abinger Hammer in Surrey lebte, war er ein eher flüchtiger Bekannter in Bloomsbury. Er hatte Italien und Griechenland bereist und sechs Monate in Indien verbracht (1912–13). Von 1915 bis zum Ende des Ersten Weltkrieges hatte er einen Posten beim Roten Kreuz in Alexandria inne. VW legte großen Wert auf seine Meinung zu ihren Romanen; alle seine eigenen Romane bis auf

A Passage to India (1924) und *Maurice* (1971) waren bis 1910 erschienen. Danach veröffentlichte er vor allem Essays, Kritiken und eine Studie zum Roman, *Aspects of the Novel* (1927).

FRY, Roger Eliot (1866–1934), Kunsthistoriker und Maler und eine etablierte und anerkannte Persönlichkeit in der Museums- und Kunstwelt Englands, Frankreichs und Amerikas. Er hatte 1896 geheiratet. Seine Frau erkrankte an einer Schwellung des Schädels; sie wurde nach und nach geisteskrank und 1910 in eine Nervenheilanstalt eingewiesen. In diesem Jahr entwickelte sich eine frühere flüchtige Bekanntschaft mit Vanessa Bell zu einer engen Freundschaft mit ihr und Clive Bell, und sie und ihr Freundeskreis unterstützten enthusiastisch Frys Bemühungen, das Werk der Post-Impressionisten in London einzuführen und 1913 die »Omega-Workshops« einzurichten. Er verliebte sich in Vanessa und sie sich eine Zeitlang in ihn – eine Liebe, die sie in lebenslange Freundschaft umwandelte. VWs *Roger Fry: A Biography* wurde 1940 veröffentlicht.

GARNETT, David, »Bunny« (1892–1981), Schriftsteller und Kritiker. Von September 1916 an lebten er und Duncan Grant in Charleston und arbeiteten, weil sie Pazifisten waren, auf der nahe gelegenen Newhouse Farm in Firle. 1919 gründete er gemeinsam mit Francis Birrell eine Buchhandlung mit Antiquariat in der Taviton Street, unweit vom Gordon Square. 1932–35 leitete er den Literaturteil des *New Statesman & Nation*. Sein erstes Buch, *Lady into Fox*, wurde 1923 mit dem Hawthornden-Preis ausgezeichnet. Nach dem Tod seiner Frau heiratete er 1942 Angelica Bell, die Tochter seiner Freunde Vanessa Bell und Duncan Grant.

GRANT, Duncan James Corrowr (1885–1978), Maler, einziges Kind von Major Barde Grant, dessen Schwester Lady Strachey war; Duncan Grant verbrachte einen großen Teil seiner Jugend bei der Familie Strachey in London. VW lernte ihn wahrscheinlich in Paris kennen, wo sie sich 1907 mit den Bells aufhielt. Er wurde ihr Nachbar, als sie mit ihrem Bruder am Fitzroy Square wohnte, und 1911 ihr Hausgenosse am Brunswick Square. Seit 1914 lebte er mit Vanessa Bell zusammen. Ihre gemeinsame Tochter, Angelica Bell, wurde 1918 geboren. In den dreißiger Jahren genoß er ein Ansehen als Maler.

HUXLEY, Aldous Leonard (1894–1963), besuchte Eton und studierte am Balliol College, Oxford. Er gehörte zum Freundeskreis von Lady Ottoline Morrell, den er in seinem satirischen Roman *Crome Yellow* (1921) verhöhnte. In einem weiteren Roman, *Antic Hay* (1923), nahm er die nihilistische Boheme der Londoner Nachkriegsjahre aufs Korn.

KEYNES, (John) Maynard (1883–1946), Ökonom, wurde 1911 zusammen mit Duncan Grant und LW einer der Bewohner von Adrian und Virginia Stephens Haus am Brunswick Square 38. Später übernahm er das Haus der Bells am Gordon Square 46. Im Januar 1915 erhielt er einen Posten beim Finanzministerium. Während der Pariser Friedenskonferenz von 1919 war er Hauptrepräsentant des britischen Finanzministeriums, legte aber aus Protest gegen die Bedingungen, die Deutschland auferlegt werden sollten, sein Amt nieder. Seine Polemik, *The Economic Consequences of the Peace*, wurde 1919 veröffentlicht. 1923 wurde er Vorsitzender des Verwaltungsgremiums der fusionierten Zeitschriften *Nation & Athenaeum* und bestellte LW zum Literaturredakteur. Nach seiner Heirat mit der russischen Ballerina Lydia Lopokova (1925) mietete er einen Landsitz in Tilton bei Charleston. Keynes gilt als einer der großen Ökonomen des 20. Jahrhunderts.

MANSFIELD, Katherine, angenommener Name der in Neuseeland geborenen Schriftstellerin Kathleen Mansfield Beauchamp (1888–1923); sie heiratete 1918 John Middleton Murry, mit dem sie seit 1912 zusammengelebt hatte. Sie lernte die Woolfs wahrscheinlich gegen Ende 1916 kennen. Ihre Kurzgeschichte *Prelude* (1918) war die dritte Veröffentlichung der Hogarth Press.

MORRELL, Lady Ottoline, geb. Cavendish-Bentinck (1873–1938), Gastgeberin und Kunstmäzenin, heiratete 1902 Philip Morrell (1870–1943), Anwalt und Abgeordneter der Liberalen 1906–1918. Von 1915 bis 1927 lebten sie in Garsington Manor in Oxfordshire, danach in der Gower Street 10, Bloomsbury. In ihrem gastlichen Haus trafen sich Schriftsteller, bildende Künstler und Pazifisten. Ihre Tochter Julian wurde 1908 geboren.

MURRY, John Middleton (1889–1957), Literaturkritiker, Herausgeber und Autor, heiratete 1918 Katherine Mansfield. Er war einer der führenden Köpfe in jener Welt des literarischen Journalismus, die VW »die Unterwelt« nannte. 1919 wurde er Herausgeber des *Athenaeum*. Im selben Jahr veröffentlichte die Hogarth Press sein Gedicht *The Critic in Judgement*.

NICOLSON, Harold (1886–1968), Diplomat und Schriftsteller, seit 1913 mit Vita Sackville-West verheiratet. Er wurde Mitglied des Unterhauses und hat in seinem Tagebuch die Debatten, die zum Zweiten Weltkrieg führten, sowie den Krieg selbst aus der Sicht eines Parlamentariers und Anhängers Churchills dargestellt.

SACKVILLE-WEST, Victoria »Vita« Mary (1892–1963), Romanautorin und Lyrikerin, heiratete Harold Nicolson im Jahr 1913. VW lernte sie im Dezember 1922 bei einem von Clive Bell gegebenen Essen kennen. Seit 1924 veröffentlichte die Hogarth Press insgesamt dreizehn ihrer Bücher, darunter ihren Bestseller *The Edwardians* (1930). Sie hatte eine stürmische Liebesbeziehung mit VW (seit 1925), aus der Anfang der dreißiger Jahre eine Freundschaft wurde. Sie und Harold Nicolson hatten zwei Söhne, Benedict (1914–1978) und Nigel (1917–2004); der Letztere gab VWs Briefe heraus.

STEPHEN, Adrian Leslie (1883–1948), VWs jüngerer Bruder, mit dem sie, nicht sehr harmonisch, am Fitzroy Square 29 zusammenlebte, nachdem ihre Schwester Vanessa 1907 geheiratet hatte, und danach, 1911 bis zu ihrer eigenen Verheiratung, am Brunswick Square 38. Nachdem er das Trinity College in Cambridge besucht hatte, studierte er Jura, blieb aber ohne Beruf oder Beschäftigung bis fünf Jahre nach seiner Hochzeit mit Karin Costelloe im Jahre 1914, als er und seine Frau Medizin studierten, um später Psychoanalytiker zu werden.

STRACHEY, (Giles) Lytton (1880–1932), Kritiker und Biograph, Consemester und Freund Thoby Stephens und auch LWs am Trinity College in Cambridge und wie Letzterer ein Apostle. Nach dem Tode ihres Bruders im Jahre 1906 wurde Lytton einer der engsten Freunde VWs und zog 1909 kurz in Erwägung, sie zu heiraten. Seit 1924 lebte er in Ham Spray House bei Hungerford mit der Künstlerin Dora Carrington, die ihn verehrte, und ihrem Ehemann Ralph Partridge, mit dem er eines seiner vielen homosexuellen Verhältnisse hatte. *Eminent Victorians* von Lytton Strachey wurde 1918 veröffentlicht, *Queen Victoria* 1921, *Books and Characters* 1922, *Elizabeth and Essex* 1928, die Essay-Sammlung *Portraits in Miniature* 1931.

Daten zu Leben und Werk

1882
25. Januar: Adeline Virginia Stephen wird als drittes Kind von Julia Duckworth und dem Schriftsteller Leslie Stephen in London geboren. Ihre Geschwister sind Vanessa (geb. 1879), Thoby (geb. 1880) und Adrian (geb. 1983). Geschwister aus der ersten Ehe der Mutter sind George (geb. 1868), Stella (geb. 1869) und Gerald (geb. 1870), die Halbschwester Laura (geb. 1870) stammt aus erster Ehe des Vaters.

1895
5. Mai: Tod der Mutter. Im Sommer Virginias erster Nervenzusammenbruch.

1897
3. Januar: Virginia beginnt, regelmäßig Tagebuch zu führen. 19. Juli: Tod der Halbschwester Stella, die nach dem Tod der Mutter Muttterersatz für die jüngeren Geschwister war.

1898
1. Januar: Virginia beendet ihr Tagebuch.

1902
Januar: Virginia erhält Privatunterricht in Griechisch bei Janet Case, mit der sie bis zu deren Tod 1937 eine enge Freundschaft verbindet. Beginn der Freundschaft mit Violet Dickinson.

1904
22. Februar: Tod des Vaters. April: Italienreise mit den Geschwistern Vanessa, Thoby und Adrian sowie Violet Dickinson.

Mai: Zweiter Nervenzusammenbruch. Oktober: Umzug an den Gordon Square 46 im Londoner Stadtteil Bloomsbury. Erste Veröffentlichung im *Guardian*.

1905
Virginia gibt Unterrichtsstunden am Morley College. Thoby organisiert die Diskussionsrunde mit Freunden, die später als Bloomsbury-Gruppe bekannt wurde.

1906
September / Oktober: Reise von Virginia, Vanessa, Thoby und Adrian zusammen mit Violet Dickinson nach Griechenland. 20. November: Thoby stirbt in London an Typhus.

1907
7. Februar: Heirat Vanessas mit Clive Bell. Virginia zieht mit Adrian an den Fitzroy Square um. Oktober: Beginn der Arbeit am Roman *Melymbrosia*, einer Version des späteren Romans *The Voyage Out (Die Fahrt hinaus)*. Dezember: Gründung einer Schauspielgesellschaft mit Adrian, Vanessa und Clive Bell, Lytton Strachey und Saxon Sydney-Turner.

1908
September: Reise nach Italien mit den Bells.

1909
Februar: Heiratsantrag von Lytton Strachey, Virginia lehnt ab. April: Italienreise mit den Bells.

1910
Arbeit für die Frauenrechtsbewegung.

1911
April: Virginia fährt in die Türkei, um Vanessa nach Hause zu begleiten, die auf einer Reise krank geworden ist. November:

Umzug zum Brunswick Square, Virginia teilt sich das Haus mit Adrian, John Maynard Keynes, Duncan Grant und Leonard Woolf.

1912
Januar: Leonard Woolf (1880–1969) macht Virginia einen Heiratsantrag. Mai: Virginia nimmt den Heiratsantrag an. 10. August: Hochzeit. August / September: Hochzeitsreise in die Provence, nach Spanien und Italien.

1913
April: Gerald Duckworth nimmt das Manuskript *The Voyage Out* zur Veröffentlichung an. August: Virginia Woolfs Depressionen nehmen zu. 9. September: Selbstmordversuch.

1915
1. Januar: Woolf beginnt wieder, Tagebuch zu führen. Die Woolfs mieten das Hogarth House in Richmond. *The Voyage Out* erscheint. April & Mai: Delirien und Tobsuchtsanfälle.

1917
Die Woolfs kaufen eine Druckerpresse. Erste Veröffentlichungen des Verlags Hogarth Press sind die Erzählung *The Mark on the Wall* von Virginia und die Erzählung *Three Jews* von Leonard Woolf.

1918
Woolf arbeitet als Setzerin für Hogarth Press, schreibt für *Times Literary Supplement* und arbeitet an dem Roman *Night and Day (Nacht und Tag)*. Im November erscheint die Erzählung *Kew Gardens*. Bekanntschaft mit T. S. Eliot.

1919
Oktober: *Night and Day* erscheint im Verlag von Gerald Duckworth.

1921
März: Der Band mit Erzählungen *Monday or Tuesday* erscheint bei Hogarth Press.

1922
Oktober: Bei Hogarth Press erscheint Woolfs Roman *Jacob's Room (Jacobs Zimmer)*. Dezember: Erste Begegnung mit Vita Sackville-West.

1923
Leonard Woolf übernimmt die Feuilletonredaktion von *The Nation*. März / April: Reise der Woolfs nach Spanien. Arbeit an *The Hours*, einer frühen Form des Romans *Mrs Dalloway*.

1924
Vortrag über den modernen Roman, der als *Mr Bennett and Mrs Brown* im Oktober erscheint.

1925
April: Erscheinen der Essaysammlung *The Common Reader (Der gewöhnliche Leser)*. Mai: Der Roman *Mrs Dalloway* erscheint.

1927
Mai: Der Roman *To the Lighthouse (Zum Leuchtturm)* erscheint.

1928
September: Reise mit Vita Sackville-West nach Frankreich. Oktober: Der Roman *Orlando (Orlando. Eine Biographie)* erscheint. Woolf hält in Cambridge vor den Frauencolleges zwei Vorträge, aus denen später der Essay *A Room of One's Own (Ein eigenes Zimmer)* wird.

1929
Januar: Reise der Woolfs nach Berlin. Oktober: *A Room of One's Own* erscheint.

1930
Februar: Bekanntschaft mit der Frauenrechtlerin Ethel Smyth.

1931
April: Reise der Woolfs nach Frankreich. Oktober: Der Roman *The Waves (Die Wellen)* erscheint.

1932
21. Januar: Tod Lytton Stracheys. April: Die Woolfs reisen mit Roger und Margery Fry nach Griechenland. Oktober: Der zweite Band von *The Common Reader* erscheint.

1933
Oktober: Der Roman *Flush: A Biography (Flush. Eine Biographie)* erscheint.

1934
9. September: Tod Roger Frys.

1936
April: Virginia Woolf erleidet einen Zusammenbruch.

1937
März: Der Roman *The Years (Die Jahre)* erscheint.

1938
Juni: Der Essay *Three Guineas (Drei Guineen)* erscheint.

1939
Januar: Besuch bei Sigmund Freud.

1940
April: Woolf hält in Brighton im Arbeiterbildungsverein den Vortrag *The Leaning Tower.* Juli: *Roger Fry: A Biography* erscheint. August bis September: Schlacht um England. Tägliche Luftangriffe auf London.

1941
Februar: Woolf beendet den Roman *Between the Acts (Zwischen den Akten)*, der im gleichen Jahr erscheint. März: Verschlechterung ihres Gesundheitszustandes. 27. März: Fahrt nach Brighton zur Praxis von Dr. Octavia Wilberforce. 28. März: Virginia Woolf ertränkt sich in dem Fluss Ouse in der Nähe ihres Hauses in Rodmell / Sussex.

Nachweis

Textgrundlage: Virginia Woolf, Gesammelte Werke.
Herausgegeben von Klaus Reichert.

Tagebücher 1. 1915–1919. Deutsch von Maria Bosse-Sporleder.
Frankfurt: S. Fischer, 1990

Tagebücher 2. 1920–1924. Deutsch von Claudia Wenner.
Frankfurt: S. Fischer, 1994

Tagebücher 3. 1925–1930. Deutsch von Maria Bosse-Sporleder.
Frankfurt: S. Fischer, 1999

Tagebücher 4. 1931–1935. Deutsch von Maria Bosse-Sporleder.
Frankfurt: S. Fischer, 2003

Tagebücher 5. 1936–1941. Deutsch von Claudia Wenner.
Frankfurt: S. Fischer, 2008